湯川嘉津美 解説／編集復刻版

◎幼児教育資料アーカイブ1

関西連合保育会雑誌

第2巻

第55号（昭和13年8月）／関連資料

不二出版

凡例

一、『関西連合保育会雑誌』全2巻は、日本の保育者たちが教育の現場で子どもたちに向き合うなかで直面し、克服していった数々の貴重な試み、その豊かな遺産を可能な限り後世に残すべく、「幼児教育資料アーカイブ」の一環として刊行するものである。

一、本資料は関西連合保育会が昭和期に発行した『関西連合保育会雑誌』を、現時点で入手し得るものを中心に、関連する関西の保育会による報告書等とともに全2巻として集成、復刻した。

一、収録内容については別紙「収録一覧」に記載し、「目次項目一覧」を第1巻冒頭に収録した。

一、『関西連合保育会雑誌』復刻の意義を詳解した湯川嘉津美による解説（附「関西連合保育会の開催と議事一覧」）を、第2巻に収録した。

一、収録は原資料扉（表紙）から奥付（広告頁含む）までとした。欠落部分はその旨を本文に記した。

一、原資料を忠実に復刻することに努め、紙幅の関係上、適宜拡大・縮小した。折込は本文に見開きとして収録した。また、印刷不鮮明な箇所、伏字等も原則としてそのままとした。

一、今日の視点から人権上、不適切な表現がある場合も、歴史的資料としての性格上、底本通りとした。

一、本復刻にあたっては、大阪市立愛珠幼稚園、大阪市教育センター、堀田浩之氏にご協力いただきました。記して感謝申し上げます。

『関西連合保育会雑誌』全2巻

収録一覧

第1巻

資料名（号数）	発行年月	発行元
『関西連合保育会雑誌』第五一号*	一九二八（昭和三）年八月	関西連合保育会
『関西連合保育会雑誌』第五二号*	一九二九（昭和四）年九月	
『関西連合保育会雑誌』第五三号*	一九三〇（昭和五）年一〇月	
『関西連合保育会雑誌』第五四号*	一九三二（昭和七）年七月	

収録一覧

第2巻

資料名（号数）	発行年月	発行元
『関西連合保育会雑誌』第五五号*	一九三八（昭和一三）年八月	関西連合保育会
『第四十九回　関西連合保育会誌』	一九四八（昭和二三）年一〇月	
『第五十五回　関西連合保育大会協議会誌』	一九五二（昭和二七）年四月	岡山県保育会
「幼稚園に於ける郷土教育」*	一九三三（昭和八）年一一月	大阪市保育会
「第四十回　関西連合保育会提出遊戯」*		京都市保育会
「関西連合保育会提出遊戯」*		神戸市保育会
「関西連合保育大会提出遊戯」*		吉備保育会
『第六回全国幼稚園関係者大会　提出問題意見発表』*	一九三五（昭和一〇）年三月	大阪市保育会

＊は大阪市立愛珠幼稚園所蔵資料。

『関西連合保育会雑誌』第2巻

目次

関西連合保育会雑誌　第五五号

関西聯合

保育會雑誌

第五十五號

昭和十三年八月

ポアール

絶對無鉛

赤《あか》ちやんの
か弱《よわ》い皮膚《ひふ》に
一番安心《ばんあんしん》して
使《つか》へる撒布劑《さんぷざい》
口《くち》に入《はい》つても
無害《むがい》
新時代《しんじだい》の
汗疹に効く
天瓜粉《てんかふん》

製造元 塩野義商店
大阪 道修町
各地藥店にあり

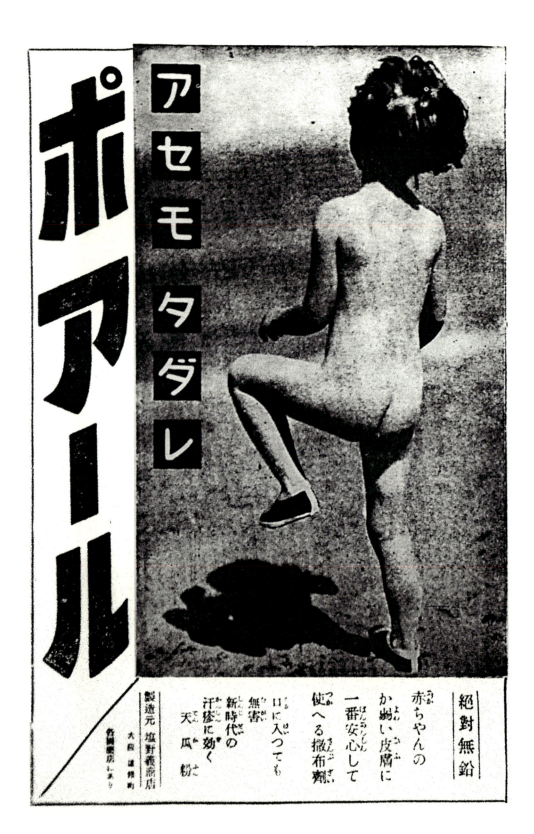

奉祝手提籠

（靜岡市櫻花幼稚園）

子供の獅子舞

（大阪市西九條幼稚園）

食後の齒磨
（名古屋市第二幼稚園）

プール遊び
（大阪市中大江幼稚園）

關西聯合保育會雜誌　第五十五號　目次

正誤表

頁	行	誤	正
9	16	根抵	根底
14	17	居さる	居る
〃	末行	幼園稚	幼稚園
21	上14	保ノ	保姆ノ
22	下17	稚園	幼稚園
23	下9	幼兒育教	幼兒教育
58	下14	危驗	危險
60	上14	動かし得し得ない	動かし得ない
〃	下3	存じまて	存じて
63	上5	講會習	講習會
64	上8	二十二日	二十一日
67	下9	寢ませる	寢させる
82	下2	原さ	厚さ

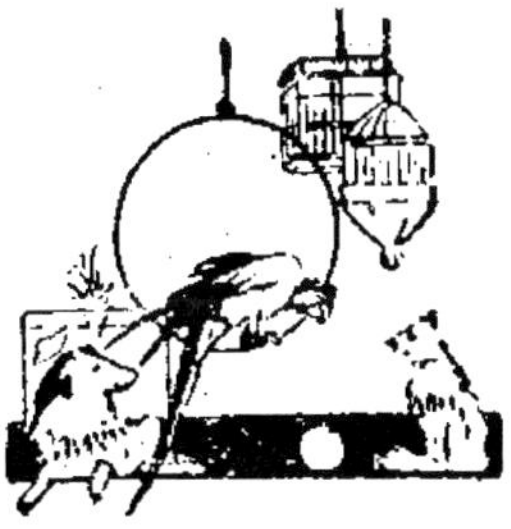

【講演】

日本人教育機關としての日本幼稚園の根本任務

楢崎淺太郎先生

十數年前に御當地で聯合保育會をお開きになりました時に參りました其時の感じと、今日の大會の感じとを比較して見まると、會員諸君の御人數の非常に增大されましたことは申すまでもありませぬが、昔、十數年前と今日と較べますと、保育をお考になります方向が非常に多方面になりまして、さうしてお考になります立脚地が非常にしつかりと地に足が着いて居られると云ふやうなことを感じまして、非常な感謝に堪へないのであります。私が今日お話致したいことは、此所に掲げられました演題の通りで御座います。

此問題を話します內容の第一はドイツの最近の教育國策としてのヒットラーの教育意見、第二に我國に於ける保育法の變遷特に最近關西の保育法の主潮、此二つの點から演題の「任務」に這入りまして、第四に此根本的な任務を實現します方法として幼兒の性格はどう云ふものであるか、幼兒のキャラクターと云ふものはどう云ふものであるか、それを觀察するにはどうして觀察すべきか、其觀察の第一は家庭內で之を觀察するの必要がある、家庭內で觀察するならば如何なる點で觀察すべきか、それを第四の問題としてお話しまするが其第四の點はお持の袋の中に小さな紙が這入つて居る筈であります、それは「幼稚園兒個性調査上の根本問題」と云ふそれに依つて第四は說明致します。

先づ第一の問題をお話致しまするが、ドイツは共和政體になりましてから教育の一大改革を施したのであります、所がヒットラーが宰相になりましてから、更に其從來の改革をもう一層根本的に改革しやうとして居る、それならば如何なる點に改革の矛を向けて居るかと申しますると其處に掲げました四つの點であります、第一は教育しますのには素質の餘り劣つた者でありますと幾ら教育を致しましても其效力が薄いのであるから先づ素質の宜しい子供を生れさす爲に結婚の仕方に付て國家の力で統制を試みやう、さうして既に新聞でも御覽になつて居られる通り實行を始めて居る、第二はさう云ふ風にして生れた子供に對して體育を徹底的に行ふ、其爲には家庭及び學校の從來の教育方針を一新致しまして體育に關係する時間を非常に增さうと試みて居る、第三は斯くして先づ體力を養つた上に於て性格を築上げよう、其性格は一言で蔽ひますと「勇敢なる性格」是は私が向ふでは色々なものを入れてをるのを纏めたのですが第一が決斷力、第二が意思の力、第三が責任を喜ぶの心、此の三つを包括しまして我々の頭に入れるのに都合の良いやうに勇敢なる性格と名づける。第四には此三つが行ひ得た後にそれから從來のやうな智育即ち科學的の教育をしやうと云ふのであります。之を御覽になりますとドイツのやうな科學を重んずる國にあつて、而かも科學の教育を第四番目に落したと云ふことであります。さうして此方針は上は大學から下は幼稚園、家庭にまで之を實行しやうとして居る、其一例を示して見ますると先年フライデルベルヒ大學に日本でも相當知られて居るハイデツガーと云ふ若い哲學者が總長に就任しました、其就任演説に大學の學生の任務として三つの大きな任務を宣言したのであります。其の第一は社會へ勞働を奉仕する、是が大學生の第一の任務、第二は國防への奉仕、第三が智識への奉仕從來の大學では智識を以て社會に貢献させるのが是が大學の使命と考へて居りましたのを、それは大學の使命の三分の一の事に下がつて來た、此の勞働の奉仕と云ひますと其町で例へば一つの道路を直すと云ふことであれば、大學生も進んで行つてそれに參加しなければならないと云ふやうな勞働奉仕であります。此三つをドイツ語ではアルバイト、ビインスト、ウエルビンスト、ウインゼンスト、ビインスト、大學では此三つを行はなければならぬ。之を行はせる樣に自分は總長として此教育機關を運轉するのであると言つて居ります。結局此狹い範圍に止まらず、社會の凡有方面に大學生も參加しなければならぬ、さうして唯々智識のみで參加するにあらず肉體力を以て參加せねばならぬ、と云ふことを宣言した。斯う云ふやうな調子に今は變りつゝあるのであります。此點をお考へにお入れになつて、日本の教育界特に、日本の幼稚園、殊に最近の關西幼稚園の傾向はどうであるか、之を相對比して考へると、若しも兩者相一致するならば我々の考へて居る所も向ふの考へて居る所も略々似て居る、若しも違つて居る所があるならば何所に違ひがあるか、其違ひは正しいか間違つて居るか、さう云ふことを此次に反省して見たいと思ふのであります。そこで少し計り日本の國の此保育法の變遷を考へて見る必要があります。御承知のやうに日本の幼稚園は今から七十年以前に誕生したものであります。其最初は幼稚園の仕事は何をするものと考へたかと申しますと、小學校へ行く準備をするのだ、斯う考へたのであります。小學校へ這入る前の端緒を敎へる所也、是が明治五年の學制に規定されて居るのであります。端緒を敎へる所であつてどう云ふ内容で其端緒を考へるか、さう云ふことは示されて居ない、所が其後明治八年に京都に初めて日本の幼稚園が出來ました。「幼稚遊戯所」と云ふ名前で立てられた、此京都の幼稚遊戯所の方針と申しますものは今日に於てもう一度考へて見る必要のある、非常に意味のある幼稚園であつたと思ふのであります、それは此幼稚園では何を養成するのが目的であるかと申しますと、遊びの中に於て英才を敎育すると云ふ理想を有つて居つた、詰り社會の指導者を造つて行かう、此點が先きには觸れなかつたが、ドイツの學制改革の根本精神は此指導者を養成すると云ふことが敎育の中心問題になつて居ります、さう云ふヒツトラーのやうな考へを既に七十年前に京都では考へて居つた、さうして其指導者に成る人にはどう云ふ能力を養成するかと云ふことも規定して「發明の力を涵養する」と書いてある、發明の力を涵養しさうしてさう云ふ人を養ふのであるからどう云ふやうなことをするかと言へば、細かいことを書いてありますが其中の一つに賢人名媛の業績を圖解せる繪本を使ふと云ふことがある、此點は私は現在の幼稚園の設備は能く存じませぬが斯う云ふやうな方向にどの位完備して居るかお考へを願ひたい、是は明治九年頃ですが斯う云ふ考へは明治二十年頃の幼稚園の書物を見ますと幼稚園の書物の中に繪まで這入つて出て來て居ります、斯う云ふ宜しい考へが京都では起つたのであります、所が明治九年に女子高等師範學校の幼稚園が出來ました、此幼稚園はどう云ふ精神であるかと言へば京都のとは全く違ふ、どう云ふ風に違ふかと言へば此所ではドイツから輸入した所の敎育の目標を有つて居るに對して京都では日本在來の此敎育精神から考へ出した法案であつた、女子高等師範學校ではドイツから輸入した目標が揭げられて居りますがそれを讀むことは略しますけれども、全くドイツの考へを其所に翻譯して出したのであります、だからどう云ふ保育項目があるかと言へば物品、美麗、智識と云ふやうな我日本人には非常に緣遠い言葉で保育項目が出て居る。さう云ふ樣な所で養成された方が地方の幼稚園へ行つて敎育に從事されましたから日本人を敎育する敎育機關に於てドイツ人を敎育するやうな敎育法が行はれて居つたのでさう云ふ氣持ちが今日も幾分殘つては居ないかと私は心配するのであります、之は獨り幼稚園のみならず他の敎育機關にも斯う云ふ點がある、それを訂正する爲日本人敎育機關の幼稚園、其幼稚園の任務は如何にあるべきか、今ドイツの眞似をしたと云ふことを申しましたがそれは單り法令のみならず先生がさうであつて而も女子高等師範學校から文部省へ報告した言葉の中にも斯う云ふものがある、

「現今實施する保育方法の如き悉く本邦の子女に適切なるや否やは素より保し難しと雖も開園以來ゼルマン大教育家フレデリック、フレーベル氏の法則に準據し以て保育に從するに稍々其功績あるが如し」非常に怪しみ乍ら之を輸入した點がはつきり分つて居る、さうして此明治九年の幼稚園の目標は其後色々變へられましたけれども今日の大正十五年でありますか、あの頃改正された幼稚園令も餘り其形式が變つて居ないのです、此ことはまだあの頃までも我々の頭に幼稚園教育はフレーベル式詰りドイツ思想と云ふものがある程度まで勢力を得て居つたのであらうと思ひます、併乍ら如何に法令がさうでありましても實際教育に當つたのは日本人です、日本人は日本人の血なり涙なり情を持つて居りますから法令はドイツ的であつても實際の方式は餘程日本的に行はれて居つたであらうと思ふ、併し乍らさう云ふ法令の精神が不知不識又日常保育にも影響して居り保育の書物にもさう云ふものが主として書かれて居つてさう云ふ影響が今日もありはしないかと云ふことを反省して頂きたいのであります、それから後は明治四十年代になりますと此實驗教育などが這入つて幼稚園の內容が變つて來、モンテッソリー式はアメリカ思想などが這入つて少し變つて來た、所が有難いことには法令がどうであらうと教育の學說がどうであらうと實際に保育に從事して居られる方は現實を始終見て居り現實を見て保育を爲すつて居られますから法令とは違つた、法令の精神とは變つた方面に非常に發達を促して居るのであります、之は非常に有難いことです、結局是はあなた方の日常子供を觀察され地方の家庭の狀況、都會の狀態色々なことを觀察され乍ら實際の保育案が樹てられた譯なのであります、そこで今日どう云ふやうな保育の狀態であるか、私ば折角お話をするのでありますから現在を能く知つて居つてそれで何か一言でも意義のあることを申上げたいと考へまして先月の中頃に大多數の方はお讀下すつたでせうが「今日あなた方は保育上如何なる點に特に力を用ゐて居られますか」それを第一第二第三と致しまして之にお答を願ひたいと云ふお端書を差上げました、それは愛知縣、大阪府京都府、岡山縣で兵庫縣は省きました、それは何故かと言へば私は九月に此方へ參りましたから其講演の影響が這入つて居るならば一寸私の目標に反すると思つて省きました、所が先日までに御回答を下さつたのが七十通、まだ百三十通程歸りませぬからどうぞお歸りになつたら何か書いて送つて頂きたいのであります、適當な機會に又あなた方のお目にかけたいと思ひます其御返答を讀んで見ます、一例を申上げますと——其集めたものが此第二、第三、第四の表であります。之に依りますと保育上特に力を注ぎ居る點——或幼稚園から、體育的保育、周圍は好感なる神社佛閣等に面接せる爲保育上體育的なり、德育的保育、四大節を特に重要視す、宗教的保育、形式は大いに宗教的、內容は意識を最も低下したるものにて研究中——或はさう云

保育の對象

	第一園數	第二園數	第三園數	計
體育	24	6	6	36
宗教的情操（宗教的）	6	1	1	14
宗教的情操（皇室的）	3	2	1	
しつかりした子供	1	8	2	11
本然の性情	5	2	2	9
國家觀念	1	3	3	7
保育の對象				
善良の習慣	2	4		6
團體的訓練		2	4	6
人間敬愛	1	4		5
觀察力	2	2		4
心身圓滿	2	1		3
注意力	1	1		2

保育の對象

	第一園數	第二園數	第三園數	計
保育の方法				
母と連絡				
自然生活				
自由素直にのび〱				
よく遊ばす				
躾方				

ふやうな答へがあるとしますと之をどう云ふ風に整理したかと申しますと先づ第一に此保育の對象の第一園數が第一の答、第二園數が第二の答、第三園數が第三の答、計はそれを合計したものであります。此體育的保育と言ひますのがさう云ふやうなのは體育を重んぜられるとしまして保育の對照は體育にあるとして「體育」に入れました、三番目の宗教的保育とありますがそれは二番目に宗教的情操と云ふのは特に皇室を中心として宗教教育をされるのと單に宗教的と云ふお答を區別する、さう云

ふやうに分類しました、茲には合計二園以上を擧げましたが一園だけを擧げますと非常に澤山擧つて來ます、之を拜見致しますと、凡そ此關西の殊に新らしい方向に進んで居られるか、どう云ふ所に關心を有つて居られるかと言ふ事が略々想像がついたやうな氣が致します、さうして此數は多いのが宜しい少いのが惡いと云ふ意味でなく、又或場合は多くて眞理のある場合もあり少くても本當に眞理の場合もある、唯一つの回答でも非常に重大なる所に眼をお着けになつたものもあるが皆書くことが出來ぬから多いのから出しました、是を概括致しまして第一に力を注いで居るのは此中の第一園數をごらんになれば體育と云ふのが二十四ある、是は今日あなた方の御報告を受けたものと一致して居ります、其次には何かと言へば是は可なりの相違がありますが宗教的情操の宗教教育が第二、それから第三が自然の性情、國家觀念、善良の習慣、團體訓練、人間敬愛、觀察力心身圓滿、注意力、母との連絡、自然生活、自由素直にのび〳〵、よく遊ばす、第二番目の方は何が一番多いかと申しますとしつかりした子供、此の中には色々宜しいことを發見しました、例へば底力のある子供とか落着いた子供とか云ふやうな名言が此の中に這入つて居ります、それから三番目には何が多かつたかと申しますと母との連絡、母の教育、家庭との連絡と云ふ問題、是が三番目として最も多かつた點であります。此一二三を概括してごらんになりますと云ふと矢張り第一が體育で三十六、其次が宗教的情操で十四、其次がしつかりした子供、其次が本然の性情、保育の方法の中では母との連絡、それから出來るだけ自然の生活をさせたい、斯う主張されるのが多いが之は多くは都會の方から下さつた答の中にあります、斯う云ふやうな結果になつて居りますが、之を假りに關西の保育界の傾向と考へて斯う云ふやうな傾向がどう云ふものであるかと反省して見る、此反省は人々の主觀によりまして可なり違ふのでありますが私の考へだけを述べますからあなた方適當に批正をして頂きたいのであります、私は第一に體育を重んぜられると云ふ點は是は何等の非難すべき點がないのみならず非常に重大なことであります、ドイツの教育でもさうであります、日本だつてさうだらうと思ふ、正しい是は保育の方法だらうと思ひます。第二はそれならば何をすべきか、是は私は此言葉で言へばしつかりした子供、是が丁度ヒツトラーの勇敢なる性格に相當する、之を第二の目標に揭げて宜しいと思ふ、此しつかりした子供、之を假りに概括しまして大和魂を核心とせる性格しつかりとはどう云ふことかどう云ふしつかりした子供かと言へば是はドイツでは勇敢なる性格だが是とは內容が違はなければならぬ、日本の幼稚園はフレーベルの教育思想を其儘私は取入れてはならないと思ふ、參考にはするのですが飽まで參考でなくてはならぬ、日本人は日本人の立場に立つて參考にする、そこで私は大和魂を核心とせる性格と云ふ言葉でしつかりした子供の內容を決定して見たのであります、さうしてそれが出來ましたらドイツでは科學教育と言つて居るが私はそれでは狭いと考へまして「實力」とした、其實力は鐵のやうな實力、茲で實力と云ふのは實際生活に對してそれを勇敢に乗切ると云ふやうな力を實力と云ふのであります、之を私は日本幼稚園の根本任務と致したい、斯う云ふやうな方向に進んで行くとしますればもう少し此日本魂を核心とせる性格と云ふことを分析しなければなりませぬ、小さい紙を出して下さい。

觀察點				程度 +2	+1	普通	−1	−2
性格	敬虔の態度	敬虔	天皇神又は佛樣を禮拜するか					
		誠實	詐りを云はないか					
		從順	父母の命を守るか					
			食物に不平はないか					
			保姆の教をよく聞くか					
	人間的行動	敬愛	父母を大切にするか					
			兄弟友人仲はよいか					
		勤勉	幼稚園でよく勉めるか					
		規律	物を大切にするか					
			仕業をていねいにするか					
性癖	どんな癖があるか							
	智的素質の程度							

其所に性格と云ふ表があります、此の性格の大和魂と云ふものはどう云ふものか、其右の方に觀察點がありまして、其横に敬虔の態度、人間的行動と二つに分けてありますが此二つになるのであります、詰り大和魂の核心を成して居るもの、中心を造上げて居るものは敬虔の態度、此態度から日本的な行動が生れて來る此敬虔の態度は何の國の宗教にもありますが言葉で現はす限り同一でありますけれど日本のは違ふのであります、其違ふ所を子供の中から大きくして行かなければならぬ、其違ひは其敬虔の態度の右の所をごらんになれば「敬虔」として天皇神又は佛様を禮拜するかと書いてある、さう云ふ天皇神又は佛様を禮拜します時に起つて來る所の心持、其心持の次に「誠實」それから「從順」、敬虔の態度は必然的に從順になるのであります、敬虔の態度あるものは高い者、尊い者、偉大なる者、勝れた者は必然的に從順な態度を取る、其人が人に對してはどうなるかと言へば其人間的行動を取れば人間に對して「敬愛」の態度を取ることになる、仕事に對しては「勤勉」の態度を取ることになる、其仕事は「規律」ある行動をする、敬虔、誠實、從順、敬愛、勤勉、規律と云ふ風に書きましたけれども是は六つのものでなくして一つのものが斯う云ふ風に現はれて來る、斯う云ふ點を養成することが此幼兒教育に於ても中心目標でなければならないと思ふ、斯う云ふ教育は是はフレーベル式の幼稚園では餘りしなかつた、女子高等師範學校に輸入したやうなものは餘り之をしなかつた、併ながら本當に今茲に擧げたやうな教育は維新前には行はれて居つたのであります、さうですから今日の日本の幼稚園、小學校教育を改正するのに一つの模範を世界に求めず日本國の維新前教育に求める、一例を申せば松陰先生の松下村塾などの教育精神であつて茲に其五つの原則を述べて見ると第一は兩親の命必ず背くべからず第二兩親へ必ず出入を告ぐべし第三朝起きましたらば先祖を拜しお城に向ひ拜し東に向ひ天朝を拜すること、假令病に臥すとも怠るべからず第四兄は固より年長又は位高き人には必ず順ひ敬ひ不禮なることなく、弟は云ふも更なり、品卑しき年少き人を愛すべし——敬愛の精神を述べて居る、斯う云ふやうに私が觀察點の所に書き上げましたやうな性格を養ふ方法は松下村塾の中ではそれを目標にしてやつて居るのであります、さうして維新當時あゝ云ふやうな偉才を送り出したのであります、斯う云ふ教育史上非常に確實なる事實を我々はもう一つ反省する必要があると思ふのであります、是で目標と任務を終りましたが斯う云ふことに爲さる爲には幼稚園の中に子供が這入りまして二三週間も經たない中に今のやうな精神を子供らしく子供の心に強く叩き込む必要があると思ひます、さうして斯う云ふ精神を子供の心に印象するには午前中に名古屋の誰方か御説明になりましたやうに先づ此保育者、教育者が教育的の權威を以つて居なくてはならぬ、自分の使命は斯う云ふことをするんだ、日本人教育機關としての日本幼稚園に居つて此任務をして居るんだと云ふしつかりした自分自身の任務に對して絶對の尊敬の意識を有つて立たなければならぬ、是れさへ有つて立ちますれば自然其意氣に、其思想に父兄は動かされ先の母の心を捉へ母の心を動かすと、それは斯う云ふ大きな原理から動かすのであります、さうして斯う云ふ原理で幼稚園教育をして居るのだから家庭でも其子供に對して斯うありたいと御注意を願ひたい、さう致しまして愈々一人々々の子供に對して教育が始められなければならぬ、此際に私が二十人計りの子供に付て調査した結果に依りますと此表の中の所に色々の矢を書いた所があります。

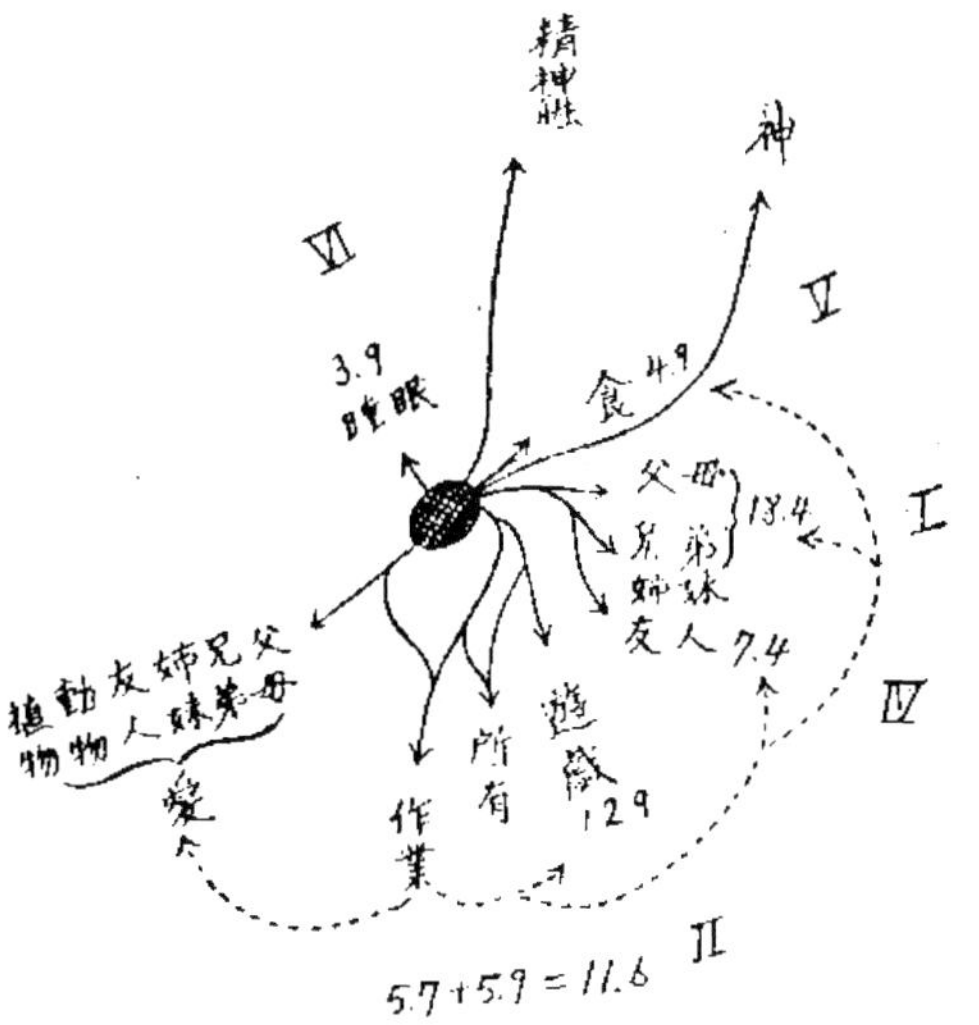

之を見て頂きたい、子供の心の動き方を示したのであります。此動き方を肚に有つて居なければ一人の子供も指導は出來ない、口には言へるかも知れぬけれども心の中に本當に有つて居て幼稚園の幼兒は斯んなに動くと云ふことが分つて居てさうして指導出來るのであります、是は主に尋常一二年の生徒に付て私が研究しました結果でありますが之に依りますと子供の心の中で一番強いのは食慾です、右の方に「食」として矢が短くなつて居るのがあります、矢の短いのは強いことを示すのであります、其次に子供の心は何處に動くかと言へば父母に對して動いて居る、一寸ごらんになれば子供は遊んで居つて親なんか思はぬやうに思へますがそれは表面の觀察で心の中では母を思ひ父を思つて居る、是が教育して行く所の第一の根抵になる父を思ひ母を思ふと云ふ心から教育が始まるのであります、次は兄弟姉妹に動いてそれから友達に動く、友達の方は矢の線が長くなつて居るのは弱いことを示すのであります、其次に遊びに動く、子供の生活は遊びだと言ひますけれども遊びの時にも親を思つて居る、それから遊戲の次には色々の物を有ちたいと云ふやうなことから作業仕事に對しての動きも出かけて居る、斯う云ふやうな調子で子供の心は絶へず動いて居る、ですからどんな場合でも食慾と云ふことに依つて子供を動かすことが出來る、食べ物の取扱ひに依つて子供を動かすことが出來る、其次に親を思はせることに依つて動かすことが出來る、さうして上の方に「精神性」と書いて置きました、右の方に「神」餘程線が長くなつて居ります

が薄いのですけれども子供の心に映つて居る、斯う云ふ動きを幼稚園では發達させる、是等の動きは皆大和魂的なものゝ動きなのであります、他の言葉で言へば本質的な動きである、斯う云ふ本質的な動きと云ふものを指導をせずに唯遊ばせる、唯喜ばせる、と云ふ教育であればそれは本當の日本人教育になつて居ない、子供は遊ばせて身體を丈夫にさせなければならぬが其上もう一歩進めて此動きを延ばして行く、之を延ばすことに依つて日本人が出來る、斯う云ふ事を心に有つて居つてさうして一々の子供をごらんになれば皆が此通りには動かず色々の缺陷を有つて居るのであります、其缺陷はどう云ふ所にあるかと云ふことは第一に家庭でお聽きになつてごらんなさい、それには入園早々に家庭への問合せと致しまして玆に書いてありますやうな主なる點に付いて質問を送つてごらんなさい、例へば父母や長上の教訓を能くお守りになりますか否か、兄弟は仲が良いか又は喧嘩を度々するか、物の取扱ひが粗末か丁寧か、言葉使や動作、禮儀作法、性質習慣、癖など承るやうなことはないか宗教に對してはどんな指導をされて居るか、其他幼稚園に付ての御希望はどう云ふことがありますか、と云ふやうなものを出してごらんなさい、さうすれば是は非常に有効なものであつて斯う云ふことをやつて居られる御園もありませうが是で餘程樣子が分ります、さうして面白いことは親の言ふことを聞かないと云ふやうな子供であれば大抵皆惡くなる、今玆に一人の子供の例を申しますれば父母長上の教訓を忘れ勝ちと云ふのがある、さうすれば兄弟の仲は一番下の弟はいたはりますが中の弟とは喧嘩して困ります、學業品の取扱ひは亂雜で困ります、粗末で困ります、と云ふ風なものになる、大抵親の言ふことを聞かぬ子供は惡い、マイナス二の數字が皆着くやうになります、さう云ふことですから一つさへ良くなれば皆良くなり一つ惡ければ何時まで經つても全體の惡い所が直らぬと云ふことになる、それから此惡い子供は凡てどの位あるかと云へば十五パーセントから二十パーセントは直ぐ直さなくてはならぬ子供がある、八十パーセントの子供はそれ程注意しませぬでも割に善良な子供でありますが其二十パーセントの子供を見出すのが斯う云ふもので以て直ぐ見出せる、それが分ればそれをどのやうに教育するか、どう云ふ風に指導するかは今度は其子供に付てもつと丁寧な色々な調査をする必要があるのです、けれども兎に角最初はさう云ふ風にして見出すことが第一必要であります、其目星になります所を此表に書いて見たのであります、斯う云ふ點を先づ第一にお調になりさうして其次に幼稚園に這入りましてからどう云ふ風なことをするかと云ふことをおやりになる、さうしてそれの子供を保育する、斯う云ふ風にして頂いたならば、無論今日までも爲すつて居られるのでありませうけれども斯う云ふ風にすれば一層徹底しはしないか、何れにしても目標をはつきりすると云ふこと、之をしつかり自分で自信の行くまで作上げるのであります、今のは私の肚で極めたのであつてあなた方は自分の心で納得爲さるやうな目標をあゝ云ふ風な形式に倣つて作つてごらんなさい、さうしてどの學校でも幼稚園でもですがもう少し此、眞面目と言ひますか敬虔の氣持、私を捨てると云ふ氣持、之をどうしても小さい時から植付けなくちやならないと思ふ、色々の仕事をして行く上に、社會的の仕事をしましても學術的の研究をしても何をしても心の底に私のあることから非常な障碍を起して來る、さう云ふ心持は大きくなつて俄かには到底養はれない、日本の國を活かすも殺すも多くの人の心の中に私の心を延ばして行くか敬虔の心を延ばすかで極ると思ふのであります。

御靜聽を得ましたが是で講演を終ります。

（終）

幼稚園保育の新方向

倉橋惣三先生

幼稚園の教育は物の流行の樣に變るものではありませんが、政治、經濟、文化、社會問題等は實に目まぐるしく變ります。教育と云ふものも時代の變遷に伴ふものとすれば又當然變化が有るべき筈でありますがお互ひのやつて居るこの教育の仕事がさう目まぐるしく變るとはどうしても思はれません、從つて幼稚園保育の新方向と云つてもさう新しいものがある譯のものではない樣に思はれます。然し近頃の幼稚園を何れの方向に向けるべきかと云ふ事は考へらるべき問題なのであります、が忙しいお互ひはその日〳〵に追はれてしみ〴〵幼稚園と云ふものについて考へて見る餘裕を持たない樣に思はれますので、かうした機會に御一緒に考へて見樣と思ふのであります。

先づ我が國の幼稚園令を分割して考へると上の句と下の句に分れます。

幼稚園は幼児を保育して…………は枕言葉

心身を健全に發達せしめ
善良なる性情を涵養し }……………は上の句
家庭敎育を補ふを以て目的とす…………は下の句

で有ります。

只今の幼稚園の敎育の仕方は上の句、下の句共に大切に取扱はれて居りますが現在ではむしろ下の句の方に力が入れられてよい樣に思ふので有ります。

歌それ自身の作者は申すまでもなく、たゞのよみ人もそれを自分の作としてよむのでなくては歌の本當の味は出て來ないので有ります。

「敷島の大和心を人問はゞ朝日に匂ふ山櫻花」と人口に膾炙されて居りますあの歌は賴山陽の作と思つて居りました所、先日福岡に旅してそれが彼の有名な野村望東尼の兄さんの作だと聞いたのであります、正否はたゞしてありませんがその人が餘り有名でないのと、山陽と交遊があつたところから山陽がその歌を知りよい歌として口ずさむ事の多かつたところから山陽の歌として傳へられたのではなからうかと思ひました、山陽が口ずさむ度に作者名をも共によまなかつた罪でも有りませうが一面山陽が自分自身の物として味ひつゝ口ずさんだ所に誤傳の原因が有るのではないかと思はれます。

幼稚園令の作者は勿論文部省でありますが、それを詠むものは上の句、下の句その何れに力を入れてよむかと考へるのは詠むものゝ一つの務であります、敎育と云ふものについての考へ方は現在一般的にその内容的意味に重きをおくよりも社會機能としての方面に重大な意味をもつ樣になつて居ります。

從つて小學校敎育もさる事ながら學齢前の敎育では更に一入社會的機能としての目的に重きをおくべきで有りませう。

即ち「心身を健全に發達せしめ善良なる性情を涵養し」と云ふ事だけを完全にすれば能事終れりとするのでなくて下の句「家庭敎育を補ふを以て目的とす」と云ふところから出發すべきでは有りますまいか、こゝに一人の男の子、又は女の子が有る、その子供の心身を健全に發達せしめ善良なる性情を涵養しようとするのと、先づはその家庭を調査してその家庭の子供としての、その子供の適當な敎育をなさうとするのではその方法に大變な相違がある筈であります。

幼稚園の先生方が上の句についでは隨分考へ、練りに練つて居られるが、下の句についてのお考へはいまだ不備な樣に思はれます、然して現在の幼稚園では下の何の方が必要だと云ふ事をどこまでも強調したいのであります。

幼稚園に於てなぜ家庭教育を補ふ必要があるか、私は皆様に幼稚園教育のあらゆる方向を考へていたゞきたいと同時に大阪の家庭の様々の方面、社會の有様などをよく研究していたゞきたいと思ふのであります。

そして如何なる譯だから幼稚園が必要だ、故に如何にして今日の幼稚園を經營して行かふかと考へるのが大切であります。今日の家庭の現狀では私達の補はねばならぬ事が餘りに多い、だから私達は幼稚園の保姆と云ふよりも「家庭教育補充業者」と云ふ氣持で居る事が必要であり又かくある事が現在の社會に迎へられる所以で有りませう。

今私が假に大阪の保姆諸姉に試驗をするとすればその問題として
▽大阪の家庭狀況如何
△大阪の家庭教育如何
△大阪の兒童が家庭に於てうけて居る教育狀況如何
等を提出したいと思ひます、それが分らぬ樣では教育は又昔に戻る憂が有ります。

家庭教育の大缺陷とは何か、抑々家庭が補はれなければならぬものは何であるかと云へばそれは人數の不足から來る社會性の訓練の不足で有ると人は云ひます、それは家庭のもつ教育限度についての補ひで有りませう。

然しものは外面的な普遍的な一般的なものと考へて居るのでは本當の熱は出ないので幼稚園と云ふものが有つてそこに子供が來て居るのでなく、そこに來て居る一人々々の子供、その子供のための幼稚園であると考へるのでなければならぬのでありますす。だから甲の幼稚園と乙の幼稚園とではその内容とする子供のちがふ樣に相違があるべきで有ります。吾人は幼稚園の行政者でもなく幼稚園學者でもなく幼稚園の實際家で有ります、だから自分達の組の子供三十人、四十人と云ふものがきつちりとその頭に這入り、その子供に即した保育即ちその子供として當然なされねばならぬ筈の家庭教育の不足點が補はれねばならぬので有ります。

我々の教育は幼稚園教育の一般的目的をいつもふりかざして居るのでなくその子供特有の問題を目標として教育して行くべきであります。

教育者と云ふものは理想に醉ふものであつてはなりません。理想派の人達はともすれば現實を見落す嫌ひが有ります。家庭の親がすべき筈の事が出來て居ないと云ふ事實は理想でなく現實で有ります。すべき筈の事が出來てない、それはまことに氣の毒な現實であります。それを補ふのが「家庭教育補充業者」に任せられた仕事であります。私は幼稚園教育の研究をつゞけて隨分久しくなりますが何時までたつても其研究に熱を失ひません、それは澤山の親に逢つて、筈であるのに一大筈であるのに出來て居ない、出來ない事實を澤山にきゝ家庭と云ふものはそんなものかなあ、一年、二年でとても心身を健全に發達せしめ善良なる性情を涵養するなどと云ふ事は出來ぬかも知れぬが先づ御家庭のお助けをしませうと思ふ事が餘りに多いので有ります。それが此教育への研究に熱を失はぬ所以であります。

高所から保育の理想を上手にとく人は有るがこの子供の現實から出發した保育を說く人は少い。

今日の家庭は子供を教育しよふと云ふ自覺は隨分高まつて來ましたが子供を知ろふと云ふ心持にはまだかけて居ます。そこから大きな間違ひが出發するので有ります、親なればこその泪ぐましい失敗が生れるので有ります。

吾人教育者は何を補へばよいのか

家庭教育を補ふか

家庭教育のよく出來る樣に補ふか

と云ふ二方面がそれで有ります。

私共は子供と共にその親をも幼稚園に迎へその子の教育について

△家庭と協力してよく教育出來る樣にし

△家庭にその子供の身體精神上の觀察を通告し

（それが如何にも親心を滿す樣に出來て居とる云ふ事が必要）

△そして更に家庭と協力する

と云ふ事によつて私共の幼稚園を社會に進出せしめ、家庭教育の缺陷を補つて幼稚園教育の目的を達し得るので有ります。

母親相談所、健康相談所はたゞの相談所で有ります、然し幼稚園は最も計畫的、繼續的にしかも根本的にその子供の教育についての家庭の補ひをなし得る所なのであります。

そして幼稚園たゞ一つのみがそれをなし得るので有ります。

幼稚園が在來の方針のまゝのもので有れば其うちに不要になりませうが本日問題にのぼせました樣な任務を遂行してゆく幼稚園こそ永遠性をもち將來ます／＼必要になつて行くのであらうと思ひます、國民幼稚園の礎石にならふとも思ふ位であります。さうした重大性をもつた方向にまで各自の幼稚園を一歩づゝ進めて行きたいと思ふので有ります。

如上の意味で考へました時幼稚園の內を如何にすべきか、幼稚園が社會的方面に働きかけるとすれば內容もまたかくなければなりませぬ、即ち子供をよく知らねばなりませぬ、その爲には幼稚園に於ける彼等を、彼等の眞實の生活、さながらの狀態におかねばなりません。

本當の魚の習性は生簀の中のお魚からは知る事が出來ません、海に泳ぐ魚を舟にのつて調べるのでなくては分りません、つまり捕へて調べるのでなくこちらから進んで行つて調べるべきで有ります。

即ち保育も自分の保育に便利な狀態に子供をおくのでなくて子供を自然な姿のまゝにおいて其處から出發すべきで有りませう、それは醫者が或程度の身體的故障は分らぬ樣に子供の弱點(我儘)をそのまゝ出させる狀態におかなくては本當の手當(保育)が出來ないからであります。

さながらの許される世界にさながらの心のまゝに暮して居たらどんなにいゝものだらふと思ひます。抑へられたさながら性にこそ無禮講は必要なのですが、眞のさながらの世界ではあらためて御自由に御勝手にと云ふ必要はないので有ります、そのさながらの中にこそ本當の神性は發見出來るので有ります。

さながらの心を迎へるのにはさながらの幼稚園でなければなりませぬ、そこからこそ本當に生命の正直さ(シンシアー)が生れるので有ります。

ここで話は變りますが、善良な性情の涵養と云ふ事はこの正直さシンシアーがなくして何が出來るかと云ひたいので有ります、この幼い子供達に善良な性情をとつてこの事以外に何が有りませう。善良な性情と云ふ事をづつとおし進めて考へて行きませう。おいしいお壽司の作り方も要は調味料でなくて、もとは米の磨き方であると云ひます。善良なる花子と太郎を作るためには先づ眞實な正直な花子を、太郎を作るのがその源では有りますまいか、よい繪を懸け、よりメロヂアスな音樂を選び其處から如何にして子供の正直さを作り得樣かと云ふ事が保姆の手腕であります。西陣の職工は加茂川の淸い流れでその布を美しく晒す事がお仕事です、それがやがてよい染色に染めうる所以だからで有ります。

幼稚園保育の眞諦とは子供の生活をどけてその中に教育をもつて行く事でもなく、子供の生活の中へ教育を持つて行くのでもなく、子供の生活それ自身の中にある教育性を如何に伸ばさうかと云ふ事、即ち花子は花子、太郎は太郎の生活性を信じてその教育性を十分發揮させる事がそれで有ります。保育の結果は自分達の責任で有り責任以上の祈りで有ります、自分が居るためにあの子供が十分の生活性を發揮し得たのだと思ふとき如何に自分達の生活は嬉しい事か、朗らかな事かそれが自分達の本當の愉快ではありますまいか。

子供の伸びて行く生活性をます〳〵伸ばし教育の目的にまでどうして導いて來樣か、そこに保育案の問題が起つて參ります系統的保育案はむかふの持つて居る教育性にこちらの持つて居る目的性を如何に合致せしめるかと云ふ事がそのねらひ所であります。要するに子供をして眞實に生活せしむべく生活の中にある教育性を發揮せしめるための手段はむづかしいが先づ先生自體が眞實で有り正直で有る事です、幼稚園の中に於ける保姆は指導者でなく教育者でなく、子供と共に生活する人でなくてはなりません。即ち幼兒と不即不離の生活をする人でありたいもので有ります、子供の畵を喜んで見つゝ自分の畵も子供に見てもらふ位の先生の心持即ち子供と共に描くの心持は此處から生れるので有りませう。この眞實の形をまねた作爲は不可でありますがこの眞實に突入出來た先生はまことに幸福であります。

眞實の羊飼は羊の足並に合せて笛を吹くと云ひます。私達の友達は子供同志だ、しかし先生あるがために私達は幸だと云ふ心持を子供にしみ〳〵持たせる先生でありたいもので有ります。

大會記事

第四十二回關西聯合保育會情況

第四十二回關西聯合保育會は、昭和十一年十月十七日午前十時より、堺市堺高等小學校に於て、堺市保育會主催の下に左記の通り開催、名古屋、京都、大阪、堺、神戸、吉備の各地保育會々員其の他各關係者並に傍聽者等會同する者千二百名、頗る盛況を呈した。

堺市保育會は關西聯合保育會へ加入の年數も淺く、殊に大會を主催されることは始めてであつたが、大會關係者の一致協力の活動目ざましきものがあり、各般の準備遺漏なく、爲に淸新の氣あふれ活氣橫溢せる大會であつた。

（大會進行の順序）

一、一同着席　午前十時
一、開會之辭
一、遙拜
一、國歌合唱
一、挨拶　堺市保育會長
一、祝辭　大阪府知事　堺市長　堺市教育會長
一、表彰
　表彰ノ辭
　表彰
　答辭
一、會務報告　大阪市保育會代表
一、議事

1、建議案　（堺市保育會提出）

保姆資格向上並ニ待遇改善ニ關シ左記事項ヲ其筋ニ建議スルコト

一、幼稚園保姆ノ教養程度ヲ小學校本科正教員ト同等以上タラシムルコト
二、幼稚園長及保姆ヲ視學等ニ任用スルノ途ヲ開クコト
三、幼稚園長及保姆ノ若干數ヲ奏任待遇トナスノ途ヲ開クコト
四、幼稚園保姆ノ月俸額ヲ小學校本科正教員ニ準ゼシムルコト
五、幼稚園長及保姆ニ對シ年功加俸ヲ給スルコト

2、協議題

一、現今ノ幼稚園教育ヲ今後如何ニ進展セシムベキカ
　（吉備保育會、大阪市保育會提出）

3、談話題

一、幼兒ノ宗教的情操涵養ニツキ承リタシ
（大阪市保育會、京都市保育會提出）

二、幼兒ノ性格觀察ニ就テ適切ナル方法ヲ承リタシ
（神戸市保育會提出）

三、幼稚園ノ建造物設備等ノ標準寸法及理想案ヲ承リタシ
（名古屋市保育會提出）

休憩晝食

休憩中「住吉踊」ヲ備ス（住吉神社氏子奉仕）

一、研究發表

一、幼稚園榮養食の實際　京都市保育會
二、幼兒の數觀念の發達　神戸市保育會
三、幼兒のための繪本研究　大阪市保育會
四、郊外遊園に於ける保育の實際　吉備保育會
五、幼稚園兒生活觀察表に就て　堺市保育會

一、遊戯交換

一、「紙風船」「防空演習」　堺市保育會
二、「カニ」「爪切り」　名古屋市保育會
三、「オリンピック遊び」「かあごめかごめ」大阪市保育會
四、「およろこび行進曲」「ちつちく雀」　京都市保育會
五、「大空」「試合ごつこ」　神戸市保育會
六、「乗物遊び」「雷太皷」　吉備保育會

一、閉會之辭　午後四時
閉會後　市内見學　（係員案内）

會の情況左の如し。

一同着席するや、司會者早勢氏より開會の辭あり、次いで皇大神宮並に宮城遙拜をなし、國歌を合唱し、挨拶があつた。

挨拶

堺市保育會長　河盛安之介氏

今回當堺市に於きまして第四十二回關西聯合保育會を開催致しますに付きまして、加盟各保育會の御協力と御聲援を得ましまして、茲に千二百名に達する多數の會員の御參集を得ましたことは、本市の最も光榮として厚く參會の皆様に御禮を申上げる次第であります。中迄もなく我國保育教育に關する研究は日に月に進歩向上を致しまして、其實際の成績又顯著なるものがありますが、翻つて之を我國各般の教育研究と比較對照致しますならば、初等中等の教育に於きましては此普及充實の程度に於きまして歐米文明國中比類なき成績を示して居るのであります。又高等專門の教育に於きましても先進國に決して遜色がないのであります。然るに是等各般の教育の根底となるべき最も重要なる幼稚園の保育に於きましては、明治以來吾々の先輩並に現在斯道の向上發達に精進しつゝあられる所のお互ひ保育關係者の涙ぐましい努力奮闘にも拘ら

ず、一般社會の保育事業に對する認識が未だ不十分なるものがある。國家が此教育に對する施設、或は方法に於て幾多改善を要するものあることはお互ひに誠に遺憾と存ずる所であります。今日の會議に於きましては、是等保育事業の振興上最も重要な議題もある事であります。御熱心なる會員各位が我國幼稚園向上の爲に愼重なる御討議と御研究を遂げられまして最も有効に本會議を終始せられん事を切望する次第であります。本市は今回始めて本大會をお引き受け致したのでありますが萬事誠に不行屆であり、且不馴れでありますので、其點幾重にも御諒承を賜りまして、どうぞ皆さんの御協力に依りまして、本大會を無事に終りますやう何分の御聲援をお願ひする次第であります。甚だ簡單でございますが之を以て御挨拶と致します。(拍手)

次いで、大阪府知事安井英二氏、堺市長、堺市教育會長等の祝辭があり、之れが終つて保育功勞者の表彰が行はれ、小林まさゑ氏總代として答辭を述べた。

會務報告

大阪市保育會代表　長野義隆氏

甚だ僭越でございますが、前開催地を代表致しまして其後の經過を御報告申上げます。

前會は大阪市が當番でございまして恒例に依り、昭和九年内に開催すべきでございましたが、偶々恐るべき風水害に遭遇致しまして、遂に九年には開催することが出來ませず、役員會の御諒解を得まして、明けて昭和十年三月開催した次第でございます。當會は役員會の決議に依りまして第六回全國幼稚園關係者大會と併せ開催することになりました。隨つて日程、議事等は總て一緒に行はれた譯でございます。文部省諮問案の「幼兒の情操陶冶に關し特に留意すべき點如何」之に付きましては審議の結果文書を以て整理をし、其筋に御報告申上げました。又本會の歷史的協議題である所の「保姆の資格向上待遇改善」此問題に付きましては幹部六名のものが上京を致しまして時の文相松田閣下、添田次官、督學官等に親しく御面談を申上げまして吾々の衷情を訴へました。唯特に申上げたいのは第一回の幼兒教育者の表彰が行はれたことでございまして全國多數出席の前で八十一名の方が榮譽ある表彰を受けられました。全國大會を兼ねました關係上遺憾ながら交換遊戯は割愛の已むなきに至りました。研究發表、其他の協議に付きましては當時の記錄が出來ましたからそれに付て御覽を願ひたいと存じます。次會即ち今年度は堺市にお願ひすることになつたのでございますが、前申上げた事情の爲に昭和十年は休會と云ふ御相談を申上げましてさうして本日茲に此會の開催を見た譯でございます。以上簡單ながら御

報告申上げます。（拍手）

議　事

△議事係（澤田恒三氏）　只今より議事に入ります。

△総務今西學事課長　議事に入るに先立ちまして皆さんにお諮り致しますが、本日の議事を取纒めます所の議長をお決め願ひたいと思ひます。——如何なる方法に依つて何誰にお願ひ致しませうか。御意見を伺ひたいと思ひます。

△安井八十二氏（神戸）　在來の慣例に依りますと此種會合の議長は主催地の保育會長にお願ひ申上げることになつて居ります。随て、今回も御迷惑ながら當地保育會長殿を議長に推戴致したいと思ひます。御賛同を願ひます。（滿場拍手）

△総務（今西學事課長）　御異議ないやうでございますから左様に願ひます。

△議長（河盛氏）　簡單ながら御挨拶を申上げます。慣例に依りまして多數の御推薦を得まして議長の職責を汚すことに相成つたのであります。甚だ不行届でございますからどうぞ皆さんの御聲援をお願ひ致します。——それでは是から議事に移ります。堺市保育會提出の建議案を議題と致します。

建　議　案

保姆資格向上並ニ待遇改善ニ關シ左記事項ヲ其筋ニ建議スルコト

△水川喜代氏（堺）　今更御説明申上げますまでもなく、本建議案は既に先程會務報告にもございましたやうに、聯合保育會が開催されます毎に建議案として全會一致を以て其筋に建議して參りましたことは勿論のこと他に保育關係の會が全國的のもの、或は地方別のものとを問はず開催されます毎に、吾々保育關係者の痛切なる要求として可決し、其筋に建議して參つたのでございます。最近幼稚園教育が普及發達と共に此問題に付きましては、どの項目に於きましても一日も早く實現されんことを要求して已まないのでございます。念の爲に項目に付て簡單に申上げます。

一、幼稚園保姆ノ教養程度ヲ小學校本科正教員ト同等以上タラシムルコト

保育の重要性と保育の各方面に亘りまして眞に實力を涵養しなければならばならない必要を痛感しますと共に、現在の檢定制度が更に向上して欲しいと存じます。

二、幼稚園長及保姆ヲ視學等ニ任用スルノ途ヲ開クコト

現在の府縣視學の任用規定に依りますと、小學校の女子の教員には此途が開かれて居りますが、幼稚園長及保姆には此途が開かれて居りませぬ。小學校長を兼ねて居られます園長は別と致しまして、幼稚園長及保姆にも視學の任用の途を開かれたく、此問題は延ては幼稚園關係を主にしました視學の施設と云ふことにも關聯することゝ存じます。

三、幼稚園長及保姆ノ若干數ヲ奏任待遇トナスノ途ヲ開クコト

大正十五年の法律では、幼稚園長及保姆の待遇に關する件に依りますと、吾々幼稚園保姆は判任官と云ふことになつて居りますが、小學校教員待遇の第二條のやうに幼稚園長及保姆の内功績あるものは特に奏任官待遇に爲すことを得と云ふ風にして頂きたいと存じます。

四、幼稚園保ノ月俸額ヲ小學校本科正教員ニ準ゼシムルコト

是は第一番の項目と關聯致しまして、其資格を本科正教員と同等以上ならしむることは當然のことであると存じます。

五、幼稚園長及保姆ニ對シ年功加俸ヲ給スルコト

各種の中等學校教員を始めまして、小學校教員、師範學校の保姆にも年功加俸を支給されて居ります。獨り市町村立幼稚園長及保姆には此事がございませぬ。勿論私達は其資格なり教養の上に於きまして一段と努力を致さなければなりませぬ。又現に相當の努力を致して居ります。どうか此趣旨をお酌取り下さいまして前言申上げましたやうに、前記各項目の實現に對して關係者各位の徹底的な促進運動を起して頂きたく、本建議案を御可決下さるやうにお願ひ致すものであります。（拍手起る）

△議長　本建議案に付きましては御賛成演説の御通告があります。――京都の土坂さん……

△土坂氏（京都）　私は簡單に賛成の言葉を申上げたいと思ひます。

先刻堺市保育會長さんの御挨拶の中に保育の事業は總ての學校教育の――小學校教育の基礎であるとお述べになりました。其責たるや實に重大であり、其結果たるや個人の人生を運命づける事の重大さを持ち、國家の爲には又重大なる結果を齎らすものであると仰しやつたのであります。而して其實務者に對する所の冷遇たるや、他の教育事業に關係して居る總てのものに比較して、餘りにも惠まれて居ないやうにお述べになつたと私は承知したのであります。又知事さんのお言葉の中にもさう云ふ風に重大さをお述べになつたと承知し、堺市の保育會長さんのお話の中には今や復興の途上にある堺市の今日、此保育の大會をお開き下さつたことは何か前途に告げる所があるやうな氣持がして嬉しいと云ふやうにお述べ下さつたやうに承知致します。實に幼兒の保育の重大性は私が申上げる迄もなく皆さんよく御存じのことゝ存じます。さうして共報ゐらるゝ所は動もすると前途餘りにも明かならず保姆を何年かやつて見ても途は開けて居らぬ。而してそれに對する待遇たるや餘りにも朗かでないのであります。それ等は此處に第二から第五までお述べになつた――先程お述べになつた所に依つて皆さんが十分御理解になつたことゝ思ひます。扨國家の制度と云ふものは餘りにも輕卒に改正ならぬことは吾々よく承知して居りますが、本會が之を叫んでから既に十何年の年月を經て居ります。文部當局に於ては社會の實情、或は社會の各般のものに照合し色々の調査の結果でありませうが、今日未だ十數回の建議が通つて居りませぬ。先程大阪市の當番の方に承はれば大臣、次官等にお出會下されて御陳述なされたやうに思ひます。次官も是は間違ひであるとは仰しやるまいと思ひます。吾々は制度の改廢の難かしいことも承知して居つて而も吾々が叫ぶばかりでなく、廣く一般社會が此問題に共鳴して全國の教育に理解のある人が全部立上つて此問題の解決を計つてくれることを一日も早く來るやうに祈つてやみませぬ。私が此拙ないお話を述べて皆さんとお話合して居ることを全國の保姆の各位が聞いて下さつたならば見えない拍手を必らずして下さることを信じます。皆さん此問題に餘り多く時間を取ることは今日は許されぬでせうどうか意のある所をお酌取り下さいまして之を以て即決して下さいますことを切望致します。（拍手起る）

△議長　只今賛成演説の方から御賛成の演説と共に即決の動議が出たやうであります。之に付て御異議はありませぬか。

（「異議なし」と呼ぶものあり）

△議長　御異議ないものと認めまして滿場一致本建議案を採擇することに致します。尙是が取扱ひに付きましては堺市の保育會にお任せを願ひたいと思ひます。（拍手起る）

協議題

一、現今ノ幼稚園教育ヲ今後如何ニ進展セシムベキカ

（吉備保育會、大阪市保育會提出）

△議事係（澤田恒三氏）　是より協議題の審議に移ります。

△高原寅氏（吉備保育會）　關西地方に於ける幼稚園教育は餘程普及もし發達も致して居るやうに思ひますが、尙進展せしむべき餘地があるやうに思はれます。岡山縣に於きましても各方面の意見を徵して研究中でございますが、關西聯合保育會加盟の各地に於かれましても、尙今後如何に稚園教育を進展さすべきか、保姆の重要の方面、經濟上の方面、實際保育上の方面、其他教育行政の方面、どの方面でも結構でございます。どうか御意見を承りたいと存じまして提出致しました

△議長　通告順に從つて意見の發表を許します。

△藤本ツギ氏（大阪）　お答へ致します。一、幼兒教育を義務教育制にして頂きたいこと、二、園長並に保姆の資格を向上し待遇をよくすること、三、保姆の養成機關を完備すること四、園長を專任とし專任視學を置くこと、五、幼兒保育内容の向上、六、幼兒教育の正しき認識、此六項に付て申上げたいと存じます。心理學者の濱田先生の御研究に依りますと、幼兒五歳にして性格の傾向が決まると云ふことでございます大日本國民としての魂の教育を行ひますには、幼兒期に於て行ふことが最も適切であると存じます。身體漸く發達して生活が出來る域に達して居ります。此時期に於て國家が國民教育を行ひますことは、人間の基礎教育――教育の基礎に於て最も適切なことゝ存じます。滿五歳を以て幼兒義務教育制となされん事を切望する所以でございます。二から四までの說明は省略致しまして、保育内容の向上に付て申上げます。是は言ふまでもなく家庭教育を行なつて居るのでございましてお母樣が子供に對する愛――母性愛は其深さに於て計り知るべからざるものがございます。日常私共が教育を致しますのに、其氣持を始終忘れずして、子供に對して居りますならば必ずや幼稚園の進展に寄與する所があらうと存じます。又私共、身纖弱でありと雖も國家の一員でございます。大切な幼兒教育に携つて居ります以上、どうかして此幼兒に日本魂を確かり植え附けて置きたいと存じます。理屈でなく魂を以て魂を教育するのでございます。扨是が國民教育として扱はれますならば、第一に力を注ぎたいのは先づ幼兒の保健でございます。次には環境に即した教育を行ひますこと、小學校との聯絡を親密に致しますこと、さうして日常私共がやります仕事が一つの分限として合致するまでに至りたいと存じます斯くしてこそ始めて其幼兒教育が進展するのではないかと存じます。第六番目と致しまして幼兒教育に對する正しい認識を得たいと存じます。大正十五年五月公布せられました幼稚園令は幼兒育教の社會制と云ふことに内容をせられて居ります關係上、一かどの識者にして幼兒教育即社會政策とのみ解釋せられる嫌ひがございます。幼兒の教育は無論社會制を帶びて居りますけれども、幼兒教育が社會政策ではないと存じますので、是等の人々に對し正しい幼兒教育の認識を得て貰ひますやう私共が努力致しましたことも幼稚園教育進展の一策かとも存じます。

△川村ミチ氏（名古屋）　凡そ、何れの道に携はるものでも、「將來此道を如何に進展せしむべきか」と云ふことは常に念頭に置き、高い理想の下に確實なる歩みを進めるべきでありますが、殊に教育の仕事に關する限り、愈々堅實で高邁な理想とそれに突き進む意氣とが必要でございまして、今日同じく幼兒教育に献身的努力せられて居ります皆樣と一堂に會して、斯道の爲に高遠な理想を考へ教へられる機會のございま

したことを深く喜びとする所でございます。扨、此幼稚園教育のことは、幼稚園が設置せられましてから既に六十年の歳月を數へ、先輩諸氏の獻身的御努力により、幼稚園令が法令の中に取り入れられてから十年の月日は流れました、現今幼稚園の存在は牢固として拔くべからざるものとなつて居ります。併し此時相の核心に突き進んで觀察致しますと、幼稚園はまだ〳〵一小部分の存在でありまして、社會の一階級のみの占有物の觀が尠くありませぬ。年々少くなるとは申しながら、未だ二月の末、三月の始めともなれば大都市の大新聞すら筆を揃へて子供を幼稚園に出すべきか否かを論じて、家庭欄の一項を作つて居る有樣でございます。幼稚園教育効果の「鼎の輕重」を問はれて居るのでございます。「何が彼をさうさせるか」、私共が痛切に考へなければならぬ問題ではありますまいか、此原因は種々ありませうが、其第一は日本程學制の整備した國に於て、尚幼稚園は學制の系統の中に入つて居らない、其ことではないかと思ひます。價値がないから入つて居らないのではなくて、入つて居らないから價値がないものであるかのやうに思ひ誤られて居るのではございますまいか。現在行はれて居る學制が編成せられる當時は、世道人心が學校教育の事不鍛錬であり、又社會事情も遙かに單純でありました爲に、幼稚園の必要をさして認めなかつたのでありませう。併し社會事情は日に〳〵複雜となり、人々が男女を問はず家庭人であると同時に完全なる社會人であることを要求される時代になつた今日、社會性の發芽は四五歳の頃であるが故に、四五歳から社會性の習練を適宜にして置く必要があると心理學者は研究の結果を立證して居り、而も幼稚園教育の効果は事實に於て確實に立證されて居りながら、基準となるべからざるものを以て律して人心を惑はされることは、吾々此道に携はる者としては忍ぶべからざるひが事ではございますまいか。人心をして歸趨を誤らしめざらん爲にも吾々は起つて學制の本系統に幼稚園を存在させるべく努力すべきではございますまいか。學制の正系統の第一階程に幼稚園を置くことを要求し、其教育の方針は現在の樣に幼兒を個々に取扱ひ、其個性を觀察し尊重し、純良なる人格の基礎を作るやう、心身の躾に重きを置き、引き續き小學校教育に於ても此方針を受けつぎ引き延して行くことになれば、必ず人格教育の徹底を期する事が出來ると信じます。猶他の一つは進展の歩みを幼稚園教育の内容に加へなければなるまいかと存じます。是は必ずしも幼稚園教育に限らず、日本の教育に携はる人の一般が眞劍に考へなければならない時に至つたのではありますまいか、極言すれば今は教育の維新の時ではないかと考へます。

　さればこそ最近の數代の文部大臣が舉つて學制改革のことに手を染められる譯でありませう。斯して何れ學制の改革は爲政者に依つてなされませうが、同時に吾々直接に教育のみちに携つて居るものは、内容の方面から、或は精神の方面から、此教育維新に力を致すべきではありますまいか、今こそ吾々は日本主義を眞向ふからふりかざして起つべき時であると信じます。西洋文化の吸收時代は既に去りました。物質文明の頂上は人生に香くはしい花園ではありませぬでした。今更ながら精神文化の眞髄が望ましいことでございます。日本人は其叡智から物質文化を消化驅使することで世界に並びない素質をうたはれつゝあります。併し日本の精神文化はそれ以上に勝れたものを吾々に與へて居ると思ひます。此日本精神を幼稚園教育にも十分採り入れて行く必要があるのではありますまいか。日本人在來の國民性の明朗、快活、純情に教育の本道を引きずゑ、在來の武士の家庭の一家庭教育の精神を再検討して見るべきではありますまいか、古來の武家の母が子に對する温和にして敬虔、嚴肅、而も其中に生命を以て子を守る、眞劍なる母性愛を織り加へた武士の家庭教育は、幼兒教育の根本問題に或る新しい命題を與へ今後の教育方針に新しい光りを投げてくれる事と存じます。斯して教育は幼稚園から大學まで、日本精神を基準とした人格教育に命題を置き、吾々日本人は勝れた國柄の大國民としての風格を備へる事を目標とすべきであらうと存じます。要するに幼稚園教育は在來の直輸入的保育の温床の中に、幼兒の成長の芽生へを蒸し過ぎる嫌ひある保育方面を整理し、日本精神を最もよく按配して根の強い苗木を作ることを今後の幼稚園教育進展の目標とすべきではございますまいか。意餘つて言葉足りない氣が致しますが、一言思ふことを述べさせて頂きました。(拍手)

△辻智惠氏(京都)　與へられて居ります現今幼稚園教育を今後如何に進展すべきかと云ふ問題でございますが、甚だ大きな重大な問題でございます。之に對しまして出題者の說明が出來て居りませぬでしたが、先づ此問題の提出されました譯を靜かに考察して見ますと、第一には今後の幼稚園は從來の如く多分に附屬的傾向を持つ幼稚園のまゝで進むべきか、それとも幼稚園的傾向を持つ近頃擡頭しつゝある托嬰を加味するか、更に兩者を融合一致した新たな道を開くべきかを此際遵奉するやうになつたのではないかと考へるのでございます第二には其幼稚園が何れの傾向を持ちましても現今我國の國策上より見まして、幼稚園の教育の上に大反省すべく課せられましたのが其問題のやうに思はれてなりませぬ。例證致しますならば國民知識の根幹を爲すものは國民の健康であります。此問題が強く主張せられて居りますことに付きましては今更私が喋々を要しませぬ。唯私達は最も大切なる双葉の幼兒に對しまして深く考へが極楷の重大さをひし／＼思はれるのでございます。右にも左にも傾くことを許されない正しい

修養の德を要求する思想困難に於きまして、三つ兒の魂百までと云ふことは古い言葉でございますが、頗る味ふべき言葉でございまして、保育の實際に當りまして大いに味ふべき事であると思ひます。更に思想混亂を來たしました反面には情操教育を停止した傾きがないではないでせうか。今日では其情操的教育が急務中の急務であると考へるのでございます。即ち本問題の提出せられましたものを考察致しまして、是等のことを包括致しました意見を九頁の表に(九頁參照)簡單に說明を附してお手許に出した譯でございます。大きな而も重要な問題でございますのに、其發表時が十分ございませぬから、一々說明申上げることは出來ませぬが、私共幼稚園教育に當るものは、我國の古い尊い歴史に鑑み、過去の經驗と歐米文化との宜しきを採り、日本精神に即した幼稚園教育を確立し、健全なる身體を培ひ、決して外國に劣らないよい日本國を作る爲に當局の熱心な指導と奬勵とを俟ち、幼稚園の眞使命、且提案の中の不斷の研究と最善の努力、獻身的の養成に最もよく全幅の信頼を持たせる家庭愛と提携して、基礎教育、即ち義務教育を立派に受入れるやうに育てられる幼稚園とならなければならないのであります。只今お手許にあります刷物を御覽願ひまして、今後お手紙なり又他の然るべき方法で御教示御訂正を賜りたいと思ひます。大なる精進努力を以て強く正しく美しく保育に依りまして本問題の目的を達するものであると考へます。終りに望み私達は此機會に是が徹底に邁進し、空理空論、お祭り騒ぎに終らないやうに致したいと思ひます。不徹底な言葉を申上げましたが御靜聽頂きまして有難うございます。

△北山ナホ氏(堺市)　堺市保育會と致しましても先程の大阪市保育會からの御意見と同意見でございまして幼稚園教育を小學校と同樣に義務教育とすることを強く主張したいのであります。即ち一ヶ年乃至二ヶ年を下に延長し、更に年齢及生活から小學校の一、二年を幼稚園に移管して、義務教育上の體系に於て幼稚科とすることを望むのであります。さう致しますことに依りまして、前に堺市より御說明申上げました建議案の總てが解決し、之に保姆養成機關の統一、保育料問題等みな解決されるのであります。尙私立幼稚園に對しましては、國庫より補助金を出し增設をはかりたいと存ずるのであります。右の主張に依つて解決する問題を詳細に申しましたならば、

1、全國の幼兒が最も重要な幼兒教育の機會を與へられ、從來のやうに保育料問題に依つて、幼兒教育の機會均等が失はれるやうなことが無くなること。

2、男女兩師範教育に於て保育の事項が一層深く研究されるやうになること。

3、從つて保姆の實力が向上すること。

4、建議案の總てが解決すること。
5、小學校との聯絡上支障がなくなること。
等でございます。昨年の夏英國のオックスフォードで開催されました第六回世界教育會議に於ける幼兒教育部會の委員會で「幼兒期兒童の教育の絕大廣汎なる重要性に鑑み、學齡前兒童の教育は各國教育當局の義務にして責任あることを承認す」と決議されましたことは、私共の主張を有力に意味づけるものでありまして、決して冒險でなく時代の流れに棹したものと存ずる次第であります。此決議を見て最も力強く思ひ私共の主張は本協議題に對して根本的な改革案と思ふのであります。

以上申述べましたことは、本市幼兒教育上の理想とする所でありまして、是が實現を期したいのでございますが、併し國家の現狀より見ますれば、遠き將來にあると考へられます。蓋し幼兒教育を國民の義務とすべきことは、一日も忽せにすべき問題ではないと存じます時、即刻其實現を期し得る程度の要求の必要を痛感し、其第一歩として堺市と致しましては次のやうな意見を持つものであります。

即ち環境に惠まれない都市の子供達には、特に小學校入學前の教育が必要であることは今更私が申述もございませぬ。一坪の明るい土さへ奪はれて、暗い室内に僅かに樂しむ子供塵埃の中に或は交通のはげしい中にいらだゝしい毎日を送る子供、知らず識らずの間に蝕ばまれて行く幼兒の身心を考へる時、どうにかして幼稚園を普及させたい、さうして出來ることなら全部の幼兒が幼稚園を經て小學校へ入學するやうにしたいものと切に思ふ次第であります。けれども何れの都市に於ても經費多端の折から、小學校の教育費にさへ追はれ、高い保育料を科して居る現狀であります。それでもどうしても更に〳〵幼稚園の普及を期したいのであります。それには國庫の補助を仰ぐより外に道がないと思ふのであります。即ち小學校と同樣保姆數、幼稚園兒數に應じて國庫より補助金を交付する制度を制定するやう、其筋に建議するのが幼稚園教育進展の策として最善の道と思ふのであります。(拍手)

△望月クニ氏(神戸)　私が申上げたいと思ひましたことは殆ど盡きました。統制上のことに付きましては、大阪市と堺市の方が殆ど皆仰しやつて下さいましたので、私は非常に嬉しく思ひます。又内容のことに於きましては京都市其他が仰しやつて下さいましたから、此問題に對して私が詰らない意見を述べることは必要がないと思ひます。唯一言だけ申上げたいと思ひますのは、此幼稚園が本當に幼稚園と云ふ名前で日本に出來ましたのは明治九年でございます。それから今年が五十一年目、それから今度小學校令施行規則に入りましたのが明治三十三年でございまして三十七年目でございます。大正十五年に幼稚園令が改正されましたことは皆さん御承知の

通りで、今日では十一年目でございます。斯う云ふ年月を經て居りますから、どうしても此處に於て幼稚園と云ふものゝ行くべき道をはつきりして、今日までのまゝではいけない、どうしても進歩させなければならぬと思ふのであります。其他は法令上の改正です。今大阪の方も仰しやり堺の方も仰しやいましたが、義務教育にする、義務教育の系統の中に入れたい、斯う云ふことは本當に必要なことで、是がなかつたならばどうしても幼稚園と云ふものが發達して行かない、文部大臣を始めとして、上の方の教育を一生懸命喧しく仰しやつて、下の方の教育を一言も仰しやらないのであります。そんなことで幼稚園の教育が發達しますか、而も此幼稚園の教育と云ふものは、上の教育の基礎である、根本である。苗の教育であるべきを投つて置いて、先きの穗の方の所を世間の人も教育者も言つて居る、ですから此事をやるには今大阪市なり、京都市其他の市の代表の方が述べられたことを是非共實現するやうにしたい、共實現したいのに此處で以て大きな聲で千二百人の方とお話して同情同感しても何にもならないのであります。是から皆さんと共に此事を建議案として―前から建議案は毎年々々五ケ條もやつてそれが一つも出來なかつたことを先刻もお嘆きになつて居る譯でありますが、それは熱心が足らない、神戸の保育會長が何時も言つて居られます世の中に於て出來ないことはない、若し出來ないと云ふならばそれは努力が足りないのだ、斯う云ふ風に言つて居られます。私共さう云ふ保育會長の本で本當に努力が足りないのだと自分も思ふ、（笑聲）どうか皆さんは之を確かりやるべく、もう一度建議案として最善の努力をしたいと思ひます。どうか皆さん一人も殘らず御贊成なさつて下さることを希望致します。（拍手）

　序でにお願ひしたいのは此大勢の方が寄つてそれならばどうしませう、斯うしませうと云ふことは非常に困難でございますから、是は主催地の堺市にお願ひしてさうして堺市のお指圖に依つて、吾々は犬馬の勞を盡すと云ふことに皆さんが御贊成を願ひたいと思ひます。（拍手起る）

△議長　只今本協議題に關しまして各都市から極めて重要なる御意見の發表があつたのであります。最後に神戸市より緊急問題と致しまして、先程から御發表になりました趣旨を帶しまして、之を一つの建議案として之を纏めると同時に、是が取扱ひに付きましては、主催地である堺市の保育會に之を一任したいと云ふ御動議が出たのであります。此動議に御異議ありませぬか。

（「異議なし」と呼ぶものあり）（拍手）

△議長　滿場一致御贊成と認めまして堺市保育會の方に一任することに致します。

（談　話　題）

△議長（河盛氏）　次に談話題の方に移ることに致します。

「幼兒ノ宗教的情操涵養ニ付キ承リタシ」
（大阪保育會、京都保育會提出）

△大道てる氏（大阪）　先づ宗教的情操と云ふことの意味を申上げて見やうと思ひます。西行法師の歌に、

何事のおはしますかは知らねども
　かたじけなさに涙こぼるゝ

と云ふあの歌の心其まゝに何事かおはしますかは分りませぬが、其嚴肅さと神秘の崇高感に自ら頭が下がるやうな敬虔な氣持、唯勿體なさと有難さにこみ上げて來る感謝の念、身も世もなくひたむきに取りすがりたいやうな思慕の念、是が宗教的な感じではなからうかと思ひます。此何とも言へない仄かな氣持が宗教的情操であらうと思ひます。併し此處で申します幼兒の宗教的情操と申しますのは、我が國民性に立脚した國家及び皇室に對し奉り絶對尊敬の眞心、或は此日本精神を强調したいと思ふのでございます。さうして日本精神の眞髓である所の忠孝の本義を、最も偉大な信仰にまで徹底させることに努力することが、私共教育者の責務ではなからうかと思ひます。隨つて幼兒期に於ける宗教的情操は一に此日本精神の涵養に依つて培はれやうし、將來の幸福も又此處から生れ出るものと信じて居ります。此意味に於きまして皆さん方の御高見を仰ぎたいと存じます。

△議長（河盛氏）　本問題に對しまして御意見發表の御通告があります。通告順に從つて發表をお願ひ致します。京都保育會……

△三長きみ江氏（京都）　今日何故に斯く宗教教育の重要を論ぜられるやうになつたのでございませうか、先づ此原因を尋ぬべきでございます。今までの教育が教育と宗教を分離する方針を執りました結果、茲に幾多の缺陥を生じ人間として立派な人となる爲には、どうしても此處に宗教的必要が起きて來たのであります。此人生の基礎時代に――此幼兒期に確かりと是等の宗教的情操を植付けますと云ふことは、私共の重大なる使命でございます。では宗教的情操とは如何なるものでございませうか。一口に申しますならば絶對者に對する歸依の情でございます。之に對して慈悲、愛、感謝、報恩、犧牲等の美くしい感情が湧き立つて參ります。之を啓培するのは先づ保姆は子供の宗教的心理の發達の段階をよく知つて置く必要がございます。大人の眼から見ました時、是が迷信のやうに思はれる場合に於きましても、子供の世界に於きましてはそれが正しい信仰心の一歩となる場合があります。保姆はよく注意致しまして其子供の生活を見て其宗教性を伸すことが大切でございます。其第一と致しましては天性の信仰と

も言ふべく此幼兒期に於ては話して教へ、見せてやる、是が一番大切であると思ひます。御先祖様のお蔭、親類や近所の人達のお蔭、之を統一せられる國家のお蔭、之を統治し給ふ

天皇のお蔭と教へまして、又目に見えると見えないに拘らず、偉大なる力に支配されて居ると云ふことを適當に教へるべきでございます。只今大阪の方が仰しやいました西行法師の歌は此邊の意味をよく現はして居ると存じます。併し斯く教へます前に保姆自身が子供をして感化し得るやうな立派な方に努力しなければならないと云ふことは申迄もございませぬ心の中にある信仰心が其人の行ひとなつて出まして、さうして子供に映ずると云ふことになりましたならば、子供は知らず識らずの間に――自由遊びの間に於きましても必ずやさうした宗教的情操が移りますと存じます。又私共は澤山の家庭の子供を預つて居るのでございますが、其家庭の宗教をよく知つて置きまして、之に即した方法を執るのも大切でありますす。又家庭の環境の大切なことは言はずもがなでございまして、殊に母親の信仰と理解がなかつたならば、此目的を達することは出來ませぬ。でありますから保姆に依る感化と、家庭に於ける感化が必要で、宗教的生活に依つて日本の有難さが分り、さうして是が成人期まで續けられましたならば、此處に完全な教育が出來、此人達に依つて作られた社會國家は完全なものとなるのであります。此頃の日本精神、國民思想と云ふ問題も是が解決の一素因となることゝ存じます。

△松井稚世氏(岡山)　先程から色々と立派なる幼兒の宗教的情操の涵養に付きまして御高說を承りまして、私達も同感でございますが、先づ此大切な幼兒期に於て宗教的の情操を涵養すると云ふことが極めて大切であると云ふことは、誰しも認めて居る所でございます。此幼兒期に培はれました所の宗教的情操の涵養の力に依りまして、一代を支配する原動力が行はれるものと存じます。其處で此幼兒の宗教的情操を涵養させますのに先づ如何なる程度にするか、如何なるものを採り入れるかと云ふことが重要な先決問題であらうかと思ひます。そこで宗教は其國體及其民族性に立脚したものであると云ふこと、是が先づ採り入れるべき根本になる所の重大問題であると存じます。若し之に反する時は、恐るべき結果を來たすものであると云ふことを考へずに居られませぬ。其處で僭越ながら私の園に致して居ります實際に付きまして、御參考までにお話申上げて御批評を仰ぎたいと存ずるのでございます。私の園は眞言宗の寺院の經營で保姆が八名、園兒を二百名ばかり收容致して居りますが、園兒の大部分が眞言宗の家庭の者でございますので、信仰の自由を束縛される様な恐れがございませぬから、我が崇祖弘法大師の力を藉して申された所の心は、即ち我國の神統と眞言宗の教理とは同一意味である。眞言宗のものを進んで、皇祖皇宗に傳へ奉りさうし

て日本國體を擁護致しますやうにと云ふことが眞言宗の眞髓を爲して居ります。それでありますから、寺院に於て經營致して居りますに拘らず、私共の園に於きましては嚴かに園內に、皇大神宮をお祀り申上げて、其前に於きまして保姆園長は固よりのこと、幼兒も親々も額づきましてそれを日々の日課と致し、又或る時には佛前に集まりまして心靜かに眞心を捧げて感謝を捧げてお祈りを致すこともございます。此宗教的情操の涵養には環境の淨化と云ふことは極めて力強く働くものでございます。其上に保姆が宗教的信念を確立致しまして如何なる時にも決して動じないと云ふだけの力强さを以て自分の精進努力する生活が其まゝ幼兒の心に反映してさうして幼兒を感化して行くと云ふ所まで熱を以て計らなければ此宗教的情操の涵養は決して出來るものではございませぬ。斯の如く幼兒は其生活に依つて導き、其環境に依つて保姆が導くと云ふ風に總て幼兒から入つて行かなければならないのでございますから、時に依りますと神社參詣も致して居ります又一般年中行事を採り入れまして花まつり、ひな祭、七夕、月見遊び、芋掘りと云ふやうな行事も一切採入れまして之を幼兒と共に喜んで感謝の內に實行して居るのでございます。其間に知らず識らず宗教的情操の涵養が出來て居るものであらうと信じて居ります。終りに私は一言附加へて申上げたいと思ひますが、曩にも仰せられましたが宗教と云ふものを別扱ひにしさうして之を又輕んじて居たと云ふ傾向が確かに分つて居ります。併し今後は其重要性を十分に認識致しまして國民教育の基礎ともなるべき幼稚園教育に於きましては、どの幼稚園に於きましても日本人を教養する上は各宗派の人に差障りもございませぬ所の即ち國民擧つて拜まして頂かなければなりませぬ所の　皇大神宮の大麻を嚴かに奉戴させて頂きまして其環境の內に於きまして幼兒を導くと云ふことが取りも直さず國民を美しく間違ひのない忠孝の道に立脚して保育するものである。難かしい理屈よりは是が本當に實行出來ることが先決問題であると思ひます。「何事のおはしますかは知らねども」と歌は先程から次々仰せになりましたが私も其通りの氣持を以て其環境に於て幼兒を保育することが出來てこそ始めて自らなる有難さを其尊さの內に於て第二の忠良なる日本人民の基礎を作り上げることが出來るものであると信じて疑はないものでございます(拍手)

△飯田しづ氏(神戶)　大變時間が切迫致して居りますさうでございますので、私は豫て印刷に附して置きましたので、それを御覽頂くことに致しまして、近頃私が得ました一つ二つのことを申上げまして、皆さんの御參考に供したいと思ひます。それは私の友人で中等學校に職を奉じて居りますものが上級學校に行く生徒を教養致しまして、先づ是れならば大丈夫と云ふ所まで指導したと思ふが、尙氏神にお詣りしまして

心から其合格を祈る爲に氏神に連れて參りました。所が生徒達は先生何をなさるのですかと尋ねました。私は貴下方が合格なさることを願ふ爲に今日此處にお詣りした。皆さんも本當に心からお祈りをなさいと申しました。所が生徒達は「あほらしい」と申しました。此一言を以て報ゐられましたが、其友達も二十年餘りも獻身的に教育に從事して居りますが、さう云ふやうなあほらしいと云ふ一言を以て此私達の心からなる祈を退けられやうとは思はなかつた。本當に私は二十數年間の教職を抛たうとさへ思ひますと云つて居られました。

私達の幼兒教育は二プラス二は一、或は二と云ふかすかなる結果しか得られて居りませぬ。丁度底無し瓶で水を汲むやうな根氣强さ、氣永さを以て居らなければ、幼兒教育は出來ないものであります。眞に保姆自身が小さな期待と小さな結果を得まして而も其努力たるや非常に重大なる努力を拂ひまして始めて小さな建設を望むのであります。今まで色々お話がありました通り私共は小さな幼兒を或は神樣の前に拜まし佛の前に拜せて其結果がどうなるでありませうか。今直ぐに結果を知ることは出來ませぬが、それ等が十四、十五、十六になり彼等が靑年になりました時に今のやうな恥かしいあほらしいの一言を以てすると云ふやうなことにならぬやう私共は始終小さな建設を望むものでございます。で私達は近頃自力更生と云ふことに惱まされましたものでございますが、餘りに自分の力を賴み過ぎる子供達が多いやうに思ひます。私共は自分の力ですると云ふことは必要でございますけれども自分の力を盡して尙足りない所は神佛に祈らなければならぬと云ふ、さう云ふ宗教的な心持を私共幼兒に植付けたいと思ひます。私共は宗教を犧牲的な或は人の爲にすると云ふ心持させて頂くと云ふ心持で現はして居ります。して上げるとかやつたとか言ふ氣持は向ふへやつてしまふと云ふことで說明して居りますが、是は大いに考へるべきことだと思ひます。本當に私達は白分達の德を積ませて頂く心持で幼兒達を教養したいと思ひます。誠に詰らないことを申上げましたが之を以て終りと致します。

△議長　此際に說明の補足をするさうであります。大阪市保育會……

△大道てる氏（大阪市保育會）　宗教情操でございますが、既成宗教を意味する所の一宗一派に囚はれた宗教心養成でないと云ふことを、くれぐも申上げて置きたいと思ひます。

△議長　次は第二の議題に移ります。

幼兒ノ性格觀察ニ就テ適切ナル方法ヲ承リタシ

神戸市保育會……

△田中スヱ氏（神戸）　私共は一人々々の子供が本當によく分りましてからこそ、始めて本當によい教育をすることが出來るのでございます。日頃子供達が遊戯をして居る時、話をし

て居る時、歌を歌つて居る時、物を書く時、扨は無心に遊んで居る時の有様、尙其他色々の場合を先生達がよく注意して見て居りますならば子供の個性の傾向はよく分るのでございます。併ながらさうした場合に分りますことは比較的漠然として居るやうに考へるのでございます。そこで私共は子供の個性、就中子供の生活が本當にはつきり分るやうな適切な方法を知りたいと存じまして、今回此問題を提出したのでございます。神戸と致しまして一、二試みました方法に付きまして皆さんの御批判を頂き、尙且適當なことを教へて頂きましたならば、どんなに仕合せかと存じて居ります。本問題の提出致しました點、又試みました方法に付きましては大變簡單でございますから、大略を印刷致して置きましたから、皆さん御覽頂きますならば結構と存じます。唯試みました五つ六つに付てお目にかけます。第一に用ゐました玩具はギルダーと申します(實物參照)箱に入つた玩具でございます。之を合せたりはめたりして家を拵へましたり、色々のものが出來るのでございます。年長の子供なんかは大變喜んで居ります。第二の方法に用ゐましたのは此二つの繪でございます(實物參照)之を模倣させた譯でございます。

△議長　御意見の發表通告順にお許し致します。名古屋市…

△吉田ミチ氏(名古屋)　幼兒の性格を觀察すると云ふことは是は觀ては其結果よいものは伸し、惡いものは芽生えの內に摘んでしまふと云ふ教育本來の姿を行ふ爲の仕事の基礎になります、重大なる問題でございますので、私共の小さい見方乏しい經驗からでは大した御參考になりませぬと存じますが一通り考へて居りますことを述べさせて頂きます。性格とは先天的の氣質に對して、後天的に種々の經驗や自發的努力などに依つて作り上げられたる所の各人一定の生活態度であると、或る人類學者は言つて居られます。即ち先天的の素質に後天的の教育、修養などが加つて作り上げられたる所の性格は、其後天的の方法次第で善惡何れにも變へられるものである、良否何れの性格も與へ得るものであると云ふことが考へられるのであります。隨つて右にも左にも容易に變へ得る無形な幼兒達を保育する私共は十分に現在までの醸成せられて居る幼兒の性格を觀察し善良なる性格を養成すると云ふことを切に考へなければなりませぬ。扨其性格觀察に適當なる方法と致しまして、私は第一に性格の心理學的傾向、特徴を知悉して置かなければならぬと存じます。それには日常幼兒に接する時は共に語る間に、共に遊ぶ間に、作業をして居る間に幼兒達は掌をさすやうにあざやかに隱くす所なく其性格を現はすものでありまして、御參考までにＡＢに分けて印刷物にしてお手許に差上げて居りますから之を御覽下されば御自身の受持の幼兒達の性格がすつかりお分りになると存じます唯其觀察の結果は陰氣な性格にもよさがあり、內向型のやう

に思つても意氣地のない子だと云ふやうに思はないで其性格のよさを酌んでやる。又外向型の子供でもお茶びいなどゝ思はずに其よさを酌んでやつてこそ幼兒の性格を觀察する妙地だと存じて居ります。要するに幼兒の一人々々を完全に理解し愛する同情とを以て包容することが保育本來の目的を完全にする私達は性格觀察に適當なる方法を研究すべきだと思ひます。甚だ簡單でございますが之を以て說明と致します。御靜聽を感謝致します。

△井脇しよう氏（堺市）　私達は幼兒を觀察致しますに先づ第一にどう云ふ性格を觀察すべきであるかを決定する必要があると存じます。そこで私共は幼稚園兒に最も必要な性格を十種目選定致したのでございます。是は勝手に決めましたのではございませぬ。次のやうな順序で選定致しました。先づ全保姆に幼稚園の子供として觀察すべき性格を十種擧げて下さいと擧げて頂きました。すると第一表にございますやうに三十九種目の性格が擧つたのでございます。（別表參照）此中から非常な性格を十種選ばなければならぬので此一つ〳〵の性格を三十九のカードに書入れまして之をよく突き合せ第二表にございますやうに五種目を一組と致しまして（圖表參照）八組作つたのでございます。此各組から非常なる性格を一項目づゝ選んで頂きました。すると八つの性格が選んだのでございます。此八つのカードを突合せまして四種目づゝの二組を作り、其中に選びましたのが二項目でございます。更に此二つを選びました所最後に素直と云ふ性格が最も必要なものとして選ばれたのでございます。次に素直を除きまして三十八のカードをよく突合せまして同じ方法で選定致した所第三表にございますやうに（圖表參照）正直と云ふ性格が選ばれたのでございます。此やうに致しまして三十九の性格の重要さの順序に選定致しました。殊に第一位から第十位まで即ち第四表にございますやうな十種目の性格が決定選擇された譯でございます。（圖表參照）そこで次には此十種の性格は如何なる方法で觀察すべきかと云ふ問題でございますが、此方法は色々ございます。併し私共は兎に角三段に均等的に觀察することに致しました。此場合素直と云ふことに付ても極く素直、普通に素直、素直でないと此三段でございます。所が甲の先生、乙の先生とでは其見方が區々になる恐れがございますので此三段表を爲す爲の手引きを作つたのでございます。其方法と致しまして此極く素直、普通に素直、素直でないものをそれ〳〵に付て具體的な行ひの例を三種づゝ擧げて下さいと擧げて頂きました。さうして第三種目第三段階に付て此樣に（圖參照）統計を採りまして各段階に付て代表的な行ひの例を三種づゝ選擇致したのでございます。其結果此幼稚園兒生活觀察表の第二項にございますやうな手引きが出來上がつたのでございます。此使用法に付きましては印刷物を御覽下され

ばお分りと存じますので説明を省かせて頂きます。次に何時まで觀察するかと云ふ時期の問題でございますが、是は十月と三月の二回に亘つて觀察することに致します。所が第一回目に致しました觀察の結果と第二回目に致しました結果が一致すれば宜いのでございますが、一致しない場合には第二回目を採用することに致して居ります。私共は唯性格を觀察するだけのものではございませぬ。指導する爲に善導する爲に觀察するのでございますから第一回目の觀察の結果に基きまして其性格がより圓滿なる性格になるやうに專心努力致して居るのであります。立派な性格になる筈でございますが、是は理想的に考へました理屈でございまして事實はさう簡單に參るのではありませぬ。そこで私共は幼稚園の一年間のみならず其子の生涯の性格陶冶をも考慮致して居るのでございます。（拍手起る）

△岩瀬勢見氏（大阪）　大阪と致しましては何か目新らしいものでお話しなければならぬと云ふ風な氣持も致しますのでございますけれども、誠に無責任なことを申上げるやうでございますけれども、極く一週間程前からでございまして、大阪市でも各園々々で色々先生の御指導に依りまして統計を採り性格の表なんかの項目を御研究になつた所もございます。又特に特殊な性癖と云ふやうなものを色々御指導になつたりして又實際のことを集まつてお話になつたりさう云ふ風な色々の會をなすつてお出での所もございますけれども、私が申上げますのは本當に平凡なことでございます。それは幼兒調査簿でございますが是はよく御存じのことだらうと思ひますが之には—五、六年程前から此幼兒調査簿と云ふものを大阪市では何處の幼稚園でも皆さんお備へになつて居りまして此一番表の方には環境の調査をすることになつて居ります。此環境の調査の方の成績は區々でございます。各園に依りまして保護者會をお開きになつたり或は刷物でお纏めになつたり色々でございますが、其環境のことを色々お調べになり此處に擧げることになつて居ります。それから裏側の方には性格の觀察、それから片方には觀察と其觀察から得ました其子供を保姆がどう云ふ風に取扱つて行つたか、又其變化などを記入するやうになつて居ります。其性格の觀察と云ふ方の側にも色々な項目をお置きになつてそれに當はめてお書きになるやうな所がございますが、私が考へますのに項目を擧げてそれに當はめるよりも具體的な例證を擧げた方が宜いかと思ひます。さうして具體的な例證と申しましてもそれは毎日々々の幼兒の觀察、、生活記錄と云ふやうなものを手控へ致しまして其中から特に此子供の性格の特徴と云ふ風なものを其處に擧げたいと存じます。其例を一つ二つ申上げます。「今日はお誕生日である、學式に兜をかぶせたら泣いてどうしても入らない」「今日の談話の時に爪を嚙んで居た。時々爪を嚙むの

を見かける」以下色々ありますが、それ等に依つて纏めまして身體的方面、精神的方面に分けて控へます。其内の精神的方面の一つとしては「元氣さうに見えるが恥かしがりやで氣の弱い所がある、成べく自信を持たせるやうに又爪を伸さないやうに時々切つてやつた」と云ふやうに纏めるのでございます。例は色々ございますが、要するに先程から此處にお上がりになつた各先生が仰しやいました通り本當に是等の觀察したものを善導し生かして行く方法は私達の修養に他ならないものだと云ふことは私が此處で申上げるまでもなく皆さん御存じの通りであります。本當に先生の愛を以て又本當に人格者であると云ふ風な修養を積んで行く、それに勝るものはないと存じます。

幼稚園ノ建造物設備等ノ標準寸法及理想案ヲ承リタシ

名古屋保育會提出

△加藤カツ氏（名古屋）　名古屋市提出に付て申上げます。「幼稚園の建造物、設備等の標準寸法及理想案を承りたし」と云ふ題を出しましたが、皆さんのお手許には幼兒の宗教的涵養とか或は毎日の生活に必要な題が出て居る。所が此處へ建物等の標準寸法と云ふやうなことを申上げるのはお恥かしい氣が致して居りますが、實は之を出しますには譯がございます名古屋市が最近公立の幼稚園を順次開拓して行くと云ふことでありまして幼稚園はどう云ふ風でなければならないか、どう云ふ風に拵へれば宜いか其理想案を示して見ないかと云ふやうなことを建築家から御相談を受けまして、それで私はより〳〵相談致しまして理想に近い幼稚園を拵へるべく場所をも選定致しましたのでありますが、丁度堺市の方から關西保育會の役員會の御通知がありましたものでありますから是幸ひ關西保育會の方には幼稚園の大先輩も居られ、又御熱心な方がいらつしやるから關西保育會に行つて皆さんに御相談もし、皆さんの意見を伺つて又是は幼稚園の理想に近いものだと云ふことを知つて頂くことが必要でないかさう云ふこともありますし、又自分が必要に迫られて斯く提案致しました。幼稚園の標準になるもの、理想なものと云ふ一通りのものがあつても宜いぢやないか、殊に先程から伺つて居りますと協議題の方でも今度は幼稚園を學制の本系統の中に入れることを要求すると云ふことになつて居ります。若しそれが容れられました時に幼稚園は何處にも出來るか、又は小學校と同じで宜いかどうかと云ふことが直ぐ出て來る問題だらうと考へます。でありますから此處で皆さんと御相談することは萬更意味ないことではないと云ふやうな考へから出した譯でございます。それで私も此處で發表して頂くよりも大體私の方が決まりまして之を提出致しましたことになりましたのは九月の半ば過ぎでございますのでそれでは皆さんに御研究の時間

がない、若之を頂けるならば私共が標準にするばかりでなく殆ど全國の基準になるものが欲しいと思ひますので、相當愼重に御研究頂きたいと思ひます。堺でもお忙がしくて今此處で直ぐと云ふことは出來ますまいから是は文書で以て頂いた方が宜い、各役員の方で書類で以て年内に出して頂くことにお願ひ致したいのでございますが、簡單に御說明を申上げた次第であります。どうぞ宜しくお願ひ致します、(拍手)

△議長　一寸お諮りを致しますが、談話題に付きましては皆さんの御意見を書面にしてお届け願へれば結構だと云ふことでございます。時間も經過致して居りますので、さう願ひましたらば結構かと思ひます。

△　　氏(京都)　一寸一言に盡きますが、只今の談話題でございますが、明年度の宿題として頂くことが出來れば結構と思ひますが……

△議長　色々御意見もありませうと思ひますが、出題者は書面で以て承りたいと云ふことでございますので、滿場の權威者の方からどうぞ一つ最も詳しく最も立派な御意見を名古屋市の方に御通告を願ひます。之を以て一應終了を致します。

△澤田恒三氏(議事係)　午後は一時十分から始めます。尙協議題並に談話題に發表して下さいました其原稿を此方に頂きたいと思ひます。尙堺市幼稚園の研究物を隣りの廊下に貼つてあるやうでありますのでどうか見て頂きたいと思ひます。尙晝食後に於きましては校庭に於て住吉踊―所謂鄕土藝術を御覽に入れることになつて居ります。

零時十五分　休憩

午後一時十分　開會

研究發表

△議長(河盛氏)　それでは只今より午後の日程に移ります。研究發表、一、幼稚園榮養食の實際、京都市保育會……

幼稚園榮養食の實際

京都市保育會　栢野喜代氏

私は只今園で實施致して居ります榮養辨當に付て發表させて頂きます。榮養と云ふことに付きましては皆さんも既によく御存じのことゝ思ひます。私の園では食事施設を實施致します以前にお辨當調査表と云ふものを作りまして毎日園兒の持つて參りますお辨當に付て調査致して居ります。其結果印刷物に概略を書いて置きましたやうに一目見て鷄卵を調理したものが一番多いことに驚かされてしまひました。よいお辨當と云ふものは本當に少なうございます。此原因を尋ねますと家庭の榮養知識が乏しいことゝ偏食する子供の多いことでございます。是等の弊を矯める爲にはどうしても幼稚園に食事施設を實施致しましてよいお辨當を拵へて之を與へまして團體訓練に依つて園兒の偏食を矯正して行かなければならないことを痛感させられました。それで昭和八年の一月から一週に一度試みることに致しました。始めは園兒の方もこわごわ食べたと云ふやうな感じがございまして其殘りはバケツに二杯もございました。大變に氣落ち致しましたが次の時までには多少研究致しましたので稍々結果は良好になつて參りました。今度第三回目に榮養價の多い所の鰯を叩きまして之をまるめて煮込んだものを附けました。所が其色彩や形に於て汚物觀を與へた爲に殆ど箸を附けない子供が多うございました。それで段々と研究致しまして後には油で揚げて狐色に致しました所がすつかり食べてしまひました。此樣に良々研究致して居ります內に回を重ねる度に子供の方も段々と馴れて參りまして此日を樂しむやうになりました。又保護者の方も興味を以て每回二十人以上も此會に參加されるやうになり遂に肉類を好まなかつた子供などでも此頃は段々好きになつて來たと云ふやうなお話も伺へるやうになりました。斯うして段々其目的を達せられるやうになりました、園では一週に一回では足りなくなりましてせめて一週に二回したい、出來れば每日でも實行したいと云ふことを一步目覺めかけました所の家庭に於きましても大いに望まれまして、新學期から每日實行することになりました。申迄もなく其効果は益々著しくなつて參りまして體格も目立つてよくなり衞生上の良習慣を得る他に年中行事、即ちひな祭とか五月の節句・菊見、それから月見などにちなんだお料理などを考案致しまして之を樂んで食べながら一層其印象を深くすると云ふやうなことも出來るやうになりました。又材料の自給自足を計る爲に山越で參りますと園からは二、三十分で行けます所の山科に農園が設けてございます。是は園外保育に用ひまして其栽培を致して居ります。さうして其發育を觀察したりちやが芋を掘りに行つたりして樂しむと云ふことが出來ます。此施設は益々研究して此充實を計りたいと云ふ考へでございます。前に鰯のことで申上げましたやうに子供に與へますお料理と云ふものは榮養と云ふことも大切でございますが、調理に於きましても親切と云ふことを忘れてはなりませぬ。例へばホーレン草のおしたしを致しますにしても唯湯がいてお醬油をかけただけでは食べませせぬのでダシ醬油にまぜまして味を均等につけて綺麗に盛りました上にゴマかフシのやうなものでデコレーションを致しますと知らず識らずの間にすつかり食べるやうなことになります。此樣に色々研究して參りましたが、まだ始めまして日も淺うございますので經過報告に過ぎないやうなものでございますけれども詳しいことは印刷物に記載致しました。何等かの御參考になりますれば誠に幸ひと存じます。二十八尙印刷物の中で一寸誤つた點を訂正致して置きます。

頁の二年保育に依つて體格の結果を數字で掲げてございますが、其胸圍の所の榮養辨當を一週一回の年度に致しましたけれども其處に増した數字が出て居りますがそれは〇・六五三センチメーターになつて居りますが、是は誤りでありまして六・五三センチメーター でございます。次に榮養辨當毎日の年度の下の其増した所は〇・八六五とございますが是は八・六五センチメーターの誤りでございます。甚だ簡單でございますが之を以て終りと致します。(拍手)

幼兒の數觀念の發達

神戸市保育會　山崎ときの氏

幼稚園時代に於きまして幼兒の發達を見ますると色々ございますが、數をかぞへたりするやうな働きも此時代に於きましては可なり著しい進歩を示して居る一つの働きでございます。私達は大正五年にも數の發達に關しての調査を致しましたが、それからもう二十年も經ちますので一度其事に付て新しく種々なる方面から研究する目的を以て始めましたものでございます。調査致しました子供は神戸市保育に屬する幼稚園、保育所の幼兒の男兒が一千七百四十名、女兒が一千五百八十五名、調査期間は昭和十一年六月から九月に亙つて行ひました。調査手續きと致しましては三つの要目を定めて行ひました。先づ第一は數の單なる呼稱と申しまして幼兒が數をどれ位讀むかと云ふ調査でございます。幼兒に幾つまでかぞへられるか言つて御覧なさいと申しまして幼兒が間違ふか言ひ詰つてしまふかするまで答へさせました。百以上答へられる子供は百で中止させました。第二は個數の觀念でございまして是は本當に數の觀念が出來て子供が一つ々々間違ひなくかぞへて行くことがどの範圍まで出來るかと云ふ調査でございます。第三は數群の把捉と申しまして斯う云ふ風なカードを幼兒に見せます(カード參照)是は幾つであるかと云ふことを直ぐ答へられる範圍はどれ位であるかと云ふことを調査致しました譯でございます。此三つの調査に依りまして出ました結果は—第一の結果はお手許に配つてございます印刷物第二表にございますが、男女、年齡、數を現はして居ります。一人々々の差に付て申上げますと、同じ年齡でも或る子供は非常に數がよく讀めますが、或る子供はほんの僅かしか讀めないと云ふ相違がございます。平均致しますと男女共に非常によく發達して居りまして滑かな線を男女共に描き出して居るのでございます。大體正しい發達をして居ると云ふことが出來ると思ひます。數を讀んで行きます中に子供がどう云ふ風な呼び方をするかと申しますと大體三通りございます。一番多く呼んで居りますのは、一ッ、二ッ、三ッと云ふ呼び方でございます。次は一、二、三、ひイ、ふウ、みイと云ふやうな呼び方です。此三通りをＡＢＣに分けますと年齢が增すに從ひまして段々多くなつて參りますが、其呼稱の範圍を比較しますとＡ及びＣの呼び方をするものゝ方がＢの呼び方をするものよりも其範圍が廣いと云ふことが言へます。次に子供が數を呼びます中にどう云ふ所で一番多く詰るかと申しますと、九の場所で詰るのが多うございます。それは他の詰る場所の三分の一を占めて居るのでございます。次に數をかぞへて行く早さはどうであるかと申しますと幼稚園の時代に於きましては大きな子供でも小さな子供でも大した相違はございませぬ。大體二十までかぞへるのに十三秒か十五秒を要して居ります。第二の個數の觀念に付きましての結果でございますが、是も呼稱の結果と同じやうに男女共に非常に滑かに發表して居ります。此調査に付きましては二十以上に付ては致しませぬでした。第三の數群の把捉、即ち幾つかの數を設けましてそれを端的に答へさせる其調査の表は非常に範圍が狹うございます。之を第三の一、二、三の場合は同じやうな程度に容易に答へることが出來ますが、次に四、五、六になると少し難しくなつて參ります。次に七、八、九に至りますと迚も難しくなりまして直ぐに答へることの出來る子供は非常に少くなつて參りましたが、七、八、九に較べますと幾分十は容易い形のやうに思はれるのでございます。以上の結果に依りまして其三つの線を較べて見ますと同じやうに數の觀念に付ての事柄でございますのに一番上の段數の呼稱は個數の觀念と數群の把捉との觀念では其數觀念の發達に非常な相違がございまして表に示してあります如く三分の一か四分の一かございませぬ。一番下の把捉の觀念を較べますと二分の一位しかございませぬ。さう云ふ結果に依りまして大體の幼稚園幼兒の數觀念の發達標準を作りましたものが第八表でございます。其他詳しいことは皆さんのお手許の印刷物を御覽頂くことに致しまして今後數發達研究に皆さんの毎日の保育の御參考になりますれば幸ひと存じます。

幼兒のための繪本の研究

大阪市保育會　辻　久榮氏

繪本類の研究に付きまして簡單に說明させて頂きます。御承知の通り幼兒の爲の繪本類は益々其數を增加致しまして、而も何の束縛もなく此社會にバラ撒かれて居ります狀態でございます。さうしてそれ等は幼兒の慾望をそゝり、觀察の資料となりまして、教育上に影響を與へて居るものと考へます其場合に私共は申迄もなくより良きものを選擇すると云ふことが必要でございまして、其選擇を致します前に、大體に於て今繪本がどう云ふ傾向にあるかと云ふことを調べますことが、實際問題として最も必要なことであると存じますから、此調査研究に着手致しました譯でございます。そこで其調査の方法と致しましては、私達東區の幼稚園が相寄りまして昭和三年から本年の五月までの分で實際家庭が幼兒に與へられましたものを、家庭から借りることに致しました。所が果して繪本は山の如く積まれましたのでございます。扨此澤山の繪本の中で、先づ同種類のものを省きまして、異種類のものばかりと致しまして、さうしてそれを月刊類と一般の繪本類と二通りに分けましたのでございます。所が月刊類は其種類が五十六ございまして、一般繪本に屬しまするものは千六百八十餘種をかぞへられました。一般の繪本類は更に之を分類致しまして、印刷物に書いてございます通り、之を七方面に分けましたのでございます。第一が幼稚園生活を描いて居るもの、次は歴史、童話の類、第三は繪手本類のもの次は乘物を現はして居るもの、次は軍事的、其次は漫畫的、最後に動物類、此七種と致しまして、それに月刊雜誌を加へまして、それ〴〵形式內容の方面から調べましたのでございます。それは三頁以下に詳しく印刷致してございますので此處で說明を略します。さて其結果に於て一、二感じましたことを申上げたいと思ひますが、何れの繪本も此二、三年の增加は著しいものでありまして、全く繪本洪水とも言ひ得ると思ふのであります。又就中漫畫全盛期であるとも言へるのであります隨つて今少しく嚴肅であるべき生活が漫畫化され、又傳統的の歴史童話類も漫畫化されるやうなことで其の精神を失ふものが澤山ありますので、餘程漫畫に付ては私共は考慮を要する點があると思ひます。要するに此澤山の繪本に付て幼兒は全く今は滿腹の狀態で、どうしても之を消化することは出來ない、斯う云ふ經驗があるのでございます。それで私共大切なる子供を扱ひますものと致しまして、假令繪本のやうなものでも純眞なる子供に與へますのでございますから、此處に十分なる注意を拂ひまして、殊に此繪本を蒐めました際、何かの機會を作つて家庭の人と相談致しまして子供の思想上最も價値のあるものを選擇し得るやうに指導して行きますのが私共の役目であると感じましたのでございます。以上に付きまして何れ御批判なり御質問もおありのことゝ存じますけれども、到底私のやうなもので御滿足にお答へは難かしく存じますし、寧ろお心付きの點を何かの折にお敎へ下さいましたならば結構かと思ひます。幸ひ今日は斯界の權威ある方もお出でのことでありますので、どうぞ宜しく御指導を願ひたいと存じます。誠に簡單でございますけれども之を以て終らせて頂きます。尙御參考までに此方に一種類づゝ代表のものを持つて參つて居ります。併ながら內容がよいと云ふ譯でもございませぬから、どうぞ其邊お含みの上で後で御覽頂ければ結構でございます。

郊外遊園に於ける保育の實際

吉備保育會

御立派な御發表の後に大變に小さな事柄に付て、而も當然な事柄で恐縮致しますが、私が十年來一つの希望と致しまして持つて居りましたことが私の幼稚園の特別な事情の爲に急速にそれを實現しなければならなくなつたのでございます。それに付きまして色々苦心致しましたことを本當に一つの體驗談としてお聞き遁し頂きますれば幸に存じます。併し僅かの時間では到底詳しいお話を申上げることも出來ないかと思ひますので郊外保育を行ひました所の實際に付てお話を申上げたいと思ひます。私共都市の幼稚園で子供さん達を保育致して居りますのは、都市幼稚園の保育の結果が何が故であるかと云ふことを認識致して居ります以上、之をどう云ふ風な施設方法に依りまして補つて行くべきかと云ふことは深い關心を持つて居るのでございます。所が私の幼稚園でも唯そればかりでなく昭和七年度から同じ敷地の中にございます小學校の校舍が改築されることになりましたのでございます。それに付きまして共同の遊園でございますので全く遊び地がなくなつてしまふやうな狀態になつて參りました。其結果勢ひ子供達は狭いお室の内に閉ぢ籠りましてさうして窮屈な机、腰かけの前でお遊びすることで滿足して居らなければならないやうな本當に何と申しますか、さう云ふやうな狀態を續けて行くことの出來ないと云ふことをつく〴〵感じましたのでございます。で私共は之を困る〳〵で過して行くと云ふことは到底出來ないと云ふことを考へましてさうして此缺陷を補ふ爲にはどうしても園外保育に依つて之を補つて行かなければならない、そこで今迄行つて居りました所の園外保育を更に積極的な方法で行ひますと共に、私が豫てから希望として持つて居りましたのは園外保育地を幼稚園に持つと云ふことでございます。是は私共のやうな不自由な狹い場所で遊ぶ子供達にはどうしても實現しなければならないことゝ思ひました。そこで其場所の選定其維持の方法等に付きまして色々苦心致しましてさうして此間の交渉に思はず一年を過してしまつたのでございます。併し私は最初に持ちました自分の信念は何處までも突通して何とかして早くしてやらなければならないと云ふことばかりを考へましたのでございます。さうしてやつと昨年の春になりまして此實現を見ることが出來ましたのでございます。それが今お手許に差上げてございます場所でございます。寫眞のやうな所なのでございます。敷地の總坪數は百坪餘り環境は大變宜いのでありまして岡山市が郷土の誇りとして持つ岡山城後樂園を視野の間に望み、大變によい所でございます。さうして是は母の會のお力に依つて維持して頂くことになりました。其遊園は毎日交代で受持の保姆が連れて參りますので同じ子供が一週間に一回乃至二回行くのでございます。遊園でも保育は園內保育の延長でございますから特別申上げることはございませぬ。唯此次に書いてございますやうに指導要目の中に園藝と云ふ欄がございます是が遊園保育の特色とも申述べられるかと思ふのでございます。草花の栽培に當りましては比較的栽培素質の簡易なもの事實に合致したもの、流用價値の多いもの、季節の長いもの衞生上、取扱ひ上害のないものなどを考へまして兒童と其成長を共に樂しむ、又集まつて來る小さい虫なども集めて其實際を知るとか、私共も子供達も本當に何とも言へない樂しみが出來て參りまして心から其處へ行きたいと云ふ氣持が始終起つて來るのでございます。曾て倉橋先生か橋詰先生の御經營になります自然幼稚園のことに付てのお話をお書きになつていらつしやいます中に家があつても幼稚園が出來るのではないけれども、家があつて邪魔になると云ふのが露天幼稚園の積極的な考へ方であると云ふお言葉があつたと思ひます。

私はそれを此遊園の畑に立つて子供さん達と一緒に生活して居ります時是だなとつく〴〵思ふのでございます。さうして其生活は自ら園內の生活にも進展されて參りまして一層意義深いものとなつて參ります。併ながら如何に自然の中で惠まれました環境であると申しましても幼兒をして本當によりよい生活をさせる爲には矢張り周到なる保姆の手が必要であります。色々要目を作つて居りますが、是は其季節の始めに書いてございます、保姆の誘導に關しての一部分を書いて居ります。之に依つてお察し頂きたいと思ひます。作物の處理に付きましても大様其處に書いてございます。幼稚園給食の爲の調理、生產材料、使用草花もそれ〴〵精神的意義ある行事に使ふやうに考慮致しましたのであります。以上申上げました郊外幼稚園のものは此保育に依りまして生活の缺陷を補ない得たと云ふことでございませず、只今と致しましては此郊外遊園はどうしてもなくてはならない一つの都市幼稚園の施設であるとまで自分で考へることが出來るやうになつて參りました。之に付きましては私は曾て十幾年前でございました神戶の望月先生の幼稚園に上がりまして先生のお山行きと云ふ一つの保育の御計畫を拜見致しました。それから二、三年前でございますか都市幼稚園の經營のことに付きまして此大會に問題になりました、私も其時一部分の感想を申述べさせて頂きましたが、是が如何に小さくても本當に實現したいものだと云ふことを絕えず考へて居りましたのでございます。此大會に依りまして私は大變大きな刺戟を受けましてそれに依つて實現の機會を得たと云ふことを深く感謝致したいと思ひます。（拍手）

幼稚園兒生活觀察表に就て

堺市保育會　遠藤孝子氏

私共教育對照である所の子供を知ることなくしては一歩も入ることは出來ませぬ。進み入ることは出來ませぬ。今日發表させて頂きましたのは此生活觀察表に付てでございますが是は幼兒が保育終了の間近い三月に於きまして子供の發育の過程を表に止どめたものでございます。之を子供が入學致します時に幼稚園から小學校に手渡しまして入學當初子供を或る幾日間の理解手引きと致しまして又指導手引きと致しまして役立たせて頂きたい爲に作つたものでございます。從來各幼稚園が銘々に寄つて致して居つたのでございますけれども本市は一つの幼稚園から數校に分れて入學する狀態にございますのに此觀察の方面なり、觀察の方法なり、又形式に於きまして銘々違つたものを作つて居たと云ふことは小學校側に於きましても活用上の不便は勿論兩者の提携の上にも都合のよくないものを感じたことがございますので、茲に先づ觀察の方面を即ち性格、氣質、興味、知能、保育項目、出缺狀況家庭狀況斯う云ふやうな方面を一つに致しました。又其觀察の方法も一定して居るのでございます。先程談話題に於て申上げましたのも此研究の一部でございまして御諒解下さつたこと丶存じます。それから又此形式に於きましては子供の特質が一目で分るかと思ひます。之を全體を通じて三段の評價を致して現はすことにしました。即ち其子供の相當する段に○印をつけて其子供の品等段階とするのであります。記入方法は手數がか丶らないやうに、總てに○の印をつけまして極く簡單に其子供を說明することが出來るやうに致して居ります。之を作成するに當りましては小學校側と懇談致しましてさうして色々と御意見を聞かせて頂きましたし又參考になるものも色々提示して頂いたのでございます。お蔭でどうやら間に合ふものが出來たかと思ひます。斯うした方面に於きましてももつと／＼研究をしなければならぬと思つて居りますさうして又此評に於ても不備な點が多々あるのでございますからどうぞ後日に於ても結構でございます。詳しくはお手許の印刷物に書いて置きましたから御諒承頂けると存じます。又お手許に皆さんもよりよきものをお持合せになつて居るかと存じますのでどうか此際に於きまして此後の御指導なり御批判なりを頂きますやうにお願ひ申上げて置きます。今日は大部お勞れかと存じますので是で失禮致します。

閉會之辭

△議長　保育會の順序は次が遊戯交換になつて居りますが、時間の關係で之を變更致しまして本日は之を以て閉會を致し

まして、然る後に校庭で遊戯の交換をすることに致したいと思ひます。尚閉會の辭を述べます前に來年度の開催地は吉備保育會でお引受けになつたのでありますので之を御報告申上げて置きます。

本日關西保育聯合大會を當地に催しました所來賓各位に置かれましては御繁忙の際にも拘らず御參會を賜りまして本大會に一段の光彩を添へられましたことを茲に謹んで感謝するものであります。更に會員各位に於かれましては遠方の所多數御來會を賜りまして本日の大會を彌が上にも盛大にせられましたことを此壇上から甚だ失禮でありますが御禮を申上げる次第であります。本日御趣意の模樣を拜見致しますと極めて眞摯であり而も其御協議願つた事項に於きましては極めて重要なものが多いのであります。唯是等の御協議事項を一遍の大會氣分を以て終ることとなしに先程何誰か仰せられたやうに事の重要性に鑑みまして其目的達成の爲には出來るだけの努力を盡してさうして幼稚園教育の普及發達を得られますと云ふことは本來の目的であると存ずるのであります。茲に皆さんの御協力、御助力を得まして本邦の幼稚園の魁と致しまして吾々微力でありますが、此一致の力を以て協力して是が目的達成の爲に邁進致したいと思ひます。終りに望みまして來賓各位並に會員諸君の御隆昌と御健康とを祝福致しまして閉會の辭に代へる次第であります。

△望月クニ氏（來賓側）　甚だ僭越でございますが、會員諸君にお諮りを致します。只今御主催地の方々より御鄭重なる御挨拶を頂いたのでありますが、答辭を申述ぶべく慣例に依りまして次の開催地でありまず吉備保育會の方にお願ひ致したいと思ひます。皆さんの御贊同を願ひます。（拍手起る）

△國富友次郎氏（吉備保育會）　只今御指名に依りまして甚だ僭越でございますが一同を代表致しまして謝辭を述べますことをお許しを願ひます。（拍手）

一同を代表致しまして謹んで御禮を申上げたいと存じます今日第四十二回關西保育聯盟大會を堺市に於て御開催下さいまして今朝來極めて圓熟な議長の御指揮の下に順序極めて正しく、或は保育功勞者の表彰式或は重要なる保育に關する協議題、或は御意見發表等プログラムに依りまして順序正しく御手腕をお振ひ下さいまして其お蔭を以て吾々一同のものは十分に意見を發表致します機會を得ましたのみならず、色々と意見の交換を頂き保育教育の爲に多大の利益を得ましたことは一つに議長始め堺市保育會御關係の各位の御盡力の結果であると考へまして茲に衷心より深く御禮を申上げる次第であります。尚亦此會場と致しましては斯の如く御設備の立派なる議場を幼兒教育の爲に御開放下され、又堺市長とせられましては、或は又堺市教育關係の各位とせられましても色々と多方面に御斡旋を頂きまして大切なる幼兒教育の問題に付きまして今朝來吾々は誠に愉快に一日を過し色々なる刺戟を得ましたことを厚く御禮を申上げる次第でございます。今日非常時に直面致しまして庶政革新の大切なる時期に際して居るのでございますが、色々根本的に協議を致しまして國家の此非常時を打開する途は勿論多々ある譯でございますけれども、結局は教育の振興と云ふことに歸着すると考へるのであります。教育の振興を致して立派なる日本國民を作ると云ふことが第一義であると云ふことは動かすべからざることであると考へますと同時に、其教育の根本は確かに幼兒教育にあると信じます。幼兒の頭に日本精神の堅實な魂を作ると云ふことが第一義であると信じて居ります。吾々一同のものは此非常時に直面致しまして今後更に一段の努力を加へて奉公の萬一に報ゐたいと存じて居る次第であります。幸に堺市教育御關係の御方もどうか將來相變らず深甚の御後援と御援助を下さらんことを切に希望致します。玆に簡單でございますが一同を代表致しまして一言御禮を申上げる次第であります。

尚先程お聞き下さいました通り明年は我が岡山市に於きまして此會をお引受け致すの光榮に接しましたことを深く喜んで感謝致して居る次第であります。申迄もありませぬ、萬事不十分な岡山のことであります。又微弱なる吉備保育會のことでありますから皆さんに御滿足を與へることの出來ないと云ふことは今日から心配致して居る次第であります。どうか其場合に至りまして適當な時期に日時等も皆さんに御通知申上げる機會も來るであらうと考へます。發表致しました場合はどうか明年も本日以上多數の御出席を下さることを切に希望して已まない次第であります。一言感謝の意に兼ねましてお受けの御挨拶を致して置きます。（拍手）

時　午後二時〇五分　閉會

大會附記

◎保育功勞者表彰

本大會の初頭に於て、多年保育に從事し効績顯著なるの故を以て、表彰の榮譽を得られし人々は、左の通りである。

京都市保育會　片岡久君
大阪市保育會　奥野カツ君　松川ヨネ君
　渡よしの君　宇野美香君
　辻久榮君
神戸市保育會　小澤ツ子君　小林まさゑ君
　内匠ちゑ君　梶原きく君
吉備保育會　片岡定四郎君

◎住吉踊

當日晝食休憩時間中に、住吉神社氏子の人々の奉仕で住吉踊りを公開された。可愛い稚兒たちがお田植姿のいでたちに團扇を持つて圓陣にならび、外側に立つ氏子の人々の笛、太鼓、歌につれて、手ぶり、身ぶり面白く踊る。まことに素朴にして雅趣に富み、千餘名の會員は何れも物珍しく見學した

見　學

大會終つてから、會員はそれ〲の希望によつて三班に分れて市内見學をなした。

第一班　大濱潮湯
第二班　仁德陵、大安寺、妙國寺
第三班　妙國寺、大安寺、仁德陵、潮湯

主催地役員の人々の、到れり盡せりの斡旋に、會員一同は滿足裡に散解したのである。

第四十回の情況

第四十回關西聯合保育會は、昭和八年十一月五日午前九時より、神戸市立第二高等女學校講堂に於て開會せられ、頗る盛會であつた。

（會の順序）

一、一同着席
一、開會ノ辭　神戸市保育會長
一、國歌合唱
一、祝辭　兵庫縣知事、神戸市長
一、會務報告
一、議事

1 建議案

保姆ノ資格向上並ニ待遇改善ニ關シ左記事項ヲ其筋ニ建議スルコト

一、幼稚園保姆ノ教養程度ヲ小學校本科正教員ト同等以上タラシムルコト
二、幼稚園長及保姆ヲ視學等ニ任用スルノ途ヲ開クコト
三、幼稚園長及保姆ノ若干數ヲ奏任待遇トナスノ途ヲ開ク事
四、幼稚園保姆ノ月俸額ヲ小學校本科正教員ニ準ゼシムル事
五、幼稚園長及保姆ニ對シ年功加俸ヲ給スルコト

（神戸市保育會提出）

2 協議題

一、堺市保育會加入ノ件
二、保育功勞者表彰及保育ニ關スル經驗記編輯ノ件

3 談話題

一、各市ニ於ケル幼稚園ノ標準設備ニツイテ承リタシ

（吉備保育會提出）

二、幼稚園ト家庭トノ連絡方法中體育又ハ德育ニ關シ母親教育ニ貢献大ナリシ實際ニツキ承リタシ
（大阪市保育會提出）

三、都市ノ幼稚園ニ於テ特ニ保育上考慮スベキ點
（京都市保育會提出）

四、自由遊ビノ取扱方ニツキ承リタシ
（名古屋市保育會提出）

五、幼稚園ニ於ケル遊戲ノ基本的態度ニツイテ承リタシ
（神戸市保育會提出）

（休　憩、晝　食）

一、講　演

日本人教育機關トシテノ日本幼稚園ノ根本任務
楢崎淺太郎氏

一、研究發表

1、幼兒に實驗したる紫外線療法に就て　名古屋市保育會
2、フオルケルト氏新ライプチヒ恩物の實驗的研究　京都市保育會
3、幼稚園に於ける郷土材料の取扱に就て　大阪市保育會
4、水遊びに現はれたる幼兒の性向調べ　吉備保育會
5、兒童の自由遊戲の採集　神戸市保育會

一、遊戲交換

三羽の蝶。鳴子と雀。　吉備保育會
電車と汽車。ねぎ坊主。　名古屋市保育會
飛行機。兵隊遊び。ひなつばめ。水兵。　大阪市保育會
皆でまねして。凱旋行進。　京都市保育會
兵隊遊び。僕は水兵。　神戸市保育會

一、閉會ノ辭　神戸市保育會

一同着席

開會の辭

○神戸市保育會會長　黑瀨弘志君　主催者と致しまして一言御挨拶を申上げます。本日玆に第四十回の關西保育聯合會大會を開催致したのでありまするが、皆樣斯く多數にお集り下さいましてお世話を致しました神戸市保育會と致しまして洵に滿足の至りに存ずる次第であります。御遠方からも多數お出でになつて居りまするやうでありまするし、御苦勞に對して深く謝意を表します。關西保育聯合會の大會も今回を以て四十回と云ふことになつて居るのであります。此會は四十年も前に開かれたやうな次第であります。非常に古い歷史を有つて居る次第であります。第一回の當時と今日と此幼兒教育の事業を考へて見ましたならば本當に隔世の感があるのであります。此間本會が我國の幼兒教育の爲に盡されました功績は洵に大なるものがあることを信ずるのであります。我國の國運の隆昌に幼兒教育と云ふことがどれだけの關係を有つて居るかと云ふことに付きましては私が彼是申上げる必要もな

いのであります。世の中が進むに連れまして、世相が變化するに連れまして此幼兒敎育に從事する方々のお心掛も自然に變つて參るのであります、又其敎育の樣式其他總ての點に於て時々變遷致すことであらうと考へるのでありますが、常に斯樣な點を考へまして此問題に付て硏究致しますことは洵に必要なことであるのであります、之を以て我國家の興隆に寄與すると云ふことは洵に大切なことであるのであります、本日は色々な建議案なり或は話題なり色々の硏究題目があるのであります、どうか皆樣に於かれましては御腹藏なき意見をお吐になり幼兒敎育の事業の益々發達致しますやうに御配慮あらんことを希望する次第であります。主催地と致しまして設備萬端不行屆であることゝ存じますが、どうか各位に於かれまして遺漏のありました點はどうぞお許を願ひまして此會の有終の美を濟されんことを切望する次第であります、之を以ちまして開會の御挨拶と致します(拍手)

國歌合唱

祝辭

○兵庫縣知事、神戸市長

會務報告

○京都市土阪幹事　お差圖によりまして第三十九回本大會をば昨年京都市に於て開會致しました當時の大要を御報告申上げやうと思ひます。同會に於きましては一千に餘る多數の御出席を得まして主催曾としては甚だ滿足に存じました計りでなく萬事不行屆のお咎もなかつたことを深く感謝申上げる次第でございます。當時建議事項と致しまして數項目の御可決がありました、但しそれは主催會の方に於て宜しく手續きをせよと云ふお話でありましたから其後京都市の幹事の者が東上致しまして文部省の當局に相當の陳情建議の任を果した積りでございます、一々茲に申上げることは省きまして續て本日の建議案の問題にも同一問題が繰返されて居りますから其際に便宜御報告申上げやうかと思ひます、尙協議題でありますとか談話題、硏究發表、遊戯の發表など極めて御熱心に御準備下さつた所をば極めて細密に亘つて御發表下さいまして參會者一同大變御滿足をお互に得られたことゝ信じて居る次第であります、言葉に致しては甚だ長くなりますから其點は例の關西保育なる雜誌に搭載致しましてさうして皆樣の寬り御覽を下さるやうに致したいと存じて居ります、甚だ簡單でありまするが以上を以て報告を終ります。

議事

建議案

保姆ノ資格向上並ニ待遇改善ニ關シ左記事項ヲ其筋ニ建議ス

ルコト

一、幼稚園保姆ノ教養程度ヲ小學校本科正教員ト同等以上タラシムルコト

二、幼稚園長及保姆ヲ視學等ニ任用スルノ途ヲ開クコト

三、幼稚園長及保姆ノ若干數ヲ奏任待遇トナスノ途ヲ開クコト

四、幼稚園保姆ノ月俸額ヲ小學校本科正教員ニ準ゼシムルコト

五、幼稚園長及保姆ニ對シ年功加俸ヲ給スルコト

（神戸市保育會提出）

○座長（神戸市保育會副會長目良德造君）　それでは引續きまして開會致しまして議事に移ります、會長が座長を勤める前例であるさうでありまするが神戸市保育會長の黒瀬さんは已むを得ない用事がありまして他の會合に赴かれることになりましたので私が副會長と致しまして甚だ僭越でございまするが座長を勤めさせて頂きます、左樣御諒承をお願致します。議事はお手許にお廻してあります刷物に掲げました通り三項でございます、第一は建議案でございます、第二は協議題であります、第三は談話題であります。此中建議案及び協議題の議事に付きましては本會には別に定つた議事法がないやうに聞いて居りまするので普通の議事法に從つて進めるやうに致したいと存じます、此順序に依りまして建議案から這入ることに致します、此建議案は「保姆の資格向上並に待遇改善に關した肥事項を其筋に建議すること」と云ふことになつて居ります。本建議案の提出會でありまする神戸市保育會の説明を求めます。

○神戸市山崎幹事　本案は幼兒教育に從事致して居りまする者の等しく要望致して居りまする所でございまして、先刻も御報告がございました通り年々本會に提議されて居る問題でございますから特に改めて御説明申上げるまでもないと存じますから一寸文案だけを讀ませて頂きます。

一、幼稚園保姆ノ教養程度ヲ小學校本科正教員ト同等以上タラシムルコト

二、幼稚園長及保姆ヲ視學等ニ任用スルノ途ヲ開クコト

三、幼稚園長及保姆ノ若干數ヲ奏任待遇トナスノ途ヲ開クコト

四、幼稚園保姆ノ月俸額ヲ小學校本科正教員ニ準ゼシムルコト

五、幼稚園長及保姆ニ對シ年功加俸ヲ給スルコト

以上でございまして滿場の御贊同を希ふ次第でございます。

○座長　次に唯今の説明並に本案に關して御質疑のある方がございましたら御發言を求めます。

○京都市　第三十九回の時に先程京都市保育會の方から御報告致しました通りに此建議案に付て京都市の保育會に對しま

して皆様方滿堂の賛成を得ました決議の結果、地元で其手續きをして貰ひたいといふことで京都市保育會の方から參りました其建議陳情の大體の經過を此際御報告をさせて貰ひたいのであります。

○座長　どうぞ

○京都市　昨年京都市の公會堂で此の大會がありましたのが十月の十七日であつたと思ひます、私共京都市保育會の幹事の者が寄りまして早速文部省へ伺つて建議陳情をする筈でありましたが色々多忙に迫はれまして漸やく四月の廿八日に私が文部省の方へ行くことになりまして參りました、恰も文部省では各府縣學務課長、視學官を召集して思想取締に關する會議を開いて居つた時分であります、大臣は何所かへ御出張でありまして次官は其方へお出ましになつて居ります、で大部待ちまして正午の休憩時間の際普通學務局長の武部さんにお眼にかゝりました、お忙しい中を快くお會下さいまして凡そ四十分間に亘り私の方から出しました五つの此建議案の事由を詳しく說明して吳れ、自分は幼稚園のことに付て智識が薄いから詳しく說明して吳れと云ふことで凡そ四十分程說明申上げました、昨年の大會では第六の恩給法の第九十九條二項を削除されたいと云ふ項も加つて居りましたが新恩給法實施と共に之は當然効力を發生するので蛇足と思ひまして之は私共の方から事由は書いて持つて參りましたけれども說明致しませなんだのであります。普通學務局長は此建議案は普通の政策的の建議案でなくて非常に眞面目なものである、文部省は小學校と同樣寧ろ是から後は幼兒教育に對して力を入れなければならぬ、從つて幼稚園の保姆及び園長の待遇資格と云ふものを改善向上しなければならぬ、努力しなければならぬと思ふが自分は其方に知識が乏しいから專門の督學官或は其他の者と相談して一時に之を實現することは出來ないが漸次實現をするやうな運びに致したい、歸つたならば其話を傳へて吳れと斯う云ふ風に凡そ四十分程で會見を終りましたから歸つて參りました、陳情書は大臣閣下に御提出を願つて歸つたのであります。此五つの建議案を見ますると文部省は澤山の豫算を計上して金を出さなければならぬやうなことは一つもないのであります、精神的の優遇が重になつてをります又資格が上がつて月俸額が小學校本科正教員と同じやうな標準になりましても文部省が金を出すと云ふことは餘りないか知らんと思ひまするので此案は文部省としても當然贊成して實現すべきものと私は信じて疑はぬものであります、私共はどうか一日も早く此一から五までのことを實現されることを希望して已まない次第であります。

○座長　唯今京都市から前回決議致しました本案と同一の建議案建議の顚末の御報告がありました併せて是に付て何か御質疑がありますれば、御質問がありますれば此際申出を願ひます。
○吉備保育會　唯今の文部當局の御回答は如何になつたか、回答はないかも知れませぬけれども其際の模樣を一寸お伺します。
○京都市　文部省の方としては大臣がお留守でお眼にかゝれなかつたが特に普通學務局長はそれは非常に眞面目な建議であるから能く調査をして出來るだけ早く一つからでも實行したいと云ふ斯う云ふ御意見でありました。
○座長　其他に御質問はございませぬか。
○吉備　私は本會に初めて出席して來た者でございますから是までの樣子を承知して居ないのでございますので一寸お伺したいのでございます。本案に付きましては公立の幼稚園と私立の幼稚園に付きましての御意見は如何やうに考へて入らつしやるのでせうか一寸お伺致したいのであります。
○神戸市　私立の幼稚園は這入つて居りませぬ。
○京都市　今神戸の方から私立が這入つて居ないと云ふお話でありまするが私達前回の會合では第一、第二などは私立の幼稚園も包含して居るかのやうに思ひますが其點をお伺致します。
○神戸市　お答申上げます、第一と第二と第三は私立も這入つて居ります、第四と第五は公立だけでございます。
○座長　唯今吉備保育會の質問に對する神戸市の保育會の答辯が訂正されましたどうぞ、其他に質問がございませぬければ意見の發表に移ります。
○大阪市　本案に付きましては唯今御説明のありました通り本會歴史附の問題でありまして我々は双手を擧げて贊成するものであります。殊に第一項の保姆の敎養程度を本科正敎員と同等以上にすると云ふことに付きましては田中文相時代學制改革問題が高調されました時に本會の名を以て保姆養成の爲高等なる機關を設けて貰ひたいと云ふことを建議した程であります、又昭和五年名古屋に於て本會が開催されました時分には親しく文部省から視學官が見えまして保姆養成機關の適當なる法案はないかと云ふ御諮問があつたのであります、幼兒敎育の重要性に鑑みましてどうしても我々は小學校に從事して居る者と較べて下であるのではいけないのでございます。爾餘の四つの項目に付きましては是は我々の敎養程度が高まれば自然獲得することの出來る問題であると思ふのでございます、最後に欣快に堪へないことは前年まで此建議案は六項目であつたのでありますがそれが一項目だけ減つたことであります、即ち我々が准敎員程度の待遇を受けて居つた時代が恩給法の基礎年限として加へられて居なかつた、それが今度恩給法が改正になりまして第九十九條の二項が削除されました爲に續くことになつて參つたのでございます。此點に付きましては我々の多年の努力を大いに喜ぶと共に當局に向つて感謝する次第でございまして本案を賛成するに當りまして建議案と共に此要求の容れられたことに向つてお禮の挨拶を當局に向つて出して頂きたいと私は是を附加へましてさうして皆様の御賛成を求め開催地神戸市に對して共御取計ひ下さるやうにお願をする次第であります。

○座長　唯今賛成の御意見がありましたが此問題は歴史的のものでもあり皆様に於ても御異議はなからうと思ひますが御異議ないものと認定して可決されたことに致しまして御異議ございませぬか(拍手、異議なし)それでは本建議案は可決確定致しました例に依りまして此實施のことに付きましては主催地が中心に役員會とも諮り適當な處置を執るやうに致します

○大阪市　緊急動議を提出致します。

○座長　唯今大阪市から緊急動議の提出がありましたから之を承認して御異議ございませぬか(異議なし)異議ないものと認めまして御説明を願ひます。

○大阪市　唯今議長よりお許を得まして茲に緊急動議を提出致したのであります。御承知の如く現内閣に於ては文部大臣鳩山閣下が非常に此教育方面には御通曉になり又非常な熱心で、今回歴代内閣に於て企てて居りました所の學制改革にどうしても今回は目鼻を附け眞の改革を斷行したい、斯う云ふ意氣込みが見えまして我々實際教育に從事致して居ります者は非常に欣びの情に溢れて居る今日であります、承りますれば茲數日來は學制改革問題に付きまして非常な御熱心なる御相談が省內に於て行はれて居ると云ふことであります、本會に於ては毎回此保育の向上と云ふことに付て急に文部省にも建議を致しお願を致して居ります。唯今も御決議になりましたが如き問題も年々之を建議致して居りまして今漸く當局の御諒解を得つゝあると云ふ有様、其第一項には小學校の本科正教員並に保姆の待遇を向上して貰ひたい、即ち保育向上の爲には何處までも之は必要な事項であると云ふことが本會滿場一致に依つて更に建議せられることになつたのであります私共は此問題と關連致しまして今回の學制改革に於きまして女子師範學校には是非共保姆養成科を設置して貰ひたいと云ふことゝ男子師範學校にも幼稚園を必ず附設して貰ふ、此二點を今回の學制改革の中に是非加へて貰ひたいと斯う云ふ希望を有つて居ります。朝來此關西聯合保育會の役員諸君と色々相談をして當大會の名に於て文部省に對し電報を以て一つ建議を出したいと斯う云ふことになつたのであります。どうか餘り深く説明を要せない問題でありますから滿堂の御賛成を得たいと思ひます。(拍手)

○座長　唯今緊急動議の提出がありまして御賛成があつたやうでありまするが尚ほ此問題に付きまして如何に取計ふと云ふことに付て御協議を致します。何か本緊急動議としての建議案に質問の方がありますれば此際にお申出を願ひます。別

にないやうでありまするが御意見の御發表を願ひます。

○神戸市　之は實に大切なことでございまして素、師範學校から幼稚園のことを研究して頂きませぬと保育の進歩と云ふことは十分出來ないことゝ思ひます。丁度さう云ふ氣運の際でございますから是非共之は建議致しまして文部省の方へ電報を以てお願したいと思ひます。其事柄は役員會の方に一任して頂きたいと思ふのでございます。

○座長　唯今贊成の御意見がありました、別に御異議はありませぬか（贊成、異議なし）贊成の聲がありまして別に御異議がありませぬので全會一致を以て本建議案を動議の提出者の提出致されました通り即ち女子師範學校に保姆養成科を附設し男子師範學校に附屬幼稚園を設けること斯う云ふ意味の建議を電報を以て文部省にすると云ふことに全會一致を以て可決確定したと致して宜しうございますか（拍手）御異議ございませぬやうですから可決確定致しました、役員會に於て適當に取扱ふことゝ致します。

協　議　題

一、堺市保育會加入ノ件

二、保育功勞者表彰及保育ニ關スル經驗記編輯ノ件

○座長　次に協議題に移ります。其第一堺市保育會加入の件本題は會則に依りまして役員會に於て審議を致しました結果加入を承認することが適當であると認められましたから本大會の承認を求める件であります、役員會よりの說明を求めます。

○神戸市安井幹事　問題の性質が說明を申上げると云ふやうなことではありませぬ、經過を一言申上げまして滿堂の皆樣の御贊成を得たいと思ふのであります。昨年京都市に於て第三十九回の關西聯合保育會の開會の極く間際に堺市保育會から此御申出があつたのであります。併し正規の手續を履むのに餘日がありませぬでしたので京都では其儘となり遂に本市主催の此會に持越された次第であります、そこで神戸市保育會は堺市保育會の御申出を關西聯合保育會の決定に從ひまして先づ聯合代表役員會にお諮致しました所滿場一致で其御申出を御承認致しました譯であります、手續上本大會の皆樣方の御贊同を得ればそれで堺市保育會は關西聯合保育會へ加入し得られるのでありますからどうぞ一人の御異議もなく御贊成をお願致します（拍手）

○座長　關西聯合保育會に堺市保育會加入の件は唯今のやうな經過で玆に提出されたのでありますが滿場一致此加入を御承認することに御異議ございませぬか、別に御異議の聲がありませぬから承認されたものと致します。（拍手）

次に保育功勞者表彰及保育に關する經驗記編輯の件、之を協議致します。役員會の說明を求めます。

『幼兒教育功勞者表彰』ニ關スル案

一、資　格　幼兒教育者及其關係者ニシテ二十五ケ年以上從事シタルモノ

1　現職ニアルモノ

2　現職ニアラザルモ嘗テ二十五年以上從事シタルモノ

3　既ニ故人トナリタルモノハ其頌德方法ヲ別ニ考慮スル事

一、範　圍　關西聯合保育會ニ加入セル保育團體ノ會員及其關係者

一、方　法

1　該當者アラバ年々聯合保育會席上ニ於テ表彰ノコト

2　該當者ハ加入保育團體之レヲ推薦シ聯合役員會ニ於テ審査シタル上ニテ定ムルコト

3　表彰狀ニ記念品ヲ添ユ

以上

右ノ案ハ昭和八年十月十四日ノ聯合役員會ニ於テ決定シタルモノデス、幸ニ本大會ノ承認ヲ得テ聯合役員會ニ御一任ヲ得ルナラバ愼重審議シテ次年度ヨリ之レヲ行ヒタイモノデス

○神戸市望月幹事　其袋の中に斯う云ふ小さい紙が這入つて居りますからどうぞお出し下さいませ、斯んな小さな紙でございます、それに「幼兒教育功勞者表彰に關する案」と書いてございます、それでは說明申上げます、此幼稚園が日本に出來ましたのは五十年以上になりますけれども關西に幼稚園が出來ましてからも既に五十年に達して居ります、其間非常にお骨折下さつた方で今は故人になつた方も亦現に生きて入つしやるさうして陸ながら保育に力を盡して入つしやる方もございますさう云ふ方々が今此世を去つておしまいになるまでも其儘に置きますると此明治時代から大正年間に亘りましてはどう云ふ保育をして居つたかと云ふ實際のことが分らなくなつてしまひます。其時には何心なく致したことも記錄になつて後々まで殘りましたならば非常に後々の方に役に立つことがあらうと思ふのであります、それで本案は二つに分れて居りまして此順序の方には保育功勞者表彰及保育に關する經驗記錄編輯の件と斯うなつて居りますが此方は一つでございますけれども是は經驗記錄の方は說明が要りませぬから此方だけ印刷したものであります。此間五市關係役員會の承認を得たことでありますから皆樣の御贊成を得ましたら之を實行したいと思ふのでございます。簡單に致して置きます。一、資格幼兒教育者及其關係者にして二十五ケ年以上從事したるもの―中にはもつと長いことと從事した方、と云ふ說もございましたけれども併し二十五年と云ふのは人生の半分でもございますし其間從事して下さつたと云ふことは大きいことだから二十五年にしました方が良いだらうと云ふので二十五年になつたのであります、第一、現職にある者―之は勿論現職に入つしやる方を表彰したら良いと云ふことと第二、現職にあらざるも曾て二十五年以上從事したるもの―例へて言へば神戸市に於てはミス、ハウと云ふやうな方は四十年もやつて下さつてアメリカへ歸へられ又大阪には膳さんの如き方、岡山市

には折井さんのやうな方、岡さんのやうな方と云ふ風に現職におゐでにならなくつても――京都には島さんのやうな方もございます、堺市にもあります。でありますからさういふ方が現職に入つしやらないからと言つて表彰しないことはいけない、是非表彰することにしたいものです。第三既に故人となりたる者は其頌徳方法を考慮することー之はどうしたら良いかが役員會で極り兼ねましたので更に相談することになつたのでございます、それから範圍は日本中としたら良いか關西としたら良いかと云ふことでございましたが日本中から表彰すると云ふことは詮考方法が迚もむつかしいのでございます。先年御承知の方もありませうが帝國教育會で斯う云ふとをやりまして彼方此方から小言が出たことがあります、中々全國の人を調べ擧げることはむつかしいことですから今度は關西の聯合保育會に加入して入つしやる保育團體の會員及關係者とすればはつきりして參るではなからうかと云ふことでさうなりました、殊に之は本會ですることですから其方が當然であらうと云ふことになりました、何故さう云ふ考へ、全國的と云ふやうな考へが出たかと申しますと最近大阪で全國關係者大會と此關西聯合保育會の合同したものが開かれやうとする相談がありますから其所で表彰するのには全國的の會だからどうだらうと云ふ話もあつたのでありますが唯今申したやうな理由で關西に限つた譯であります。それから其方法はどうしたならば宜しいか第一に當該者あらば年々聯合保育會席上に於て表彰のことー今までの方は來年致したいがそれから先きは年々二十四年の方も二十五年になる譯ですから年々表彰しやう、第二に當該者は加入保育團體之を推薦し聯合會役員會に於て審査したる上にて定むることーどなたでもすると云ふのでなく大いなる功勞者を表彰しやうと斯う云ふ譯です。第三、表彰狀に記念品を添ゆーたんと添へるかどうか分りませぬけれども記念品を添へる、之は昭和八年十月十四日の聯合役員會で決定したものです、幸に本大會の承認を得て聯合役員會に御一任を得るならば愼重審議して次年度より之を行ひたいものであります。

之が一つ、もう一つ此記錄の編輯ですが折角表彰しましても先き申しましたやうにどう云ふことをして下さつたかと云ふことが分らなければそれが後の世まで役に立たぬと云ふことになりますからそれに附帶して是非其記錄を作つて行きたいと斯う云ふことで其表彰された方は自分の經驗を書いて此時分には斯う云ふ保育をして居つたと云ふやうなことをお書下さつてそれが集つて來たならば非常に有益な幼稚園の歷史が出來るだらうと思ひますからどうぞ兩方御一緒に御贊成を願ひたいと思ふのであります。

○座長　御質問はございませぬか、別にないやうでございます。次で御意見の發表を求めます。

○京都市　本問題は率直に申上げますると本會が四十年も經過するまで出なかつたことが寧ろ遠慮し過ぎて居つたやうに思はれるのであります、尚各保育會に或は其他の各團體に於て表彰などのことがあるかも知れぬのでありますが少しでも大きい團體、即ち關西聯合保育會に於て二十五年、四半世紀も保育に實際貢献した方を表彰する、我々は小さい國民を保育して居るのでありますけれども此小國民を保育すると云ふことは非常に必要なことであると共に保姆自身がより大きな空氣を吸ふことも必要なことであるかと思はれるのであります。此問題に對しては大賛成を致します。方法等に付きまして唯今伺つたのでありますが是も色々の方面を考慮されて出來上つて居るやうでございますので是も賛成であります。經驗記編輯の件等がありますが是は唯今此會場に於て詳細なことを論議して居りますよりも役員會の方へ一任して然るべく有益のやうに取扱つて頂く方が良いかと思ひまして賛成致します。

○座長　唯今賛成の御意見がありましたが此賛成の御意見に賛成の方がございますか(拍手)多數の賛成がありまして又別に異議はないやうでございますから之は此内容を見ますると教育功勞者表彰及び保育に關する經驗記編輯の二項になつて居りまして、提案者の説明に依りますと詳細なことは幼兒教育功勞者表彰に關する案と云ふ内容を盛つたものも出て居りますが、其案の終りに書いてあること「幸に本大會の承認を得て聯合役員會に御一任を得るならば愼重審議して次年度より之を行ひたいものです」と云ふ此意味を經驗記編輯の兩方に加へまして兩方を此意味に致して聯合役員會に御一任を得て其實行方法に付て愼重審議致しまして適當の方法が考案が立ちましたならば次年度より之を行ふて行くやうに役員會に御一任して頂きたいと云ふ風に御承認を得られますか、得られますれば左樣取計ひたいと存じます(拍手)異議の聲がありませぬから左樣取計ふことに致します。

談話題

一、各市ニ於ケル幼稚園ノ標準設備ニツイテ承リタシ
(吉備保育會提出)

二、幼稚園ト家庭トノ連絡方法中體育又ハ徳育ニ關シ母親教育ニ貢献大ナリシ實際ニツキ承リタシ
(大阪市保育會提出)

三、都市ノ幼稚園ニ於テ特ニ保育上考慮スベキ點
(京都市保育會提出)

四、自由遊ビノ取扱方ニツキ承リタシ
(名古屋市保育會提出)

五、幼稚園ニ於ケル遊戯ノ基本的態度ニツイテ承リタシ
(神戸市保育會提出)

○座長　それでは協議題は決定致しました次に談話題に移り

ます。本談話題は五項ありますが時間の關係上一保育會の發表を五分以內に致しまして一會一人宛の御發表を求めることに致したいと思ひます。

一、各市に於ける幼稚園ノ標準設備に付て承りたし。

（吉備保育會提出）

○吉備　幼稚園の設備に付きましては完全を望みますれば限りがありませぬ、併し經濟上の問題が之に伴ひますので出來るだけ少い經費を以て最も有効な設備をするやうに考へねばならないと思ひます。現在の經濟狀態に鑑みまして標準設備に付きまして承りたいと存じます。

○座長　本問題に付て意見の御發表又は實際の狀況の御說明を願ふことに致しますが便宜茲に書いてあります順序に從ひまして、此問題を並べてある順序に從ひまして御發表を願ふことに致します。大阪市保育會のどなたか御發表を願ひます

○大阪市　本問題に對しましての大阪市のお答をさして頂きます、大阪市に於きましては標準設備として定められたものがございませぬので此問題に對しての適當なお答を致し兼ねるのでございますが唯々意見としてお答をさして頂きます。問題を拜見致しますと標準と云ふ言葉がございますので理想的な設備を標準とするのか又最少限度此位ならばと思ふ所を標準とするのか又大阪市の現在ありますものの中で比較的設備の良いものを標準としましたら良いか、此三つに付きまして考へさせられましたが理想的なもの又は最少限度と云ふ二つは各市の方のお考になりますのと餘り大して變りはないだらうと存じますので私共大阪市のお答と致しましては矢張り現在大阪にありますものゝ中で比較的設備の良いと云ふ所をお話するが宜いではないかと存じました、で大阪市の先づ比較的設備の良いものを標準として居りますが市の方では體育衞生と云ふことに付きまして非常に力を入れて居られますので是非斯う云ふ設備は附加へねばならぬとお話のありましたやうな點を取入れまして纏めて見た次第でございます。勿論幼稚園施行規則第十九條に定められて居ます所の設備に付ての規定は十分參照して居ります。

大阪市の實情を考へて見ますと經濟的には相當惠まれても一方適當な廣さの土地を得ると云ふことは大變むつかしいのでございます。殊に幼稚園としては交通の危險な場所でないと云ふことが餘程大切なことでありますが日々私共其點に困難を感じて居りますのは大都市幼稚園として致方ないことかと存じます。今日は與へられた時間が僅か五分であつて考へて居る點を十分お話申上げることは出來ませぬと存じますので先程お手許の方に斯う云ふ刷物をお廻しして置きましたから後で御寬り御覽下さいますやうお願します。前申しますやうに大阪市の標準設備と申すのでございませぬ唯々斯う云ふ意見として出させて頂いた譯でございます。洵に簡單でござ

いますが是で失禮致します。

○座長　次に京都市保育會

○京都市　幼稚園窮極の解決は何と言つても保姆其人にあることは私が今茲に事新しく申上ぐるまでもございませぬ、併し此良い保姆にもう一つ良い設備が與へられましたならば一層其目的を達し得ることが出來るのでございます、此設備問題こそ當事者たる者の常に惱んで居る點でございます。あゝもしたい、斯うもしたいと幾多大なる理想を有つて居りますけれども何時も經濟上の問題が伴ひますので思ふやうに參りませぬ、それで出來得るだけ小額を以て最も合理的に設備をすることが今日の急務ではなからうかと存じます、此問題に付きまして吉備保育會から此度提出されましたに付きましては幼稚園標準設備なるものが未だ公布されて居りませぬので此際各都市として最も愼重に考慮されねばならぬことゝ存じます、で京都市に於きましても中京の所の幼稚園と端の方の幼稚園とは其學區の經濟狀態、又習慣が違つて居りますので從つて其設備も違つて居ります、ですから幼兒の生活に即した設備をすることが最も肝要であらうと存じます、此點から京都と他府縣の標準設備の異るのも亦當然と思はなければなりませぬ、標準設備を申上げる前に設備を支配する所の保育者、被保育者の組織編成から考へて行かなければなりませぬが園長はどうしても專任であつて頂きたい、さうして一園兒は百名位、保姆四名、衛生看護婦一人を置いて、保姆一人の受持はどうしても二十五名位にして行きたいと思ひます、此標準で作成したのが標準設備でございまして皆樣のお手許に廻して居ります印刷物の表になつて居りますのが其標準設備でございます、付きましては京都市に於ける現在の設備狀態を申上げたいのでございますが一々申上げる時間がございませぬので現在京都市として意を用ゐて居る點を申上げたいと思ふのでございます、斯樣な標準設備を作成致しましたものゝ土地擴大の見込みのある所は宜しいが現在其方法は行詰りを來して居る狀態であります、でありますからどうしても此狹隘なる園舍を補ふ爲め、又都市の幼兒に對し大自然に接觸せしめたいと云ふ所から京都市に於きましては、實現は程遠いことでありますが幼稚園共同の公園の公園設置を計畫致して居ります、京都市の郊外に千坪位の公園四ヶ所位を設けて衛生設備なり又運動設備を完全にして專用自動車に依つて一週間に二三度は是非此自由の天地に遊ばしめたいと云ふ計畫でございます、もう一つは保健衛生設備をもつと完全にしたいと云ふことで現在京都市はまだ〳〵不十分でございますから外の設備は勿論のこと傳染病豫防設備を完成し積極的には日光浴室を設けて之に打勝つ體力を養つて行きたいと思ひます。一方斯樣な郊外進出を計畫し一方狹隘なる園舍を有效に使用する方法を考へ其足りない設備を補うて私共保姆の最後の任務に努力して行かなければならぬものだと思つて居ります。

○座長　次は名古屋市保育會

○名古屋市　設備の如何によつて保育の効果に多大の影響をもたらす事今更喋々と申上げるまでもございません。然し一方如何なる立派な設備が有つてもそれの運用よろしきを得なかつたら効果はあげられずまた貧弱な設備のもとに有つてもそれの十二分の利用といふ事を常に念頭におきうまく利用致しましたならば相當な効果をあげ得るものと信じます。

従つて豊富な設備のもとに益々それを立派に運用なし得る手腕の保姆でございましたならば「鬼に金棒」で大いに力強い次第でございます。幼稚園の經營上設備といふ事は他の如何なる事よりも經濟と最も密接な關係がございます、それ故私共保姆の力では動かし得る樣で中々動かし得し得ないものが多いのを遺憾に存じます。

輕少な豫算をうまくやり繰りして最も効果的な設備をするといふ事は貧弱な設備を上手に運用するといふ事と共に私共に與へられた重大な任務ではないかと考へます。

かうした考と立場から標準設備の重要さをも感じかねぐ\皆さんと寄り合ひまして實際的なものをと少しづゝ研究致し只今先づ保育室の設備といふ事から研究致して居ります。

名古屋におきましては未だ標準設備とか規格品とかいふ定つたものは何もございませんので私共の方からの研究により當局の方をも動かしこの方面へ今少し熱心な御指導をもうけ度いものと存じまて居ります。

設備全般にわたりましては先づ經濟の點からそして保健上から情操陶冶の方面から地理上の關係からとか種々の點に於て中々の熟慮を要することゝ存じます。

これ等の點から大體かく有り度いと思います、標準の設備は次の通りでございます。

保　育　室

幼兒用机、同椅子、保姆用机、同椅子、戸棚（整理用戸棚、辨當玩具其他の用品入）黑板、樂器、食事用盆、及臺、衝立、揭示板、書架、積木、額、寒暖計、紙屑入、時計、花瓶、植木鉢水槽、カレンダー、鏡、玩具類（人形、交通遊具、水遊具、獨樂、羽子板、カルタ、繩飛び、ボール及ミツト、鐵砲、ゴムマリ、飯事用具）繪本、童話本。

遊　戯　室

ピアノ、長椅子、遊戯具入戸棚、大額面、時計、寒暖計、紙屑箱

談　話　室

長椅子、卓、小椅子、蓄音機、花瓶、額、戸棚、玩具類（人形飯事道具等）繪本、人形芝居の舞臺

醫　務　室

救急醫療器械及藥品、寢臺、蒲團及枕、毛布、身體檢査用具、

机、倚子、體温計、寒暖計、器械藥品入用戸棚、額、紙屑箱、花瓶、齒科治療椅子並に器械器具、

職　員　室

机、椅子、本箱、戸棚、（事務用品、手技材料品、印刷物、圖書入等）圖書類、時計、寒暖計、紙屑入、額、花瓶、電話、塗板、印類、帳簿類、事務用具

應　接　室

卓、椅子、衝立、戸棚、花瓶、額、時計、灰皿

使　丁　室

時計、茶器、火鉢、盆、戸棚、炊事場並に用具、竈、洗濯用具掃除用具、

附　添　人　室（畳敷）

机、裁縫臺、鏡、紙屑箱、

昇　降　口

下駄箱、傘棚、踏板、靴拭

便　　所

手洗場、掃除用具、草履、

洗面所及水呑場

物　　置

屋外ノ設備

砂場、山、池、田、花壇、畑、藤棚、動物飼育箱、鳥小屋、ベンチ、折疊式椅子、ブランコ、滑り臺、シーソー、ジャングルジム、ゴザ、押車、手洗所

積　木　室

ヒル氏積木一式及補助材料、額、紙屑箱

其他備品トシテ備ヘタキモノ

國旗（大小）、謄寫板一式、打抜、木工用具、辨當保温器、着替（夏冬洋服下着共各二三着、靴下、前掛等）五月人形、雛人形及雛段、園藝用品、廣蓄、動物、植物ノ標本、粘土板、消火器、提灯、傘、フレーベル恩物、モンテツソリー教具

○議長　次は神戸市保育會

○神戸市　唯今大阪市並に京都名古屋から段々御意見が出ましてございますから私共もう申上げるものもございませぬが印刷物の中に神戸市から差上げました中に斯う云ふものがございますから御覽戴きたうございます。各市に於ける標準設備に付て承りたしと云ふ吉備保育會の御題に對しまして唯今段々お話がございました様に標準なる言葉が少し不明でございましたので提出者にお尋ね申上げました所が「各市に於て是非これだけの設備は必要である、そして現在の設備はどの程度に出來てゐるか」承りたしとの旨御回答を得ましたので當保育會に入會の各園の現在設備狀態について文書照會の上回答を得ましたるものについて概略統計致しまして印刷に附しましたものが別紙のもので御座います。ほんの概略的で私自身にも慊らず存じますが照會の回答が全部でなかつた事と今一つ設備根源である經濟狀態にまでも突込んで調査致しま

したら精密且つ的確な御答辯もなし得た事と存じますがそこまで敢て致しませんでしたので充分を得ません事を遺憾に存じます。尙この調査に表れました幼稚園は大は公立の二百人收容の所、小は私立の六十人を容るゝ所に至るまで含んで居ります事を御承知戴きたいと存じます。御通覧下さいまして大多數設備のものと大體必要を餘儀なくされてゐるものとを御考へ戴き、極めて少數のものは「どこまで出來てゐるか」との御尋ねにお答へすべきかと存じまして列擧致しました次第で御座います。

我が神戸市は我國の表玄關とも申すべき海港都市、國際都市で四圍の情況は幼兒達の生活の上にも可成强い刺戟を投げかけて居りますが、然し御覽下さいますやうに東は灘地方より、西は靑松白砂の須磨に至るまでの狹く細長い地形に展け北は山を負ひ南は海に臨む。四季の氣候の上に、朝夕の氣溫の上に理想に近いものが御座います。一歩を出づれば幼兒等にも登るに易い小山の點在するがあり。自然の大砂場の海濱も近きにあり、で狹隘な園の設備に腐心する一面惠まれたるこの自然の風物により幼兒等の心情を、智慧を、德性を、健康をよりよく育みたいと希望しつゝ努力をつゞけて居ります

○座長　第一題は是で措きまして次は第二題大阪市保育會提出の「幼稚園と家庭との連絡方法中體育又は德育に關し母親敎育に貢献大なりし實際に付て承りたし」――大阪市保育會

○大阪市　私共は唯今大變思想問題であるとか或は非常時だと云ふ言葉を伺ひますが、本當に敎育者と致しまして殊に保育者と致しまして何時でも責任が大變重くてさうして大きいと云ふことを感じさせられるのでございます、で私共保育者と申します者は建築で申しましたならば是は基礎工事をする所の役割を演じて居るものではなからうかと考へるのでございます。で其基礎の工事を充分に致しますならば其上に建ちました建築は必ずや又是は健全なものであらうと信じます、で其基礎工事をします時に詰り此子供さんの身體其ものを健全にして置きましてさうして其上に魂をすつかり培つて置きますならば即ち昔から申して居ります所の健康なる身體には即ち健全なる精神が宿るのであらうと信じます。でさう考へます時に是は保育者である私共が其方のことを一生懸命に致しますのは是は無論のことでございますがそれには私共として離れる事の出來ない家庭、即ちお母様の敎育と云ふものが又是は私共に大いに力を貸して頂かなければならないことであらうと存じます。併しどんな良いお醫者さんでも自分の子供を診る時には矢張り誤診があるかのやうに伺つて居りますそれで立派なお母さんでも矢張り自分のお子達になりますと其所に幾分か色眼が着いて來やしないかと思はれる節も多々ございます。そこで私共は出來ますだけお母さん達を幼稚園に來て頂きましてさうして御自分のお子達とそれから他の同

年輩のお子達を比べてさうして百聞は一見に如かず、御自分のお子達をお考へになつたらどうかと思ひまして色々考へて居りますけれどもまだ十分には參りませぬし大阪市當局に於きましてもパンフレットを出して戴きましたり又母親教育に關する講演會講會習をお開き戴きましたがまだそれも十分に私共の意に滿たない所が多々あるのでございます。即ち私共は其所に開かれない扉に打突かつて行惱んで居るのでありますで今日此機會を拜借致しまして各市の皆樣に於かれましては大變其途の御研究の十分お有りかのやうに伺つて居りますので今日此問題を提出致しましてさうして私共が行惱んで居ります扉の鍵を與へて戴きたいと思ひ敢て此問題を提出致しました次第でございます。

○議長　御意見の發表を求めます。――吉備保育會

○吉備　唯今大阪の方から御說明がありましたやうに母親は幼兒の教育に最も密接な關係がございます。幼兒の教育如何は直ちに母親の態度如何に依るものでございましてその責任は洵に重且大なるものでございます。眞の人間を作り健全な幼兒を作らんと欲するならば先づ自分の修養を怠らず將來國民として健全な幼兒を作るべきで御座います。

幼稚園と家庭とは凡ゆる方面より連絡を講じ、教育の萬全を期すべきでございます。今日の社會生活が幼兒に及ぼす影響の大なるを思ひます時一層世の母たる者の自覺を促すべきであらうと存じます。

幼稚園と母親との間には十二分の連絡が必要でございます施設と致しましては色々ございますが、殊に母の會は重大な使命をもつものと存じます。私の園に於きまして母の會と申しましたので不都合を感じました內容は主として母の集ひでございますが、毎年五月に總會を開きます關係上「さつき會」と命名致しました。幼稚園の援助會員の修養向上發展を計る機關となつて居ります。事業と致しましては幼稚園參觀、各種講習、講演、映畫、見學旅行等を致します。右の會を最も有意義に致します事に就ては左の事項に留意致して居ります

一、會を開く度數をなるべく多くする事、即ち自然に幼稚園を理解さす機會となり家庭との連絡が充分出來ます。

二、定期的に會を開く事、即ち會そのものを發展させるに重要な要素だと信じます。

三、總會には實際保育、遊戯會等の行事を必ず加へる事、即ち會員一同の出席を促す動機となり幼稚園を愛するの美風幼兒教育の責務の重大さを今更の樣に痛感させます。

四、講演、講習、映畫、見學、旅行等必要に應じ行ひます時は世界に於ける我帝國の地位、時局に對する知識優雅高尚なる品性の陶冶、國民としての人格の養成鄕土愛の觀念日常必須なる知識技能等あらゆる方面に母性としての修養機關となるべく努めております。

五、特に懇談會として毎月その月生れの幼兒の誕生祝をなしその母のみの會合とし實際的、具體的に懇談、指導を致します。

母の會を通して體育及德育はもとより幼兒生活のみに限らず人間生活の全般に亘つて貢献する所極めて大なるものがございますと存じます。貧弱な經驗でございますが體育に付てお母様方に喜ばれました事を申さして戴きます。岡山市では四月二十二日幼稚園令制定記念日を如何に有効に利用さるべきかに就て考究されました。即ちこのよき日をトし全市の幼稚園は身體の健全と實踐力の涵養とを目的に母姉附添ひのもとに春光麗かな一日を近郊に出かける事に致しました。

幼兒の健康が如何に増進し又彼等の如何に强く朗かな性格を涵養する上に郊外生活が大切なるかを入園最初の月に於て實行する事に依つて强くお母様に感動を與へ自覺を促しました。積極的養護の目的は新鮮なる空氣と日光の豊富な郊外生活に依つて全目的が達せられると迄云はれております。

日頃家庭内の繁雜さに追はれてゐるお母様の心境は此大自然に接し如何に躍動いたしました事でございませう。而もかゝる生活が幼兒に斯くも必要である事を知らしめました事は母親に對する生きた教育かと存じます。身體力の養成、精神作用の發達、實踐力の増進等にかゝる生活の大切な事を感受させ常に健康への注意を促す導火線となつたのでございます

次に懇談會に就て申さして頂きます。前申しました通り、その月生れの幼兒の母と限定致しますので自然お子様の暦年齢は同一な譯でございます。そのお母様方の懇談でございますから凡て身體的にも又精神的にも比較となります。又私共統計的の研究書物等に依り常にお母様の疑問とせられてをります事の御相談相手となつてをります。その眞劍さ私共はたゞ努力の足りなさを相濟まぬと思ふ心で一ぱいでございます意に滿たざる所は兒童相談所へ迄も出かけまして御教示を願ひお母様と協力しお子様の過去に於て如何になつてゐたか又將來心身共に圓滿な發達の出來得る様研究努力致す事にいたしてをります。私共は常に崇高なる人格强き母性愛、保姆としての信念のもとに熱心公平に幼兒教育に精進いたしてをります。

次に講習會を開きました事につきましては洋裁、洗濯、料理法等の實際的方面は非常に歡迎せられ料理等に於ては忽ち翌日から幼兒のお辨當に現はれてまゐります。又映畫は毎月一定の日に致しますが、娯樂を兼ねてのものでございますだけ非常にうけもよろしく効果的のものであらうと存じます。

兎角家庭のお母様の立場は常に育兒に家政にと追はれ勝ちでございます。機會を多く作り幼稚園よりお母様に働きかけます事によつてなるべく出席出來得る様努力して貰ひますならばやがてはいづこのお母様も自然に幼稚園に共鳴し眞に幼

兒教育を理解し德育及體育はもとより一般に關し貢獻する所大なるものと確信致してをります次第でございます。

○座長　次に京都市保育會――成べく規定の時間で終了せられるやうに願ひます。

○京都市　實施致しまして僅か二年餘の經驗でございますが其間相當に効果を擧げましたもの二三に付きまして申上げて見たいと存じます。京都と申しますと皆樣方には直ぐ西陣織を御連想下さることゝ存じます。西陣の機業地でございます私共の園では幼兒の半數計りが機業に從事する家庭でございまして他の二割計りが小商業でございますので勢ひお母さん方の園に來られる機會が大變少いのであります、さう云つた點から考へまして毎月一回宛印刷物を發行することを始めたのであります。是の內容は毎月の幼稚園の行事、それから其月々の幼兒の躾方の要綱、さうしてお母さん方へ子供の衞生方面の注意、それから育兒の注意、其時節々々に會ひましたものを出來るだけ簡單にさうして平易に書きまして毎月末次の月の分を家庭へ送るのでございます、さうして送ります時には子供を通して是非持つて歸つてお母樣にさう云つて渡して下さい、さうして其後は又家の方々にも讀んで戴きますやうにお家の一番よく見える所の壁に貼つて頂きますやうに、斯う約束致しまして持たして歸しますので子供を通じての約束ですから此方の申しましたことが殆ど實施されてゐる狀態でございます、其次は先程岡山の方からもお話がございましたが幼兒の誕生會の催しでございます、月一回宛致しまして母親のみ招びまして其母親と其月誕生の子供をお客に致しまして樂しい〳〵遊びを致します、其後で引續きましてお母さん方に參觀させながら他の子供達と比較させてさうして懇談を致しますのでございます、和やかな空氣の中に樂しい遊びをした後ですから母親方も樂しい喜びを有つて參觀するのでございます、是は園兒の家庭に向つてゞありますが今一歩進みまして一般の母親方、それから一般の家庭に向つても是から後幼兒教育を致しますのには幼稚園、小學校、家庭、社會全部が有機的に働いて眞に幼兒の教育の目的が達せられるのではなからうかと存ずるのであります。其點を考へまして學區內の婦人團體に向ひまして講演會なり座談會の形式を採りまして又幸ひ學區內に月一回宛發行致して居ります新聞がありますので利用致しましてそれらに依りまして一般に向つて呼びかけて居るのでございます。尙ほ京都市保育會と致しましても此點に鑑みまして色々計畫を致して居りますが何れ實行致しました曉は又機會を見まして發表させて戴きますことが出來るだらうと存じます。尙ほ申殘しました事柄並に先程申上げました月々發行の印刷物の內容の詳細に亘りましてはお手許にございます印刷物に依りまして御諒解下さいますやうにお願します。

○座長　次に名古屋市保育會

○名古屋市　名古屋市には日本一の名古屋城があります、もう一つ今度日本一の市廳舍が出來たのであります。此二つが名古屋の驛を通過爲さる時の大きな突起物でありまして數年後にもう一つ突起物が現はれ、それが名古屋市保育會でありますと申上げたいのでありますが、さうは參らぬやうですが其の位な意氣を有ちまして私は石垣の石の一つとして今日は五分間と云ふ石を皆樣二千人足らずのお方の懐に投げる大責任がある譯です。私は此大阪市の御提唱になりました問題は幼稚園の是が始りであつて又幼稚園は如何に進んでも此範圍を超えない、要するに幼稚園は家庭を如何に摑むか如何に家庭の母親を摑むかと云ふ問題が初りであつてお終いであると思ふのであります。そこで私は實に貧弱なる經驗しか持合せて居りませぬが投げる投げ方は眞劍であつてあの立看板を私が旅行して見ますると年が年中雨曝しして園兒募集をして居る幼稚園があるのでありますがあの保育を爲さる所の子供を募集するのに哀願的に戸別訪問的におやりになつて居るのがあり或は餘り來過ぎて這入り切れない幼稚園もある、這入り切れない幼稚園が如何なる態度を以てお入れになつて居るかと云ふ事を私一言お尋ねしたい位であります、それが多くは子供のテスト、子供の體力、子供の有つて居る所の力、之を以てお入れになつて居るとお母さんは幼稚園をどの程度に理解しどの程度に我子の將來を考へて幼稚園にお入れになつて居るかと思ふと私は情けないと憤慨せざるを得ないのであります。菓子を食過ぎるから入れて下さい、來年一年生に行くと二、三日駄々を捏ねるから入れて下さい、私の子供は甘えつ子だから入れて下さい、是では甘へつ子豫防幼稚園或は一年生に上がる二、三日の準備幼稚園、お菓子食はせぬ幼稚園である、私は此考へを今日の母親から除らなければならないと思ふ、それには第一關門であります所の園兒を募集する方法がも少し徹底しなければならぬ、例へば立看板を掛けて募集したら其お母さんが願書を持つて園へやつて來て尋ねられる、之を一々テストして自分のお持ちになつて居る信念を披瀝して「あなたの考へは間違つて居る、さう云ふ人はようお入れしませぬ、私の所は一人でも三人でも良い」私は此程度が今の過渡期に於けるお互として非常に大事な問題であると思ふのであります。それでありますから私は園兒を募集するのに一月に募集した、私の所の保姆さんは蒼くなつたのです「一人も來ないだらう」と、所が以外に來た、私がテストするのに今の樣な譯ですが、お母さんあなた方は子供を送り出す時女中でいけない、書生でいけない、父親でいけない、生みの親が玄關へ行つて「さア行つておいで」斯うして送り出しなさい、それの出來るお母さんなら子供を預りませう」斯う私は突込む、さうしてそれの實行が出來るならば保姆さんにも其覺悟を以て預らせませう、先づ此約束をして入れると翌る日から頭の下げやうが違ふのであります、今まで五度しか下げぬのが五十六度七十度位下げる、此態度になると幼稚園の印刷物、幼稚園の色々のものを眞面目に解釋するやうになるが今は「保姆か！」「幼稚園の保姆か!!」と、斯う云ふ母は印刷物は鼻紙にするには硬いやうな心持ちで居る、私は之を情けないと思ふ、どうぞ第一關門に於ける入れ方と云ふことを園長さん保姆さん皆が一つ考へて茲で締括りを着けてお入れを願ふならば私は國家的に此の幼稚園の教育が信用され是が進歩すると云ふやうな確信を有つてをるのでありましてどうぞ多いが家の幼稚園は理解があるなぞと云ふやうな打算的な、ルーズな考へをお有ちにならぬやうにお願したいと思ふのであります、原稿も何も持ちません、私のやつて居る通りのことを卒直に申上げた譯です、甚だ失禮致しました、是で御免を蒙ります。

○座長　次に神戸保育會

○神戸市保育會　私は此問題を頂きました時に先決問題として私共がどう云ふ具合に御家庭と連絡しお母さん達と協力することが出來るかと云ふことが先決問題と考へましてさうして私はまだ其過程にあるものですから十分皆様に御滿足を與へることが出來ないかと存じますが私共の幼稚園では先づ――體育と徳育に付てと云ふ問題を五分間に申上げることが出來ませぬけれども子供は遊びが生活全體でございますから遊びを利用致しました時に今は體育である、今は徳育である、今は智育であると云ふことを申しませぬで總てのものを一緒に教養して行くことが出來ると考へます。先づ家庭と御談合いたしました上で、

私共の幼稚園では時々園醫の診察を受けさせて居ります。體重を計り身長も計つて居ります。食事前には手を洗はせ食後には齒を洗はせ幼き組より食後寢させて居ります。

設備の不行届の爲全園兒を寢ませる事の出來ない事を殘念に思つて居ます。私は食事の事に付ては眞に重きを置て居ます。それ故に榮養料理會を月に一度づゝ開て居ます。

子供には美食でなく、榮養第一主義であります。時々お母様等の御手傳を得て幼稚園は全園兒の食物を造り共に働き共に樂しく會食を致して居ります。お母様等も大に喜ばれます

期節の食物の榮養分の多いものゝ譜と名をしるして幼稚園のかべにはります。子供の偏食に付ては多大の注意をはらひます。それ故豫めお母様等から嫌ひな食物のある子供の事を調べて置きまして、其子供の御辨當の副食物には一生嫌ひなものを初めは半分次には全部位として入れて置てもらひます

食前に私は子供の周圍を廻はりながら是はいゝ御副食ですね。是は大きくなるもの、是は強くなるもの、あなたの御副食もいゝ、あなたの御副食もいゝと言ふて置ます。さうしま

すと子供は先生私この御副食大好き、さうでしよう之を食べると大きく強くなりますもの先生も大好き、先生私も好き私も好きと子供等は申します。少しも殘らず食べてしまいます私をしてドコに嫌ひなものがあるかと思はしめるのであります。子供等は又まゝごと遊びを好みます。

先生お客様に來て下さい。

ヘイ難有う參りませう。

御免下さい。

いらつしやい　どうぞこちらにお上り下さい、莫蓙の上に座つた先生の前には早速、お壽司―是は卷壽司ですね、木の葉で作つた―まあ誰がこんな上手な卷壽司お作りになりましたの　お母様が　先生お召上り―難有ういたゞきます。マアおいしい事、是は又御饅頭、大きな御饅頭です事、ココア難有う　よく混ぜた積りでしたのに、どろの御砂糖が澤山殘つて居ます。まだライスカレー、一寸、一寸待つて下さい、先生一寸お腹に御相談しますから、それ、あのお腹の雷が鳴ると困るでせう。

此の雷の事ですが今から十五年以上も昔と思ます、湊川商品陳列館が初めて建てられました時に衛生展覽會と申すのが開かれました、其時に各幼稚園からも出品せよとの事で御座いましたので私の出品物の一つに此のお腹の雷があつたのです。お腹に雷が這入つて居つて盛に太皷をならして居る、其雷の這入つて居る子供は泣いて居る譯なのです。

其他は木に登つて不熟の果物を食べて居る子供、氷水を飲んでる子供、腹卷をしないで寢てる子供、お菓子を頰ばつてきだおねだりしてる子供など、こんな母様のおつしやる事も聞かないで口においしいと澤山慾ばつたり食べたりする子供のお腹には、雷が這入つてあちらでゴロ〳〵こちらでゴロ〳〵鳴るんです。皆さんお腹の雷がお好きと聞きますと流石に一人だつてありません。

お母様等にもこのお話をいたして置きますと、夏休み前にはいつも此講を出して話を致します。この雷さんはなか〳〵効果のある雷さんであります。

もうライスカレは止めにしませう。そのかはりこのビスケツトを二つだけいたゞきます。難有うもう御馳走は結構ですいくらあつても戴けませんと節制を遊びの間に覺えさせます或時はお客様に來て下さい。

一寸どんな御馳走

アイスクリームに冷しるこ、おはぎとざるそば、へーと驚きのまなこ、一寸それでは餘に強い人になられないやうなと申しますと一寸して又參りまして、先生かへましたよ

御飯にお肉に玉葱にお豆腐にホーレンソウにそれからお魚のお汁と、色々ならべ立られます。

それでは參りませう先生も強い人になるためにお腹を惡く

する事は嫌ですがそんな御馳走は確かに強い力のある人になる事が出來ますからと言ふ工合にして食物の好みをかへます是は健康を害ふから食さない、是は榮養の多いものであるから好きとか、自分で區別を付け、口にはおいしくつてもお腹の雷の鳴る様なものは食べないと節制の癖を付けることは單に身體を壯健にするのみならず實に剛健質實なる意志の人、底力のある勇氣に滿ちたる人と成人させる事が出來ます。凡ての慾の内にても最も烈しき食慾を制する事の出來る子供は確かに何事にも打ち勝つ事の出來る人格の人となります。

　食物に對する正しき教養こそ立派なる人を造り上げる根本教育であります。

○座長　それでは第二題はそれで終りまして次に第三題「都市の幼稚園に於て特に保育上考慮すべき點」京都市保育會提出、京都市保育會の説明を求めます。

○京都市　總て教育と云ふものは其被教育者の環境に即して行はなければ其効果を十分に擧げることはむつかしいと思ひます。自然味に乏しい複雜な刺戟の多い都會生活を致します子供を自然味豐かな環境の中にのび〳〵と子供本來の生活を享樂する事を得る田舍の子供と其取扱方に付て大いに相違するのは當然のことと言はなければなりませぬ、殊に同じ都會と申しましても其中央部と、周邊部に於て又工業地帶と商業地帶、商業地帶歡樂地帶などそれ〳〵に付て其教育方法が違つて來るのは當然のことであります。況して心身共に幼弱な幼稚園時代の教育即ち保育に於きましては特に其必要が大いにあることゝ思ひます。幼兒生活を致しますのに最も不向きな無理の多い都市の幼稚園に於ては特に保育上如何なる點を考慮しなければならぬかと云ふ斯うした問題を提出致しました譯でございます。我が京都市に於きましても一二の幼稚園を除くの外は總ての都市の幼稚園の何れもが御懸念爲すつて居りますと同じやうに、狹い地域に相當多い數の幼兒を收容致しまして出來るだけ其無理を少くする事に苦心致して居ります。幼稚園の保育に於て、殊に都市の幼稚園に於きまして最も其力を注がなければならぬ點は優良な身體を作る、即ち先づ第一には身體養護の方面のことにあると存じます、我が京都市の最近の調査でございますが、中央部の身體檢査に於きまして子供の體格甲が、田舍の體格丙に相當して居たと云ふことでございます。甚だ嘆はしいことだと考へます。詰り子供の體質を良くする爲にはどうしても幼兒達が自由に飛廻り斷廻つて活動することの出來る所の廣い場所を持ちましてさうして其所で十分に活動することの出來るやうな、さうして而も其所に花も咲いて居り、草も生えて居り、其所で輝やかしい日光を浴びさうして新鮮な空氣を呼吸しながら或は小山に登つたり川の流れに魚を掬つたり又春は芝草の上に轉んで大空を仰ぎ、秋は木實さがしや落葉拾ひに打興ず、斯んな生活を致してこそ初めて子供達の共生活は自然の遊びをして樂しむことが出來、さうして其生命がぐん／＼延ばされて行くのでございます。所が唯今の文化の發達と申しますものが子供の身體の方面に禍ひ致します計りでなく其心の方面にも染んで參りまして子供達は小さいながら理窟張り無邪氣さが薄い、而も何事でも物質を欲しがります。又自然に親しむ所の機會が少い所から崇高感と云ふやうな將來子供の人柄を作ります上に大變大事な感情も之を養成する所の機會が少うございます。私共保姆と致しまして、體育の上から言ひましても亦感情教育の上から言ひましても感覺を主としなければならぬ知能指導の點から申しましてももつと／＼子供達を自然に近づけなければならないと存じます、そこで私達は日常の保育に於きましても十分子供達をば自然に親しませるやう奬勵して郊外保育なんかも屢々行ひまして其爲の自動車を幼稚園に備付けましたり、又幼稚園區域なども段々擴張致しますやうに十分努力致して居ります。又其他郊外幼稚園と云ふ風なものも是非共之を設立したいと申し上げて居ります。其他服裝の問題或は榮養の問題、睡眠などに付きましては能く考慮致したいと存じます。之で失禮致します。

○座長　それでは各市の發表に移ります。吉備保育會

○吉備　唯今京都保育會から行屆いた御説明及び御自身爲さつて居る實際に付て色々御話を伺ひまして私共大變敬服致して居るのでございます。尙ほ其上に先程から色々其實情に付て御樣子を斷片的に伺つて居りますので私は吉備保育會として特に岡山市並に其附近の實情を申上させて頂くのですけれども唯今時間の關係上出來ませぬのでございます、同じことを重複して申上げるやうになりますが私は斯う云ふ風な共通の都市幼稚園の惱みと云ふものを解決いたします第一に考へねばならぬことは矢張り自然に離れると云ふことが一番恐ろしいことであると思ふのであります。子供の本能生活、自然生活は都市に於ては幾多の方面から阻害されて居ります。無論都市の幼稚園に於きまして色々子供の受けます利益と云ふものも澤山でございますけれども幼稚園時代の子供の本性を考へて見た時本當に私共は自然と云ふものを忘れる爲に子供に大變相すまないことを毎日して居るのではないかと考へるのでございます、京都市の幼稚園のお話を伺ひまして郊外に始終出かける方法、場所をもお設けになつてさうして實際やつて入つしやると云ふことを聽きまして大變敬服したのでございます。自然に接觸する機會をより多く造ると云ふことの其次は幼稚園其ものを成べく自然的な環境に置くと云ふことゝ思ひますがそれは幼稚園の狹隘な所とか其他經濟上の問題や色々のことが關係しましてそれを實行するには非常に苦心致します。けれども整つた園舍、整つた家屋よりも第一に子供の本當に生々とした、自分の何ものも曝け出して遊ぶこと

の出來るお庭の外であると思ひます。其庭園は庭園ではなくして成べく色々の木がすく〳〵と延びた自然林を有ち、そこには陽當りのよい、雜草の草地もあると云ふやうな、本當に技巧と云ふことから離れた自然さを澤山に有つた幼稚園にしたいと思ふのであります。それからもう一つ大事なことは保姆自身が自然生活に復つたと云ふことの心持ちで自然さを共に味ふと云ふ事であると思ひます。それは私共都會生活に餘りに慣れ過ぎて居ります爲に、子供に與へまする材料を文化價値の方から考へますれば非常に立派なものでございます。藝術的には大變整つたものでありますけれどもより文化的、より整ひ過ぎたものを子供に要求するのではないかと思ひます、其材料の方面から申しましてもさうですが、實際の取扱ひに於てもまたしては困るからと云ふことが頭に先きに立ちましてさうして作上げた方法を以て子供に應ぜさせやうとするやうな態度を能く取り易いと思ひます、又都會の子供に玩具を與へられるにしても立派な精巧な整つた玩具は幾らも與へられる機會を有つて居るが今の大自然の方から惠まれました自然物と云ふものには極めて接する機會がないのでございます。さう云ふことを考へて私は茲に都市の幼稚園の方策に於て忘るる事の出來ないことは自然と離れてはいけないと云ふことでございます、唯一例でございます。簡單に申上げます。

○座長　大阪市保育會

○大阪市　先程出題側から提案趣旨の御說明がありましたし又唯今吉備保育會の方から立派なお答がありました、其通り幼稚園教育を行ふに當りまして、幼兒の身體を健全に發達させると云ふことは都鄙の區別なく幼稚園令第五條に明示せられてゐる目的の通りでありまして何より大切なことゝ思ひます、取わけ我大阪市のやうに空氣は惡いし場所は狹し交通は頻繁であると云ふやうな環境に生活致して居ります幼兒は、他の都市のお子樣に較べて身體保育が特に劣つて居ることは皆樣の御承認下さることゝ思ひます。我大阪市に於ては何はさて置きましても第一に此方面に非常な努力を拂はなければならぬと思ひます、此意味に於きまして此方面を現に特に重視致しまして總ての方策は體育中心、保健中心に行つて居ります。次に文化は人の生活を豊にし便利にし幸ひに致しますが又其一面に於きましては段々と自然生活から遠ざかりつゝあります。文化發達の都市にある幼兒を育てますには此自然に常に接觸せしめ常に自然の唯中に彼等を置く事が文化生活、併せてより大切な事でございます。地方のお子樣は一歩戸外にお踏み出しになれば自由に何時でも自然に浸る事が出來ますけれども都市生活をして居るものは中々それが許されないのであります。故に都市の幼稚園に於きましては成る丈此自然に接觸せしめます機會を多く造ると共に又園內には出來るだけ自然を取入れたいと思ひます。園庭の廣さは許す限り四季の草花は勿論野菜類の栽培を行ふとか又メダカ、オタマジヤクシ等の小動物を飼育させます等幼稚園を自然へ自然へと近づかしめてのんびりした、ゆつたりした氣持ちを養ひたいと思ひます。第三番目は公民としての素地を養ふ事であります。都市に生活しまするものと田舍にありますものとは共日常生活にも大きな違ひを生じます、幾ら汲んでも汲み切れない井戸を見た田舍の人と手數のかゝつた水道の水を用ゐる都會生活者とは水の使ひ方一つにも違ひがあります譯です、田圃の中を歩いても草原を歩いても誰れに氣兼ねの要らぬ田舍人のやうに都會人は參りませぬ、ゴー・ストップの掟を守り他人に迷惑かけぬ計りか自分自身も怪我がないやうに暮すためには園内遊びにも之等の社會生活を取入れたり實際指導も行つて一小都會人として幸福に過させたいと思ひます。便所を清潔に保たせ公共物を大切にし紙屑の仕末唾液の處理等すべて共同生活を致しまするに必要なる施設に付ても教育したいと思ひます。（拍手）

○座長　次に名古屋市保育會

○名古屋市　百萬の市民を有する大都市と雖も我名古屋市はまだ〳〵靜かな街なのでございます、今度新しく出來ました市廳舍の屋上に立ちまして市街を見渡します時に澤山の緑の中に屋根が點々と見えると云ふ風景を描出して居るのであります、斯う云ふことは其土地に住みます市民の氣分とか生活に非常に多大の影響を與へるのでございます。

殆ど幼稚園を有するところは、大なり小なりに都市であります。現下の狀態から見て、特に都市と名指すものは、大都市を意味するものと見えます。即ち人家稠密し、交通頻繁なる大都市とみて論をすゝめることに致します。

右の前提に於て見るとき、保育上特に考慮すべき點は先づ第一に幼兒の健康に就いてゞあります。工場や、交通頻繁のために、大都市の空氣は混濁し、年々に增える大建築物は太陽の光線を遮つて充分に陽の光りに浴することが出來ないのは文明の利器が齎らす恩惠の反面として私達都會人の等しく痛感してゐるところであります。

かゝる中に成長してゆく幼兒を如何にしてよく健康にすべきかに就いては隨分頭を惱まされるのでありますが、このことに付いてはこれまでの大會に於ていろ〳〵論ぜられてをり昨年の大會に於ても、保育上保健增進につきて最も効果ありと認められたる事項云々の題目の下に諸先生方の結構なるお話を承はつたのでありますから、私は大都市の幼稚園に於ては先づ第一に幼兒の身體的方面に留意せねばならぬといふことのみを申上げて具體的のことは省略させて頂きます。

次に精神的方面ですが、大都市の子供は始終强い刺戟を受けてゐるので神經過敏に陷り易い傾向を持つてゐます。極く上流の家庭は別として普通の家庭では家の中でも、外でも思ふ存分に遊ぶことが出來ず何事をするにも神經を脅かされ通しであります。從つて之等の子供は落付がなく、根氣に乏しいのであります。かやうな子供を幼稚園に於て如何に擁護し指導訓練するかといふことを考慮せねばなりません。

雜音と刺戟の町を通つて登園する幼兒を迎へる幼稚園では出來るだけの設備と方法とを以て、伸々と思ふ存分に且つ心安らかに遊ばせてやらなければなりません。活氣のある保育又時には靜かな保育をして、過勞してゐる幼兒の神經を充分にいたわつてやると同時に、幼兒の落付きと根氣を養ふことに努力いたしてをります。又こうした保育の中に不時の災難交通禍等に對する平素からの訓練も都市の幼稚園として忘れてはならないと存じます。

次に環境の及ぼす影響ですが、これは申すまでもなく誠に甚大であります。幼兒は種々雜多な家庭からくるのでありますから、個々の幼兒に對して其の家庭や環境をよく觀察して標準を考察し、正しい幼兒保育の形を作らなければなりません。

都市が大きくなればなる程、總てが華美であり、又享樂的であります。從つてこれらの惡風に染まぬやう、幼稚園に於ても家庭に於ても注意し、華美、輕薄に流れぬやう、勤勞を尊び、喜んで働くといふ習慣を與へ、神社佛閣に參詣する等心して善行を見せたいと思ひます。

身體的にも、精神的にも都市の幼兒には努めて自然の風物に接する機會を多く作り、人爲的物質文明から大自然に目を轉ぜしめ、技巧を凝らした人工的玩具を離れて天與の自然物に大いに親しましめ少しでも保育の純化を計ることが必要であらうと存じます。

要するに、大都市の幼兒は剛健に質實にありたいと思ふのでございます。

與へられました時間が僅かなため、お話いたしましたことも抽象的になりましたことをお詫び申上げます。

○座長　神戸市保育會

○神戸市　先程各都市から結構な御意見を澤山お出しになりましたので成たけ簡單に申上げさせて頂きますが、此問題に付まして都市と田舍と比べまして特に考慮すべきは申迄も無く幼兒の體育に重きを置かねばなりませんと考へます。

日本は世界中で結核の一番多い國になつて居ります、之は現在醫學者間に種々問題として研究されて居られます。しかも幼年期(滿四歳より十四歳位迄)に於ましては結核の罹患率が頓に增加し健否の境が醸成されて行く時でございます、此様な意味に於ましても餘程都市の子供に注意を拂はねばならぬと考へます、其方法としては

一、太陽を出來る丈多く受けるやう

室內の採光をよくすること
日當り良き庭園で遊ばせること

二、塵埃の防止
清淨なる空氣を呼吸するやう
塵のたゝぬやう散水を度々行ふ事
毛織物の衣服類のほこりを拂ひとるやう

三、通風の方法
夏は風通しをよくなす事
冬は適當の溫度を保つべく煖房裝置をなす事等

四、榮養に注意
日本人は外國人に比べて榮養が充分でありません故に發育盛りの兒童には隨分肉食を必要としますから家庭と連絡して相當に注意を與へ出來れば幼稚園に於ましてお晝食を給與させ度いと望んで居ります。

五、睡眠
刺戟の多い都會の兒供には睡眠は最も必要でございます殊に町家は夜をふかし朝は起きないのが習慣となつて居ります、之は特に家庭に度々注意を與へ早寢早起きを規則正しくなす樣に致さねばなりません。

六、保姆の性格の撰び方
健康を第一としこせこせしない人
のんびりとして心にしまりのある性格

七、保育項目の撰び方
幼兒の興味を中心とし其生活環境のあらゆる事項の中から適當なものを豐富に撰擇し刺戟の少くない六ケしくないものを與へそして智育に走らないやうにする事
然して幼兒の心身の發育程度に副ふ事を考慮いたさねばなりません。

次は情操教育でございますが
都會の子供は何分自然に接する機會が少ないので可成郊外散策、山登、神社の境內につれて行つて自然を樂しましめる事を致し度いと考ます之は都市に限るのではございませんが唯都市に於きましては效果的だと存じます。
ノールエー人は深山峽谷の邊で宗教情操が養はれると聞て居りますが、全く古い松が延びて森嚴な高い所に神社の建物を目の前にして遊びますうちに知らず知らずの間に我日本國民の古い傳統が幼兒の心中に培れる事でございましよう。そして虫の聲や小鳥の囀るなど耳に致します時は刺戟の多い都市生活の兒等には如何に心を柔げます事でございませう。そして自然研究の資料や自然物の手技材料を幼兒自らとり得まして樂しましむるうちに神に對する敬虔の念と健康と兩方面に效果が得られると存じます。兎角都市生活を致しますとどうしても輕薄に心が傾き易くなりますので我國民として神と皇室に對する敬虔の念と長上への敬愛の念とは此幼兒時代に深く涵養しておかねばなりません、尤も當市の如き國際都市に於きましては親善の意味を尊重する事を心得て居ねばなりません。

要は健康なる立派な體格を持つて從順努力敬虔の此三つの念に富む人物を教養する事を心懸け考慮致さねばならぬと存じます。

○座長　豫定を變更致しますことは甚だ遺憾でございますが座長の不慣れと會員諸君の御熱心に依りまして時間が非常に延びまして既に正午に近くなつて參りましたので談話題の意見御發表を午前中にお願するのは是で打切りましてあとは午後に廻したいと思ひます、此機會に先きに加入の承認を得ました所の堺市保育會の代表者から御挨拶がありますから御靜聽を願ひます。（拍手）

○堺市　私は本日加入のお許しを得ました所の堺市八幼稚園より成ります堺市保育會を代表致しまして一言御挨拶申上げたいと存じます。本會は既に四十年の長い歴史を有ちまして數千名の會員を有して居るのであります、其の間幾多の有益な功績を殘されてさうして本日の如き盛會に到達したやうな次第であります、私の方は幼稚園は數年前まで漸やく二園だけでありました所が最近に於きまして公私併せて八個の幼稚園が出來まして漸やく保育教育の陣容が整ひましたやうな次第であります、斯様な次第でありまして此本會の如き非常に有益な會合に參加することの遲れたことを私共は非常に遺憾に思ふて居るのであります、幸ひに本日此立派な會合に於きまして參加を得ましたことは私共の非常に光榮とする所でありました、今後本會を通しまして私の方の保育教育に於きまして多大の指導と啓發を得られることは申すまでもないことゝ思ひます、どうか今後私達後輩と致しまして願くば皆さんのお世話になりたいと存じます。宜しくお願申上げます。

○座長　それでは午前の部は是で止めまして休憩に移ります

午後は十二時五十分即ち一時十分前に合圖を致しますから直に御集合を願ひます、遲くも一時から倉橋博士の御講演をお願したいと思ひますので其積りで此休憩の時間を適當にお使ひ下さるやうお願致します。

午後一時　再　開

○座長　それでは唯今から午後の行事に移ります、初めに倉橋博士の御講演をお願致しますから御靜聽を願ひたいと存じます。

（此　間　講　演）

○座長　それでは引續きまして談話題の御發表を願ふことに致します。第四「自由遊びの取扱方に付き承りたし」名古屋市保育會提出、御説明を願ひます。

○名古屋市　自由遊びの取扱ひ方につきまして、皆様の實際的御經驗御研究をうたゞはせて頂き御指導にあづかり度いものと存じます。

抑々「自由遊び」といふ事は事新しく申しませんでも已に既に論ぜられつくしたかの觀があります。十月の幼兒の教育誌上に於ても京都の大塚先生がこの方面の名著を列擧して下さいまして研究の指針を頂きました樣な次第で、さういふわけで理論的、學究的方面からは十分に云ひつくされたわけでございます。が然し又、目標が到つて活動的な幼兒の心的方面に關する限り、問題がすこぶる洪汎で、日々新、日日新ともいふべく、しかもまた、これ程、幼兒の環境を表すものもなく、幼兒の心的生活を如實にみせるものも一寸類がありませぬ、古への聖賢孟子さへ、幼時商賈の邊りにあつては商の遊びをなし、寺院の邊りにあつては葬禮の遊びに一日を費したと云はれます。孟子も後に大賢になる程の人、幼兒から感受性のつよい兒であつたのでありませう。孟母の如く、居を遷して自らなだらかにそのよきに導いたのは、最も自由遊の取扱ひ方として當を得た事でありまして、吾々幼兒を取り扱ふものの最もよき指範であります。

幼兒の自由遊びがかく環境に支配される限り、必ずしも教育的でない事は言をまたない事でありまして、本當のよい遊びが彼等の自由遊びになる迄には、扱ふものゝ周到な注意と深奥な教養と、そして叡智とがなければなりませぬ。

かうした意味に於て皆樣の實際的御經驗を以つて御指導頂きたい次第でございます。よろしく。

○座長　各市よりの御發表を願ひます、吉備保育會

○吉備　幼兒の生活は其殆んどの全體が自由遊びであると私は申したいのであります、幼兒は絶えず自由遊びを行つて居ります、保姆は絶えず心の裡より敏捷な眼をもつて正確にそれを觀察しさうして能くその遊びを理解しなければならぬと思ひます、幼兒の心の奥より湧き出るやうな自由遊び——自由生活と云ひませうか。其の進展して參りますのを見まする時私共は實に嬉しくさうして愉快に感ずるのであります、まゝごと遊びに於きましてお父さんとなりお母さん、子供達と云ふ風に各々子供達の間に配役が定まり、さうして其の自分の役目に熱中して居ります其の有樣、其の中でも殊に主役となるべきお母さんの其の活動振り、其のお母さんらしさ、子供達を色々と世話をする其の言葉使ひと云ひ其の態度と云ひ其の眞劍な樣子を大人が見ましたならば吹出しさうです。其の場合保姆が不注意に「まア面白さうね」と言つたりして見まもりましたならば大抵幼兒は其の遊びを其の儘よう續けないだらうと思ひます、此の場合他に遊びを求めて居る幼兒とか或は適當な幼兒を見出して「誰々さん八百屋さんになつてそこのお家に賣りに行つて上げて下さいと」申しませうか早速其の子供達は草花を摘み八百屋となつて賣りに行きます。まゝごと遊びは其の御馳走は材料が豊富になつたためより以

上充實して參ることでありませう、此の幼兒の遊びは時期によりまして移り變つて行くものでございますがその遊びを保姆はいつも能く認識しまして其の遊びを基としまして保育の規格を樹てさうして保姆は常に材料を、心の準備を十分に持ちまして機會を捕へて無理のない幼兒の遊び、無理のない生活へと導かなければならないといつも考へるのでございます大勢の幼兒達は決して一度に同じ遊びを致して呉れませぬ、あちらへ一團、こちらへ一團、部屋に、砂場にといふ風に色々分れて遊びを致しますが之れを保姆は頭の中に全部の遊びを纒めて居なければならないと思ふのでございます。保姆と子供との身體的な距りがございましても亦保姆の眼が直接幼兒にあたつて居なくとも此の樣々のグループに於て行はれて居ります遊戲が、如何なる動向にあるかを常に保姆の頭に知つて置かなければ其の遊びの誘導と云ふものは出來ないであらうと思ひます、又茲に至りまして初めて保姆の氣持に落着といふものが出來ましてさうして其の氣持が子供達の氣持に移り子供達も安心して十分に自分の遊びを發展さして行くことが出來るのではないかと考へるのでございます、が併し斯う申しましても人の教育をする幼兒教育でございますから一朝一夕に出來る業ではなく今日斯うと思つて明日は早や失敗を感ずることさへございます、況して吾々凡人ではさう容易く判るものではなからうと思ひますが先づ自己の現在の責任を感じ人格の向上を願ひ、さうして私共は日々を力一杯働きまして一歩々々進んで行きますところに眞の吾々の生活の意義があるかと考へるのでございます。

○座長　大阪市保育會

○大阪市　唯今實際的取扱ひに就いての御説明を名古屋から頂きましたが、ちよつと横道に外れさせて頂きます、初めに自由遊びの私の考へて居ります解釋をさせて頂きます。自由とは強いられた感じのない、制限せられた感じのない狀態を自由と云ふのかと思ひます。勿論そこには實際的生活に必要な色々の條件が習慣づけられて居なければなりませぬが、さうして又唯今楢崎先生から伺ひました魂の敬虔なる氣持─さうしたものが根本的に體得されてなければなりませぬけれども─それから遊び、遊びは大人の場合と違ひまして幼兒に取りましての遊びは即生活、此の言葉は餘りに皆樣どなたも御存知であらせられますから説明を省かせて頂きますが斯う解釋致しました時に自由遊びを今よりもう少し價値あるものとして取扱ひたいと思ふのであります。ちよつと學校の十分間のお休みのやうに疲れたらうから暫く休むと又元氣を回復して次の仕事に入らうと云ふやうな取扱ひ方でなしに自由遊びの狀態の儘で保育して行きたいのでございます。自由遊びに保育を織込んで行く、出來れば自由遊びと保育とを化合させて自由遊びと共に保育して行くやうにしなくちやならぬと思ひます。さうするには矢張り自由遊びに随分多くの時間を提供しなければなりませぬが一面一緒に團體的に取扱ひますことの必要も認めて居るのでございます。けれども實際問題になりますと其の地方、其の幼稚園の色々な御事情もございまして之れを實際的に致しますには困難が伴ふことであらうと思ひますがだからと云つてそんなことは空論に等しいことだとあつさり片付けて諦めて仕舞はないで貧しい母親が無い中からせめても子供のために少しでも何んとかせねばならぬと苦心するあの心盡しが保姆にあつて欲しいと思ひます。絶えず願ひを以て精進し續けるならばきつと神明の加護が加はつていつかは其の願ひが聽き屆けられることがあると思ひますで具體的な色々なお話を申上げなければならぬのでございますが時間もございませぬし其の地方々々で色々な違ひもございますから其地方或は其の園、又は其の園兒の環境なり性質なりと云ふものとそれから先程檜崎先生から伺ひました色々の事柄と合せて幼稚園令第一條の文句と能く比較し考へ、首つ引きして考へて來ます時にそれ〴〵にぴつたりした方法が見付けられるのではないかと思ひます。さう云ふ意味から色々違つた狀態にありまして私共都會と田舍とは色々異つて居りますので具體案を短い時間に申上げませうよりもと思ひまして之れで失禮させて頂きます。

○座長　次は京都保育會

○京都　發表者がお見えになりませぬので私は此の印刷物に就いて要綱だけ代讀させて頂きます(朗讀、省略)

○座長　神戸市保育會

○神戸市　名古屋市の提案でございます「自由遊びの取扱に付て」と云ふことは唯今名古屋市の方が仰しやつて下さいさいましたやうに非常に廣汎に亘る問題でございます。それにまた岡山の吉備保育會のお方からいろ〴〵仰しやつて下さいましたし大阪保育會の中根先生が至れり盡せりに仰しやつて頂きましたので其點私なぞも矢張り同じ考へでございます、恰で蛇足を加へるやうなことでございますけれども折角考へて見ましたことですから時間のある間一寸話させて頂きます

幼稚園の保育全體が遊びの形態をもつて居ります以上、自由遊びと云ふ事を決定いたしますのにも多少の議論がある事と存じますが兎角先生の指導要素のあまり加はらない子供が極自由感に滿ちて思ふまゝに遊ぶのが自由遊びであると解釋させていたゞきます。私はこの問題の意味を二つの見方があるやうに存じました。

一つは自由遊びを毎日の幼稚園にその保育過程に如何に取扱ふかと云ふ事と、今一つは自由遊びの時に、保姆が子供を如何に指導するかと云ふ見方で御座います。

保育過程に如何に取扱ふかと云ふ方は、幼稚園の保育項目が何れも內容として自由遊びのうちに含まれてゐるので御座

いますから、理想としては總ての保育は自由遊びの形態によつて自由遊びを本體としてなさるべきもので御座います。朝子供が「おはよう」と云つてきたその時から自由遊び即ち保育が始まりますので鐘をならしたり等して所謂おはじまりと自由遊びとにくぎりをつけてさあこれから教育されるんだと云ふやうな被教育意識をもたせる事はよくない事で御座いますから、極自然に子供の自由遊びのうちにある會話、問答、又出來事等子供の興味の中心をとらへ又興味を出發として、そこに保育過程に入る機會を見出して自然に誘導的に自由遊びがいつのまにかその日の仕事になつてゐると云ふやうな取扱ひがほしいものだと存じます、がこれはなかなか先生の頭と心と腕の入る事で御座います。自由遊びの取扱ひも年長組、年少組、男女の區別、都會と田舍、庭の廣さ、天候、氣候の變化、等種々時により異つた取扱ひを研究せねばなりません私の幼稚園でこんな一日も御座いました。或る雨上りの朝幼稚園の生垣のあちらこちらにかたつむりが居るのをみて、子供達はすつかり喜んで無中になつて居りました。その日は一日中、觀察も、手技も、歌も、遊戯も、談話も、でんでん虫で終つてしまひました、又ある日は郵便に關する保育案の時に皆で郵便局、ポスト、集配人、ヘガキ、切手等積木、色紙ボール紙等で好むものをつくり好きなものになつて、自由に時のたつのも忘れて樂しく遊んだ事もありました。が、これを自由遊びでない仕事だとは云はれないと思ひます。動物園に遠足した翌日は自然子供の自由遊びの興味の中心はこれになりその日の活動のプログラムは進められました。又朝子供がしばらく遊んでお部屋に入りますとそこには種々な手技の材料がおいてある、一人の子供は「ああ粘土がある僕今日粘土しやう」と云つて先生からその頃聞いた秋の野菜、果物の話や觀察したのを思ひ出して柿みかん、りんご等を造り出すと他の子供も私も、僕もといつのまにやら一人の子供に誘導されて大根、にんじん、かぶら等が出來るそれは翌日まで興味のある限り同じ事がつゞけられます。一人が柿々、みかん〳〵入りませんか、等と云ひ出して紙片でお錢がつくり出される。積木のお店が出る、たちまち、八百屋、果物屋が始まります。ある幼稚園では千人針、をはじめたとおつしやいましたが、子供の生活の周圍に起つてゐる出來事が自然かうして現はれたので御座いませう。又同じ幼稚園で一學期は先生の指導のもとに仕事をさせ、二學期は先生の指導と、子供の自由と半分づつ三學期には子供が自由に遊びから仕事にゆくと云ふやうにしてゐられるのをききましたが、何しろ多少の無理があるのですからこの方法も大變よいと存じました。

　こゝに申します自由遊びから保育過程にと云ふのは所謂自由保育ではありません、自由保育は放任保育であつて自由遊びのまゝ捨てゝ何ら、教育價値を見出す事が出來ません、これに反して、自由遊びを保育過程にまで發展さす爲めにはあらゆる場合を豫想して、充分材料の準備と保姆の智的教養を必要といたします。遊びが生活であり、生活が教育である、幼稚園の保育は目的や、出來上りよりも子供を本體として自由遊びを充實させるやうに指導したいもので御座いますが、大人數では出來ませんし又見た目にも一齊保育のやうに整然としてゐないきまりがないやうに見へますし、かういふ處に熱心に精進せんとする保姆のなやみが御座います。

今一つ保姆が子供の自由遊びをどう指導するかについてはこまぐ申し上げるまでもなく保姆の常識で御座いますが、自由遊びを放任遊びとならぬやうに、この時こそは個性の觀察に最もよき機會であり、幼兒の情操の教育、意志の鍛錬、宗教心の芽生を育てる等又團體生活社會生活の訓練をなし、體育に留意し先生と子供とは親しく語り合ひ、人格と人格の接觸の時として、各個性に適した指導をなし、各兒が自已充分滿足、力一ぱいの生活が出來るやうに、導かねばならぬと思ひます、私は非常に誘導保育を高調して申してまゐりましたが、意志訓練の立場から、何かの合圖によりまして、自由遊びの興味を中絶して次の仕事にうつると云ふやり方をよいと云ふ人々は一齊保育をよいと申されて居りますが、私は一週に三回位は自由遊びから仕事へ、あとは一齊にと云ふやうにしてもよいと存じます。兎角各園によつて、その主義と、先生の人生觀、保育方針、園舍の狀態、土地の有樣等によつて、種々異つた取扱ひを研究せねばならぬと存じます。

研究發表

1、幼兒に實驗したる紫外線療法に就て　名古屋市保育會
2、フォルケルト氏新ライプチヒ恩物の實驗的研究　京都市保育會
3、幼稚園に於ける鄕土材料の取扱に就て　大阪市保育會
4、水遊びに現はれたる幼兒の性向調べ　吉備保育會
5、兒童の自由遊戯の採集(發表割愛)　神戸市保育會

○座長　次に研究發表に移ります、是は一人十分宛各市から御發表を願ひます、第一題「名古屋市保育會の研究發表」は名古屋市保育會から御撤回になりましたから是は自然消滅致しました、第二「フォルケルト氏新ライプチヒ恩物の實驗的研究」京都市保育會の御發表を願ひます。

フォルケルト氏新ライプチヒ恩物の研究

京都保育會

はしがき

去年五月から京大文學部の岩井勝二郎先生に御出席を御願

ひしてフレーベルと現代の心理學とを話の中心にして再三座談會を催しましたがその時に同先生から、ドイツのフォルケルト氏の新恩物を見せていたゞきこれを幼兒に試みましたところ非常によろこびましたので其後も研究問題として、引續き調査することになり本年九月からとりかゝりました。けれども調査時間は午前中に限られ、各兒の所要時間も割合に長くその上時日が短かつたので、幼兒數も、豫期通りには進捗せず極めて不充分ではありますがこれまでの結果をとりまとめることにいたしました。

この研究については岩井先生に始終御熱心に御指導いたゞきました。こゝに厚く感謝いたします。

ハンス●フォルケルト氏は有名な美學者ヨハネス、フォルケルト氏を父とし、現にドイツ國ライプチヒ大學の教授で、教育學や心理學を講ぜられ、殊に兒童心理學方面の造詣が深く、保育方面に關係しては、幼兒の繪畫や積木等の上に多年の實驗的研究を重ねられ、上掲の新恩物も、かゝる基礎の上に案出せられました。加之、昨年ブランケンブルグに於けるフレーベル誕生百五十年祝典に、「フレーベルと現代の兒童心理學」と題してなされた講演は、フレーベル氏保育觀の現代心理學の立場による解釋として、斯界の注意を惹きました

さて、ライプチヒのペスタロチ、フレーベル堂が同教授の名で製作發賣いたしますものは積木としては單色のものが四種類、フアフオグとなづけたる色、形、大さに變化あるもの一種類、別に色積木の計畫もあるやうですが、こゝでは、列べ方に屬する「型がはりドミノ」と、「圖案恩物」とについて調査いたしました。

「型がはりドミノ」は、從來のドミノと同樣に、數をあはせてつゞけてゆく列べ方でありますが、たゞ一つ特色とするところは、點の配列、すなはち數型が、同一の數に對しても、種々にかへられてある點です。ドミノの異同を辨別するにあたりましても、幼兒にありては、當初、數と形との分化はなく、むしろ、形が數を、壓倒してゐる事態でありますが、次第に、數が形から抽象せられるやうになります。この點に着眼して、この「型がはりドミノ」がつくられました。

第二の列べ方は、原名を「バルドゾオ、バルドゾオ」と申します。しかし、こゝでは、便宜上、「圖案恩物」となづけました。原語のやうに、何とかモット、幼兒の氣持に副ふやうに命名したいものです。比較的、少數の要素を用ゐて、色と形との上に極めて變化の多い作品をつくり得るのを特色といたします。要素は、灰色の方形厚紙でこの方形の邊の中央で終るやうな、簡單複雜いろいろの線型が赤綠、黄青の四色で張られてゐます。但し一枚のカアドでは、つねに表裏同型、補色の關係にあります。線型は十一種あります。單なる方形カアドとして、いろいろな物の形を列べることもできますが、

それよりも、線型と色彩とをいろいろに組み合せて得られる圖案様の作品に恩物として期待すべきところが多いやうに思ひますので、こゝでは「圖案恩物」となづけました。

調査は、上掲列べ方の兩恩物につき、昭和八年九月上旬より十月中旬にわたりて三園づゝ、以下、述べますやうな手續きで調査いたしました。いづれの場合にも、この新恩物で

①、幼兒は「如何様に遊ぶか」「如何なる物をつくるか」すなはち、行動と作品と兩方面から。

②、行動の方面の記録には、相當に苦辛して、いつも、前期すなはち(イ)着手まで、(ロ)主要期すなはち、着手中、(ハ)後期すなはち列べ方を終へた後にわかち、なるべく充分に行動の種類(言語、態度を含む)を網羅し加之、時間的關係をも記入しました。

第一部 「型がはりのドミノ」の調査

一、時日 昭和八年九月上旬から十月中旬まで

二、場所及び調査者

下總幼稚園 椎名きち

平安幼稚園 辰馬シズ

常葉幼稚園 藤波和

三、被調査者 各園共、二ヶ年保育年長組、年少組、一ヶ年保育組いづれも、男女各四名づゝ、總計七十二名

四、用具 フォルケルト氏の原物は木片でありますが、いまは横三糎、縦六糎、原さ凡そ一粍の白色厚紙、これは、中央の直線で二つの方形に區分せられ、その各部分には、零個より六個までの直徑五粍の圓形の點が、いろいろの型に配列せられます。色は赤と黒と。各、一組二十八枚。(實物供覽)

五、調査の手續

1、第一回 所定の室に園兒を同時に二名づゝ呼び、如何に遊ぶかを説明して、あそばせます。但し列べ方の形式については特に闘面せず。

第二回 第一回と同様に二名づゝ呼び、今度は、一直線に列べることなく、いろいろな型にする様に闘面します。

第三回 同様のことを四名づゝで同時にあそばせます。

2、調査者は、園兒が列べ方に着手してから、始終、その言語動作に注意して、なるべく、充分に記録します。

3、記入用紙には(イ)被調査者の姓名、(ロ)性別、(ハ)保育年數、(ニ)年齢の外、(ホ)當日の天候、(ヘ)上掲の言語動作、(ト)所要時間、(チ)ドミノの配列の結果などをも記入します。(第一表参照)

六、結果

1、着手するまで、列べてゐるとき、列べ方をやめてからと、それぞれの時期の幼兒の行動には、千態萬様の觀も

ありますが、全てを通じて、熱心に、しかも面白さうにあそぶやうに思はれます。

2、列べ方を繼續する時間も、大體上、第一回より第二回へ、更に第三回へと減少しますが、一幼稚園の例で示せば、第一回では、三分より十五分にわたり、第二回では十分を超ゆる場合はなく、第三回は、四人でやりましたが、七分をこゆるものはなく、しかも五分と七分との間に三分の二が屬します。

3、大體、指圖のまゝに、數をつゞけて列べますが、その際に同時につくられゆく型にも相當に興味を惹かれ、中には途中からそれのみに沒頭するものもあります。

4、二人でやるよりは、四人でやる方をよろこびます。

5、數を列べる上からは、年長組は大きい數を探し、年少組には、小さい數を列べたがる傾向が著しい。

6、數は同一であつても、數型の異なるに從つて、これを探し出すには難易の差がある樣にみゑます。

(第二表參照)

7、この調査では、厚紙のものを用ひましたが、フォルケルト氏のやうに木製にして、積木にも用ゐられるものゝ方が、一層適當だと思はれます。

8、適當に工夫すれば幼兒の知能上の個差を知る上にも利用せられ得るやうに思はれます。

第二部　圖案恩物の調査

一、時日　昭和八年九月上旬から十月中旬まで

二、場所及び調査者

豐園幼稚園　岡本靜子
柳池幼稚園　西川千代
翔鸞幼稚園　君塚道子

三、被調査者

各園で男女共に二ケ年保育年長組、年少組、一ケ年保育組に行ひ、其數は最少限度を各五名づゝにいたし、總計百二十九名であります。

四、用　具

1、フォルケルト氏新ライプチヒ恩物にならつて四種平方の厚紙に灰色の紙を貼り、其上に赤色と綠色、青色と黃色との線型を色が補色になるやうに兩面に貼り合せて作つたもので、線の種類は十種百六十枚であります。

2、恩物の配列を明瞭にするため各園一樣に、黑ラシヤ紙を列べ方のバックとして用ゐました。時計、其他記入用紙(記入事項實例參照)等。

五、調査の手續

1、所定の室に園兒を一人づゝ呼び、黑ラシヤ紙をしいてある机上に、恩物一組(百六十枚)を各種見易いやうに分

類して與へました。

2、恩物を列べさせるには次の三種の場合を行ひました。

(1)、指圖無しの場合

只恩物を與へ、「これを並べて遊びなさい」、「これで遊んでごらん」、「これで好きにして遊んでごらん」、と言ふばかりで並べさせる。

(2)指圖をする場合

「奇麗に並べてごらんなさい」、

「帯の模樣のやうに並べてごらんなさい」

「敷物の模樣のやうに並べてごらんなさい」

「奇麗に着物の模樣か服の模樣のやうに並べてごらんなさい」

「風呂敷の型のやうに並べてごらんなさい」

「着物の紋型のやうに並べてごらんなさい」等
と指圖して並べさせる。

(3)、模範を示した後行はせる場合

綴通模樣の樣な配列の模範を示して後、「これと同じ樣に並べてごらんなさい」と言つて並べさせる。

備考　以上の外に鑑賞させる場合も豫定してゐましたがそこまでは進捗しませんでした。

3、調査は記入用紙に次の事項を記入しました。

(1)天候、性別、保育年數、年齢、所要時間。

(2)、幼兒の並べてゐる間の言語、動作。

(3)、恩物配列の結果

(4)、出來上りに幼兒の與へた意味。

以上の記入の實例を次に掲げます。(但し恩物配列の出來上りは別の圖版に掲げました。)

六、結　果

1、實驗中に表はれた幼兒の言語、動作。

恩物を並べるに當つて、喜んで手を出す者、無言のまゝで始める者、きまり惡さうに、或は不審さうにとりかゝる者等があり、又並べてゐる間にも喜んで歌を唄ひ出す者、始終話をしてる者、身振りを交へて並べて居る者、或は無言のまゝ一生懸命に工夫をこらして並べてゐる者などがあり、又並べ終へた際歡聲をあげる者、得意滿面の者、或は無言で始めて無言で終る者、時には「あゝしんど」などいふて終るものなどその言語や動作は千差萬別で簡單な言葉によつて分類することは極めて困難なことでありますが、大體から分類しますと別表のやうなものになります。

2、恩物の配列傾向

(1)、指圖無しの場合

A、物をつくる傾向

恩物其の物で形を並べるもの、(板並べと同樣)

恩物の線によつて形を並べるもの
つくる物の形と色と線とを工夫して並べるもの
計畫をたてゝ並べるもの

B、模樣をつくる傾向
無頓着に並べるもの
恩物の線型を續けて並べるもの
恩物の線型と色とに注意して並べるもの
偶然に出來たものを模樣に並べるもの

(2)指圖をしての場合
指圖通りに工夫して並べるもの
指圖通りに出來ぬもの
指圖通りに始めて中途から變るもの
指圖通りにせず中途から指圖通りに從ふもの

(3)、模範を示す場合
模範類似の模樣をまとめるもの、模範類似のものを並べるつもりでまとまらぬもの、

備考　模範は實驗者が恩物で模型を作り、示して後に並べさせたものです。實驗人員二人のみで結果はまだ不充分なものであります

3、所要時間について
所要時間の統計をとつてみましたところ、最短時間は一分で最長時間は一時間十五分であります、けれども大多數は五分から三十分位までで全員の九一、五%を示してゐます。幼兒の一般的傾向ではありますが、年長兒に長時間かゝつた者があつて、年少兒にはないといふ現象が表はれてゐます。

七、所　感
この研究に當つて幼兒の數も少く又時日も短かつたのですが、幼兒の恩物を並べる始めから終りまでの言動や其他の事に注意して居ますと、幼兒の殆んど全部が非常な興味をもつてこれにたづさわりました。その並べられたものは百人の子供は百樣のものを、まとまつたもの、まとまらないもの皆おもしろく、美しい、私共もただおもしろい、美しい、これがこの恩物の特徴だなと強く感じました。

例へば第二圖(圖版參照)の樣に次々に並べて板並べによく似て居りますが、板並べでは到底見られいな美しい飛行機や、自動車が出來上つて居ります、第六圖は、ただべた／＼と並べていつたものですが、幼兒がじつと結果を眺めて居りますので「何が出來たの」と問へば、暫くしてから「何や知らんが奇麗なものや」と申します、これが實に美的情操が涵養される一例ではないかと、思ひます。次に第五圖に揭げてありますが、汽車を並べて、更に踏切り、信號機、待合ひの人と荷物荷、物を運ぶ赤帽と次々並べ及ぶ其の工夫と創作とは見るべきものだと思ひます。又第三圖の樣に、大人が書き表はすのにもなか／＼難しいと思はれる形を、この恩物では一寸の

工夫で如何樣にも出來るのであります。子供は創作し、工夫をこらして意外な立派な結果を作りあげた時こそ、よろこびの聲をあげ、手をたゝき、床をふみならして非常な滿足と、成功の感に滿されます。その快感はやがて工夫、創作することそれ自身に興味を持つやうになり、ひいては忍耐と努力とを助長させることにもなると思ひます。次にこの恩物をドイツの幼稚園は使用して居ますが、建築物を始め、室內の裝飾とか其の外のものゝ模樣が多くは幾何學的模樣で出來てゐる所の子供には、この恩物は當然のものとして弄ばれませうが日本の子供にとつては異樣なものに感ずることでせう。現にこの調査中にも、恩物を不審さうに眺めて、二枚、三枚、四枚と並べてゆき偶然單一模樣が出來た時には不思議さうな、それでもうれしさうな、何かを發見したやうな氣持で、並べることを進めてゆきます、ついには單一模樣を並べ、並べて美しい圖案をつくりあげたのがありました。

こゝで子供に、圖案を試み樣とする第一歩として、この恩物はまことに良い方法だと思ひました。その他色彩敎育も助長されませう、右のやうに幼兒敎育上、種々の方面に効果の著しいものがあると思ひます。

この恩物の効果は前述の通りでありますが、その効果を尙一層著しくするためには次のやうな改良を加へたらばと思ひました。

一、木製の板で作ること。紙製より取扱ひ易い外、破損が少いと思ひます。

二、色彩をいま一層豐富にすること。色彩敎育の見地から發達して居る幼兒にとつては色の種類をモツト豐富に組合はさせたいと思ひます。

三、平面的恩物を更に進んで、立體的にすること。積木と連絡をとつて相互の効果を一層有効にすること。運動童も多くなること。發育程度の低い者には現在の平面のまゝでもよろしいが、進んでは立體的のものを與へて遊ばしたならば非常に面白いことだと思ひます。

むすび

一、「型がはりドミノ」も圖案恩物もともに幼兒はよろこんでこれを迎へました。各々について、いろいろの遊び方があり、作品の上にも、變化がみられます。かやうに、遊び方が固定的でなく、作品にも個性を現はし得る點、加之、いづれもが、幼兒の自發的なる興味を促す點で、保育上、他の列べ方と同樣に、手技の中に加へてもよいと思はれます。

二、「型がはりドミノ」からは、數の理解への前階段としての數型からの數の抽象が、無理なく、自然に遂げられるかと思はれます。

三、「圖案恩物」では、色彩と線型との自由なる組み合はせから生ずる作品の種類は、從來の色板並べなどの比ではなく、更に、實物的ではない、裝飾的、圖案的の排列この興味をみちびくことも得やうと思はれます。

四、幼兒の行動(言語、態度)の系統的觀察は、その發達を明かにする上には不可缺の手續であります。この意味で、この調査でも、この方面には相當の苦辛を拂つて記錄もとり、既に一次的の處理も終へましたが、統計的に發表するのには、まだ件數に不足がありますので、別の機會に讓ります。併し私共は、幼兒の發達、殊に藝術的創作活動について、この方面からの調査を進めてゆきたい念願でゐます。

五、いづれの點でも不行屆勝ちの報告ではありますが、これを契機として、他の保育會の方々とも相提携して幼兒を一層ひろい、一層あかるい世界にみちびくことに役立つ仕事にいそしむことを得ますれば、まことにうれしいと存じます。(圖表は印刷の都合上省略せり)

幼稚園に於ける鄕土敎育

大阪市立道仁幼稚園保姆　増田シヅヱ

一、鄕土敎育の勃興

本日は幼稚園の鄕土敎育に關して研究の一端を申し上げて見たいと存じます。

昭和の劈頭、文部省が全國に照會を發して、全師範附屬小學校又は市町村立小學校等の、鄕土敎育の實際狀況の詳細に亙つて調査を試みましてから、鄕土敎育の論が敎育界を賑はすに到つた樣に存じます。

其の後文部省は益々之に力を入れ、中學校敎授要目に於て公民科敎材中に、我が鄕土といふ項目を揭げて、其の取扱の要點を明にしたり、師範學校規程の改正に於ても地理科の中に地方研究を行ふべきことを新に定めたり、尙進んでは師範學校に於ける鄕土研究施設費として、國庫から補助を與へたり、或は東京に、鄕土敎育に關する講話會、並に講習會を開催したり、種々なる方法によつて、指導奬勵是努めた結果、玆二三年以來著書に、雜誌に、實に華々しい論議やら研究成績やらが、次々に發表せられる樣になり、洵に近時に於ける敎育問題中の一偉觀を呈しました。

二、從來との關係比較

併し、郷土教育といふ問題は、固より昭和になつて新に生み出された問題でなく、舊くは直觀科、觀察科、郷土科、又は郷土地理、或は郷土歴史等の名に於て取扱はれ來つたものでありますが、此の取扱方が知的、分解的、斷片的に偏し、生々した郷土の活資料を捉へ、兒童の生活體驗と、有機的に結びつけるといふ點が閑却せられてゐた。郷土教育といふものは、獨り材料を知識的に取扱ふのみでなく、郷土に對する情意の方面も、涵養する樣に努めねばならぬといふことが、大に力說せらるゝに到つたのであります。

要するに、餘りに教育なり教授なりが、普遍的一般的に流れ、抽象に陷り、型に塡まるといふ弊害が目立つて來たのであ國民教育としては、之ではいかぬ、宜しく郷土の切實なる生活に立脚點を置いて、眞に溫かい、血の通つた教育教授を行はねば、眞の教育でないと叫ばれる樣になりました。

實に、各地方特有の事情を顧みないといふ短所弊害を強く反省し、其の郷土の切實なる生活に即した教育が再吟味せらるゝに到つたものと存じます。

三、郷土教育と幼稚園

そこで初中等學校に於ける右の郷土研究の問題は私共幼稚園保育の任に在るものが對岸の火災視して、すましてよいものか、私は寧ろ進んで保育上適用の能否を攻究すべきでないかと思ひます。

私は、小學校の低學年兒よりも、更に未分化の精神狀態にある幼稚園幼兒でありましても、郷土的觀念の芽生えを培ふ事は、敢て不可能でない許りでなく、寧ろ日常保育上、郷土的資料を出來るだけ取入れて、保育を進めて行く、極言すれば幼兒の生活體驗の上に立つて、保育を行ふのが當然であるまいかと存じます。玆に於て私は幼稚園の立場から所謂郷土教育問題なるものを一應考察してみたいと存じます。

四、郷土の意義及郷土教育の目的

先づ郷土とは何ぞや、の問題ですが、之は學者により種々の見解がある樣ですが、要するに郷土の觀念は幼兒の發育につれて漸次其範圍を擴大し、遂に大にしては祖國を意味するに到るものであらうと存じます、只差向き常識的には、幼兒の誕生し、發育して居る場所、又は幼兒の現に生活して居る環境又は其土地及び之に對する生活體驗といふ風に考へてもよからうかと存じます。

從つて、幼兒時代に於ける生活體驗の範圍といふものは、勢ひ、家庭、幼稚園、共通園區域などいふものが主となる事は申す迄もありません。

併し京都、名古屋、神戸、岡山、大阪などと申す大都市に於ては幼兒の生活體驗の範圍といふものは、あながち、其の家庭と、幼稚園と、通園區域などを主とする狹い地域に局限せらるべきものでなく、電車やバスや其の他各種交通機關の發達につれ、日曜、祭日、其他に於て、父兄同伴の下に、市内の各所又は近郊等に旅行し、其の體驗範圍を擴大する機會に富むことを認めねどなりません。

次に鄕土敎育の目的は、何處にあるかと申しますに、鄕土に關する主知的並に情意的方面の、陶冶を與へるといふ點に歸着するやうであります。そして此の鄕土愛的精神態度を養ふといふ事は軈て、人格を向上せしめ、完成せしむる所以であると見るので御座います。

言ひ換へれば、其の鄕土を知り、了解し、之に親み、之れを愛し進んで之を保護し、更に繁榮進步を圖らんとする志操を涵養することが、鄕土敎育の目的で、此の目的達成の曉には、其處に堅實なる人格の完成がありとするのでございます

五、幼稚園に於ける鄕土資材

次に幼稚園に於ける鄕土資材としては、どんなものであるかと申しますに、之は幼兒時代に於ける生活體驗の範圍内に於て、自然的資材、文化的資材の兩面に亙り、敎育的價値あるものを選擇すべきであらうと存じます。

六、資材採擇の標準

今大雜把ながら、其の資材採擇の標準とも申す樣なものを擧げますと、

1、幼兒體驗範圍を餘り狹苦しく局限して考へぬこと、
2、幼兒生活に密接なる關係を有する材料
3、直觀的具體的な材料
4、幼兒に興味あるもの

などと申す點が就中忘れてならぬ所だと存じます。

七、我が國の鄕土資材

偖私の關係して居る幼稚園は島の内の一隅にございますが鄕土資材として、どんなものを採擇してゐるかと申しますと家庭に關すること、幼稚園に關すること、通園區域内に於ける事象を始め、百貨店、ビルデング、舖裝せるアスフアルト道路、往來する自動車、トラツク、電車、自轉車などの各種交通機關のこと、最近幼稚園の近くに出來た長堀川のダムの如きも幼兒の生活に密接な關係あり、爆音に空を仰いで手を叩く幼兒の眼に映ずる飛行機の種類、郵便、旅客輸送の如き宣傳ビラまきの仕事の如きも、活きた鄕土資料の一つであり十字街頭に於ける交通整理も、大阪城天守閣の如きも、水の都の大阪、殊に私共の部内を取卷いて居る川にかゝつてゐる橋の色々、今春開通した地下鐵道の如きも、皆幼兒生活に於ける、興味あり刺戟の大なる體驗の一つとして、鄕土資料と

して取扱つて參りました。勿論本月初め行はれた新な大阪の年中行事の一つである商工祭の如きも、之を資料として取扱ひました。

園外保育も亦郷土教育の機會の一つでありまして、市内に於ては大阪城公園とか、動物園とか、高津神社とか、又大阪市の近郊では藤井寺とか、上野芝とか、枚岡とか、大濱とか箕面とか、武庫川とか、其處に横はる自然の風物なり、交通機關なり、附近に生ずる各種の生産品なり、種々觀察する材料に富み、且つ郷土を了解する基礎的材料が多分にあるので御座います。（附錄甲表參照）

百般の智識は實に斯る幼兒の生活體驗に比較し對照して、了解の一歩〳〵を築き上げて行くものと存じます、そして幼年時代に強い刺戟を受け、感銘したものは、やがて、郷土愛精神の母胎となり、搖籃となることは申すまでもありますまい。

八、郷土資材の取扱方

以上の樣な材料を、幼兒の生活の體驗の中より、適宜選擇しますれば、之等はいづれも或は觀察材料となり、談話材料ともなり、或は手技教材ともなるものもあり、躾方教材に役立つもあれば、唱歌教材、遊戲教材となり得るものもあるといふ樣な次第です。從て其一部に執着することなく、小學校の低學年の合科教授の如く、更に一層自由に、各保育要目に亘り、綜合的に取扱ふべきであらうと存じます。

斯くて、始めて、幼兒の切實なる體驗に根底を置いた、郷土教育が出來るものであらうと思ひます。少くとも郷土教育の萌芽は立派に培はれ得ること丶信ずるものでございます。

九、郷土資材取扱方の實例

今多方的綜合的に取扱つた一例を申しますと、大阪城天守閣の落成いたした時に、天守閣落成の歌と表情遊戲を創作いたし、天守閣に實地登臨見學せしめ、又粘土細工、ヒゴ細工剪紙、摺紙、積木、描き方、等に於て發表せしめ、或は豊太閤と天守閣の關係其他を話し方教材とするなど、各方面に亘り綜合的に之を取扱ひ、比較的深い感銘を與へ得たことがございます。（附錄乙表參照）

誠に粗雜な研究で御座いますがこれを以て終りと致します

(附 錄 甲 表)

郷土資料採擇の一例

(大阪市立道仁幼稚園)

自然的資材

動物

- 獸＝鼠、猫、犬、馬、牛、(動物園飼養ノ猿、熊、象等)
- 鳥＝雀、烏、鳩、燕、鳶、鷄(文鳥、カナリヤ等飼鳥ノ一部)
- 魚＝金魚、鮒、鯉、鰻、メダカ
- 蟲＝蝶、蜻蛉、蜂、蟻、蟬、松虫、鈴虫、クツワ虫、ハタオリ、バツタ、南京虫、蚤、蚊、虻、蠅
- 貝＝蛤、シジミ貝、蝸牛、(法螺貝)

植物

- 花＝梅、桃、櫻、菜ノ花、蒲公英、菫、蓮花草、櫻草、アネモネ、チユーリツプ、椿、藤、薔薇、菖蒲、牡丹、ツツジ、撫子、百合、夾竹桃、蓮、朝顔、桔梗、睡蓮、ダリヤ、萩、芒、女郎花、菊、水仙、福壽草、南天、山吹、
- 實＝サクランボ、イチゴ、梅、枇杷、無花果、西瓜、葡萄、林檎、梨、柿、栗、蜜柑、ドングリ、バナナ、
- 穀類＝稻、麥、豆類、
- 野菜＝馬鈴薯、甘藷、大根、人參、玉葱、茄子、胡瓜、菜類
- 樹木＝松、柳、(等)、

文化的資材

- 人物＝仁德天皇、豊太閤、安井道頓、住友友芳
- 神社＝高津神社
- 寺院＝四天王寺
- 古蹟＝大阪城、天守閣、茶臼山
- 官衙＝南區役所、消防署(火災報知機)
- 學校＝道仁小學校、育英商工學校
- ビルディング＝日簡ビル、大紙倶樂部等
- 百貨店＝高島屋、大丸、十合等
- 部内店舗＝米屋、酒屋、煙草屋、麻袋商、ウエス商、紙屋、履物屋
- 交通系統
  - 軌道、地下鐵道(梅田心齋橋)
  - 高架鐵道(城東線)
  - 川(長堀川其他)、堀(道頓堀其他)
  - 道路(アスフアルト、木煉瓦、石疊、砂利敷)
- 橋梁＝末吉橋、長堀橋、心齋橋、日本橋等
- 輸送機關
  - 陸上＝自動車、リヤカー、タクシー、バス、トラツク、電車、汽車、馬車、牛車
  - 水上＝ボート、汽艇、荷船
  - 空中＝飛行機
- 交通整理
  - 十字路
  - 路上標識線
  - 四隅式ト手信號
- 主ナル年中行事
  - 新年、節分、紀元節、雛祭、創立紀念日、陸軍記念日、春季皇靈祭(彼岸中日)、花祭、天長節、端午の節句、海軍記念日、時の記念日、道頓祭、水都祭、七夕祭、生魂夏祭、氏神夏祭、大震災記念日、秋季皇靈祭(彼岸中日)お月見、誓文拂、氏神秋祭、明治節
  - 商工祭、冬至

園外保育の場所

- 南海沿線＝住吉公園、堺大濱、濱寺公園
- 大軌沿線＝國府ノ桃林、小坂附近、牧岡神社、奈良公園
- 阪和沿線＝臨南寺、上野芝
- 阪堺沿線＝住之江公園
- 大鐵沿線＝藤井寺、道明寺ト玉手山、長野遊園地
- 阪急沿線＝箕面、寶塚、甲陽園、苦樂園
- 阪神沿線＝武庫河原、濱甲子園
- 京阪沿線＝香里園＝男山八幡宮
- 新京阪沿線＝千里山公園
- 市内＝大阪城公園、天王寺公園、動物園、北港

（附錄乙表）

大阪城天守閣取扱の實例

一、會集ニ於ケル談話
新天守閣ハ御大典記念トシテ市民ノ醵金ニ依リシコト
太閤ノ大阪築城ノ次第
太閤時代ヨリ今日迄ノ天守閣ノ變遷

二、談話
日吉丸ノ生立――千生瓢箪ノ話――太閤ノ人物ト其偉業――特ニ大阪トノ關係

三、觀察
天守閣ノ圖、寫眞、繪葉書等ニ依ル觀察
新天守閣及大阪城公園ノ臨地觀察
（天守閣ノ外觀―內部ノ一班―階上ノ展望―公園）

四、手技
- 摺紙 ｛オルガンニ隻舟ノ應用變化ニ依ル天守閣／イルミネーションノ電球（蓮華ノ應用）
- 切紙 ｛天守閣輪廓ノ圖ヲ與ヘテ切抜ノ練習／各自彩色シタルモノヲ立體的ニ應用切リ方／城ニ就テノ自由切紙／千生瓢箪、桐ノ御紋等ノ紋形切抜
- 貼紙 摺紙、切紙ノ製作ヲ貼ル
- 粘土細工 ｛保姆作製ノ模型ヲ示シ四五名宛一組トシテ其合作指導、其他オ城、瓢箪等ノ自由製作
- 積木 ｛ヒル氏積木ト煉瓦積木應用ノ天守閣ノ組立／各組適當ノ積木ニテ自由工夫（オ城）
- 畫キ方 ｛寫眞繪畫繪葉書等ニ依リ豫備的智識ヲ與ヘタ上實地ニ觀察シテ寫生、日ヲ經テオ城ノ自由畫／彩色練習（謄寫版ニヨル天守閣ノ畫）

五、唱歌 自由作
新天守閣ノ歌
お天守閣が出來ました
碧いお空にくつきりさ
高い白壁美しい
お屋根の鯱ピーカピカ
金の虎もピーカピカ
太閤樣が御覽なら
お手手たゝいておほめだろ

六、遊戯 右唱歌ニ依ル表情遊戯

大阪市立道仁幼稚園

水遊びに現れたる幼兒の性向調べ

吉備保育會　馬場千代乃

保育室内で一齊保育を行つてゐます樣な場合には稍もすれば幼兒は自分で殼を作つて、その中に自己をかくしてしまひまして、生き〳〵とその性質を表はさないものでりあます。その殼を外から眺めてゐるのでは私共は幼兒の性質に對して眞實のものを掴むことは出來ません、幼兒の個性の眞實な姿を掴むためにはこの殼を打ち破らねばなりせぬ。

そしてその殼は幼兒の自由遊びに於て破られます、その意味に於て自由遊びに於ける幼兒の行動、態度を觀察することによつて屢々幼兒の本性が理解されると存じます、しかしながら幼兒の行動を觀察調査するには出來るだけその條件を同一にして同じ樣な場面に於て幼兒が如何に反應するかを觀察しなければなりません。

私の調査は本年新たに本園内に設けました小さいプール（約七坪半の兎型のプール）を利用致しましてそのプールといふ特殊の條件の下に於て生き〳〵と表現いたします幼兒の最も自由なそして最も自然のありのまゝの行動を一定の標準に從つて出來る限り精密に觀察しそれに依つて幼兒の性向を調査しやうとする目的を持つてゐるのでございます。

先づ私達は最初に御手許に屆いて居ります1の樣な調査用紙を作りまして反對的な行動樣式を對立的に表はしその間を五段階に分ち各幼兒の行動樣式が大體その五段階の何處に相當するかを判定記入致しました。

調査致しました幼兒數は合計一四四名（内男兒七八名、女兒六六名）で調査者は全部當幼稚園の保姆で調査年月日は本年七月十日より二十四日にかゝつてゐます。

さて調査致しました結果は次のやうな方法で整理致しました、實はその頃幼兒教育誌上に御發表になりました淡路先生の「幼兒性行評定尺度に就て」といふ御高說を拜見致しまして甚だ敎へられる處が多かつたのでございますが殘念乍らそれは調査を了つた後でございましたので調査の項目も整理の方法も全く違つたものとなつてしまひました。

私の方法は先きに區別しました五段階に夫々得點を與へましてその後にそれを二つの方向に二分する方法でございますがそれには先づ兩極端及中間の特性に各二點を與へます。次に左右より二番目にある特性は極端性と中間性とのまた間にあるのですからその點を分割して、一點づゝ中間性と極端性（左若くは右の）に與へるのです、かくして五段階は三段階に還元されましたから次に中間性は兩極端の性質を等分に持つてゐると考へられますからこれを兩分して結局五段階の區別を二つの性向に還元することが出來ます。

これによつて幼兒全體の平均標準評點及び男兒及女兒の平均標準評點を算出して、それを評點の高い傾向から順次に排列しそれを線で表はしますと、２の表のやうになります。この表を見ますと水遊びに對して反應する幼兒の一般的な性向を覗ひ知る事が出來るのでございます。

即ち幼兒は①水に入つて面白さうであり、②進んで水に入り、③活潑で元氣で、④水の中でも顏色がはれ〲してゐてそして⑥中々厭きないのであります。反對に、①水遊びが寧ろ不愉快さうで、②中々水に入らず、③不活潑で元氣がなく④顏色が惡くなり、⑤すぐにあきる傾向の表はれるのは寧ろ異常の現象に屬することが知り得られるのであります。

そしてこの傾向の現れ方には男女共餘り大きな相違はないのであります。多少違つて表はれます點は

①女兒は男兒よりも一般に友達と一緒になつて遊ぶ傾向があり
②女兒は男兒よりも恥しがる(極り惡るがる)傾向がある
③男兒は一般に飄輕でおどけた事をする傾向があり
④男兒は主動者となり指導者とならうとし
⑤先きを爭つて場所を占領し玩具を取りそれを獨占しやうとする傾向が比較的強いことを示してゐるのであります

以上に依つて私達は水遊びに現れた幼兒の一般性向を見出しその平均標準を得ることが出來ましたからこれを尺度としこれを基準と致しまして幼兒一人々々の個人的性向の傾きを査定して行く事が出來ます。

圖に於て陰影を施した部分はすべて消極性と認められる性向が積極性と認められる性向を蔽ふてゐる事を示すのであります。從つてこの陰影が多くなればなる程その幼兒の性質は陰性であり即ち陰氣で不活潑で元氣のない回避的な消極的な性向が多く現はれるのでございます。

圖に於て３は極端な消極性を示し、４は極端なる積極性を表はします。３に於ては極端性と認むべき性向が少しも現れず、４に於ては唯瘦せてゐるといふ身體的特徴となつて現はれてゐるだけでございます。瘦せてゐる子供は一般に控へ目勝ちで陰氣であると稱せられますがこの子供の場合には當てはまりませぬ、これ等の點に就ては尚將來の研究にまち度いと存じます。

座長挨拶

座長挨拶朝來長時間に亘りまして座長の席を穢させて頂きました、不慣れと不才の爲甚だ不十分なる議事の進行を見るやうになりましたのは洵に申譯ない次第でございまして深く御詫申上げる次第でございます、併ながら此時刻に至るまで幸ひ大なる過失もなく致しまして濟むことの出來ましたのは偏に會員諸君の御援助の賜物と存じまして深く御禮申上げる

次第でございます。茲に謹んで御詫と御禮を申上げまして此席を去る御挨拶と致します。(拍手起る)

○神戸市幹事　次は交換遊戯の實演に移ります段取ですが、實演は運動場に於て願ひたい斯様に心組んで居りまするので勢ひ皆様に其方にお降りを願はなければならぬのでありまするから甚だ勝手がましうございますが前例もある譯ですから茲で當會の會長から閉會の言葉を述べさせて頂くことに致します。左様御諒承を願ひたいと存じます。

閉會の辭

○副會長　洵に當番の神戸市と致しまして斯く多數に御來會下すつたことは閉會に當りまして會長から述べられました通り洵に喜びの至りでございます、尚ほお斷り申上げねばならぬのは此終りに臨みまして皆さんに會長が閉會の辭を述べられる筈でございますが兎に角も今日はどうも差合ひ事件が澤山でございまして勝手がましうございますけれども、缺禮をして會長も私も中座致しました次第でございます、最近に行はれます港祭の所作事、又本日は生糸貿易が神戸に始まりまして十周年の記念會を催ふされて居りましたので會長も私も其方に關係がございましたので遺憾乍ら缺禮致しました、皆様の熱心の御研究の半ばに中座を致しました段は厚く〱お詫申上げます。尚又當番幹事と致しまして、何とか準備の所も十分にしたいと云ふ考へもございましたけれども、どうもさう云ふ譯で外に色々差合が仰山ございまして、どうも甚だ不行屆勝ちでございました、併しながら熱心に早朝から唯今迄この七時間皆様兒童の爲めに御熱心にお盡しになつたことは洵に當番幹事としても大いに喜んで居る譯でございます。幾重にも當番幹事の行屆きませぬことはお許しを願ひましてどうか皆様に於かれましては此幼兒の教育に對しまして將來益々御熱心にせられませんことを希望致しておきます。先刻も申上げました通り遊戯をしまひましてから會長が閉會の辭を申上げます筈でありますが、會長も其方へ參つて居りますので私に代つて皆様に宜しく傳へて呉れと云ふ事でございます。悪しからずお含みを願ひます、甚だ簡單ながら閉會の辭と致します。(拍手)

○大阪市　先例に依りまして次の總會を引受ける大阪市が本日の主催の神戸市に對して御禮を申すことになつて居りますので皆さんの御許を得て一言御挨拶申したいと思ひます。主催者に對して何か後向きになつて缺禮のやうでございますけれど斯う云ふ風にして御挨拶させて頂きます、本日の總會が唯今見ますやうな極めて有意義に極めて盛會裡に終りまする事が出來ましたのは全く此會に御關係の方々が非常に周到なる御計畫と熱心なる御斡旋の賜物でございまして私共の深く感謝措かない所でございます。殊に此席に於きまして私共の敬慕して居ります楢崎博士の有益なる御講演を拜聽する機會を與へられましたり、又私共が多年熱望して居りました堺市保育會の加入を御斡旋下さいまして此會に於て一つ勢力を加へるやうにして下さつたのを非常に嬉しく存ずる次第でございます、今後のお仕事として本日滿場一致可決されました建議案を十分貫徹するやうに御盡力願はねばならず又協議題の後始末もお願しなければならぬ譯で此上共宜しくお願申上げます。本日は多數參りまして色々御厄介になりましたことを重ねて御禮申上げます。最後に大阪市として皆様にお願申して置きます。來秋の總會は今申しましたやうに大阪市がお引受するやうになつて居りますが同時に全國保育關係者の大會も矢張りお引受することになつて居ります。痩馬に重荷で今から頭を惱まして居るやうな譯でありますが此會を本日のやうに立派にやります爲にはどうしても皆様の十分なる御指導と御協力を願はなければなりませぬ、どうぞ役員の方々を始め會員の皆様方の御熱心な御協力を仰ぎたいのであります、尚ほ當日は何等設備はありませぬけれどもどうぞ本日のやうに賑々しく多數御來會下さるやうに御願ひ致します。(拍手)

○幹事　尚ほ終りに神戸市教育課長として皆様に一言お話申上げたいと云ふことですから、五分間程御辛棒を願ひます。

○神戸市教育課長　私は神戸市の教育課長をして居ります目良と申しますが茲に此貴重なる會合の時間を一分計り拜借致しまして一言申述べさせて頂く御許を得たいと思ひます。實は本年の此十一月の七日、八日に神戸市に於きまして港の祭りと云ふのを擧行することになりました、此祭りは市役所を中心としまして官民各方面の有力者を以て組織致しました市民祭協會と云ふものが主催で行ふことになりましたもので其主旨とする所は神戸の港としての此國際都市が六十六年も經つて茲に斯の如き盛大なる狀況になつたと云ふ此神祇の御德に奉謝致しまして尊祖敬神の念を養ふと共に愛市愛港の觀念を市民に普及徹底したいと云ふ斯う云ふ目的を以てやつて居るのでございます、さうしてそれが爲各種の行事を營むことになつて居りますが是等の行事及び祭の主旨等を簡單に書きましたもの〻二三種を本日持つて參りまして皆さんの控室の前や此校舍の入口等に唯今置いてありますのでございますお歸りにどうぞお持歸りになり御一讀下さいましたならば、甚だ仕合せに存ずる次第でございます。（閉會）

遊戯交換

三羽の蝶。鳴子と雀。　吉備保育會
電車と汽車。ねぎ坊主。　名古屋市保育會
飛行機。兵隊遊び。ひなつばめ。水兵　大阪市保育會
皆でまねして。凱旋行進。　京都市保育會
兵隊遊び。僕は水兵。　神戸市保育會

第三十九回の情況

第三十九回關西聯合保育會は、昭和七年十月十七日午前九時より京都市公會堂本館に於て開催、來會者千二百餘名、頗る盛況を呈した。

（進行順序）

一、一同着席
一、國歌合唱
一、開會の辭（會長）
一、祝辭
一、會務報告（名古屋市保育會代表）
一、議事

協議題

一、保姆の資格向上並に待遇改善に關し左記事項を其筋に建議すること

1、幼稚園保姆の教養程度を小學校本科正教員と同等以上たらしむること。
2、幼稚園長及保姆を視學等に任用するの途を開くこと
3、幼稚園長及保姆の若干數を奏任待遇と爲すの途を開くこと
4、幼稚園保姆の月俸額を本科正教員に準ぜしむること
5、幼稚園長及保姆に對し年功加俸を給すること
6、恩給法第九十九條第二項を削除せられたきこと　京都市保育會提出

談話題

一、幼兒に對し生物愛護の精神を如何にして養成されつゝあるかを承りたし　神戸市保育會提出
一、自由畫取扱ひ方につき承りたし　名古屋市保育會提出
一、保育上保健増進に就きて最も効果ありと認めらるゝ事項特に都市幼稚園に於て夏期休暇中の保育と其施設を承りたし　大阪市保育會提出
一、幼稚園經營上基本となるべき調査事項如何　吉備保育會提出

研究發表

一、幼兒の躾方につきて　京都市保育會提出
一、幼兒の間食につきて　大阪市保育會提出
一、夏休みの過し方　名古屋市保育會提出

一、幼兒の夢と性格　　吉備保育會提出

一、保育項目の內容につきて　　京都市保育會提出

休　憩（晝食　公會堂東館に於て）

講　演（午後一時）

一、演　題　兒童の早熟について

一、講　師　京都帝大文學部敎授文學博士　野上俊夫氏

遊戲發表

一、汽車。通らんせ。　京都市保育會

一、運動其遊び。お馬。　名古屋市保育會

一、雛祭。官女の舞。人形の踊。　吉備保育會

一、かみなり。風船。　神戸市保育會

一、小勇士。毬の遊び　大阪市保育會

一、閉會の辭（會長）

◎協議題

一、保姆ノ資格向上並ニ待遇改善ニ關シ左記事項ヲ其筋ニ建議スルコト（各項省略）

京都市保育會提出

京都市保育會加地彌一氏より提案理由說明あり、ついで大阪市保育會、稻垣國三郎氏登壇、贊成意見の發表あり滿場一致を以て可決す。

◎談話題

一、幼兒ニ對シ生物愛護ノ精神ヲ如何ニシテ養成サレツツアルカヲ承リタシ（神戸市保育會提出）

（說明）　神戸市保育會　平戸八重氏

玆に生物とは、幼兒の親しみ得らるる範圍のものをさす。此生物愛護と申すことは、誠に仕易き事の樣でありますが實行上動物を園に飼育する主旨を充分に盡すと言ふことはなかなか六ツかしきことであると思はれます。

例へば植物の種子を蒔き苗を植ゑるに其當時は水をやり肥料を施し種々手入れして居りますが、日數を經るままにいつしか怠りがちになつて、花實を見るに至らずして枯死せしむる樣なことが度々あります。

然も無情の草木は其生命を失はしめしことのいたましさが有情のものに對する程にも感じられませぬ處から植物のみを取扱ひ、動物は標本か又は園外に實物を觀察せしむる樣にした事もありました。然しこれでは充分に其習性を知り同情愛護の精神を養ひ難く、殊に動植物に接する機會の少なき都市の園等におきましては最も必要の如く思はれまして、現時は

動植物共取扱はれて居りますが多數の子供の中には中の動物を棒でつゝき、又は砂を投入れる等の悪戯を爲して喜ぶものがあります。これは一面から申せばこれ等の動物を棒でつゝいたなら如何にして逃るか、砂を投げかけられたら如何に怒るかと其狀態を觀察するのでもありますが、これ等の悪戯を屢々繰返される爲始め溫順なものも遂に意地悪くなつて人が近よれば怒り出す樣になります。

山野に自由に生活せし動物を監禁せしことなれば充分同情愛護すべきでありますが、これを指導する人も生物に對し趣味を持ち心から愛するといふ人は稀である。有形の保育項目の重要視せらるるに比しこれ等性情方面のことは輕視せらる感なきにあらず。生物に對する愛が、やがて人類に及ぼし家庭に對し友に對し漸次社會までも愛する基となることと思ひますれば、決して等閑になし置くべきことではないと思ひます。

此方に於きましても家庭とはかり、保姆と計り種々手をつくしては居りますが尙各園お取扱ひの模樣を承り參考に致し度く存じます。

大阪市保育會　秋房たつ氏

三つ子の魂百迄、といふが凡て望ましい性格、性格上の躾は幼少時にする程基礎鞏固に効果的である故に、人間の根本的基礎訓練は幼兒時代の教育に於て最も大切である。

望ましい人物
悠つたりとした（內面、外觀共）
潤のある人物
高雅な上品な趣味をもつ人物
不自然
氣品のある人物
} 養成の基礎訓練になる事

私の短い經驗によつてもかゝる人格の人は自然に親んで居る人に多い。幼兒の教育は心意發達の段階からしても自然や自然物利用するのが最も効果的だ。

特に都市の幼兒はあるがまゝの自然的に惠まれて居ない故に殊更に之に親しむ事に留意と工夫とを要する。

此自然、自然物中でも幼兒の五感を直接刺激する力の多いもの程よろしい。

この意味に於て動植物特に動物の利用が最よろしい。

さて之等生物を愛撫し愛着し愛護するの良風はまづ之に接せしめ親しましめ自然の間に之に子供ながらの理解と同情を抱かしむるに至る事が出來る。

「會ふは愛」の諺の通りだ。故に生物愛護は生物接觸の機會を造ることに初まる。しかし理論や口授は心意の根本に觸れない。

小西博士著「勞作教育」中、愛の言葉を聞かせたり、暗誦せしめたりしても愛の教育にはならない。愛は實際に自發的に愛する働によつてのみ達せられる。――其通りだ。

從つて生物愛護の精神養成も亦多く之に接せしめ實際に自發的に可愛がつて世話をして居る間に、だん／＼と愛護の精神が深められる。

園外――郊外に連れ出し大自然に親しませせる。

園内――動物飼育、植物の栽培

動物――雞、小鳥、猿、兎、金魚、鯉、鮒等の飼育、其他犬猫を飼ふ園もある。犬猫は子供の親しい友達、子供には愛されたい心持も多分にある。事情が許すならば犬猫も飼ひたい。

植物――草花、果樹

生物に對し漫然と親しませては効果は少い。一定のプランを立てゝ親しましめる。

即、發生的に眺めさす。

季節の循環に應ずる變化の妙を感ぜしめる。

地理、地勢による事をさとらす等。

一定の案によらねばなりません。

例、雞飼育。

保姆幼兒共に鳥小屋に入り糞の世話、餌、水等一切の世話をしその世話の仕方、方法等話して聞かせ、模倣させ毎日繰り返す。其内に子供自身が世話をする樣になる。一學期の終り頃からすでに幼兒のみでやる。當番をきめて、保姆は一定の場所に掃除具、餌を置いておく、子供はこれで世話をし、滿足して此頃では鳥小屋を出してやり自分等が室に這入る時小屋に追込んで居る。

產卵、孵化、ヒヨコ、親がこれを愛育する實況を觀察させ世話をさせる。――愛の教育、發生的に知らしめ得、其間、生長を見させ樂しませることに更に愛護の念が助長し深められる。

例、稻

かく動植物を世話して居る間に生物に對する子供等の理解と同情とを抱かしめこゝに更に生物愛護の精神を助長し深められ固められる。

昆虫に對する保姆の態度。

其他童話、偶發的事項利用。

伏見の里の雀のお宿。

大阪西區穀乾物問屋の老婆。

岡山市三勳幼稚園　井上鶴恵氏

生みの親より育ての親とか實に眞理だと思ひます。自ら手を下して育てたものでなければ眞の愛は出て參りません。

私は昨年の或日幼兒達の觀察材料にもと幼稚園の畠の一隅

に茄子、胡瓜、トマトの苗を植ゑつけました。そして翌日からは園兒達にも手傳はせて、水をやつたり、肥料を施したり一生懸命に愛育致しました。數日に僅かづゝしか伸びないこの苗をどんなに樂しんで日に幾度見に行つたかわかりません小いさな蕾を發見した時の嬉しさ、可愛い實がなつた時の喜び等育てたものでなければとても味ふ事は出來ないと思ひます。雜草とり、支柱作りの苦心、害虫驅除の困難も日々大きくなつて行く實を眺めてはすぐに消えてしまふのでした。

それが或日外部からはいつて來たものに無造作にもぎ取られて、幼兒達のママコト遊びや、自由遊びの玩具になつてゐました。其の時私は何だか手の中の玉を取られた樣に急に悲しくなつて參りました。それが私の初めからの目的であり、且つ愛する幼兒達に有効に用ゐられたのですから此の上の喜びはない筈ですのに、私の心中の淋しさは中々消えませんでした。これが育てたものの愛着とでも申すのでせうか。經驗したものでなければ味ひ知れない心の働きでございました。

然し私はこれによつて大いに悟る事が出來ました。即ち幼兒達に生物愛護の精神を養ふには何も理屈はいらない。只自分で育てさせるに限ると思ひました。

それから實施に努めたのでございますが、まだ日の淺い今日果して、効果がどれだけあつたかといふ樣な事は申されませず、且これが御參考に等ならうとも思ひませんがたゞ短い間の經驗と感想だけを話させていたゞきます。

計畫の大要

入園當初

1 花壇の草取り、水やり。2、兎、小鳥の世話、（初めは保姆の手傳より漸時自發的にさせる）

五月頃

1 個人栽培。（各自植木鉢一個宛貸し與へ朝顔の種を蒔させる。）2 共同栽培（保姆、幼兒）。（イ）花壇の朝顔の種蒔き。（ロ）スヰトピーの支柱作。（ハ）籾まき。へちまの種蒔き。3 養蠶

六月頃

1 金魚、鮒、目高、蟹、龜等の飼育。2 ダリヤの手入れ、3 秋蒔きものの採種。

七月頃

1 キリギリス。バツタ等の飼育。2 朝顔の鑑賞

八月頃

1 朝顔の鉢は持ち歸らせて愛護鑑賞させる。2 保姆、使丁交々出頭して花壇及生物に氣をつける。

九月頃

1 花壇の整理。2 鉢を持參させて二十日大根の種蒔き。3 共同栽培。（春菊、大根、白菜）。4 秋蒔きものゝ種下し

十月頃

1 二十日大根の品評會。2 個人栽培自由。

十一月頃

1採種。2霜よけの準備。

十二月頃

1花壇の整理(枯れ葉を燒き捨て灰を一面に花壇に蒔く)

一月頃

1春咲きの苗の成長に氣をつける。

二月頃

同前

三月頃

春蒔き種子の準備

この様に個人栽培を中心にさせた事によりまして僅かでも愛護の精神が養はれて行く事はたしかだと思ひます。朝顔の花が咲くのをどんなにか樂んで愛育しました事は私の前の經驗と同じでございました。

養蠶の時等幼稚園の桑の葉が不足しそうなので他所へ上げようと思つたのですが、幼兒達は可愛そうだといつて聞きませんでした。そして歸宅後遠方から毎日桑を持つて來た子供もございました。

心をこめて育てゝ居た若芽が夜の間に傷ついてゐた時どんなに悲しみました事か。

兎が子を生んだ時は大變喜びまして「先生暖い寢床を作つてやりませう」と保姆達に催促する、哺乳の様を見ては、自分が母に對する愛着をでも思ひ起すのでせう。たまらなくなつかしがつてそばをはなれようともしません。

少し大きくなると爭つてエプロンにつゝんで抱つこしては近くのクロバーのたくさんある土手までつれて行て食べさせては又大切につれて歸る等涙ぐましいばかりの眞劍さでしたお玉杓子がやがてかへるとなつて飛び出したのさへ誰一人いたづらしやうとするものはありませんでした。

只今は二十日大根の栽培中ですが種を下してからとの方どんなにか愛育致して居ります。歸宅の時等も自分の鉢を見なければ歸らない子供も澤山でございます。

早く大きくなつてみんなで品評會をする時の有様ママゴト遊びや、寫生の材料になる時、宅へ持ち歸つて苦心を語りつゝ家人と共に食膳に上る時等を想像致しますと私共まで今から嬉しくてなりません。

可愛い小鳥の死を悲しみ自發的に丁寧に葬り花等かゝさず供へる等平素手をかけて育てさせた賜と思ひます。

又園外保育の時等「此花を持つて歸つて植ゑよう」「この虫を飼つてやらう」と大切さうに塵紙等に包んで持ち歸へる様等、とても言葉の教育によつては見る事の出來ない美しいものがあるのではないかと思ひます。

且個人栽培を初めてから幼兒達の觀察が深く緻密になつて參りました事は保姆一同喜びにたえない次第でございます。

自分の鉢植が心配で病氣でもゆつくり休めない子供、お友達の缺席中かはる〲世話をして上げる友愛の心も皆此の中から生れ出て來るのでございます。

つまらない事ばかり申上げましたが要するに生物愛護の精神を養成するには自分で育てさせるの一語でつきると思ひます。幼兒にやらせるには先づ保姆共の人がいやいやでなく趣味を持つてまつさきにやらなければならない事は勿論でございます。

保姆幼兒使丁に至るまで一致共力生物の愛育につくす事によつてはじめて幼兒の心に生物愛の芽生が生じ進んでは人類愛の道へと進んで行くものと思ひます。

名古屋市保育會　大河内林次郎氏

幼兒期に於て生物愛護の精神を養成するは、情操教育の根本を培ふものにして幼兒の保育に於て最も重要なる地位を占むるものたるを信ず。當市何れの幼稚園に於てもこの精神の養成には深甚なる注意を拂ひ各園の事情に適應する施設をなし以て其目的の達成に努力しつゝあり今此一班を述べて參考に資せんとす。

(一)特に施設せる事項

幼稚園の規模の大小と遊園の廣狭とにより一樣ならざるも左の二項を具備す(觀察の資料に供するを得)

1、植物の栽培

一木一草といへども凡そ生あるものは悉く之を愛護するやうに導く事に留意す

(イ)植物の種類　其の撰擇には細心の注意を拂ひ只雑然と得るに從つて之を栽培するが如きはとらず。

A、朝顔　菊等(鉢植用)園藝趣味の養成を兼ぬ

B、藤　葡萄(棚用)

絲瓜　瓢簞(トンネル用)何れも日覆を兼ぬ

C、稻　麥　豆　甘藷等(主食物)市の中央部に於てはこれ等を普通に見ること能はず

D、公孫樹　樟(敬虔心の養成にも資せんとす)紅葉　松　竹　梅　櫻　桃　椿　柿　栗　蜜柑等(自然物應用手技材料用　觀賞用)

E、ダリヤ　コスモス　チューリップ　カンナ等(生花用寫生用)

(ロ)設備　植木鉢　花壇　其他適當なる設備をなす。

(ハ)管理　栽培　施肥　灌水の方法　園兒をして分擔之れに當らしむ。

都市に於ては往々街路樹に「樹木を愛しませう、何々少年團」の如き附札を見ることあり將來はかゝる事の必要なきに至らしめんことを期す。

2、動物の飼育、多大の勞力と多大の經費とを要す。

(イ)動物の種類、故に飼養すべき動物には嚴選を要す。その撰擇の標準として、兒童に親しみ多く而して危險少く且飼育し易きものたるを要す。

A 犬、猫、兎、モルモット

B 鳩、雞

C 十姉妹、文鳥

D 蜜蜂

E 龜

F 鯉、金魚等

(ロ)設備　動物小屋、小禽舍、蜜蜂飼育箱、水族器、池、沼等。

(ハ)管理　飼育の方法、園兒をして分擔之れに當らしむ。

之を要するに幼稚園をして、幼兒の爲めの樂しき園たらしめんには、遊園の設備として單に身體の保健に必要なる運動具、砂場等のみならず、幼兒の精神の健全方面にも意を注がんことを要す。

(二)園外保育の機會利用に付て

神社佛閣の參拜(鳩、雞)動物園の見學(猿、象、羊)等の場合豫め用意したる土産品(米、豆、薩摩芋等を)幼兒に與へ各之れを給せしめて、生物愛護を實現せしめんとす。

(三)童話の撰定に付て　人形芝居に付て

童話中生物愛護の精神を養成するに足る材料(例へば浦島太郎の如き)に接したる場合は之れに主力を注ぎてその徹底を圖り又、殘忍性を含むが如き材料(例へばかち〳〵山の如き)は之を割愛す。

(四)玩具の取扱に付て

幼兒は元來玩具を愛好するものなり仍ち此の性情を利用し玩具に生あるものとして之を愛護せしむ、即ち玩具の人格を認めしむることに努む。

(五)家庭との連絡に付て

申す迄もなく幼稚園は家庭の延長なれば幼兒保育の事は一切家庭の協力を請ふべきも特に本問題は家庭に於ける父母兄姉の言語動作が幼兒を感化する事至大なるが故に是非家庭との連絡を圖り以て其の助力を受くる樣に努む

(六)偶發事項の利用に付て

幼兒に對し生物愛護の活模範を示すに足る機會に接したる時は之れが利用を逸せざる樣に努む。

(1)、坂道に於ける荷車の後押

坊間屢々被見する所の坂道に於て荷物に苦める馬車等の後押をなし且つ親しく之を目擊したることの誇話をなす。

(2)、酷暑に際し馬に給水

今夏酷暑の際某直轄學校長官舍の通用門に「自由に馬

に水をおやり下さい」と木札に書き其の傍に大桶に水を満たしバケツ一個を添へたるありき、その博士夫妻の心ゆかしさ思ひやられて感慨極りなし。

(3)、第十回オリンピック馬術競技に於ける城戸中佐の愛馬美談。

先きに米國ロスアンゼルスに開催したる第十回オリンピック競技會に於て我日本選手の奮闘活躍振りは吾等の血を湧かしたるもの多かりしが我選手西中尉が優勝の榮冠を荷はれたることは諸姉の熟知せらるゝ所なり然るにこの優勝の蔭にも逸すべからざる美談あり。それは即ち城戸中佐の愛馬美談なりとす。中佐も同じく五千米のクロスカントリー即ち大障碍物飛越競争に出場し已に三十四箇の飛越をせしが中佐の愛馬久軍號は三十五番目の障碍に至り疲勞して進能はず强ひて飛び越せば愛馬を殺す外なきを認め涙をのんで棄權し馬より下りて馬をいたはりたり。この劇的シーンを眼前に目擊したるアメリカ人は中佐の動物愛護の精神に感激しこの事を記念するため同地に城戸中佐及び其愛馬久軍號の銅像を建設せんとの議起り目下準備中とのことなり。而かも當の城戸中佐は當時の感想を下の如く報告せり先づ「愛馬に謝す」と題し「私は生地騎乘の三十五番目の障碍に接近する時馬が疲れて進まない鞭も拍車もきかぬ二千米の平坦地を見ながら棄權の止むなきに至つたのは泣くにも泣かれぬ自己の馬の使ひ方の下手をつくづく思ふたのと我が愛馬久軍號に氣の毒なことしたと思ふ久軍號よ怒る勿れ」と結ばる。何たる優しき心の持主たらずや。

以上の如き偶發事項は時々刻々現はれ來るが故に其の機を逸せざる様に努む。

以上の數言は我が名古屋市に於て實施せる概要を列擧せしに止まる。幸に各位の叱正を待つ。

最後に一言申添へたきは現下の時局は所謂非常時にして世界の平和、共存共榮、人類愛を高調せらるゝ折なれば、この人類愛の根底をなす生物愛護の精神養成には吾人保育事業關係者は須く渾身の努力を捧ぐべきなり。而して「最良の教育所は家庭であり最良の教師は母である」の言を眞なりとせば「生物愛護の精神を如何にして養成すべきか」なる本問題の要諦をなすものは家庭の延長たる幼稚園に在りては母の補助者たる保姆の「無限の溫情と最上の慈愛」この二者たらざるべからず。幼兒は保姆の溫みある愛の懷に抱かれてこそこの生物愛護の眞精神が養成せられ得るものと信ず。この點篤と保姆諸姉の賢慮を願ひ且つ保姆の諸姉に對し深く敬意を表するものなり。

京都市保育會　甲斐マチ氏

(一)保育者の態度

一、保姆が此の精神を強く持つ事。
二、機會を失せざる事。
三、各保育項目に通じて此の氣持を忘れぬ事。

(二)方法

(一)幼兒の具體的生活指導

1、植物栽培

花壇或は季節々々の花等植えて其の世話を手傳はす。又各自鉢を與へて個人としての世話をさせる「例」朝顔、鳳仙花、豆類、絲瓜、瓢簞等の種蒔き、水遣り、草抜き、虫取り、種取り等子供は成長開花結實に至るまで非常な喜びの中に世話をする。

2、動物飼育

小鳥籠　水槽　家畜舍等をおいて飼ひ易い動物例へば、兎、龜、犬、猫、雞、鳩、金魚、鯉等を養ひて其等に餌料を與へ小屋等の掃除をさせる事。

(二)觀察

1、事物接觸の機會を與へる

イ生物に關した繪畫、活動寫眞等屢々耳目に觸れさせる。勿論其の材料に就いては保姆が考慮を拂ひ幼兒に取りて喜ぶもの、美しいもの可愛いもの親しみを感ずるものでなくてはならぬ。

ロ園外保育に於ける觀察

公園田野等に於いて自然を觀察する事によりて草木、花卉昆虫等に親しむ機會を與へる。

ハ動物園等へ連れ行き彼等の生活を見、其の習性を知る事により少しでも親しみと愛情とを増す樣しむける。

例へば

①哺乳期の動物
②龜の產卵
③小鳥類の哺育
④燕、雞、兎、龜等の習性

2觀察的の取扱ひ

イ　作話に利用
ロ　動植物を人格視したるお伽噺を用ゐる
ハ　昆虫類を捕へた場合
①籠中に入れてやる
②死なぬ中に草中に逃してやる
③死骸に對してはお墓など拵へさせる生物に對する憐みの情を持つ樣。

(三)談話

イ、一般の訓話的なるものに終らぬやう、子供の興味中心にして適當なる童話等始終聽かす。例へば浦島太郎、舌切雀、花咲爺、大黒樣等。

ロ、動植物に關した材料

○擬人化して取扱ふ
○童話的に仕組む

（四）

イ　動物遊びによるもの

例へば子供を犬猫亀猿鳥等にして適當に遊ばせる

ロ　自然を友とする遊び

摘草、虫取り、魚掬ひ等

幼兒が是等の遊びの中にも生物に對する親しみを持つ様努めたい。

此様に幼兒は事物接觸の機會により之等愛を感じ同情を深くするものである。

又動物に對して親しみを持つ事により幼兒の理由なき恐怖心等をも取り除かれ亂暴な子供も愛養物の飼育栽培等によつて始めて優しくなり得らるると思ふ。

一、自由畫ノ取扱ヒ方ニツキ承リタシ

名古屋市保育會提出

（說明）

名古屋市保育會　加藤かつ氏

「自由畫の取扱ひ方について」承りたいのでございます。

今回は「自由畫の取扱ひ方」と限りましたのでございますが實は自由畫と限りませずに、すべて幼稚園令に定められております項目の「ゑがき方」全般について、特に承りたい事ばかりでございます。

然し、さう致しますと、餘りに問題が廣汎に過ぎまして僅か限られた時間に、皆様の深奥な御研究の程を、伺ひきれますまいと存じまして、其中で特になやみ多い自由畫と限りました次第でございます。

御承知の通り、自由畫は、幼兒の觀念內容を私共が如實に知る傳手でもあり、同時にまた、物の觀念を正確に注入する手段でもありまして、單なる指先の末梢的技術として、看過する事の出來ない大切な事であると存じます。從つて、其の取扱ひ方の適不適、上手下手と申しましては語弊がありますが行き屆いて居るか否かと云ふ事は、伸びて行く幼い人達の魂を完全に伸し得るか否かの、大きな問題でもあり、且其の伸しゆく手段としての重要な關門でもあると存じます。

明石市立播陽幼稚園保姆　三輪きみ氏

一、吾が園に於ける自由畫指導の方針

二、自由畫指導の實際

A、特殊的な子供の自由畫指導法

(1)、全く畫き得ない子供の指導法。

(2)、何時も同じ繪を畫く子供の指導法。

B、一般的な子供の自由畫指導法

(1)、畫材を豐富ならしむる方法。

(2)、用具を多方面より採ること。

C、作品取扱の方法

D、自由畫指導の時間割に就て

一、吾が園に於ける自由畫指導の方針、

先づ第一に吾が園に於ける自由畫指導の方針を申上ます。嘗て山本鼎先生が歐洲諸國を視察されし際、彼地にて御覽になつた子供の繪は、恰度日本の子供の樂書又は、いたづら書にも等しいものでありました。然し之をよく見てゐるうちに是こそは子供の考へた其のまゝのもので、純眞なる童心の現はれにて大人もはるかに及ばぬ所がある、これこそ眞實の自由畫であると云ふのでそれより自由畫の價値の高き事を唱導されたのであります。又楢崎、上阪兩先生の御說によりますと、自由畫とは凡て思ふ事を其のまゝ畫面に色、形の形式で描き現はす仕事であると申されてゐます吾が園では之等諸先生の御說に從ひまして純眞なる子供の內的活動を其のまゝ實體として色、形に表現する事を自由畫と心得て至純なる兒童の繪の根底として、之に理論づけその畫き方を導くことを自由畫指導の方針としてゐます。

二、自由畫指導の實際

次ぎに我が園に於ける自由畫指導の實際に就いて申上げます。

子供の日常生活の實際を見るに非常に喜んでよく繪をかく子供もあれば、又あまり畫かない子供もあり、或は全然畫き得ない子供も稀にあります。又中には舟とか家とか電車とか同一のもののみしか畫かない子供もあります。此處に於て私共の日常子供を指導する上に大なる苦心と工夫が必要になつてくるのであります。

　それで以下順を追うて日頃指導の具體的方法について其の二三をあげることに致します。

　第一良くかく子供は先づよいとして全く畫き得ない子供について申上げます。それはその子供の繪に對する趣味を喚起させて、即ち繪を畫がきたくさせてやるのでありますこれには絶へず子供の喜びそうな繪をみせるとか子供に繪をかいてあたへるとか、其の子供の手を取つて畫かせる事も必要であります。稀には入園當初より線一本も引かずに「ようかゝん」と云ふて居る子供などがあります。かゝる場合には觸覺に訴へて實物をなでさせ、圓とか線とかを畫くことから徐々に這入つて行く事が最もよろしい。

　尚又自由畫は子供の內的活動の現はれである以上、これを紙を以て續ければ、手技となり土もて現はせば粘土細工となるのでありますから全然繪を嫌へば手技なり、手工から這入つて次第に圖畫の方へ導く樣に努力致しております又同一のもののみを畫く子供も、あせらず時機を待つて他の物を畫かうかと注意を促し、根よく導くならば遂に救濟せられることは確なものであります。

つぎに一般的の指導方法を申上げます。

子供は自然の畫家でありまして、何も教へないのに終日描いて居るものであります、そうして其の作品が極めて純眞であつて然も一人一人その特色があります。そこに個性の萠芽が認められます。此の各自の獨特の萠芽を持つこれを育てるのが畫の教育の極意であります。故に各兒の畫が伸びる様にその環境整理をして畫かうとする動機を旺盛にすると共に畫題を豊富ならしむる事、畫く用具を多方面ならしむることが最も必要となるのであります。例へば野原へつれて行つてはあの草花を寫生しませうとか、蝶々さんを畫きませうとか、又山の景色を見ては自然の美を味はせるとか、又賑はしい町を見せては電車自動車を題材にする事などであります。然して其の用具も單に鉛筆、クレオンに限らず墨とか繪具とか出來る丈多種多様に使用せしむることにするのであります。

然して其の作品の取扱いは決して叱つたり。くさしてはいけません。いかに不出來なものにても皆賞揚する事を忘れぬ様にします。結果の良否よりも子供の描く過程に重きをおく事が肝要であります。その着眼點は飽くまでもその内的活動にあるのであります。故に保姆の型にはめない様に流派にとらはれない様に獨創的の畫で、一律したものにしないと云ふ處に自由畫指導の妙があるのであります。それで保姆は子供を基調として一歩先に目をつけ描きたい心を自由に伸ばしてゆかねばなりません。

かく自由なる見地で自由畫を取り扱ふ以上保育時間割に特に圖畫の時間を一週に二時間等と區切ることの不可なるは言をまたない。描き度い時に描かせるのでなければいけません。

要するに幼稚園時代の自由畫の取扱ひは形にとらはれず心の働きを充分ならしめて思ふ存分に是れが表現し得る様刺戟をあたへ練習させればよいのであります。

大阪市保育會　高岸庄太郎氏

根本的意義

幼兒は自由で自由に畫き、畫いた畫がたとへ記憶畫寫生であらうが自由畫として取扱ひたい。

根本的指導精神の基礎

1、幼兒の畫に尊敬を拂ふ

2、大人の規範に入れぬこと

先づ幼兒は形を心中に取り入れ自已化し、主觀化して理想を作り獨得の描法で畫く、是れは事物である、しかし之れを絕へず作り變へる事により自已發展をなす。

實際に於て

1、多くの畫をかゝせ廣く練習を積ます

2、自己化する（人生を味つて行く上にも重要である）

用具に付いて

1、あらゆる物を豊富にする、鉛筆、ボーギレ

成績品の取扱ひについて

教育的に意義づける

個性調査等の資料にする

畫を描かぬ子供について

心理的に研究せねばならぬ

同情を持つべきである。

吉備保育會　宇野幼稚園　岩井絲野氏

自由畫の取扱ひについて日頃取扱つて居ります實際に就いて少しばかり申し上げたいと存じます。

幼兒の描寫能力の發達の段階は原始時代の描寫藝術から次第に發達して、現代人の最高藝術に到達するまでの徑路に似てゐると云はれて居ります。原始時代の人も畫を畫として描いて來たのではなく實際生活に發達して來たのでございます言語又は文字の表現の代りに畫をかき、衣服に模様を畫き、食器に圖案を施し、家を建てますとこれに必要な裝飾を施します。こうした事によつて進んできたのでございます。

幼兒の心理は實に具體的で、自然で、生活的でございますが何によつてどう表すかと云ふ事は幼兒自身にもわかりませんが此の時、紙とかクレオンとかを見出しますと「これこれ」として畫きます。これが自由畫でございます。勿論白い紙、クレオンと限られた事はございませんん草花や木の葉を持つて畫きましたり又これ等の汁を絞り出して畫きましたり木炭を持つて描く時もございませう。又石とか、臘石を持つて描く時、墨汁を筆にふくませて描く時もございませう。繪具を持つて描く場合もございませう。

扨て時には或事物を描きたいとは思つて居りますが、思つて居ります事をどう表していゝのかわからないで苦しんでゐるのを見る事がございます。この幼兒に對する扱ひとしましては、かはつて書いてやることでございます。このかはると云ふ事は幼兒の思つております欲求内に於てかいてやる事でございます。茲に「それだそれだ」と自分自身が描いたかの如く滿足してもう一つ描うとします。

女兒がチューリツプを描きはじめますと何時もチューリツプと云ふ風に一方に偏しますのも幼兒自由畫の特徴でございますが、これが指導にあつては、目的をきめて描かすことでありますが又丸とか四角とかの形をあたへてこれに描かしましたり繪を切りぬいて張らせてその背景添景を描かすとかす

る事も一方法と思ひます。

その他家を作らせましては室内の装飾として敷物テーブル掛、カベ掛等を作らせ模様を施させます。おまゝごとをしましてはその茶碗、皿に模様を施させ人形の衣服に彩色した模様をかゝせます。

或は先生が先づ描きまして先生の自由畫生活の中へ幼兒の自由畫生活をはめて自然的に導きこむ場合もございませう。

かやうに手段方法としましては限られる事なく幼兒の欲求を滿足させつゝ次の生活への進展をはかり自由畫を通して生活内容を充實させ、豐富にさすべく取扱ひたいと存じます。

今日此に持つてまいりましたのは、おまゝごとの敷物として幼兒の製作いたしました物でございます、此の花莚そのものは岡山の重要な物産の一つでございます。それ故手近に割合にお値段もお安く求められましてございます。大きさも一枚としてこんなに大きくございますから、幼兒の共同製作に都合がよろしうございます。それで本日は實際のものを御土産にもと存じまして持つて上りました次第でございます。

京都市保育會　岡本靜子氏

◆自　由　畫

子供には大人の世界と全く違つた何物にも冐されない子供の世界がある、とは兒童心理學者の說くところである。此の子供獨特の世界を子供自身が如實に表現したものゝ一つが子供の畫である。それには美しい子供の世界と、自由な樂しい子供の生活とが表現されてゐることであらう。子供は自分の感じを其の儘力強く自由に何等の型にとらへられることなく表現する。かくする所に子供の自由畫は生れ出るのではあるまいか。

畫紙に餘念なくクレイヨンを運ばせてゐる子供が「バンバンバーン」と力強い聲を擧げてさも愉快さうに、さも滿足さうにしてゐる時、近づいて見ると戰爭が畫面に一ぱいものされてゐる。其の中にブン〱〱飛行機が出來る。終には「バン〱バーン」のみでは物足りなく握り拳で机上を叩いてゐる。兩手を擴げて自分が愛國號になりきつてゐる、幼兒の想像は限りなく何處迄も續く。

お祭りの翌日の子供の繪は、お馬に乘つた神官、神輿、鉾お獅子、等次から〱大人のとても覺えてゐない樣なものでも事細かに記憶から呼び起して畫面に表はす。さうして目前に再び御渡の行列を繰返してお祭り氣分に浸つてゐる。

學校の生徒の野外寫生を見た子供は早速「先生寫生して來ます」と畫板を肩に掛けて庭に出て一人前の畫家氣どりで園庭の枠登り、辷台を畫面に表はす、併し出來た繪は實際とは遠く隔りをもつてゐる。

かうした場面は常に幼稚園で繰返されてゐる事柄である。

子供の繪は何れもが自由畫といふことが出來るであらう。强ひてこれを想像畫、記憶畫、寫生等と區別し得られないこともないが判然たる區別があるわけでもないと考へられる。以上の見解から幼稚園兒の描き方の全部を自由畫と考へて進んで行きたいと考へる。

◆自由畫の指導につきて

子供の生活は所謂遊びである、子供が繪を畫くことも亦その遊びの一つであると考へる、で遊びの中に導くといふ態度でありたい、樂しい子供の遊びの中に無理のない指導をなすといふことが最も望ましい事である。

◆實際取扱ひ方法

一、環境をつくる

子供が畫が書きたい。繪をかくことは樂しい、面白いといつた氣分になり得る樣、又子供が描きたいと思つた時に直ぐ手をおろして描けるといつた環境をつくり子供を其の雰圍氣の中に常に生活し得るやう心掛けることが必要である。

A、機　會　捕　捉

幼兒が外物に對して描きたいといふ感興を逃がす樣な事なく出來るだけ自由に描き得る機會を多く與へる事

B、用　　　具

多種多樣に渡り自由に使用させる。

◇クレイヨン、鉛筆、毛筆、繪具、墨、チョーク、石筆

◇畫紙、洋紙、日本紙、新聞紙、馬糞紙、塗板、石板

畫板、畫架

ルツケンス氏研究

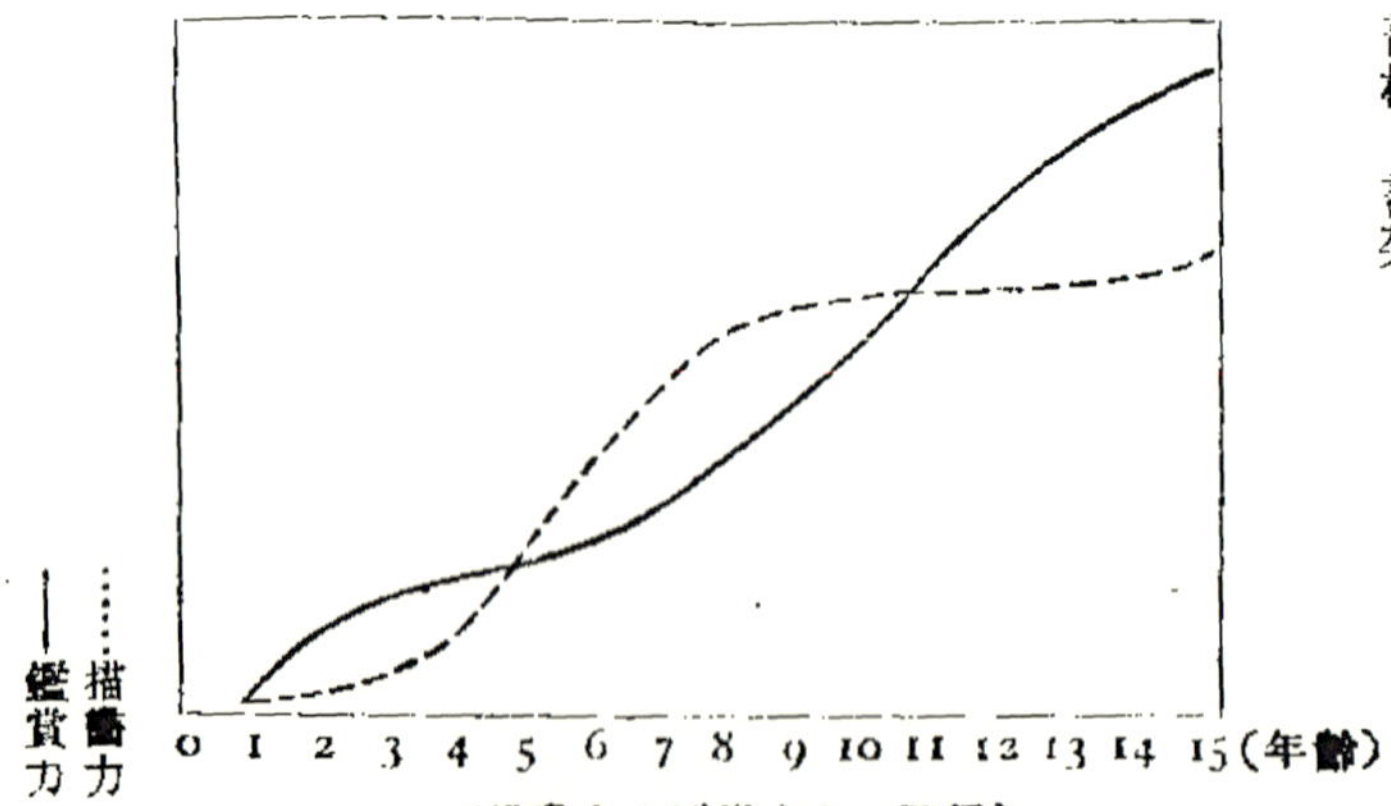

（描畫力ト鑑賞力トノ關係）

C、畫因となるべきものを幼兒に近づける

保育室始め園庭、園内の凡てを常に保姆は心して美的

になす様注意す。

草花、玩具、標本、等の如きものを多く子供に接近せしめ置くやう心掛ける。

D、鑑賞、出來るだけ多くの繪を見せるやう

○四五才頃迄の幼兒は繪を描くことよりも觀ることを非常に喜ぶものである。心理學者の調べによつても明らかである。

○繪を見ることに依つて幼兒は精神內容を非常に豐富にする如何に描かうとしても自分の經驗に乏しく頭に描かんとするものをもつてゐない子供はかく事が出來ない、數多く見たものは自身獨特の表現法を知らず〳〵の中に生み出すものである。

○注意すべきは鑑賞材料の選擇をあやまらぬことである最も幼兒に親しみ易い繪本の選擇には殊に心すべきである健全なる繪、明るい繪、子供の心にふれた繪であるべきであらう又玩具の選擇は色彩に殊に注意さるべきである。

E、美への憧憬の心を培ふ

自然への憧憬の心、自然を愛する心を養ふことによつて美への憧憬の心は養はれるものであらう。

大自然の心にふれしめることは他の保育項目と連絡して効果を得ることであらう。

名畫の鑑賞、古今東西の名畫の美を味はしめることは誠にむつかしい様にも考へられるが名作品にもられた美、は純眞な幼な心に深く深く根ざすことであらう、作品全體に對して今直ちに幼兒が理解し得なくても作品の何物かにはふれることが出來る。

二、思慮ある誘導

過つた干涉はせぬ方がよいとは常に耳にすることである誠に過つた指導は延びるべき子供の繪を横道にひき入れてゆくものである、正しい指導は是非必要である、自由畫だから何等指導は必要とせぬといふ見解は甚しい誤りである。

A、幼兒の繪の發生の順に從ふ

幼兒の繪の發生の順をよく研究して其の順に應じた指導をなさなければ、無理を生じ、かへつて幼兒の繪心をきづゝけ延びるべきものも芽をもぎとられる様な結果を生むことになる。

B、幼兒の個性に應じて

常に幼兒の個性に立脚した指導法をなすべきである。幼兒の作品は常に個性を明らかに物語つてゐるものであるからそれ等をよく研究することが必要である。

C、保姆自ら繪を描く

美しく草花が咲いた時子供が砂場で無心に遊んでゐる時

等保姆自らスケツチブツクを携へて庭に出る、呼ばずして子供等は保姆の周圍に集る、口々に賞讃の辭をしまぬ。又遠慮のない無邪氣な批評を下す、或る時には捨て難い批判を與へてくれる時がある。それ等を耳にしながら筆を運ぶ時の樂しい保姆の心境
先生「私も」「僕も」といつの間にかスケツチを始める。樂しい中に幼兒達は描く氣分に誘導されてゆく。

D、幼兒に板書をさせて

五、六名の子供に全く自己選擇でも課題的にでも何れにても板書をさせる、(或るひは大きな紙を塗板に貼つても良し、この場合は太いクレイヨン、毛筆、使用)かゝせる子供は相當自信をもつて描く子供がよろしき樣思はる次々と描かれてゆく道程を他の幼兒に觀察させる、いつの間にか見るものも自分が描いてゐるやうな氣持に引き込まれる。描くものも亦得意の筆を振ふ、描き終れば、作者に說明をさせて自己批判、話し方の練習とし、觀るものには批評をさせる。

E、大きい範圍で題材を與へること

實感にふれた題材でなくてはならぬ、單に好きな繪では何邊かいても同じ材料に陷り易い、又ともすると出鱈目畵に流れ易い。

男兒が常に動的な汽車、電車、飛行機、戰爭等に偏し女兒が家と草と人とに偏するのは何人も經驗する所である同じ材料に偏しても二度目、三度目と次第に進歩の跡の明らかなものはよいとして進歩の見えぬものはこれに指導を加へねばならない。

かういふ傾向は年少兒に殊に多い、年長兒の三學期頃になれば好んで先生「好きな繪をかゝして下さい」といふこの域に這入れば幼兒の表現力も餘程進んでゐるから、自由に題材を選擇させても失敗するやうなことは餘程少ない。

F、興味中心に數多く描かせる

○子供が繪が描きたい「僕は繪が好きだ」といふ氣持を持ち進んで描く處迄延ばすことが必要であるが興味を持たぬ時に強いるが如きは全然繪を嫌ふやうにするものである。年少兒の始期「ようかかぬ」といふ樣なものには決して無理をせぬこと。
○樂しく愉快に描き自己の生活の凡てを表現し得るものであることを知らしめることは効果をおさめるに必要
○出來るだけ數多く描かせること、餘り批評を與へぬ樣注意することゝ、數多く自由に描く中に自ら自己の表現形式を工夫し生み出すものである。

G、表現は自由に

子供に表現の型は決して與へぬ樣充分の注意をすること

技巧、表現は個性のひらめきによつて生れるもので獨創的なものである決して敎示し他人の與へるべきものでない。

繪の指導上最も注意すべきものである、ともすると保姆は自己の感じを幼兒の上に移さうとする傾きがある。

子供は自分の力に應じた自分の技巧に依つて自由に表現して行くところに進歩があるのではなからうか。

H、個人的の取扱ひを忘れぬ様

○進歩して上手なもの（横道へ這入らぬ様正しく延ばす）
○表現に苦しむもの　（自己經驗に依つて自己を發見させる）
○表現力の足りないもの　（實物觀察によつて誘導し實感の表現に努めさせる）
○延びる素質がありながら延びないもの　（その原因を研究し早く救濟すること）
○表現力の養はれてゐないもの（他人の作品、他人の畫く様子を見せ自己に自覺させる）
○既成の表現形式にとらはれてゐるもの　（實物觀察により自分を發見させる）

等數へ上げれば限りなくあるが要は個人々々に親切な指導を忘れぬやう保姆は常に子供を正しく眺める必要がある。

I、作品に對する適當な處理

○作品に對して出來上りを賞するも必要であるが子供は出來上りを樂んでゐるのではなく其の道程に無上の樂しさを持つてゐるものであるから常に描いてゐる其の時を理解し賞してやることがよりよき賞讃法である。
○幼兒の繪は各自が力一パイに作り上げたものであるから技巧表現の巧拙を問はず掲示する場合の如きは全幼兒一齊にこれをなすこと。
○作者には作品の內容を話させ他人の作品には批評をさせる。
○個人の作品は縱に比較して自分の進歩の後を知らせる

三、子供の繪を理解することに努める。

「子供の繪を指導するに當つて子供の繪を理解することは目的の半を達成し得たものである」とこの道の或研究家は云はれてゐる、誠に味ふべき言葉だと敬意を表するものである。

子供の繪を理解する爲には子供其のものを理解せねばならない。

「子供の養育は子供と共に生活することに依つてのみなされるものである」と先人は云つてゐる、これ又味ふべき言葉であると思ふ。

○子供と共に生活し子供の生活を注視し得てこそ眞に子

供を理解することが出來るのである。日々子供と生活し得る保姆は常に子供の生活を注視する人でなくてはならない。さうして子供の繪の眞の理解者となるべく努めなければならない。

○子供の繪の發生の順路を研究すべきである。

○子供が描くことそれ自身新らしい生活をつくり上げてゐるものであるといふことを忘れてはならない。

○保姆は自分の中に子供を見出さうとせず子供の中に自分を見出すことを忘れてはならない。

○文字を解せぬ幼兒の生活には繪は思想發表の有力な手段である。

○子供の繪は全體的な氣分、情緒によつて描かれてゐるものである。

○既成品として良い繪は生活としての眞實味に欠ける所が多い。

○子供の繪は結果の美醜巧拙に拘らず繪を描く其の事が第一義的のものと考へらるべきである。

即ち誘因と道程を主に完成された作品は從と見るべきである。

▲結び、今述べた凡ての事柄は保姆自身の繪に對する理解と趣味の泉から湧き出たものでなくてはならない。保姆は常に子供其のものゝ生活を注視すると同時に子供と共に生活することに努めて子供の研究理解を怠らず又同時に自分の詩心の向上に努むべきである繪の何物たるかを解せず美への憧憬の心を持たずしてどうして子供を誘導し延ばすことが出來やう、汲んでも〳〵盡きぬ泉でありたいと念じてやまぬものである。

一、保育上保健增進ニ就テ最モ効果アリト認メラルル事項、特ニ都市幼稚園ニ於ケル夏季休暇中ノ其施設ヲ承リ度シ

（大阪市保育會提出）

（説明）

大阪市保育會　國生駒治氏

都市の幼稚園に於て保育上保健增進に重きをおいて考ふべきは今更説明申し上げる迄もございません。我が大阪市に於きましては特にこの點を重視し、幼兒の保健增進を强調いたしまして極力これが施設に向つて努力いたして居ります。この點につき特に効果を御認めの事を承り度いと存じます。

尚特にお伺ひいたし度いのは都市幼稚園に於ける夏季休暇中の保育上の施設であります。夏季幼兒の健康の害される事は申すまでもありませんが、休暇はこれに加へて睡眠の上にも、飲食の上にも、運動の上にも、すべて不衛生な生活に陷り勝となり、折角日頃努力を重ねておき乍らこれが休

暇中にくづれる事が多いと存じます。言葉を強く申しますならば夏季こそ保育の必要な時機ではないかと迄思はれます。

こうした考のもとに我が大阪市におきましては休暇中といへ共積極的に幼兒の保健を増進いたし度いと考へまして皆様の御教示を仰ぐわけでございます。

名古屋市保育會　山中たみ子氏

與へられました僅の時間と、只今此の問題の一部を御訂正になりましたので私は此の問題の中の保健増進に付きまして平常幼稚園で致して居ますことをいさゝか述べさして頂きたいと存じます。

保健増進の基礎と思はれる事項を私は三つに分けて考へてみました。

それは、一、營養。二、新鮮なる空氣。三、うらゝかなる日光。

一、營養＝營養に付きましては、どうしても家庭と連絡をとらなければならない事でございますが、幼稚園に於きましては、幼兒に多い偏食を、お辨當を利用して、或は說話等で矯正し、又一方では家庭にあるお母様方に向つて營養料理の講習會、或は子供の最も嫌ひます副食物の料理方等の研究を致して居ますが、これは直接家庭全體に効果のある事ですから、非常によろこばれ良い方法であると信じて居ます。

二、新鮮なる空氣＝これは各幼稚園の位置建築設備といつた點から考慮しなければならない問題ですが、なるべく塵埃のたゝない樣に常に注意し、お天氣の日は朝の園庭で必らず遊ばせ外氣に馴れる樣に致して居ます。

このために集會ラヂオ體操等を、園庭でなさつて居られる園もございます。

常に充分の注意は致して居ますが、都會の空氣では理想的にはまゐりません。其のためですかどうですか私の園には、扁桃腺肥大の幼兒が多く、このため身體障害を起こす者もございますので、何とか手當はないものかと醫師と相談の結果全體の幼兒に含嗽をさせることに致しました。

其の方法は重曹の五十倍にうすめた液をそなへておき保育中の適當な時に實行して居ます。其の結果は非常によく、目下家庭に於いても實行していたゞき咽喉障害の豫防と同時に平常から此の樣な習慣を付けて置くことは非常に効果があることゝ信じて居ます。

三、うらゝかなる日光＝日光の必要は申すまでもなく、出來るだけ日光には浴する樣につとめて其の方法等も種々研究もし實行も致して居ますのでございますが、何分個人々々の健康狀態によつて、なほ徹底的に日光を必要とする體の幼兒に向つては家庭の了解を得た上で一定の醫師の所へ紫外線浴に連れてまゐります。これを早くお始めになりました園は本年の六月からでございますが、夏期休暇中もお休みにならず續けて居らつしやいましたが、最近非常に効果が現はれて偏食胃腸病神經質の幼兒腺病質といつた幼兒が皆元氣になり、家庭の方達と共に大變喜んで居る次第でございます。他の園でも續々此醫師のもとに幼兒を連れてまゐりまして、虚弱兒をもつと强く、健康にするべく努力致して居ます。

以上營養、空氣、日光に付きまして簡單に述べさせていたゞきましたが、終りに今一つ大切なことは、只今一般に行はれて居ます。幼稚園の體格檢査を、もつと具體化し、家庭の健康相談所としなければならないと存じます。

私の園では一ケ月二回小兒科專門醫を招き、これを行つて居ますが、この日は午後の保育を此の時間にあて、止むを得ない時の外は、お母樣の御來園を願ひ、親しく幼兒の健康狀態を調査し、個人々々の狀態に從つて、より良き健康增進法を醫師から伺ふことに致して居ます。

かくして家庭、幼稚園、醫師とによつて、幼兒の健康はます／＼完全に增進されて行くものと信じます。

大變不束な言葉で述べさしていたゞきました。これで失禮いたします。

神戸市立神戸幼稚園　樋口重乃氏

御提出になりました題を御說明の時御變更なさいましたので、題から幾分はなれて保育の事になつて居ますが私等の幼稚園で今年致しました夏期保育の事を申し上げます。

神戸幼稚園は神戸市の最も繁華な商業地帶にありますので家庭も商家が多く、店が忙しくて子供を海や山へ連れて行くことが出來なかつたり、又戸外へ出ると交通が頻繁で其の上道路のアスファルトが熱くなつて、とても長く遊ぶことが出來ません。それを思ひまして折角こんなに廣くて涼しい所をあけておくのは無駄な事だと考へ昨年夏期保育を致しました

本年も家庭の方から家に居ると、間食が過ぎたり、不規則になるので是非夏期保育をと云ふ希望がございましたので、こちらも考へて居たこととて早速はじめました。

期間　七月二十一日より、八月二十日迄、

今年はとりわけ暑いので海行きを試みました。それも海は波があつて危いので、須磨の海岸に出來てゐるプールへ連れて行きました。

プールは園よりかなり道が遠いので、自動車で往復致しました。

希望者が二十五人程ありましたので、それを二班か三班に分けて、毎日七人乃至十人の幼兒を二人の保姆が付きそつて連れて行きました。

幼兒が家から持つて參りましたものは、お辨當と、水筒、幼稚園から持つて行きましたものは、水著、水筒、タオル、

ゴザ、薬等でございました。

プールに着きましたら直ちに、水着と着替へて適度の淺さの所で十分あまり遊びました。それから砂濱に出て體を干したり、砂山を作つたりして暫らく遊び、よく體を拭いてあせもの手當をして洋服と着替ました。

十一時過ぎ海の景を前にみながら、お辨當をいたゞき殊の外おいしそうでございました。

(この時分飛行機が毎日低く飛んで來て皆々大喜び)

一時頃幼稚園につき、お迎への來て居る幼兒から順次に歸し、歸りたくない幼兒は歸りたくなるまで遊ばしておきました。

丑の日で海での混雜する時とか、海水浴に不適當の日は、木蔭の涼しい山(布引、大倉山公園、諏訪山動物園)等へ連れて行き、その時も往復自動車にのつて行きました。

海に行かない日の幼兒は、幼稚園の一番涼しい部屋でマヽゴト遊びや、積木や、又お庭でお洗濯や水撒をして遊びました。それは平常の保育通りでございました。

衛生上の注意でございますが、毎朝參りましたら早速洋服をぬがせて下着だけで遊ばせ、洋服はお歸りまでよく風の通る所に干しておきました。食前には勿論の事始終顔や手足をよく洗ひ、あせもの手當を致しました。

此の結果を申し上げますと、身體的方面では期間中に四回體重を測りました。それにより第一回よりも第二回、第三回第四回と僅かですが增して居りました。

休暇直前に測つた體重と、休暇後九月に測つた體重を比較致しましたところ、七月よりも九月に增加した幼兒67%七月と九月と變らなかつた幼兒27%七月よりも九月に減じた幼兒6%でございました。此の減じました幼兒は夏期保育中增減なく修了後に減じて居ります。

精神的方面を申し上げますと、今迄話をしなかつた幼兒が變つた所へ行つた嬉しさに友達や保姆に色々なお話をなし、それ以後誰にでも大きな聲でお話をする様になりました。

はじめ水には入るのを恐れて居た幼兒も、終りには好んでは入る様になり、又休暇前は幼稚園に來ることを好まなかつた幼兒も夏期休暇後は進んで參る様になりました。

終りましてから幼兒に何が一番面白かつたとたづねましたら、皆と一緒に自動車に乘つて海へ行つた事だと申しました。それではいやだつた事はとたづねましたら、「そんな事知らない」と申しました。

幼兒にとつては友達と共に、自動車に乘つて色々の所へ行つたことが樂しく腦裡からはなれなかつたのでせう。

この様な結果でございましたので、一ケ月間の夏期保育の無益でなかつた事を思ひ、我等一同は喜んで居ます。

京都市保育會 牛島隆則氏

共一、保育上保健増進に就きて最も効果ありと認めらるゝ事項

幼兒の健康を増進するためには、體育方面と衛生並に精神方面と相待ちて、幼稚園の環境と設備に應じ各々適切なる手段と方法を講究せざる可らず。

茲には調査の結果、遺憾ながら主として、永觀堂幼稚園の環境と設備に應じ、同園が今日まで實施し來れる方法中、効果ありと認めたる事項を簡單に列記せんとす。

甲、體育方面

一、室外保育の勵行

例へば幼兒の在園時間を五時間とすれば、普通室内保育に約一時間（朝禮、晝食、お歸りの式等雨天等の場合は此の限りにあらず）殘り約四時間を室外保育に充當するが如し。

二、室外保育の重なる事項

（イ）毎朝東運動場にて「ラヂオ」體操終りて南運動場の小丘登り、砂遊び、ブランコ、駈足、競爭、繩引競爭バスケットボール、小川及プール水遊び、大積木遊び手技（粘土）遊戯談話、觀察、唱歌等。

（ロ）永觀堂本山境内の利用

自然の遊び場として、境内にある石段の昇降運動、本山裏の山登り、本山裏の山の椎拾ひ、（季節のみ）放生池の周圍廻り等

（ハ）東山登り

若王子より南禪寺に亘る東山登り、其時間約二時間を要す

乙、衛生方面

（イ）齒の檢査並治療

齒科顧問の檢査を受け、「カード」に結果を記入し、半片を保護者に通知し、府立病院に於て所要の治療を施す。

（ロ）齒の衛生に關するお話、及活動映畫

（ハ）食後含嗽場に於て含嗽の勵行

（ニ）身體檢査

毎學期の初めに園醫にて身體檢査を行ふ。

毎月體重を測定す。

夏期林間中は、初めと終りに體重を測定し、特に初めには身體一般の檢査を行ふ。

虚弱園兒に對しては、保健顧問時々診察を行ふ。

（ホ）身體各部清潔の勵行

毎月曜日に爪、口中、及齒の檢査

食事前手の洗淨に注意し、殊に外出より歸宅の際は必ず口中、顏、手を充分に洗ふこと。

（ヘ）太陽燈の利用
保健顧問指導の許に、凍傷の豫防、其他の輕き病症に應用し來れり、何れ其効果の如何は發表の時機あらん。

丙、精神方面

（イ）常に精神の緊張を保持することに注意し、每朝講堂に於て、君が代合唱、御眞影に對し最敬禮、尤も嚴肅に朝禮を行ひ、時々敎育勅語を捧讀す。

（ロ）每月二回以上、禪林寺派管長より頂戴せる數珠を携へ、本山に參詣し、同管長の讀經並に有益なるお話を拜聽す。

以上の如き保育を實施し來れる結果、保護者より常に感謝を以て迎へられつゝあり、其著しき二、三の實例を擧ぐれば

（一）獨りで歩行困難なるため、毎日大學病院にて治療を受けつゝありし六才の幼兒（女）が昨年八月一日林間學園の折入園し、同月十三日の修了式には、早や自由に歩行し得る程度に至り目下健康狀態となれり、大學病院の治療は、入園當日より之を中止せりと云ふ。

（二）冬期には每年常習的に風邪のため、醫師の絶え間なき幼兒が、昨年九月入園以來今日まで、一度も風邪にかゝらぬ樣になれり。

（三）虛弱兒にして醫師も、殆んど策の施し樣もなかりし幼兒が、昨年九月入園以來食慾の增進と共に、血色と肉付共に良くなり、健康體となれり。

（四）食慾進まず、常時胃腸を害し、不健康勝ちなりしお子達が、入園後日ならず食慾は增進し、胃腸は健全となり、健康體となれり。

（五）入園後日ならず、不思議にも、便通が規則的になりたと父兄よりの申出。

（六）入園前は醫師にかゝらざる月なかりしも、入園後は日ならず、血色よく、丈夫になり、風邪にかゝり發熱しても、容易に回復する樣になれり。

（七）東京市小石川在住の、獨り子の虛弱兒（男）が、昨年四月母親同伴態々本園に入園したる處申分なき健康體となり、本年四月東京小石川竹早師範附屬小學校に首席にて入校し、目下優秀の成績を擧げつゝある趣なり。

（八）獨り子で虛弱兒の在園者が比較的に多いが、何れも日に增し食慾の增進と共に、元氣を增し健康體となり保護者は非常に滿足せり。

（九）從來齒科醫の治療を嫌ふ習慣ある幼兒が、齒の檢査の結果、幼稚園より引率して府立病院に治療を受けて以來、喜びて治療を受ける樣になり、近來一般に保護者も幼兒も、よく齒に注意する樣になれり。

其二、都市幼稚園に於て夏期休暇中の保育と其施設

永観堂幼稚園に於て、園兒を中心とし、市内小學校幼學年生參加の許に、昨年夏期より林間學園を開催し、本年も七月二十三日より八月十三日に至る間、毎日午後四時まで、小學兒童及園兒約二百八十名の共同生活を營みたる實況の概要を左に略述せんとす。（詳細は「楓園」第二號參照）

一、毎日日課の大要

（イ）午前九時までは自由遊戯

（ロ）午前九時運動場に於て、全員君が代合唱の許に朝禮を行ひ、終てラヂオ體操。

（ハ）小學校兒童は林間に設備せる教場にて、先生監督の許に、朝の間の復習及自習等、園兒は平常の通り

（ニ）午前十一時四十分晝食

園兒は平常の通り娯樂室にて行ふ。

小學校兒童は林間教場に於て行ふ。

食事に當り園長並主任指導の許に

「箸とらば天地御代の御惠み　父母や師匠の恩を味へ」

の歌を合唱の上、一齊に箸を取る、最後に一同感謝の詞を唱へて食事を終る。

（ホ）午後は小學兒童も園兒と共に、プール、小川の水遊び、其他の自由遊戯。

（ヘ）午後三時間食

保健顧問監督の許に、芋、ビスケット、エリー、ぱん、鹽せんべい、牛乳等を給す。

（ト）午後四時運動場に全員集合、お歸りの式を行ひ、自動車通園者は、所定の場所に至り監督先生指導の許に、點檢の後、乘車歸途に就く。

二、以上日課の外林間中に實施したる重なる事項

（イ）東山登り

（ロ）林間中の兒童並園兒生活狀態の活動撮影

（ハ）平安神宮參詣

（ニ）動物園見學

（ホ）八月七日七夕祭（保護者集合）の催し

（ヘ）七月三十日明治天皇祭を擧行し、本山に參詣し管長の讀經並大帝に關するお話。

（ト）茶話會

（チ）學藝會

（リ）林間中の成績展覽會

（ヌ）活動映畫會（林間中の生活狀態の映畫並爆彈三勇士等）

（ル）童話

三、通園用自動車の利用

本園の通園區域は京都市の大部分に亘れるを以て、昨年四月より通園用自動車の途を開き、目下七臺を使用し、

約百名の送迎を實行しつゝあり、本年の夏期林間には十二臺を使用し約百六十名の送迎を行ひたり、今日まで自動車通園に關し、何等故障なく經過し來れり。

本年の夏期は特に暑氣甚しかりしに拘らず、兒童及園兒は毎日午後四時まで、長き時間の立つのも忘れ、伸び／＼として毫も疲勞の氣色なく、元氣に毎日殆んど欠席者なく、何等の故障も起らず經過する事を得たり。

保護者及兒童の中には、八月末まで林間學園の繼續希望を申出づる者も少なからず、殊に熱心なる保護者は八月末まで繼續し、其繼續期間の監督は保護者に於て分擔すとの申出もあり、又「來年もくるから頼みます」とて先生に約束せる幾多の兒童も見受けたり。

要するに夏期に於て、斯る施設を保護者側が如何に期待せるかを推察する事を得たるを以て、將來夏期に於ても、普通の通り保育を繼續する樣計畫せんとす。

其三、結　論

要之幼兒の健康を增進するには、園の環境と設備に應じ、種々の方法手段あれど、要は自力の途を講じ、幼兒の足の發達に留意し、生土を踏み自然に親ましむるため幼兒の室内に止まる時間を極減し室外生活の時間を多からしむる事が必要條件と云はざる可からず。

然るに都市幼稚園の多くは、此の必要條件を充足する爲めには、其の施設なり環境が餘りにも貧弱過ぎ、一方都市の狀勢は、近來著しき發達に伴ひ、幼兒の生活は日に／＼脅威を受けつつあり、斯る狀態の許にありて、幼兒の健康增進を望むことは、教育者たる御互共の努力と苦心を以ても、難事中の難事と云はざるべからず。

故に今日の都市幼稚園は幼稚園本來の使命の外に、都市の發展につれ環境の變化に伴ひ、日に／＼脅されつゝある缺陷を補足するため、都市幼稚園教育者たる吾々共は日夜思を茲に致し、頭を絞り渾身の努力と勇氣を以て、保育事業に當らざるべからず。

最近我京都市にては、日彰幼稚園、下總幼稚園等が率先して、自動車を購入し、園兒を郊外に送り出し自然に親む機會を與へつゝある事は、都市幼兒の保健增進上偉大なる効果を現すことは火を見るより明なりと信ず。

從來夏期に於て一般に休暇を實施し以て、保育を中絕の狀態に陥らしむることは、教育上甚だ遺憾とする處なり、左りとて都市幼稚園一般の情勢を考察するに、夏期の保育を繼續することは、頗る困難なる事情にあるを以て、將來都市幼稚園にては交通機關の利用を研究し、幼兒郊外保育の發達を企圖することが、幼兒保健增進上最も効果ある方法たるのみならず、都市に於ける夏期保育の實施を容易ならしむる唯一の方策と考ふ。然るに之が實現の如何は一に當事者たる吾々共の努力如何にあることを覺悟せざるべからず、殊に近來一般に夏期林間學校の開催、年々增加の傾向にあることは、邦家の爲め喜ばしき現象なり、將來斯る企が益々普及し以て、夏期保育の進展を切望して止まざる次第なり。

一、幼稚園經營上基本トナルベキ調査事項如何

（吉備保育會提出）

（說　明）

吉備保育會　岡　政　氏

廣い問題であるから限定して日常保育の方面だけを聞かしていただきたい。

神戸市立兵庫幼稚園　中　谷　久　子　氏

この問題につきまして、私は幼稚園經營の大項目を豫想しそうして其の經營上基本となるべき何を調査すべきか又、如何なる方法で調査すべきかといふ事について考へて見ましたところを簡單に述べさせて頂きます。

先づ幼稚園經營上大切なものは、其設備で御座ゐます。

土地、建物、遊園、遊具、玩具等色々な設備が必要で御座ゐますが、これらの設備をどういふ風になすべきかと云ふことは、環境によつて夫々考へなければならぬと思ひます。日光とか空氣、樹木等に注意して自然に近づける樣にすると云ふことは都會にある幼稚園ではどの園でも大切なことで御座ゐます。

それからどの幼稚園でも經費を充分に使ふことは、許されないことで御座ゐますから出來るだけ、少ない經費で有効な設備をなす樣工夫しなければならないと思ひます。

又幼兒の組別けと云ふことについていろ〳〵研究し、それにしたがつて保姆の配置といふ事を、考へねばならぬと存じます。

最も大切なものは保育項目で御座ゐますが、各項目の材料の選擇に充分注意し、最も價値あり必要なものを選ぶ樣にせねばならぬと思ひます。

又保育の結果がどうであるかと云ふ保育成績の考査をなすことの大切なことは、申すまでも御座ゐません。

家庭教育を補ふと云ふ目的を達するためにはどうしても、父兄との連絡を計る事が必要で御座ゐます。

保姆が家庭を訪問し父兄が幼稚園に集まる機會を多くし保姆が家庭の事情に通ずると共に、父兄が幼稚園の眞意をよく理解し、互に教育意見の一致をはかり又は、幼兒を善導するために保姆も父兄も共に自己修養につとめ一致協力して幼兒教育に當らねばならとぬ思ひます。

それから幼稚園出身者の多く行く小學校の先生殊に、低學

年の先生との連絡もまた必要なことでござゐます。

幼稚園の方で、關係小學校の低學年の調査をして連絡案を考へますと同時に、小學校の先生に幼稚園の主義、方針をよく理解していたゞきそれによつて、低學年の教育方針を考へて頂きたく存じます。

次に保育項目を綜合して、保育上の施設を如何にすべきか又、幼稚園の衛生及、道德は如何であるべきか等の點も、それ〴〵園の環境によつて種々考究せねばなりません。

とにかく幼稚園の經營は保育の成績を上げる目的にあり一時的のものでなく永續するもので且つ子供の家庭及、郷土に應じて具體的方法を講ずるものでなければならぬと思ひます

さて調査事項と其方法は如何かと申しますに、先づ家庭の調査で御座ゐます。

この家庭の調査を二つに別けて、子供に絶えず影響を及ぼすもの（父母の職業、教育の程度、趣味、兄弟の有無等）についての調査と、生活狀態（睡眠、食事、入浴、衣服等）の調査と致します。

この調査に基づいて、何を經營するかと申しますと、父母の教養の程度の高低によつて、父兄會なり母姉會の組織を考へ、遊場の少ない家庭が多い樣ですと、出來る丈けよい遊場を與へる樣に工夫し、入浴の度數が少ないとか身體を始終不潔にしてゐると云ふ樣な家庭が多いですと、洗面室等特設して、湯、水、石鹼、タオル其他必要なものを備えて置いて、身體を淸潔にする習慣を養ふ等色々大切な事柄が生れて來ます。次に環境の調査で御座ゐます。

一、工業地區か、商業地か、
二、交通頻繁で電車、自動車等多い所か、否か、
三、近くに公園、遊園地等廣い遊場があるか否か、
四、近くに社會的設備（博物館、動物園、水族館）等があるか如何か、
五、近所の道德的風習はどうか、
六、類別、實情、調査（活動寫眞館、劇場等の如く共通點を持つたものゝ多く集つて居る所か否かの調査）

以上の調査によりまして、其環境が如何に子供を刺戟し如何なる影響を及ぼすかと云ふ事が、考へられます。

七、近郷の調査、近郷には如何なるものがあるかと云ふことをよく調査し、それを保育に織込む。

つまり近くに牧場がありますれば、春そこへ子供を連れて行きのどかな氣分にさせ、牧場の樣子を觀察させてお歌を教へるとか、動物園、植物園等がありましたらそこへ連れて行き、動、植物の觀察をさせるとか、又はこれ等に親しませる等近郷を保育の上に考へて、これを出來る丈け利用することで御座ゐます。

かういふ樣に環境の調査を郷土の調査にまで擴大し、郷土

社會に應じて保育の具體案を立てる事が大切です。

次に智能檢査で御座ゐます。

一、このテストの方法は一種よりも二種以上の異つた方法を用ひる方がいゝと思ひます。何故ならばその得點の對照によつて一層正確なものが得られるからで御座ゐます。

二、智能檢査は種々の計畫の根本となるべきものですから其結果をよく理解し解釋する事が非常に大切で御座ゐます

三、子供の智能を調べ、その指數の擴がりの大小によつて、保育項目の材料の選擇に注意しなければならぬと思ひます最低の智能者も、理解出來る程度のもので且つ智能指數の大きい者も、尙廣く理解し深く考へ得る內容の豐富なものを選ぶ樣に致します。

最後に身體狀態の調査で御座ゐます。

一、身體の發達狀態

二、過去の疾病

三、身體上の缺陷

等をよく調査して、幼兒がすこやかに正常な發達をなし行く樣、助長しなければならぬと思ひます。

以上四項の調査によつて幼稚園經營の着眼點が決まり經營の方針が、自然に立つて來るわけでございます。

尙其後に幼稚園での幼兒の生活狀態を調査して其結果經營が正しく行はれてゐるか如何かをよく考査し、若しよくない點が見出されたならそれによつて、又幼稚園の施設を次第に改善して行く樣努力すると云ふところまで、考へねばならぬと思ひます。

大阪市保育會　三橋　節氏

この問題につきましては私も日頃より考へて居りましたことなので、この機會に所見を述べさせていたゞき皆樣が共に之が調査を進めて下さる樣にお願ひ致したいので御座ゐますが、發表時間に制限がありますから必要な事項を唯一つ申上げることに致します。

一、幼園稚の經費節減に關する調査を行ふ事。

その理由

1　人件費遞減防止のためであります。保姆級を次第に減額する樣な傾向を生じてゐるが、これは保育事業の進展をはかる上に遺憾なことであります。この傾向を防ぐために、他の經費を節減すべく之を合理的に調査考究する必要ありと考へます。

2　幼稚園の民衆化を促進する爲にであります。從來家庭的に比較的めぐまれてゐる子女を對象としての幼稚園經營が主として行はれていたが、實際にはめぐまれざる子女に對して幼稚園施設の恩澤に浴せしむると云ふことがより以上大切なことでありま

す。即ち今後は幼稚園を民衆化すべく大いに努めねばならない、これがためには既設幼稚園に於ても新しく設けられる幼稚園に於ても、共にその設備又は施設に、多くの金をかけてゐることを誇るが如き慾望をすてゝ、勉めて其經營維持に金をつかはぬ樣保育者の負擔をかるくし、大衆の子女を多く收容し保育の普及を促す樣にせねばならぬと思ひます。そこで之が調査の要項を示せば次の通りであります。

一、設備上に再吟味を加へて經費の最底基準を立てる事

二、備品、消耗品、幼兒の服裝携帶品等の規格統一によつてその低廉をはかるべく之が調査を行ふこと。

三、保育施設上の浪費を節すべく徹底的に調査、研究を行ふ事。

名古屋市保育會　小池長氏

幼稚園は家庭教育を補ふとありますが家庭の睦みによらねば人の教化は出來ません。社會に則した幼稚園を經營することが大切で、幼稚園から家庭に呼びかけてゐる樣な狀態であるが、保護者はもつと自分を開いて兩方心を一にして行かねばなりません。

母が出にくいし不徹底であるから、個人々々訪問して相提携せねばならぬ。即ち親がもつと目覺め幼稚園を立派にして行くのでなければなりません。

京都市保育會　西川千代子氏

「幼稚園經營上基本となるべき調査事項如何」の問題は經營に關する一切の基本的調査事項で廣範圍のものとなりますが出題者から「保育上の問題なり」と限定されましたから、今こゝに保育上の基本的調査事項のみに就いて述べさせて戴きます。

私達保姆が與かる現實の幼兒に對し、最も適切な保育の方針を立て方案を作製し、設備をなし以て保育の目的を完全に達せんが爲には先づ具體的存在としての幼兒の個性（精神的身體的特異性）を充分に知らなければなりません。然るに個性は先天的には遺傳後天的には境遇（自然社會）及び教育の成果でありますから、個性を知る爲には現在あるがまゝの幼兒を觀察する外に

一、個々の幼兒はそれ〴〵如何なる身體的精神的の特質を遺傳されてゐるか。

二、如何なる家庭並びに環境に於て成育して來たか。

三、其の成育狀況は如何であつたか。

等を、調査する事によつて私達は幼兒の個性をはつきりと見出し其の據つて來る所を究めることが出來ます。この見出した個性を基礎とし據つて來たる原因を斟酌し、以て充分な保

育が行はれると思ひます。

　で幼稚園には保育簿を備へ入園當初に於て成育狀況、家庭環境、幼兒生活狀況、等を調査し入園後は身體檢査、出缺席調査、並びに日々の生活を觀察記錄し保育の資料となすべきであると思ひます。先づ第一に保育簿中の第二頁の下半及第三頁を家庭に送り調べました。其の中色々大切と思はれる點も多うございましたが、特に幼兒の生活狀況欄の良習と惡癖と云ふ所は幼兒期に於ける習慣が身體的方面から考へても心性の方面から考へても基本教育として甚だ大切なものと思つて今回その調査を試みました、別紙第二號の樣な項目により質問法を取りました。最も此の項目は幼兒の一般的習慣として大切な從順、清潔、秩序、整頓、誠實、親愛等の具體的な一二例づゝに過ぎません。これを家庭に配布し幼兒がもう既に習慣となつてゐるものと家庭が是非習慣づけたいと希望するものと、又もう既に惡癖となつてゐるものと家庭が是非惡癖とならない樣に注意してほしいものとを調べて見て幼稚園はそれ等に對しどんな程度に取扱つて行つたらよいか或ひはどの事項に重きを置いて習慣づけ、又はどんな惡癖の矯正に重きを置かねばならないか。といふ事を知らうとしました。グラフ(一)は良習慣調査の結果であります、既に習慣となつてゐるものは實線、家庭の希望は點線で表はしました。

　此のグラフの左の方はよく習慣づけられてゐる事項で右の方は習慣づけられてゐない事項であります。又一面左端數項は一般に習慣づき易く右端の數項は一般につき難い習慣と見なすことが出來ると思ひます。之に對し家庭では左端の方を希望せず右端の方にこんなに希望してゐる事から推すと左端は自然につき易いものらしく年齡程度に最も適したものだといふことを知ります。又右端は家庭ではこんなに關心を持つてゐるのに出來てゐない事を見ると之は幼兒につき難く程度に適してゐないのでないかとも教へられます。故に私共はこの方面に向つて注意し、重きを置ねばならぬかとも思ひます

　尚この家庭希望線は理窟からいへば幼兒の習慣線と相交りてX字狀に表はれねばならぬのに家庭の希望線がこんなに屈曲してゐます。その理由を考へてみるに例へば「寢る前に齒を磨くこと」についての家庭の希望は相當に高い樣です。これは家庭では齒の衞生上から必要を感じてゐるが、幼兒は眠たくなれば電車の中等でも直にぐう／＼眠つて終ふ樣なものであるから、家庭の要求は多少高すぎるのではないかと思ひます。尚又「往來で遊ばない事」といふのに對し家庭があまり希望してゐないといふことは往來で遊ぶことの危いことを考へないのではないが、他に適當な遊び場所を與へる事が出來ない爲仕方がないといふのではなからうかと思ひます。之は大きな社會問題として見るべきで、もし適當な運動場があり、公園があり、寺院の開放が出來たならばこの希望線は高

くなるのだらうと思ひます。

　次に最後の「紙屑を捨てぬ事」といふ事は我が日本國民性に斯かる公徳心の闕如せることの表はれでないかといふ事からも非常に大切な事で斯かる小さな事から大きな公徳心が生れるのだと思ひます。

　次に悪癖の方でございますがこの「グラフ（二）」は幼兒悪癖線と家庭の矯正希望線とは平行して動くべき筈でございますが、事實はそうではありません。例へば「後仕末が出來ぬ」といふことに對し家庭では其の矯正を非常に要求して居りますが、幼兒の後仕末の出來ないのは幼兒の心理から考へても、「此の遊びの次に此の遊び」と計畫的にいつもするものではなく衝動によつて自然に移り行くものであるから家庭の矯正希望線の高いのは母の後仕末の重荷から來る關係上こうなつたのではないかと思ひます。尚「爪嚙み」「ひがみ」といふことは私共から見れば相當に注意を用する事と思ふのに何等家庭では希望してゐない事を見ると無關心なのかとの疑ひも起ります。それで家庭との連絡を圖り兩方共注意して矯正に當らねばならないと思ひます。

　次ぎに「物を大切にしない」といふ二番目の事などは子供には物の價がわからない事から來る自然の結果で悪い氣持ではなく年齢が進み經濟的な考へがつけば次第に矯るのではないかと思ひます。又「無暗に物に恐れる」といふ事も知識が増せば何でも彼でもこわいものではない事がわかる筈だと思ひますから、この邊は特別のものを除いては時日を待つて矯正せなければならないと思ひます。

　この二つのグラフを見まして重きを置かねばならない點はどの邊かを大體教へられた様でございます。

　家庭の矯正希望線の方は所々大人の勝手な都合から、例へば經濟方面から或ひは母親の理想的な見地から或ひは家人の直接に負擔が重くなる爲やら或ひは萬一を慮つての豫防の爲やらで無意識にでせうが幼兒に相應せぬ要求をしてゐる點にも見られた様でございます、併し大體保護者の希望はどの邊にあるか又どの程度であるかといふ事は知る事が出來ました
　次に私達は各項にそれ〴〵輕重前後を考へて習慣づける様にせなければならないが、特に一般の幼兒には實行し易い事項で小數の幼兒のみ、實行の出來てゐないものについては、何が原因して實行出來なくなつてゐるかを更に調査して、謂ゆる個性に基づいた保育法を講じなければなりません。例へば「一人で顔を洗ふ事」は大多數の幼兒には既に習慣となつて實行してゐる事項でありますが只數名の幼兒のみ出來て居ない様です。これは何か家庭での躾方に缺陷があるものと思はれます。この原因を調査してこれを除去し、良習慣をつける様にせなければならぬと思ひます。

　食事睡眠排泄を規則的にすること等は養護の上から見まし

ても、大切な事でありますが、幼稚園ではつけ難いものでございますから、家庭に於て習慣づけられる様によく連絡せなければなりません。

尚「長上の命に從ふこと」「神佛に禮拜すること」等あまり習慣づけられてゐないが家庭に於て母の愛撫が信頼となり、尊敬となり、服從となるのであるから幼稚園に於ける保姆の愛も同様でこれは家庭、幼稚園共に充分な考へを以て當らねばならぬと思ひます。

尙項を追へば

惡癖の方の「食物に好嫌が多い」といふ事等も幼兒の味覺は發達してゐない爲又は始めてのものが不安なといふ事からも「食べず嫌ひ」といふ方も多い様だがこれは養護の上からも大切な事であるから家庭と協力し、尙又幼稚園のお辨當の時等「何でも食べる」様に充分な注意をせなければならないと思ひます。何でも見るものが欲しくなるといふ事は一つには幼兒の蒐集本能から來る「蒐めて喜ぶ」といふ事でもあるがこの際不正の手段をしても自分のものに仕様として、嘘を言つたり盜みをしたりするやうになるのだから私達は幼兒の不正な利己心を抑制させると共に、親切な態度で導かねばならないと思ひます。

幼兒の嘘は想像から來るものや自己防衛から來るもの等惡心のない場合も多いが然しこれも嘘とならないうちに正しい方向に導かねばならない事は言ふまでもありません。

「何でもが恐ろしい」といふの等も恐しい繪を見せたり怖い話をさけると同時にやさしい態度を以て接し安心させる様にせなければならぬと思ひます。

又「ひがみ」等も公平な態度を取るといふ事が第一であると思ひます。家庭等で主人ばかり美食するといふことは大いに愼しむべきことであります。

「人を苦しめて愉快がる」「よく喧嘩する」「僅かな事で人を打つ」「野卑な言葉を使ふ」といふ事は爭鬪本能に關聯するものであり、又同情心の缺けてゐる所から來るもので、その點に注意せなければならぬと思ひます。

之等習慣をつけ惡癖を矯正するに當り注意すべき點は幼兒の習慣は決して強ひるものではなく自發的にする樣、環境を整へ幼兒の心理の發達を常に念頭に置いて徐々につけ又は矯正することであると思ひます。

以上調査について長々と述べましたが色々の調査も調査の爲めの調査に終らせることなく個々の幼兒の上に活かして行くことによつて始めて價値あるものであります。この調査も保姆が全技倆と努力とを注がねばならぬものと思ひます。

尙この調査はほんの一例に過ぎないものでありましてその方法に於てもその調査事項に於ても研究の餘地が多いのでこれ等の完全は將來に期したいと思つて居ります。

保育簿 (一號)

氏名	生年月日
	大正　年　月　日

住所	本籍地	入園年月日	退園年月日	退園理由
出生地		昭和　年　月　日	昭和　年　月　日	

保護者

氏名	住所	族稱職業	園兒トノ關係

各組ニ入ル年月日	ノ組	ノ組	ノ組
	昭和　年　月　日	昭和　年　月　日	昭和　年　月　日

保育年月	證書番號
年　ヶ月	第　號

身體ノ狀況

種別	組	組	組
身長			
體重			
胸圍			
營養			
脊柱			
體格			
眼疾			
耳疾			
齒牙			
其ノ他ノ疾病			
備考			

出席及缺席

組別	ノ組			ノ組			ノ組		
	出席日數	欠席日數	病氣・事故	出席日數	欠席日數	病氣・事故	出席日數	欠席日數	病氣・事故
四月									
五月									
六月									
七月									
八月									
九月									
十月									
十一月									
十二月									
一月									
二月									
三月									
總計									

保育簿

成育状況									遺傳		
姙娠中ノ母体ノ状況	出産當時ノ父母ノ年齢	出産當時ノ父母ノ健康	主トシテ幼兒ノ世話ナシタ人	乳汁	既往現在ノ病氣	罹リ易イ病氣	幼時ノ發音	其ノ他	家系ニ於ケル特質	祖父母代ノ特質	父母代ノ特質
	父 母	父 母		母乳 人工乳							

家庭状況												
父母	兄妹	祖父母	宗教	信仰程度	職業	學歴	父母ノ趣味	飲酒喫煙	教育態度	家風	乳母	其ノ他
實父 繼父 實母 繼母	兄 人 弟 人 姉 人 妹 人	父方 母方	佛教 キリスト教 神道 其ノ他	熱心 普通 無關心	父 母	父 母 兄 姉			干渉 放任 嚴格 普通	質素 嚴格 勤勉	有 無	

生活状況										
睡眠時間	睡眠状況	食物	間食ノ度數ト材料	交友	遊ビノ種類ト場所	金錢ノ使用	良習惡癖	玩具ノ種類	稽古事ノ有無	其ノ他
起床 時 分 就寢 時 分頃		好 嫌	菓子 果物 其ノ他			幼兒自身ガ直接使フ金 一日 錢位			舞 琴 ピアノ 其ノ他	

保育簿

性行					
長所	短所	注意	氣質	言語	動作

環境			
其ノ他	周圍ノ生活程度	轉居ノ有無	居宅ノ周圍

保育簿

	觀察事項
	原因
	助長又ハ矯正方法
	結果

—【134】—

(二號)　良習惡癖調査用紙

各項の中既に御家庭で習慣惡癖となつてゐるものには◎印をつけ、
是非習慣づけたいものには○印を、
是非矯正せなければならぬとお思ひのものには△をおつけ下さい。
尚其の他の欄を出來るだけ御活用下さい。

幼兒名		保護者名			
印	良習事項	印	良習事項	印	惡癖事項
	一長上の命に從ふこと 二小さいものを可愛がること 三神佛に禮拜すること 四朝起きた時挨拶をすること 五夜ねるとき挨拶すること 六遊びに出る時行先をつげること 七どこにでも紙屑を捨てぬこと 八言葉使ひを叮嚀にすること 九食事睡眠排泄を規則的にすること 一〇間食の度數と時間とを定めること 一一何でも食べること 一二よくかんで食べること 一三食事の前に手を洗ふこと 一四外から歸へつたら手を洗ふこと 一五遊んだ後に道具の後始末をすること 一六帽子や着物を一定の場所におくこと 一七獨りで顏を洗ふこと		一八獨りで着物をきること 一九獨りで行儀よく食事すること 二〇其の他		一むやみに物におそれる 二しばらくもじつとしてゐられなくていつも手足を動かしてゐる 三人をいぢめて愉快がる 四よくけんくわする 五僅かな事に人を打つ 六野卑な言葉を使ふ 七物を大切にしない 八後始末が出來ない 九食物に好き嫌ひが多い 一〇着物に小言をいふ 一一何でも見るものがほしくなる 一二人のものをとる 一三嘘言をいふ 一四ひがみ 一五爪かみ
		其の他	左の餘方につき御希望或ひは既に習慣づけられた事項を御記入下さい	其の他	特に矯正を要する事項をお書き下さい

グラフ（一）

園兒ノ良習慣ト之ニ關スル家庭ノ希望

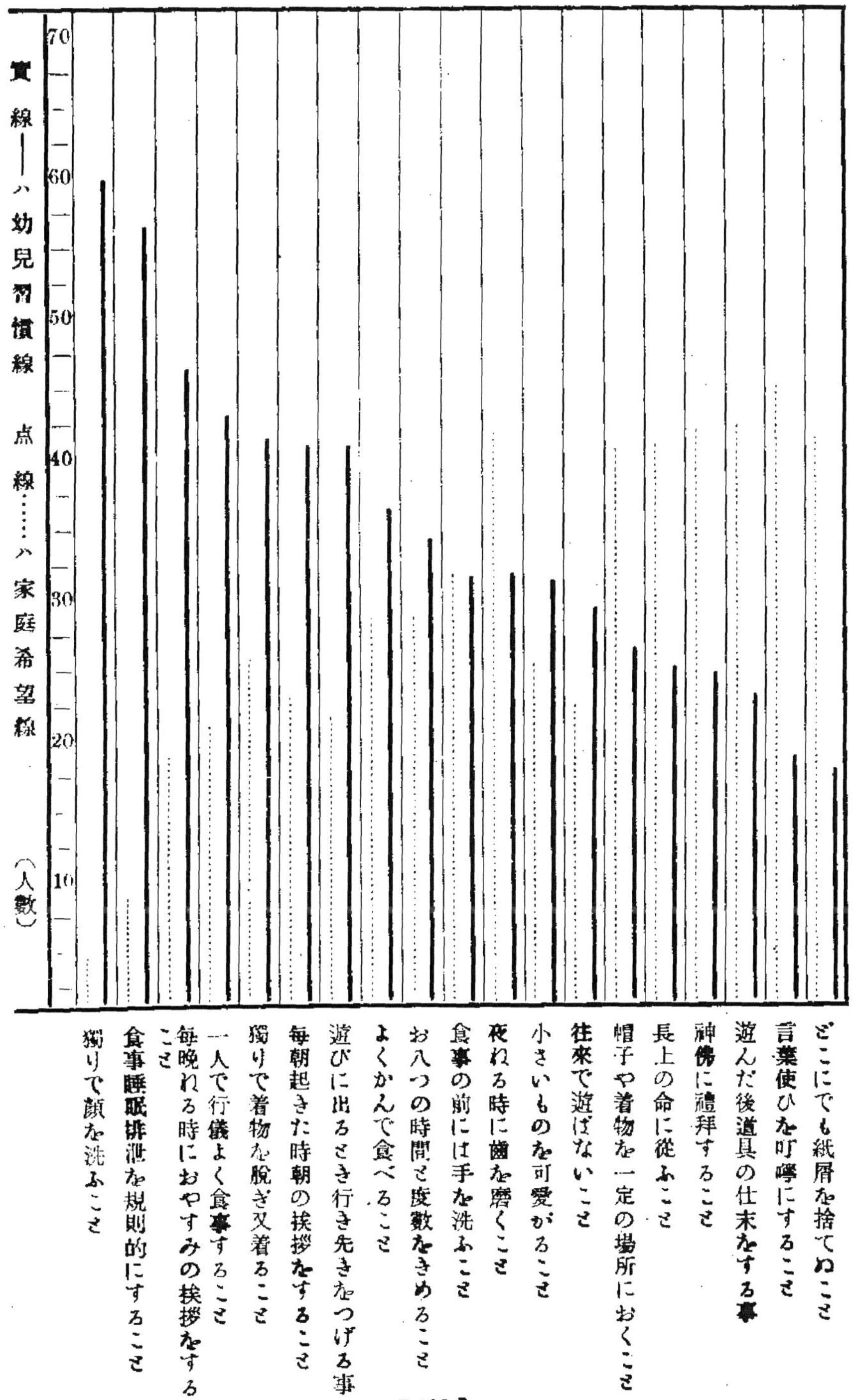
實線――ハ幼兒習慣線
点線……ハ家庭希望線
（人數）
70
60
50
40
30
20
10
獨りで顔を洗ふこと
食事睡眠排泄を規則的にすること
毎晩ねる時におやすみの挨拶をすること
一人で行儀よく食事すること
獨りで着物を脱ぎ又着ること
毎朝起きた時朝の挨拶をすること
遊びに出るとき行き先きをつげる事
よくかんで食べること
お八つの時間と度數をきめること
食事の前には手を洗ふこと
夜ねる時に歯を磨くこと
小さいものを可愛がること
往來で遊ばないこと
帽子や着物を一定の場所におくこと
長上の命に從ふこと
神佛に禮拜すること
遊んだ後道具の仕末をする事
言葉使ひを叮嚀にすること
どこにでも紙屑を捨てぬこと

グラフ（二）

園児ノ悪癖ト之ニ對スル家庭ノ希望（人數）

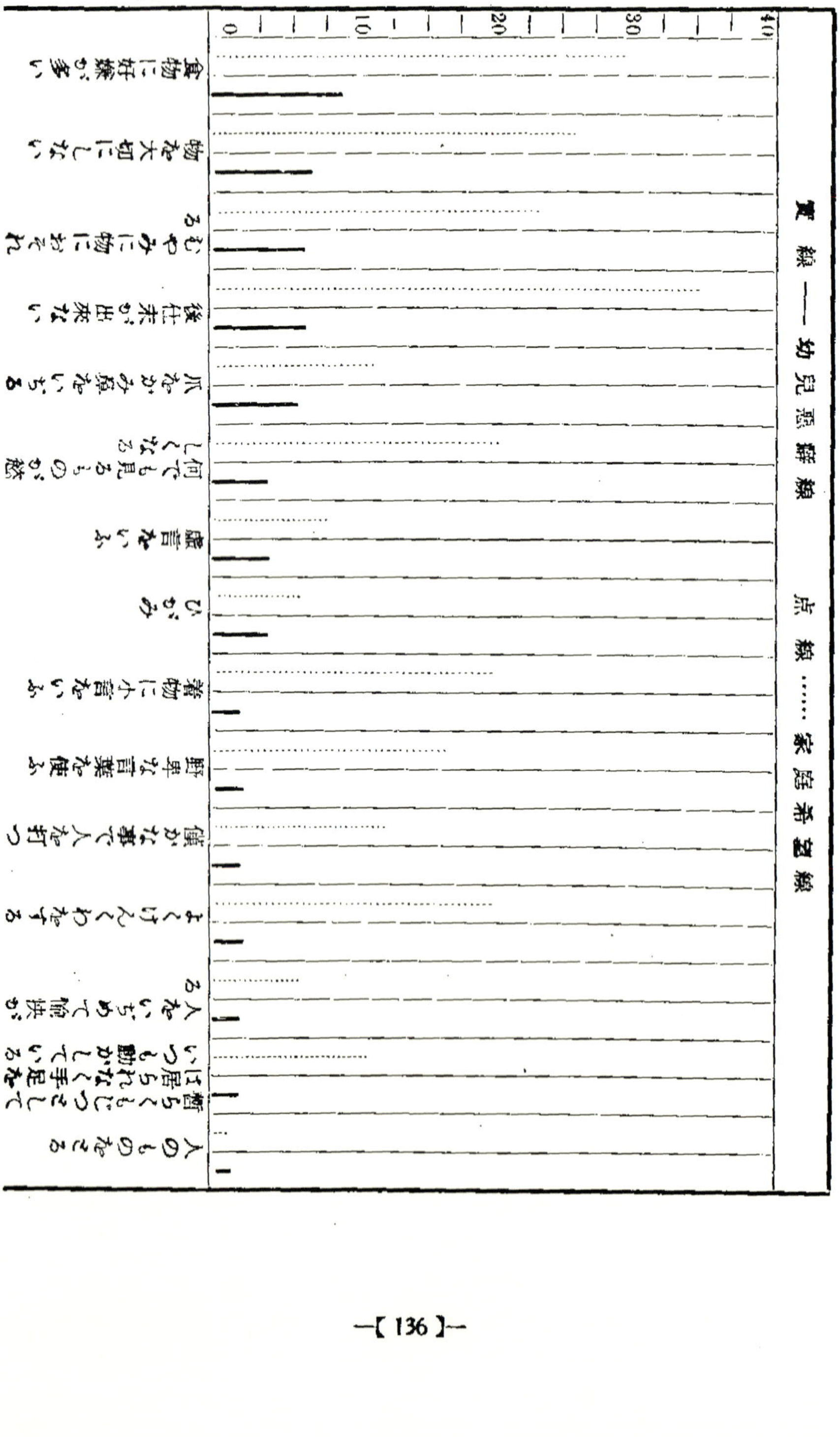

幼兒ノ躾方ニ就テ

京都市保育會　鹽﨑多眞氏

（說　明）

幼稚園といふ所が先生子供小使のおば樣などと色々な分子の集りであつて恰も家庭に於てお父樣やお母樣兄弟姉妹女中樣何れもがお互に敬ひ愛し合つて各々が其本領を發揮して秩序の亂れもなく眞劍で完全な生活體である如くに我々幼稚園も親御の方々と親しい親類同志、仲のよい御近所同志といつた樣な和やかな園風のそよぐ園であれかしと祈りつゝ子供等を育てゝ行く處にこそ眞に幼兒敎育に望ましい場所が得られるのではなからうか。

意　見　發　表

一、保姆と幼兒との精神的交流について

（イ）　朝の幼稚園。私が何かの都合で一寸でも子供より登園のおそかつた或は園長室へ用向きで出掛けての不在中に登園した子供等が私の顏を見るなり走つて來て、中には飛びついて、「先生何處行つとつたのえ、僕さがしてたえ」「うちもさがしてたんえ」といつて迎へてくれる、あゝすまなかつた。私は子供より先きに來て、子供を安心させてやらなければならなかつたのに、小さい子程朝先生の顏の見えない事にさびしさを感じるのである。子供とのお約束の時間より一足先きに來て待つて居る先生の受持つ子供は幸福な朝を持つ。

子供を置いて何處かへ出る時には、きつと行く先きと用向きを告げて行く事にする。かうすると大變氣持よくお留守居をしてくれる。こんなにまで私を賴みにして居てくれるのだ。丁度お母樣の樣に。

（ロ）　内氣な美代ちやんは「お早う」も何もいはない。何時も口を結んでぽつんと立つて人の遊びを眺めて居る。私が「美代ちやんお早う」と御挨拶をすると、ニツコリと笑つてまるで蟹の樣な歩き方をして近寄つて來て横顏を私の手のあたりに持つて來る。

誰かのお母樣が來られたので一生懸命お子樣の事に就いてお話をして居て、ふと袂の重いのに氣がついて見ると美代ちやんが何時の間にかとりついて居るのであつた。小さい美代ちやんのはじめの一年間はかうした每朝が繰り返されたが二年目にはお話も出來お友達ともよく遊び元氣に小學校へ入學して行つた。

（ハ）　すね易い子。歌ちやんも明ちやんもその名前の樣に明るく、ほがらかであつたら、どんなにか私は嬉しい事だらふ。二人ともむつちりして居て一人遊びが主になる殊に明ちやんには近づき難い。

或時「おすはりやす椅子どすえ」とふざけ半分にあやして見た。それが大變お氣に召して二人と私がよれば「おすはりやす椅子どすえ」を樂しむ。私が樂器を奏して居ると樂器の側へ來てキヤツ〳〵と笑つてくれる。かくれんぼして見付けて喜ぶ。砂遊び彩色繪折紙も好きで毎日休まずに來てくれる。

（三）お話のよろこび。どの子も〳〵お話が好きでお話お話といふ。そして私にもよく話してくれる。月曜の朝、顔を見るなり

「先生昨日なあ、祇園樣へ行つたら高射砲と機關銃とあつてほんまの兵隊と、うその兵隊(學生)と居ましたえ、そしてなあ、ほんまの兵隊が三四の馬の脊中に皆乘せてしまはりましたえ」「そう强いお馬さんですね、晃三樣はよく見て來ましたね」「僕も見ましたえ、パンパン〳〵〳〵とやかましかつたえ。」

晝食後の座談も又面白い。

「先生　うち、家へ歸つたら、何時でも猫が居るの、お漬物の桶の側に何時でも座つてるの、あれ「ちよぼ」つていふの、うちよう抱きまつせ」「そう、あれ貞ちやん處の?」「ちがふ隣」のなどと話しははずみ猫から鼠、鼠から御馳走へと次から次へ、人から人へ、

恰度御飯もお腹に落ちついた頃お辨當の後始末にかゝるこぼれた御飯は餌樣にあげる。貞ちやんの發音の矯正もお母樣と共に注意する事が出來る。

二、幼兒の交友生活を眺めて

幼稚園の保育中身體活動を主とするもの、知的活動を主とする事等については相當の研究と實施が行はれて居る樣であるが、幼兒の尊い自由遊戯生活の指導に對しては誰もがなやまされつゝも自信ある解決と努力が拂はれて居ないといふ傾きがあるのではなからうか。

物を豊富に與へられて居る即ち設備の完備した園では、さして苦勞もなからうが現存する民衆的幼稚園の保姆は特に此の點に苦勞をさせられて居ると思ふ。我々は、こゝに大いに着目し努力をせねばならぬと主張したい。

喧嘩、告口、泣く事、悪戯、いくじなし等については、その場限りの處置でなく、此處に大きな躾方の場面がある。

泣き聲を聞けば大低、其原因が讀める樣であり度い。然し甘え子にしない限り早く泣きやます工夫はせねばならぬ。

やはり、氣分轉換、自尊心の利用も必要であり、身體的接觸による幼い心の抱きしめの中にはかり知れぬ敎訓を與へ得る。

三、何もなしの遊びによる躾け

幼児教育所に是非備へねばならぬ運動具も買はれない、といつて自然の草も石ころもない。集めた子供の遊ばせ様に苦しむのが當事者の保姆である、そんな時の遊び方として

例へば、保姆がお母樣になつて家庭遊びを始める、お兄樣になる子、お姉樣になる子、内氣な子は赤ちやんにもなる、その遊びの間に自然と立派な家庭に備はる正しいお父樣の心、お母樣の情、兄弟の信賴、情愛といふ樣な心持ちが幼稚園のこの遊びとの中にたゞよふ。御挨拶や言葉使ひのおけいこも出來る。

其時私はきつと、子供と同じ氣持ちで、白らいろ〳〵の者になりきつて遊んで居る、大人が冷靜に見て居たら定めしおかしい事であらう。でもそれが子供に取つては、どんなに愉快な集團なのか、計らずも大きな躾けの收獲がある。

四、愉快なおかたづけ。（共同積木、砂場用具等）

小さい子は長い長いレールを作つて「ピーポー〳〵」だん〳〵大きくなるにつれて創意も集む立派な建築でも出來た時は皆で觀て使つて樂しむ。こはしては積み〳〵した時は大低遊戯場の必要な時にお片付けする。

捨てゝ置いても片附けてくれる樣になるのは、後期、まあ第三學期に一部の子供がやつてくれる樣になるのみ、他は共同で遊んだものは大低保姆のお手傳を要するのが常である。

「私がお片附けの積役を致しますから皆樣どうぞお運びを願ひます」とわざと丁寧にいつてセツセと積んで居る中に、氣のきいた子供は自分も積む人になつて居る。他の子供等は「大阪から送つて來ました。」「田舍から送つて來ました」等と運んでくれば「ハイ今度は何處からですか」等と興味づけるとまたゝく間に片付けてしまふ。額の汗をふきながら、きちんと積みあげた積木の山と、きれいに片付いた遊び場を見較べて保姆も幼兒もニツコリ。

◇躾要目に就て

躾方といへば只行爲行動に限られた良習慣の形成を指す樣に思はれるが幼稚園で幼兒に望むのは只それだけではなく前述の保育態度を以つて其間に道德性の萌芽を養ひ、後年に於ける道德生活の基礎となるものを會得せしめ度いのである。

幼兒にどれ程の德性が涵養されるかといふに大體、すなほさ、したしみ、ほがらかさ、同情、感謝崇敬など又精神能力の方面でも注意の集中、觀察の正確、行動の敏捷、發表の容易、獨創工夫、仕事を喜ぶ氣風、全力を注ぐ態度、批評をなしことにこれを受ける態度など。何れも萌芽的狀態

に於てではあるが、形成せられるものである。そうしてこの、すなほさ、自制、感謝、親愛等といふ德性を豫定の時間に修身談の樣にして聞かせることは、かりに、道德的知識を廣める事は出來ても之によつて德性を養成し得られるものではない。

是等は幼兒の日常の實際の生活中眞の必要と生きた機會とに於て巧みに示範と奬勵を怠らず繰り返し指導して行くべきものである。

◇取扱上の心持

一、「すな」といふより「せよ」と奬勵する。

二、上手に賞め靜かにたしなめる樣に、

三、「友達仲よくしませう」と云つたゞけでは價値が少い。仲のよい友達の實例を示して「仲よしの心地よさ」を印象づけるに限る。

四、非難に對する心配、失敗せない樣との緊張、他に勝たんとの對抗心など其度を過すと幼兒を神經質にしてしまふ。

◇躾方要目については「保姆の心に持つべきもの」として德性涵養に資するもの、精神能力の發達に資するもの、日常の習慣、秩序的習慣の養成に資するもの等に分類してまとめては居るが列記を省く。

岡山市立南方幼稚園　西岡千代子氏

幼兒教育(保育)の大半は躾けであるといつても餘り過言ではなからうと存じます。大きく考へますならば、幼稚園教育は躾けであると云はれませう。幼兒の行爲を不注意に取扱つた爲に自信力を奪ひ實行力を失はしめる樣な事がないとも限りません。細かく考へますなら種々ございませうが其の中最も注意を要するものと致しますものを二、三擧げますならば第一は幼兒の個性を尊重することでございませう。

幼稚園に於きまして幼兒を躾けしますに先づ個人的躾けより始めなければなりませんでせう。その意味に於きましても幼兒の個性に適應する躾方でなければならない事は勿論でございませう。そして個人的躾けが出來て居ましたなら幼稚園としての團體的躾けも難なく行はれて行くものと存じます。

次に命令禁止には無條件に服從さすべきと存じます。幼兒であるから寬大に過すは禁物と存じます。

次に言葉の多い躾け方は弊害があると存じます。言葉を以て正しい所を示す事も無論必要でありませうが言葉や理屈の解されない幼兒に向つてそうしてはいけない、かうしては危いと、未だ幼兒が行はふともしてゐない先から口喧しく氣を付け過ぎる母親等を見る事がございますが、其の樣な子供は石を投げるなよ、の言葉でそれに氣附き直に石を投げ、その木に上つては危いよと云はれてその事を意識して木に上ると云ふ始末でかうなりますと全く非教育的躾方となりませう。

幼兒の好い行爲は後になつても賞揚する事は良い事と存じますが、感心しない行ひの後は其の事を言葉等によつて反復し練習的の取扱ひは避けなければなりません。

幼兒にやつてならない事と知り乍らついやつて居る事がありますがこの場合にはその行爲には言葉を掛けず、幼兒の氣持を轉換さす事が必要であると考へます。

斯く擧げて行きますなら色々ございますが、幼兒期に於ける躾方はもつと根本的のものであると考へます。

即ち躾けは保育者其の人の人格に依つてなされるものであつて氣持によつてされる所の教育であると存じます。

幼兒は言葉や道理の解されない事でも氣持を感受する力は大なるものであると信じます。幼兒期に無意識の上に與へられた影響は無意識のまゝ意識下に潜在して其の幼兒の一生を通じて時にあたり折りにふれて意識となつて表はれるものである事を考へます時、幼稚園教育に於ける躾方が如何に重大であるかを考へさせられ同時に大いに注意を拂はなければならない事と存じます。

主義方針

神戸市立西野幼稚園　田中よう氏

一、時代に適應すること

1、國家觀念の養成。

デマ、ギャング等頻出の時代であるから國民思想を引締める必要がある。

2、協調精神の養成

分業の發達文化の進歩につれて益々協調の必要がある。

3、勤儉貯蓄獎勵

失業時代、赤字時代だから自力更生の必要がある。

二、環境に順應すること

1、家庭の狀態に應ず。

2、附近の狀況に應ず。

3、都會生活に應ず、

イ、諸種の誘惑に打ち勝つこと。

飲食物、映畫、興行物、射倖的遊戯等、

ロ、秩序、公德を重んずること

交通慘禍等不測の禍を招く恐れが多いから。

ハ、機敏活潑なる言動

商工業地だから敏捷でないと劣敗者となる恐れがある。

三、幼兒の性狀に適合すること

1、自尊心の善導。

2、求知心の助長

3、活動性の誘導

4、天眞の發揮
5、個性の尊重
6、消極を避けて積極的に
7、呵責を避けて賞讃的に
8、抽象を避けて具體的に

手段方法

一、幼兒の天性を利用すること、
1、被暗示性の利用
イ、普通暗示
例 えらい、賢い 強い 大きい 等の言葉を用ゐて自分が立派な子である事を感じさせる。
馬鹿だ、阿呆だ、弱い、小さい、等の言葉を用ゐて萎縮させない樣。
ロ、反對暗示
惡事、惡行に對しては、善事善行の方面より導く。
ハ、半意識中暗示(目が覺める時がよい)
2、模倣性の利用
惡事は模倣し易いから特に注意を要する。
3、單純性に應ず
一時に一事を爲し二兎を追はぬ事。
二、保姆の保育態度について
1、常に純眞なる愛情を以て幼兒に接すること。
2、幼兒の人格を尊重すること。
3、根氣よく繼續的に。
4、感情に支配されて處置を誤らぬ樣。
5、全園の保姆が一致協力して
6、幼兒心身の活動の潮流に棹して進み
7、不知不識の間に善に導く。
三、家庭と協調すること
1、家庭訪問
イ幼兒の履歷 家庭の狀況等を調査する
ロ園の主義方針 實施狀況等を知らす。
2、母姉會
凡一學期に一回位宛開いて母姉と懇談する。
3、運動會、遊戲會、展覽會式日、節句等隨時父兄又は母姉を招待して其實際を見せる。
四、設備の完成を計ること
1、園舍、園庭、遊具等は幼兒數に適應する樣
2、情操教育上必要なる設備を施す
3、衛生上の設備を完全にする
五、無邪氣なる格言、標語、俚諺、童謠等を用ゐて不知不識の裡に良習慣へ導く事。
例「泣く子は弱い」「强い子は泣かぬ」

「返事ははっきり」「廊下は靜かに」
「綺麗に並んで歩きませう」
「喧嘩はお止め相撲はお取り」
「御飯は靜かにこぼさぬ樣に」
「朝寢坊の夜更し」「自分の事は自分でしなさい」
「泣き面に蜂」「喧嘩する子は嫌はれる」
朝の歌、(烏はかあ〳〵)
お辨當の歌(ほうらお晝になりました)
お歸りの歌(今日の遊びもすみました)
數へ歌 (一つとや一人で何でもする人は)
園歌等

六、惡癖兒は特別に注意すること。
1、言行の動機を精査する。
2、心を他に轉換する
3、惡行をなす遑なき樣絕へず作業をあてがふ
4、結果につきて同情ある處置をとる
5 體質家庭環境等調査して其の依つて來る原因を知り以て適當の方法を講ずる
6 全保姆一致協力して特に其の救濟に當る。
7、盜癖については特に左の點に注意する。
イ、子供同志の貸借をさせぬ。
ロ、物の大切なる事を知らせる。
ハ、他人の所有物を尊重させる。
ニ、虛榮心を戒しめる
ホ、惡友と交らぬ樣戒しめる。

(參考) 惡癖の種類
盜癖、喧嘩の癖、號泣癖、殘忍癖、嘘言癖、不潔癖、射倖癖等、

實施要目

一、精神的方面
1、國家觀念の養成
イ、隨時皇居を遙拜すること
ロ、御眞影を禮拜すること
ハ、國旗、國歌、に對して敬虔の念を持たせる
ニ、神宮、神社、佛閣を禮拜する
ホ、園舍内に奉祀せる 皇大神宮 氏神の小祠を禮拜する
ヘ、父母 長上を尊重する
ト、祝祭日の心得
2、規律の習慣
イ、登園 歸宅の途中道草をせぬ
ロ、外出の時は父母の許しを受ける
ハ、遊具の整頓
ニ、團體遊戲の時よく規約を守る
ホ、園則の實行
ヘ、父母 保姆等の敎訓をよく守る(從順)

3、公德を重んずること

イ、左側通行

ロ、交通を妨げる遊びをしない

ハ、街路　公園等の樹木を大切にする

ニ、禁ぜられたる場所に立ち入らない

ホ、落書しない

ヘ、水道栓を開け放しにしない

ト、紙屑雜物等を濫りに放棄しない

チ、落ちた紙屑は拾ふ

リ、他人の物は承諾なく使用しない

ヌ、拾ひ物は落し主又は父母、保姆に屆ける

4、自爲自制の習慣

イ、自分の事は自分でする（衣類、帽子、靴等の着脱携帶品の處置）

ロ、遊戲等の場合は自分の最大限を試みる

ハ、禁ぜられたる遊びはしない

ニ、失敗に挫けず　種々工夫をする。

ホ、諸種の誘惑に打ち勝つ

ヘ、小遣錢を節約する

ト、不用品は持參せない。

5、協調の精神

イ、人と仲よく遊ぶ

ロ、自己中心主義を戒しむ

ハ、競技の時は正々堂々と勝負し負けても終りを全うする

ニ、幼弱者を愛する

二、體育的方面

1、早寢　早起

2、深呼吸

3、日光浴（成る可く日向で遊ぶ）

4、適度の運動

5、規律正しき便通（成る可く家庭で）

6、姿勢を正しく

7、身體檢査（月一回身長　體重、胸圍を計る）

三、衞生的方面

1、洗面　起床後は家庭に於て園に於ては汚した都度行ふ

2、齒磨　起床後及び就寢前は家庭に於て晝食後は園に於て

3、食事について

イ、食前に手を洗ふ　ロ、よく咀嚼する。

ハ、こぼさず殘さぬ樣（落ちたものは口にしない）

ニ、好き嫌ひをせぬ（偏食を避け混食をする）

ホ、食事の際は靜肅に　ヘ、食後に齒を磨く

ト、食前食後に激しき運動を避ける

食後は糸取り、繪本の披見、黑板の自由畫等靜かに遊ばす

チ、間食は成可く少くする

4、睡眠に就いて

イ、就寝の時は寝衣に着替へる

ロ、寝冷え知らず腹巻等を用ひる

ハ、仰臥と枕をする習慣をつける

ニ、就床の飲食物を愼しむ

ホ、眼覺しに床の中でお菓子を食べぬ

5、清潔について

イ、入浴(家庭)　ロ、衣類(家庭)　ハ、頭髮(亂れた都度)

ニ、手足は汚れたる都度洗ふ

ホ、手足の爪は度々切りとる

6、用便について

イ、便所に落書をせぬ　ロ、不潔にせぬ

ハ、履物の整理、整頓

7、鼻汁をよくかみ　鼻腔で呼吸する

8、痰や唾は必ず痰壷にはく

9、鼻紙　ハンカチを忘れぬ様

10、物を口に咬へぬ(指鉛筆、草履袋、玩具、金錢等)

11、無暗に厚着せぬ

12、適度に理髮する(家庭)

13、光線の不十分な所を避け明るい所で物を見る。
(特に繪本類の披見、描畫手技等に注意)

14、疾病負傷の際は速に長上に告げる

四、社交的方面

1、言葉遣ひについて

イ、丁寧に上品に　ロ、方言を使はぬ様に

ハ、返事は明瞭に　ニ、大聲は愼しむ

2、よく挨拶する

お早う、今日は、さよなら、今晩は、お休み、有難う御免なさい、戴きます、御馳走樣等。

3、對話の場合はよく人の話を聞いた後自分の事を話す。

4、他人の惡口、告げ口等をせぬ。

5、衣類を正しく着る

6、室内及び廊下を歩く時は靜肅に

7、人と先を爭はず順番を待つ

8、時間を正しく守る

9、借りた物は丁寧に使用し速かに返却する

五、情操方面

1、生物の愛護

イ、動植物の觀察　ロ、花壇の手入れ　ハ、園庭の觀察

2、風景の觀賞(園外保育)

3、繪畫　音樂

4、優美なる玩具(人形等)

要するに我々保育の任にある者は常に純眞の愛情と賞讃的態度を以て幼兒に接し其の全生活に亘りて積極的且具體的に指導しつゝ遺憾なく其の天眞を發露せしめ、絶えず其の自發

活動を促し遂に健全なる身體と健全なる精神とを養成し以て將來の良國民たるべき躾けをなすべきである。

大阪市保育會　三宅キクノ氏

一、幼兒の躾方と申しますとつまり幼兒に善い習慣をつけ、第二の天性を造らうとすることであらふと思ひます。

二、習慣は行を何遍も繰り返すことによつて養はれます。

ところが之が大人にありますと或は大人でなくとも青少年では、自ら判斷し自ら決心し、自ら苦痛も辛抱して行はなくてはならぬ場合もあるし、又さうさせなくてはならぬこともありますが、幼兒にあつてはそれが最も自然に無理なく善い行を繰り返さす樣にありたいと思ひます。云ひ換へるならば幼兒自身はさうさせられて居るといふことを意識しないで自然にその方へ引き入れられるといふことを意識しないで自然その方へ引き入れるのでなくてはならぬのでありませう。

三、それから又、大人の世界と幼兒の世界に相違あることはいふまでもありません。それで善い躾をしよう善い習慣をつけふとふので、何も彼も大人の型に當て嵌めてしまふのはよくない事と思ひます。

どこまでも幼兒の本然のすがたを尊重して自然の朗さを保たせる樣にしたいと思ひます。

四、それには保姆自身がよく幼兒の生活そのものを見つめて幼兒の心に溶け込んでいくことが大切と思ひます。

幼兒の心に溶け込んでその本質をとらへようとするには保姆自身に美しい純な心持が必要であります。

私共には望んでも出來ないことでありますが、神の心を心とするといつた樣な態度ならばよからうと思ひます。

五、神の心を心とする和やかな廣い心持は自らあらゆるものをその分に應じてはぐゝみ育てる意味で幼兒の個性を尊重することになります。個性にはもとより兩方面がありまして良い方面は之を引伸し惡い方面は矯め直すべきでありますが、得てして良い方面の心の芽ばえは尋常平凡に或はそれ以下に摘み切られてしまふ場合が多いではないかと思はれます。

六、個性に應じて躾をするには幼兒の各々の個性と又その個性のよつて來る境遇を手にとる樣に知ることが肝要であります。幼稚園の善い躾けを助けさせる意味で家庭との連絡の必要あるは申すまでもありません。

七、併し個性を尊重すると申しても共同生活に反く樣であつてはなりません。

幼兒は共同生活の樂しさを知つては居るけれども無秩序であるから同情を以て之を躾けるのが幼稚園の特徴かと考えます。

八、躾けの方法としましては大體消極よりも積極的にいたしたうございます。即ちあれはいけない、之もしてはならぬといふ風にせないであゝしませう。斯うしませうといふ様に又環境を整理して自然に美しい整へた方に移し込み、醜いもの取亂したものを嫌ふ様或は口喧しく指圖がましくしないで、むしろ口數は少くして實際に行はせるといふ風にいたしたいと思ひます。

九、要は幼兒の躾けは無意識の感化輔導といふ方面が最も肝腎かと思ひます。

從つて保姆自身の日常の一言一行はもとよりその全體の態度信念といふものが全部直接にも間接にも幼兒に感化影響を與へるものであらうと考へますとき私共自身の修養の足らぬことゝ眞摯な敬虔な態度の缺け勝ちであることを恐れるばかりであります。

◎研究發表

幼兒の間食につきて

大阪市保育會

はしがき

健康增進!!誠に必要なことでございます。殊に都市の子供には大いにこの點につき留意せなければならないことは今更申上げるまでもありません。我が大阪市に於きましても、既にこの點は早く高唱され各方面から種々考究並に實施されつゝありますが、私達は健康增進に最も必要なものは食べものだらうと存じまして最初に研究致しましたのが辨當の榮養調査でございます。この報告は昨年名古屋市で開催の大會で、「幼稚園と家庭との連絡」といふ問題の時に發表させて頂きました。尙其節概念的ながら間食調査についてのお話を致しましたが、本日はその間食の調査の具體的研究のお話をさせて頂きます。

子供は大人に比べて新陳代謝機能が極めて旺盛でありますし、又活動も烈しいのですから比較的大量の榮養量が必要なのでございます。例へば男子の大人一人で體重一キロに對し一日の所要カロリーは四〇乃至五〇カロリーでよろしいのに對し、幼稚園時代の子供即ち五、六才兒では同じく一キロに對する一日の所要カロリーは約八〇カロリーもの大量の榮養量が必要なのでございます。

以上の如く大人の約二倍もの榮養量を必要とする、この發育盛りの子供に大人と同じやうに三度の食事のみで十分攝取することは出來難いのであります。で他のものからとつて補はねばならないのでございます。即ち間食の問題の起る所以であります。

斯樣に生理的の要求ばかりでなく又一方なつかしいお母樣からおやつを頂くといふことは子供にとつて最も樂しい嬉しい、よろこびと感謝の生活の一つだらうとも存じます。

而し、この間食は間食であつて、食事と食事との間のつなぎに過ぎないものでありますから、三食の攝取を妨げる様なことがあつてはならないのであります。例へば大量に過ぎるとか、甘すぎて食慾を削ぐものとか、又食事の直前に與へるとか、就眠の前に與へるとか、消化不良のもの、有害物を含んだものとか、腐敗の虞あるもの等は特に注意が必要なのでございます。即ち輕い消化され易いものでなくてはならないのであります。

又子供の可愛さの餘り勝手に買喰ひさせたり、おねだりされるまゝに大量を與へたり或は危險性のある食品を與へたりしてそれがため不測の禍を招いたり、又徐々に子供の身體を害するなどの例は稀でありません。

以上これらの點を鑑みまして先づ現在家庭での間食が如何なる程度で、如何なる品質のものを與へてゐるか、又いつ頃に與へられてゐるかを調べて其結果によつて將來の對策を講じて幼兒健康增進の資として併せて家庭教育の補ひの一端にもと存じ調査研究をはじめたのでございます。幸ひこの研究に對して大阪市立衛生試驗所技師下田吉人先生の御指導のもとにこの研究調査が出來ましたのでございます。

第一　家庭に於ける間食調査

1、調査の方法

末尾の印刷物を各家庭に配布致しまして出來るだけ詳しい記入を願つたのでございます。調査人員は浪速區五幼稚園中七八五名の調査でございます。調査の時期が丁度初夏の頃でありましたので總てのものが大體夏向のものに偏してゐることは御了承願ひます。

2、調査の結果

（一）間食に使ふ金高について

イ、一日にお金を買喰に何程使ひますか。

金額	人員	百分率%
不使	四八	六
一錢	九	一
二錢	六六	八
三錢	一二五	一六
四錢	四三	五
五錢	一七八	二三
六錢	三二	四
七錢	三四	四
八錢	二三	三
拾錢	一一七	一五
拾五錢	二〇	三
貳拾錢	二二	三
參拾錢	八	一
七拾錢	一	
不定	五九	
計	七八五	

買喰に使用する金高は五錢、三錢、十錢が最も多く、少數ではあるが三十錢、七十錢といふのがあります、而もこれが間食のみに使はれるといふのですから驚くほかありません。

ロ、家で買つてお子達にお與へになる凡の金高は何程ですか

金額	不與	一錢	二錢	三錢	四錢	五錢	六錢	七錢	八錢	拾錢	拾五錢	貳拾錢	不定	計
人員	三三	一六	四九	九二	四八	二一七	三九	二四	三四	一二五	一五	六	八七	七八五
百分率%	四	二	六	一二	六	二八	五	三	四	一六	二	一	三	

家庭で與へる間食を金高に見積つた金額は、五錢、拾錢の順となつてゐます（イ）（ロ）の双方合して先づ一日に拾錢見當各家庭で間食代として消費されるのでございます。

（二）間食の度數と時間について

イ、一日に何度位お與へになりますか

回數	不與	一度	二度	三度	四度	五度	六度	七度	八度	一〇度	一四、五度	二〇度	不定	計
人員	一〇	五〇	一五四	一八二	六九	一〇九	三四	二一	一七	二四	五	三	一〇七	七八五
百分率%	一	七	二一	二五	一〇	一五	五	三	二	三	一			

三回乃至二回が多く、七八回以上といふのもありました大體二、三回の程度であればよいと思ひます。

ロ、何時頃と何時頃に與へられますか

時間	午前八時頃十時頃	同十時頃正午頃	午后一時頃	同二時頃	同三時頃	同四時頃	同五時頃	同六時頃	同七時頃	同八時頃	不定
人員	二二	四三	三四	二〇七	二一〇	一二二	九八	六一	三七	一四	一四五
百分率%	三	五	四	二六	二七	一六	一二	八	五	二	

午前中幼稚園に來てゐる關係上から午後二時、三時が多いやうです。

ハ、特に夜間（夕食前後）何度位何時頃に與へられますか

回數及時間	人員
一食前 一回	一二
同二回	五
一食後 回	二四
同二回	三
不與	四二四
不定	四七
食後	一五八
五時頃	一一
食後 六時	三〇
同 七時頃	三七
同 八時頃	一九
同 十時頃	一
寢る前	五

夜間に與へられぬ家庭の多いことはよろこばしいことです。

(三) 間食の種類について

イ、どんなものを間食に與へられますか

種類	人員	百分率
菓子	四八九	六二%
果物	二七八	三五〃
パン	六一	八〃
氷及アイスクリーム	四七	六〃
芋	三二	四〃
洋食燒	二三	三〃
牛乳	一四	二〃
豆	一四	二〃
昆布	八	以下略
麵類	七	
ラムネ	六	
ミカン水		
コーヒ	六	
すし	五	
白餅	五	
卵のにぬき	四	
天ぷら	三	
片栗湯	二	
團子	二	
味付スルメ	一	
肝油	一	

お菓子が主を占め果物が之に次いでゐます。これは間食の性質上さもあるべきことでございませう。夏の調査だけにアイスクリームも多いのでした。芋も大分ありますが冬であればもつと增すでせう。

(四) お菓子について

イ、どんなお菓子を與へられますか

種類	人員	百分率
カキモチ	一九七	二五%
煎餅	一六八	二一〃
チヨコレート	八九	一一〃
飴	七九	一〇〃
パン	六五	八〃
饅頭	五四	七〃
カステーラ	四六	六〃
グリコ	二四	三〃
氷、ラムネ	一九	二〃
洋食燒	一七	二〃
シガラキ	一四	以下略
アイスクリーム	一一	
アンケノモノ	一一	
豆	一一	
ドロップ	八	
甘納豆	七	
干菓子	五	
乳菓子	四	
キヤラメル	一五七	二〇%
ビスケット	一五二	一九〃
片栗製	四	
洋菓子	四	
豆板	三	
アイスケーキ	三	
ドーナッツ	二	
羊羹	二	
シユークリーム	二	
氷砂糖	二	
落シ燒	一	
ウエハース	一	
ゼリー	一	
寒天	一	
ヒース	一	
ワラビモチ	一	
不好	三	

カキモチ、煎餅、ビスケット、キャラメル、の四者が斷然多數を占めてゐます。良質であれば、皆與へて結構だと思ひます砂糖分の多いものを多く與へることは齒を害し、身體を弱くするものでありますから、絶えず食べさせる品としてはよいものでありません。

ロ、お菓子を何時頃に與へられますか

時間	人員	百分率%
不與	一	
午前八時頃十時頃	一三	二
同十時頃正午迄	二九	四
午後一時頃	一九	三
同二時頃	二〇二	二七
同三時頃	二一七	二八
同四時頃	一〇八	一五
同五時頃	六二	九
同六時頃	四	
同七時頃	三	
同八時頃	三	
一時間毎	三	
食事に差つかへぬ時	二	
不定時	一九一	

時間は、午後二時三時が最も多いのです。大體適當と考へます。

ハ、お菓子を與へらるゝ凡の分量

種類		人員
飴	五—一〇個位	四一
	六—一〇個迄	三
煎餅	五—一〇枚迄	一二〇
	六—一〇枚迄	四
キャラメル	一—一五個迄	五〇
	小一箱	三八
ビスケット	二—五個	三一
	六—一〇個	三四
	一ツカミ	四四
カキモチ	二、三枚	一四
	五枚	二二
	一〇枚	二四
	一五枚(小)	一五
カルケット	三個 五個	一三
	一〇個	三
	一五個	二
	欲スルダケ	四
饅頭	一個	八
	二個	一八
パン	食パン二切	八
	サンドイッチ	一
	一個	二八
	二個	二〇
グリコ	五個	五
	小一個	一二
チヨコレート	板チヨコ十錢	二
	½丸五個	七
	板チヨコ一枚	九
ドロップ	二〇個	一
	一〇瓦	二
乳ボーロ(三四〇個		一
ナット大匙三・四杯		一
羊羹(二切		一
餅(二ツ		一〇
豆(兩手一パイ		八
豆板(十個		三
コーヒ(二本		一
ラムネ(一本		一
クズ湯一杯		一
不定度		三一九

分量としては大體に差支へありません

二、子供はどんなお菓子が好きですか

種類	人員	百分率
カキモチ	一三〇	一七
キヤラメル	一二〇	一五
チヨコレート	一〇三	一三
ビスケット	八四	一一
煎餅	七八	一〇
飴	五六	七
パン	三七	五
饅頭	三六	五
グリコ	三二	四
カステーラ	一六	二
餅	七	
納豆	六	
カルケット	五	
洋食焼	五	
羊羹	四	
乳菓子	四	
最中	四	
ラムネ	四	
芋	三	
昆布	三	
落シ焼	二	
ウエハース	二	
アイスクリーム	二	
シユークリーム	二	
シガラキ	二	
ドロツプ	一	
三ツ豆	一	
チユーインガム	一	
パンズ	一	
ドウナツツ	一	

子供の嗜好としては、カキモチ、キヤラメル、チヨコレート、ビスケット、煎餅等であります。チヨコレートが著しく増加してまゐりましたことは一考を要し之が爲に幼兒の身體に障害を及ぼすことがあつてはなりません。

(五)果物について

イ、どんな果物を與へられますか

種類	バナヽ	林檎	密柑	苺	枇杷	葡萄	西瓜	桃	パインアップル	櫻ンボウ	マクワ	柿	梨	ネーブル	ハダンキヨウ
人員	三五六	三三七	二二九	一七二	六八	四七	四四	二七	一六	一六	七	五	七	六	一

バナヽ、林檎が多い、季節の關係からお菓子のやうに一定して調査は出來ませんでした。果物を與へる時には、食べる前に必らず充分に洗はねばいけません。それは近頃は果物にたかる害虫を除くために各種の藥液が用ひられてゐるからであります。

ロ、果物は何時頃與へられますか

時間	人員
食後	二五八
午后一時	一九
午后二時	四七
午后三時	二四
午后四時	一四
午后五時	四五
午后六時	九
午后七時	四四
午后八時	一
不定時	三二四
計	七八五

與へる時間は食後が最も多いのでした。此傾向は誠に喜ばしいことです。

ハ、お與へになる果物の分量は凡どの位ですか

種類		人員
林檎	一個	一五〇
	半分	八六
バナヽ	半本	
	壹本	二二〇八
	二本	八二
	三本	四
ミカン	一個	一一九
	二個	二〇
夏ミカン	⅓個	三
	½個	七
パイアップル	一切	二
	二切	一
枇杷	二、三個	四〇
	五、六個	五
ブドウ	一房	二七
ハダンキヤウ	二個	一一
桃	一個	一三
	不定量	一四六

果物は、其大小に不同がありますから、其量は確實に申されません。

ニ、お子様はどんな果物がお好きですか

種類	人員
バナヽ	二八〇
林檎	二一五
蜜柑	二一五
苺	八七
皆好む	八四
西瓜	三八
枇杷	三六
ブドウ	一六
梨	一四
桃	一四
柿	一三
パインアップル	一二
ハダンキヨウ	一
夏ミカン	四
ネーブル	三
サクランボー	三
イチヾク	一
栗	一
不好	九

バナヽが多いことは衛生上、家庭の注意を促したい。古いものや、餘り多量を與へないやうにせなければなりません。

以上の調査によつてその質、量、時間等に於ては大多數は差支ないやうでありました。而し考慮されました點は、買喰ひの金額の多いことで、しかも大多數がこれをやつてゐる點でございます。都會生活者として止むを得ぬ點でありませうが、出來得る限り買喰ひの惡習慣を打破したいものと思ひます。即ち、子供に買喰ひの爲のお金をもたせぬ工夫をすることが最も急務であると存じます。衞生上からも是非必要のことゝ思ひます。而し今までの買喰ひの習慣を一時に改めさせるといふことはなかなかむつかしい、又困難な問題でありますから之に對しては、徐々に改めて行く方法を講じなければならないかと思ふのであります。で私共は此金高をへらし、度數を少なくする習慣をつけるための手段として次の實施による調査をいたしました。

第二　間食給與の實施

1、質及分量の調査

A 調査の方法

家庭に於ける間食の質及分量については各家庭（浪速區五幼稚園）から間食に使ふ實際量の提出を求め、之を衞生試驗所指導のもとに秤量の上、その質及量の考察を試みました。

B 調査の結果

イ、菓子の種類

最も多く給與されるお菓子とその全體に對する割合を列記しますれば

種類	實數	百分率
かきもち	二〇六	三一・九
ビスケット	二〇一	三一・三
煎餅	八六	一三・六
チョコレート	四〇	六・一
堅飴	三五	五・九
パン	三二	五・五
グリコ	三一	四・六
キャラメル	二四	三・七
カステーラ	二三	三・七
ボーロ	一九	三・三
ドロップス	一五	二・二
ウエーハース	一三	一・九
以下略す		

上記の十二種のお菓子は大體良質のものでありました。チョコレートは刺戟性であつて甚だ甘味が強いから良質の間食とは言ひ難いですが大福餅鹽えんどう砂糖豆等幼兒には不消化物と思ふものがありましたがそれは少數でした飴類には大變華美な有害色素を使用したものがありましたが之は家庭で注意して頂かねばなりません。

ロ、一回の給與量

一回の給與量は附表の通りであります。之をカロリーの點からながめるとチョコレート及びウエファースを除いた外のづれもが一〇〇乃至一三〇カロリーの平均量を表はしてゐますことは偶然かも知れませんが興味を惹れます。

種類	温量(カロリー)
かきもち	一一二カロリー
ビスケット	一二九 〃
煎餅	一二六 〃
堅飴	一〇二 〃
パン	一一三 〃
グリコ	九九 〃
キヤラメル	一二七 〃
カステーラ	一一九 〃
ボーロ	一三三 〃
ドロップス	一二八 〃
チヨコレート	五三 〃
ウエーハース	六八 〃

未だ間食一回の所要カロリーを研究した人がないやうであります。本調査で一〇〇―一三〇カロリーを示してゐるのは、この問題について何らかのヒントを與へてゐるやうに思はれます。

チヨコレートのカロリーの少いのは甘味が甚だしいのと高價であるためであるらしくウエーハースの少いのは質が密でない爲めだと存じますので尚引續き研究して見たい積りでございます。概念的に申せば少し多過ぎはしないかと考へてゐますが適否は輕々しく斷じ難たうございます。

ハ、菓子の質

お菓子は要するに間食であつて、エネルギーの一時的の補給を目的とするものでありますから、永く消化管中に停滞して、次の食事の食欲を害するものはよろしくありません。蛋白質の多過ぎるもの、脂肪の多過ぎるものが好まれず含水炭素のものが用ひられるのは之故でございます。唯餘りに蔗糖の多くないものでカルシウム其他に留意したものが欲しいと思ひます。この意味から間食の大部分は適當であると信じます。

2、間食給與

A 給與の方法と實施

以上第二回の調査を基準として買喰ひに對する習癖除去並に間食に對する家庭へ指導のための第一方案として幼稚園に於て幼兒に間食給與の實施を試みることに致しました。即ち之によつてこの買喰ひに對してどれだけ効果があるや又其他に如何なる影響があるかについて調査研究することにしました。

先づ實施に先だち、各園で保護者會を開き間食調査の報告と買喰に對する弊害を話し、間食給與の一案を述べてその實施と方法とに就いて懇談し相協力して愛兒のため、この悪習慣の改善に努力するやう贊成と了解を求めました。

而し、園から給與する間食は取扱ひ上先づ菓子類のみに致すこととし豫め父兄には家庭で與へられたる間食はなるべく果物をも與へて下さる樣注意して置きました。

間食給與期間　九月中（試みのため）
間食給與日　毎週月水金の三回
間食費用　一週金拾錢

以上の條件で衛生試驗所の選定になるものを配布しました。

九月中に給與せる菓子

	材料	分量
一回	おかき	三、八G.
二回	グリコ	小一箱
三回	ボーロ	二、五G.
四回	チヨコレート	一寸位ノカマボコ形七ツ丸一ツ
五回	ウイロキャンデ	十本
六回	おかき	棒状十六
七回	パタボール	十箇
八回	鈴燒	十二個
九回	グリコ	小一箱
一〇回	明治板チヨコレート	小一枚
一一回	お伽煎餅	十一枚
一二回	エビスお好みアラレ	三、六瓦

備考　最初の計畫は一日一回給與することゝし、適當なる分量を衛生試驗所の指導によつて決定する計畫を立てましたが、納入商人側と多少意志の通じ兼ねた爲め商人は一回分を單に金高のみに重きを置いて配達しました爲、分量に於て不適當なものを給與せなければならぬ樣になり致し方なく「これは一度に食べないで何度にも分けておあがりなさい」と注意を與へました。

B　給與の結果

給與を終りて後、各家庭へ左の印刷物の回答を求めたのでございます。

回答を求むる文

一、兼ねて園よりお分ちいたして居ります間食が一回分としての分量は如何でしたか。
二、お宅でお與へになる間食の回數は減りましたか。
三、一日の買喰のお金高はへりましたか。
四、こちらからお與へしたお菓子の中どんなものが一番よろこばれましたか。
五、其他何かお心つきの點はありませんか。

回答の結果

一、の問に對する回答

答	人員	百分比
多い	一七四	二九%
少い	一六	三%
適量	四〇一	六八%

二、の問に對する回答

答	人員	百分比
減ず	四〇七	六七%
増	一	
變化なし	一八三	三〇%

三、の問に對する回答

答	人員	百分比
減ず	四二三	七二%
變化なし	一六八	二八%

四、の問に對する回答

種類	人員	種類	人員
カキモチ	一八五	キャンデー	八五
グリコ	二二二	チョコレット	一二七
バタボール	三七	鈴燒	四七
何レモ好ム	六三	お傷煎、餅	一〇九
何レモ好マズ	一	エビスお好み	
ボーロ	七三	アラレ	六六

五、の問に對する回答

○好い結果の方

1、好嫌ひがなくなつた。

2、行儀がよくなつた。

3、起床の時間を守るやうになつた。

4、親の言ひ付を守るやうになつた。

5、登園を喜ぶやうになつた。

6、弟がお金を使ふ關係上本人にもお金を與へたところこれを使用せず預金した。

○惡い結果の方

1、兄弟多く皆がほしがるので間食費は同じである。又取合ひをして喧嘩をする。

2、給與の間食は餘分のものゝやうに思ひ前と變らぬ。

3、晝食前に食べるので御飯の量が減つて困る。

C 家庭からの希望及び感想

1、子供によい結果を得るからこの企を永續してほしい。

2、毎日給與してほしい。

3、お金を増してもよいから果物も與へてほしい。

4、この實施は結構であるが、環境が惡いので家庭並に幼稚園の方で努力してもその効果が上らぬ。

この様に一利一害を見受けましたが、大體私達が最初に考慮した買喰に對しては、餘程減じられ、尚間食の度數も減じたこと等はほんとに私達はこの結果に對してよろこびました尚家庭のお母様方がこの間食調査に對して關心をもたれ大いに目覺めて來られたやうに見受けられこれだけでも誠に喜ばしく思つてゐます。

第三　將來の計畫

A、駄菓子について

參考のため買喰する駄菓子について如何なる品を買つてゐるか幼兒個人について調査して見ましたのをまとめると、

駄菓子調べ（昭和七年七月中旬調べ）

品名	調査人員	品名	調査人員
オカキ	二八六	パン	五〇
ビスケット	一二三	グリコ	五〇
飴	八一	煎餅	四九
氷	八〇	洋食	四七
キャラメル	六七	バナゝ	四五
芋	五六	ドングリ	四一
アイスクリーム	五一	フリ〱	四〇
豌豆（ハジキ）	三八	昆布	五
アイスケーキ	三五	ピース	五
チョコレート	三五	ユデ玉子	五
シガラキ	三〇	寒天	五
饅頭	二六	オ好ヤキ	五
玉ヤキ	二六	羊羹	四
冷アメ	二四	餅	四
夏蜜柑	一五	ドラ燒	四
ドロップ	一五	すし	三
蜜柑水	一五	燒肉	三

リンゴ	一三	スルメ	三
栗オコシ	一二	人形	二
カステーラ	一一	巴燒	二
枇杷	一〇	水羊羹	二
ナツト	一〇	金平糖	二
關東煮	九	仁丹菓子	二
まくわ	九	鹽豆	二
アツキ	九	敷島菓子	一
スイトウ	七	肉彈	一
天プラ	七	干葡萄	一
レモン水	七	棒菓子	一
南京豆	七	ウイロキン	一
團子	六	金時豆	一
チヨポヤキ	六	ソーダ水	一
シヨウガ板	六	チヽボーロ	一
		カヘリ玉	一

以上の駄菓子は駄菓子店から買ひ集め之を衛生試驗所で分析調査中でございます。今日こゝにその結果の發表の出來ませんことを遺憾に思つてゐます。

B　間食と體質との關係

子供の體質と間食!!體質と嗜好!!この關係の研究も是非必要と信じますのでいづれ、子供の體質に適應する間食調べも致したい考へでございます。尚この調査終了後は一般向の間食獻立表の如きものを作成して見たいと思つてゐます。

結　び

以上二ケ年のこの調査によつて、各家庭がどれ程幼兒教育に注意されてゐるか否か又幼兒達は家庭內でどんなに躾けられつゝあるかを推察することが出來ました。今後の家庭連絡上大いに參考になりました。

又調査の結果を報告し、注意も致したので子供の發育に必要な食べものに就いて餘程研究及考慮されるやうになつたのでございます。幼兒保健増進上誠に喜ばしい傾向であります

尙間食給與については前に述べました通り、研究を要する諸問題がありますのでこの點よく研究して、更に此上家庭と連絡をとつて、實施して見たい考でございます。

まことに整理されてない研究を御耳に入れましてお聞き苦しかつたことゝ存じます。

皆樣の御大切なお子達の御健康を益々増進致すやう御家庭と共々に研究いたし度と存じまして左の調査をする事にしました。就ては甚だ御面倒では御座ゐますがお子達の爲になるべくくわしく有りのまゝをそれぞれ餘白へ記入しお答へ下さいます樣お願申上ます。

昭和六年六月一日　　浪速區保育會

保護者　　殿

幼兒間食に就ての調査

問

一、間食に使ふ金高について
イ、一日お金を間食に何程使ひますか
ロ、家で買つてお子達にお與へになる凡の金高は何の位ですか。

二、間食の度數と時間について
イ、一日に何度位與へますか。
ロ、何時頃と何時頃に與へられますか
ハ、特に夜間(夕食の前後)何度位何時頃に與へられますか。

三、間食の種類について
どんなものを間食に與へられますか。

四、お菓子について
イ、どんなお菓子を與へられますか。
ロ、お菓子を何時頃に與へられますか
ハ、お菓子やおせんべいでも凡の分量はどの位與へられますか。
ニ、お子達はどんなお菓子がお好きですか。

五、果物について
イ、どんな果物を與へられますか。
ロ、果物は何時頃に與へられますか。
ハ、お與へになる果物の分量は凡どの位ですか。
ニ、お子達はどんな果物がお好きですか。

答

主要ナル間食

菓子種類	幼兒數	各幼稚園に於ける率	一日平均間食回數	一人一回平均量	蛋白質(N×6.25)	脂肪	含水炭素	溫量カロリー
ビスケット	201	31.26	4	33	3.37	2.01	23.46	129
かきもち	206	31.93	3	32	1.57	0.12	25.49	112
煎餅	86	13.63	3	33	2.38	0.13	25.28	126
チョコレート	40	6.12	4	12	0.82	1.37	9.02	53
堅飴	35	5.87	4	28	0.20	—	24.70	102
パン	32	5.50	4	44	2.95	0.07	24.38	113
グリコ	31	4.58	3	32	0.96	0.55	21.96	99
キャラメル	24	3.74	3	41	1.23	0.31	28.14	127
カステーラ	23	3.72	3	35	2.45	1.27	23.66	119
ボーロ	19	3.28	4	39	0.94	0.23	31.01	133
ウエハース	13	1.91	3	21	1.47	—	15.02	68
ドロップス	15	2.20	4	32	—	0.06	31.10	128

主要ナラザル間食

【櫻川幼稚園】

菓子種類	幼兒數	一日平均間食回數	一人一回平均量	蛋白質N×6.25	脂肪	含水炭素	溫量カロリー
粟おこし	1	2	21	0.54	0.11	18.33	79
最中	2	2	29	2.19	2.25	17.71	82
するめ	1	3	40	24.40	2.20	—	120
膨張米	1	—	9	0.81	0.14	6.44	31
豆板	1	5	24	—	—	—	—
ひし豆	1	8	20	—	—	—	—

【惠美幼稚園】

菓子種類	幼兒數	一日平均間食回數	一人一回平均量	蛋白質N×6.25	脂肪	含水炭素	溫量カロリー
マシマロウ	1	3	26	0.97	0.15	20.37	89
大福餅	1	3	75	4.35	0.11	32.10	151
燒芋	2	3	34	—	—	—	—
鶉の卵	1	7	36	—	—	—	—
コーヒ菓子	1	3	36	—	—	—	—
ひし豆	2	3	23	—	—	—	—

【元町幼稚園】

菓子種類	幼兒數	一日平均間食回數	一人一回平均量	蛋白質 N×6.25	脂肪	含水炭素	溫量 カロリー
粟おこし	1	3	22	0.57	0.12	19.20	82
最中	2	3	78	5.89	0.04	47.64	220
栗まんぢゆ	2	4	39	1.79	0.04	23.40	104
金平糖	3	2	13	—	—	12.37	51
甘納豆	1	3	40	2.80	0.25	27.00	124
水飴	2	2	37	0.33	—	30.08	125
落雁	1	2	69	2.41	0.19	55.89	241
鹽豌豆	1	5	22	5.12	0.29	13.68	80
大福餅	1	2	63	3.65	0.08	26.96	127
チウインガム	1	3	14	—	—	—	—
仁丹菓子	1	3	32	—	—	—	—
懐中ぜんざい	1	5	42	—	—	—	—
ひし豆	2	4	46	—	—	—	—

【敷津幼稚園】

菓子種類	幼兒數	一日平均間食回數	一人一回平均量	蛋白質 N×6.25	脂肪	含水炭素	溫量 カロリー
栗まんぢゆ	1	—	76	3.50	0.08	45.60	202
バショーケーキ	1	4	41	2.05	—	33.05	144
鹽豌豆	1	—	8	1.86	0.10	4.98	29
燒芋	1	1	124	—	—	—	—
はくせんこう	1	—	20	—	—	—	—
砂糖豆	1	10	26	—	—	—	—

【榮幼稚園】

菓子種類	幼兒數	一日平均間食回數	一人一回平均量	蛋白質 N×6.25	脂肪	含水炭素	溫量 カロリー
マシマロウ	6	4	30	1.12	0.17	23.51	103
水飴	1	4	23	0.21	—	18.70	79
金平糖	1	2	99	—	—	94.25	386
氷砂糖	1	6	29	—	—	27.67	113
こんぶ	1	3	5	—	—	—	—
ラムネ菓子	1	6	10	—	—	—	—
ペット	1	8	13	—	—	—	—

夏休みの過し方

名古屋保育會　柳城幼稚園　松原志茂氏

（動　機）

始めにこの生活表を作りました動機について申上ますと、私共母之會員の有志が毎月一回宛お集りになりまして、研究會を開いて居りますが其の時の一人のお母様のお話に子供等を永い夏休み中を如何に過させたら一番いゝでせうと云ふとの言葉が動機となつてこの研究を試みました。

（目　的）

暑い夏の間はとかく不規則になり勝ちですから幼稚園に於いて、つけられた色々の良習慣を失はないため、又何かに於て時間的になす事は保健の上にも効果あることゝ考へましてこの目的のもとに別紙の生活表を作りました。

――生活表の說明――

六つの項目を作りました

一、アサオキ　二、オヒルネ　三、オシゴト　四、ハノオソウジ　五、ゴヨウ（便通）　六、オコヅカヒ

その印は◎○△の三通りにわけまして、例へば朝起きが定めた時間に自發的に起きられた時は◎、辛うじて起きられた時は○、起きられなかつた時は△、この樣な印をお母樣と子供と相談の上つけていたゞきました。

統計表の說明

お母樣方の理解と協力に依つて出來上つたものですから、私共はこれを確實なものと認めてこの統計を取りました。男百名、女、八十八名、總人數百八十八名

◎第一研究は年限別（年少、年長、一年保育）男女別

一、アサオキ

年限別の統計を見ますと年少組が、自發的に起きた率が一番良成績を示して居ります、ですから年少組の方が實際に於いて早起きの傾向があると思ひます。男女の比較は女兒が好成績を示して居りますから、男の子に早起きを奬勵したいと思ひます。

二、オヒルネ

おひるねはごらんの通り成績が惡う御座ゐましたが、この項目は試に入れたのですからこゝでは統計をごらんいたゞいてお考へは皆樣におまかせ致します、私共も又の機會にこれだけについて、研究して見たいと思つて居りますからこの度は說明をはぶきます。

三、オシゴト

お仕事のお手傳ひの一番よく出來てゐるのが、年少組の男兒になつてゐますがこの年頃の男兒は統卒本能が益んであるため、實際仕事が出來ないまでも一番になりたい二重まるをつけたいと云ふ氣持があるため、こうした現

象が表れたのだと思ひます。故に年少組の時代にこの本能を利用し良習慣をつけなければならぬと思ひます。

四、歯の掃除

こゝでは年長組の男兒が比較的、好統計を示して居ります。これは幼稚園に於て度々注意を受けることと近年社會的にこの宣傳が行きとゞいて居る結果だと思ひます。

五、ゴヨウ

ごらんの通り順調でございます。

六、オコヅカヒ

お小遣は環境に依るところが多いと思ひますが、こゝでも年長組が一番多く遣つて居ります、これは社會的生活になれて來たゝめ、お小遣ひのつかひ方が多いのだらうと思ひます。

◎第二研究　性質別

性質を三階段にわけたいため便宜上、上、中、下と云ふ言葉を用ひました、下であるから性質が非常に惡いと云ふ理ではありません。そのわけ方は上中下を　中を　下を　比較的圓滿な性質を上、落ちつきのないわがまゝな從順でない子供を下、こうしてわけましたが私共の主觀的なわけ方ですことを御承知下さいませ。

一、アサオキ

性質の上の子供は朝起きがどんなに表はれるか比較的順調に表れて居ります

二、ヒルネ

なし。

三、お仕事

仕事は男の子に於て、順調に表れて居ります
歯の掃除、便通、お小遣皆順調になつてゐます。

三、お仕事

環境の下の子供はお仕事も良く出來てゐます、これは上の子供は他人の手が行きとゞき過ぎる傾向があるためではないかと思ひます。然し女の子は環境がよくても割合仕事がよく出來て居ります。

四、ゴヨウ

説明なし。

五、オコヅカヒ

上の環境はお小遣のつかひ方が少い様です。

六、ハノオソウジ

これも上の環境の方が、よい習慣のついてゐることを示してゐます。

結論

私共はこの生活表を試みたことによりまして、家庭に於ける幼兒の生活狀態を知り、又子供各兒を一層深く知ることが出來ました、又この統計によつて一般の傾向を見る事も出來

ました。

これによつて色々注意も受け、又大いに刺戟されました。故にこれを日常保育の上におりこんで、尚研究と調査を重ね子供各兒の生活様式を改善する資料に供したいと思ひます。

幼兒の夢と性格

吉備保育會　高　原　　寅　氏

保育致します上に幼兒の健康狀態や氣質や性格を正しく理解してゆかねばなりません。それにはいろ／＼の方法がございますが、私は數年前から幼兒の夢によつて心身の狀態を知る手掛りと致して居ります。

幼兒が自分の夢について自發的に話す事は隨分とりとめがなく纏りがつかない様でありますが、幼兒の一人一人について綿密に觀察してゆきますと、その夢の叙述の中に幼兒の氣質や性格が反映して居り、幼兒の意識的無意識的の願望や健康狀態等があらはれて居りまして、幼兒の心身の狀態を理解する上の重要な手掛りとなるものがその中に潜んで居るのを感ぜられます。

實際調べてみますと、幼兒は自分の夢について叙述することに興味を感じ、且つ其の大部分は自分の見た夢を繪畫に表現することを見出しました。

幼兒の心では夢とお伽噺とは最も近い直接の關係をもつて居りまして、幼兒のお伽噺に對して感ずると同様の興味を夢に對して感ずるに違ひありません。

それ故に幼兒の夢の叙述の中には、在來のテストの方法などに見ることの出來ない自由な自發的な精神が躍動してゐると思ひます。

然し幼兒の言葉及び繪畫で表現された夢を實際に取り扱うにあたりましては、種々の困難に遭遇することがあります。

二三の最も重要な點を申しますと

一、幼兒は眞の夢と現實の事項とを區別することが非常にむづかしいといふ事でございます。實際雨の降つてゐる日に夢の調査をすると雨が夢の叙述の中に入つて來ることさへあります。

二、幼兒の叙述の力表現の力が非常に限られて居たために自分の傳へ様とする内容とは異つた印象を調査する者に與へる場合も少くないと存じます。

三、幼兒が夢を空想的に作り上げるといふ事も避けがたい事であります。何處までが眞に經驗された夢であり何處までが空想的に創作された夢であるかを區別する事は實際上不可能であります。

然し以上の様な困難に依つて、幼兒の夢の研究の價値が全然失はれてしまふものとは考へられませぬ。夢の叙述に豊富なそして活潑な幼兒の空想が混入してゐる點などは却つて幼兒それ自身の精神狀態の反映として興味ある點と考へられます。

これから最近蒐集致しました幼兒の夢の材料に依つて申し上げたいと存じます。

一、幼兒には恐怖の夢が極めて多いといふ事であります。私の調査に恐怖の夢は約四分の一でございます。殊に幽靈、怪物鬼等についての夢が最も多く、泥棒、種々の動物火事等に關する恐怖の夢はそれよりもずつと少ないのでございます。

恐怖の夢は一見恐怖心の强い憶病な氣の弱い子供に發現する樣に考へられるのでありますが、實際に調査した結果によりますとこの樣な關係は殆んど見出すことが出來ませんでした。

幼兒の夢には幽靈とか鬼とかは聯想に結びついて居ります樣で、幽靈や怪物や鬼等を叙述するに當りましても全く恐怖を感じます樣な容子はなく、寧ろ興味をもつてそれを表現するのは注意すべきことゝ存じます。從つて度々幽靈の夢について表現するから、すぐに憶病な氣の弱い性格とは斷定出來ない樣に思はれます。

然し泥棒の夢は男子よりも女兒に多く現はれてゐます。そして泥棒の夢を見る男兒は、すべて氣の弱い內向型の者に多い樣に思はれます。

動物例へば犬、狐、虎、ライオン、鼠等に關する恐怖の夢は女兒よりも男兒に多かつたのは、之もまた不思議でございます。動物に對する恐怖の夢も一般に內向型の子供に比較的多く現はれる樣に見受けられます。

二、私の調査で最も興味を惹きました點は、近來戰爭に關する夢、飛行機や、軍艦や、大砲や、タンク等に關する夢が比較的に多く、全體の凡そ一割にも達してゐることであります之等の夢の多くは實際に經驗された夢ではなく幼兒の想像によつて考案された夢が多いのでありませう。

しかし私達は幼兒がこの樣な夢を考案し想像し創作するところに興味を感ずるのでありまして、滿洲事變勃發以來の時局の影響が幼兒の意識の上にも浸潤してゐることを感ぜられます。

またこの樣な影響を受けて居る者が、特に男子に多く女兒に少ないことも興味あることであります。即ち戰爭に關する夢は殆んど男兒に限られ、女兒に於いては飛行機についての夢を叙述してゐる者が三名ありましたばかりでございます。

且つ男兒に於きましても、戰爭の夢を叙述することを好むものは、一般に快活な元氣な心理學上の所謂外向型に屬する幼兒に多く見受けられます。

三、夢が人間の意識的無意識的の願望を滿足せしむるものであるといふ說は極めて有名なものでありますが、私の調査の中にも明かにこの說にあてはまると思はれるものが約九％程見出されました。

例へばお人形を抱いて寢た夢、羽子板屋へ羽子板を買ひに行つた夢、サンタクロースが玩具を持つて來てくれた夢、お母さんがバナヽを下さつた夢、お辨當をかけて遠足に行つた夢等皆願望滿足說を明かに證明するものと申されませう。

こゝに注意すべき點は、この願望の夢と性格との間に一定の關係がある樣に思はれる點であります。

即ち願望の夢を敍述する子供は一般に氣の弱い內氣な性質の幼兒に多く、著しく內向的の性向を示すといふことであります。且つ願望の夢は男兒よりも女兒に多く現はれることがしばしばございます。

尙乘物汽車や電車や自動車や船等に乘つた夢は、必しも願望の夢とのみは解釋し難い點がございますが、この種の夢は著しく男兒に多く、且つ普通の願望の夢と異つて、外向型の男兒に現はれるのを見出しました。

四、幼稚園兒は一日の凡そ半ばを幼稚園內に生活するのでありますが、園兒の夢は多くの場合幼稚園內の生活と無關係であることは又不思議に思はれます。

遊戲の夢も凡そ五％位の割合で現はれてゐますが、家庭內で遊んでゐる夢が多いのであります。

五、小學校の兒童には、可成度々現はれる冒險的な勇敢な英雄的行爲についての夢は、幼稚園兒には全く現はれず却つて舟から落ちて川にはまつた夢、お母さんとお風呂に行つて湯の中に沈んだ夢梯子から落ちて脚を一本折つた夢、一人で東京へ行つて歸られないで泣いてゐる夢等其の反對の傾向を示すものが尠くありません。これは幼兒の精神が尙未發達の狀態にあり、身體も尙纎弱でございますから、すべての事に尙大人の扶助を必要とする幼兒の心身の狀態をよく夢に反映してゐると見ることが出來ます。そうしてこの種の夢についてしばしば敍述する子供は氣の弱い內向的傾向を多く持つてゐるものであると判斷することが出來ます。

私の調査しました材料は夢が常に個人的性格を反映するものであることを論證するには、尙不十分でありますが少くとも幼兒の意識的無意識的の精神狀態が夢の敍述に影響することは疑ひない事實であります。

夢が單にとりとめもないものでなく、それがやがて幼兒の精神に對して價値ある理解を得る端緖となることを信ずるものでございます。

保育項目の內容に就きて

京都市保育會　中西タミ氏

「三つの兒の魂百まで」の語は語としては古いが、今に新らしい生命を生々と宿して居る。幼兒をして、幼兒期を完全に生活せしめることは、幼兒を眞に敬愛する途であると共に、それはやがて雄々しい生活の基調であり、將來の伸展に寄與し、其の傾向を規定する重要な礎石である。從つて幼兒の身體を正常に、精神を純正に發育せしめようとつとめて居る幼稚園の保育はこゝに重大な使命を包藏してゐる。

幼兒は温い父母の懐に抱かれて、即ち家庭教育によつて育まれて行くことは無論であるが、文化の進展、世運の進歩は幼兒の生活をも日増に擴大して行く、それが他面社會經濟生活上の必要からと相俟つて、幼稚園保育の重要性は加はつて來た。機會は躊躇すれば逸するとか、幼兒期に發達すべき心身の諸機能を、何の刺戟も助成も、與へずして等閑に附するが如きことが若しありとすればそは實に人生の重大問題である。玆に於てか「幼兒ノ心身ヲ健全ニ發達セシメ善良ナル性情ヲ涵養シ、家庭教育ヲ補フヲ以テ目的トス。」との幼稚園保育の使命の重大を明かに認識せざるを得なくなつた。

幼稚園保育の重要性はやがて、保育内容の研究を要求してやまない。幼な兒を對象とするが故に一見容易の感あるも、そは怖るべき謬見、其の至難なること蓋し他の教育の比でないといつても過言ではない。或は徒らに重き負擔を以てかよはき幼兒を苦しめ、或は其の尊き自由を束縛して類型へと强ひ、或は貴き人格の萠芽を摘み取つて意に介しないが如き罪業をも敢てしかねまじい事もある。童心を育んで、而も其の伸展を企圖し、保育の目的を完全に達成せんがためには研究の上にも研究を必要とする。本會こゝに見る所あり、保育項目として幼稚園令に制定さるゝ談話、手技、唱歌遊戲、觀察の各項に亘り系統的合理的に研究調査し、以て本市幼稚園教育の伸展に資せんと企て、それが實現に着手した。

談話は幼兒の精神生活の表現たると共に、他面重要なる精神的糧である。故に表現の指導に努むると共に、價値高く効果的なる糧を與へて、純正なる心情の陶冶に資する所がなくてはならぬ。本研究に於ては主として性情陶冶に資する話材の方面の研究を先にした。發表方面の指導に對する研究は今尙續行中に屬し其の完成を他日に期して居る。

手技は幼兒の最も得意とする世界、愛好する天地、これが有意義の指導は、幼兒生活の尊重の意義より見るも、やがて來るべき創造生活への發足として見るも、頗る肝要な事である。本研究に於ては其の各部門に亘り模式的のものについて調査研究を重ねることゝした。

觀察は保育項目中最も議論の存するもの、其の實際に於ても亦頗る區々多様であるが、本研究においては、本市幼稚園において採用すべき一班のものについて研研をする事とした

尙唱歌の研究は既に完成し、本會保育研究叢書第二號として上梓し、遊戲は唱歌と特に緊密なる關係を持しつゝ今將に

研究を累ねて居る。

是等の保育項目の内容研究は、便宜上區別し分類したけれども、保育の實際に至つては、相互に關係し、連關し、綜合し、對象たる目前の幼兒の生活に即して適切に實施保育さるべきものたるは言ふまでもないことである。　以上

雜纂

關西聯合保育會規約

（昭和三年一月二十八日改正）

第一條　本會ハ關西聯合保育會ト稱ス

第二條　本會ハ幼稚園教育ニ關スル各般ノ事項ヲ研究シ幼稚園教育ノ普及進展ヲ期スルヲ以テ目的トス

第三條　本會ハ關西各地ニ於ケル保育會又ハ之ニ類スル團體ノ聯合ヲ以テ組織ス

第四條　本會ハ毎年一回京、阪、神三市ニ於テ交番ニ之ヲ開ク
但シ時宜ニ依リ京阪神以外ノ保育會所在地ニ於テモ之ヲ開クコトアルベシ

第五條　必要ニ應ジ各會二名宛役員ヲ出シテ聯合保育會役員會ヲ開ク
但シ其ノ場所期日等ハ其ノ都度協議ノ上之ヲ定ム

第六條　聯合保育會ヲ代表セル文書ニハ當番市ノ會長（會長ヲ置カサル市ニアリテハ主任役員）署名捺印ス
但シ建議書ニ關スル署名方法ハ其ノ都度協議決定ス

第七條　會場會日及開會ノ順序等ハ當番市ニ於テ之ヲ定メ研究題ハ六箇月前協議題ハ三十日前會場其ノ他ハ十日前ニ之ヲ他ノ會ニ通知スルモノトス

第八條　會議ノ議長會務ノ整理ハ當番市ノ役員之ヲ擔當ス

第九條　聯合會開會ニツキテノ費用ハ當番市ノ負擔トス

第十條　本會ノ目的ヲ達センカタメニ毎年一回雜誌ヲ發行ス
之ヲ關西聯合保育會雜誌ト稱ス

第十一條　雜誌ハ實費ヲ以テ會員ニ需要ノ部數ヲ配布ス

第十二條　本會ニ必要ナル内規ハ役員會ニ於テ之ヲ定ム

内規

1、規約第三條ニ依ル本會加入ノ保育團體ハ京都市保育會、大阪市保育會、神戸市保育會、名古屋市保育會吉備保育會、堺市保育會ノ六トス

2、新ニ本會ニ加入セントスル團體ハ役員會ノ承認ヲ得タル後本會ノ決議ヲ經ルモノトス

3、聯合各會ハ聯合會ニ於テ決議セシ調査事項ニ對シ責任ヲ有スヘキコト

4、各會役員ノ交代分擔ノ變更ハ其ノ都度聯合各會ニ通告スルコト

5、會務ニ關スル往復書類ハ當該會名ヲ以テ庶務擔當ノ役員ニ向ケ發送スルコト

6、雜誌編纂印刷等ハ當分大阪市保育會之ヲ擔當ス

（會名改稱年月日　昭和二年十一月二十三日
規約改正年月日　昭和三年一月二十八日）

編輯後記

◉私共が本誌の編輯員を仰付かつてから、既に六、七年になります。編輯員としての任務を滿足に果されないのを、腑甲斐なく思ふと共に、皆樣に對して申譯なくて自責の念にかられて居ります。

◉本誌の編輯位は何でもないやうに思はれますが、さてとなると言ふに言はれぬ苦心や困難に煩はされます。それと言ふのは六都市といふ寄合世帶で原稿が思ふやうに集らなかつたり、揃はなかつたりして、焦慮してゐる間に月日は容赦なく流れて遂ひ發刊のよい機會を逸したことも一再ならずです。

◉回顧すれば往年の關西大風水害を始め、色々の事件がありました。それ等の影響で思ふやうに進行しなかつたり、停滯したりしたこともありました。結局は私共の不敏や努力のまだ〱足りなかつたのに基因しませうが、

◉第四十一回の大會は大阪市に於て開催されましたが、此の時は全國保育大會と合同して行はれました。此の分は比較的原稿も早く集つたので、編輯體系を紊す嫌はあつたけれども前號發刊した次第、而して本號は比較的最近の第四十二回の分を發刊するのが主であるが、先きの第四十回、第三十九回の停頓してゐた分も遡つて發表することに致しました。止むを得ない次第あしからず御容赦を願ひたいと存じます。

日本幼稚園教育の爲に一生を捧げられ多年關西保育會の爲に御盡力下さいました

膳　まき先生（昭和十二年十一月逝去）

氏原　鋹先生（昭和十三年六月逝去）

御姉妹の御永眠を惜しみ、謹みて哀悼の意を表します。

◉近時、大會の回を重ねるに從つて、研究發表や交換遊戯が著しく進歩して參りました。從て大會の席上に於て配布される冊子に實に見事なもの丶夥しいのに驚かされます。之は斯界の進歩發展を雄辯に物語るもので、眞に慶賀に堪へません。就ては是等を全部本誌上に網羅したいのでありますが如何せん、尨大な頁數に上り、莫大の印刷費を要しますので、割愛するの止むを得ざる事情に就ては幾重にも御了承をお願ひ致します。

◉本號の表紙意匠は令名ある草田畫伯を煩すことに致しました。象徴的にして清新、瀟洒、胸のすくやうな感じが致します。聊か樂屋褒めになりますが、草田畫伯に感謝の意を

表し、併せて皆様にも喜んでいたゞきたく、茲に御紹介する次第で御座います。

◉口繪はかね〳〵各方面に依賴して蒐めた澤山の中から、四點を選ぶことに致しました。僅に四點ではありますが、大阪、名古屋、靜岡と地域的にも廣きに亘り、其の內容は體育、衛生、遊戯、手技の各方面に亘り、それ〳〵特色あり意義あるものと思はれます。皆様方の御研究の上にヒントを與へるものと期待いたします。

◉楢崎先生、倉橋先生の御講演は、現代の日本教育、特に幼稚園保育の改善の上に、絶大の示唆を與へられると思はれます。熟讀玩味、以て實地の上に補益あらしめるならば此の上ないことゝ存じます。目下國を擧げての非常時局に遭遇して居まして國民精神總動員の折柄で御座いますが此れに關する記事を掲げる事が出來なかつたのを遺憾に存じます。會員諸氏に於かせられましても御健康に御注意遊ばされまして銃後の御奉公に只管邁進せられん事を祈上げます

（増田、米山、富、中島、菅野、圓城寺等）

（附　記）

なほ編輯員の同人にして常に中心となつて働いていたゞいた愛珠園長稻垣國三郎先生は、本誌編輯を最後として、昭和十二年九月新設の茨城縣立西山修養道場長に榮轉されまして、日本精神振揚のために御盡瘁遊ばされてゐることを中添へたいと存じます。（係）

昭和十三年八月二十日印刷
昭和十三年八月廿五日發行　【非賣品】

大阪市北區中之島大阪市廳內
關西聯合保育會
代表者　內田娛老

大阪市西淀川區大仁東一丁目一〇六
印刷人　村上愛治

大阪市西淀川區大仁東一丁目一〇六
印刷所　村上印刷所
電話福島一六一五番

武田▲發賣

虚弱兒の强壯劑は……ポリタミンに限る

(1) ポリタミンは「牛乳蛋白」を消化した比類のないアミノ酸製劑です。從つて……

(2) 胃腸の弱い子にも、ムダなく吸收されて血肉成分を補ひ、体重を增加します。

(3) その上アミノ酸獨特の細胞賦活作用によつて体質を改善し、抵抗力をつよめます。

(4) また消化液の分泌を促して、著しく食慾をすゝめ、便通をとゝのへます。

(5) 更にビタミンBを配してありますから、一層全身の榮養をたかめます。

(6) すこぶる甘美味の液劑です。

こんな子に最適

呼吸器の弱い子
食慾のない子
榮養不良の子
微熱のつゞく子
ね汗をかく子
疲勞し易い子

小瓶（一圓五五）
中瓶（二圓五〇）
大瓶（四圓五〇）
各地藥店にあり

發賣元 大阪市道修町 株式會社 武田長兵衛商店
製造元 大阪市堀上通 大五製藥株式會社

(2)61

保育用品は

弊會は良い品を安價と親切
と迅速との三大基礎を
モツトーとして立ち全
國各幼稚園の絕對的
信賴の下に不斷の
努力を續けて居
ります

△奉仕事業として、趣味深き
全國唯一つの手技研究機關
△毎月一回一日發行
△會費は前納制度で一ヶ年分
貳圓お送り下されば毎月お
送り致します

敦賀市　神樂町

若越保育會事業部

（電話六二二番）（振替金澤九〇二番）

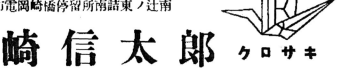

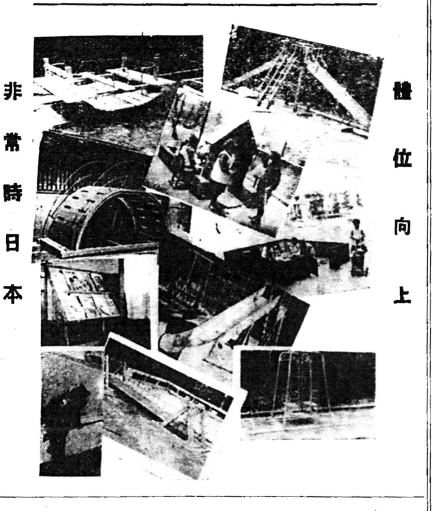

大きくなったら
兵たいさんになるの
ビオカルクを服んでネ

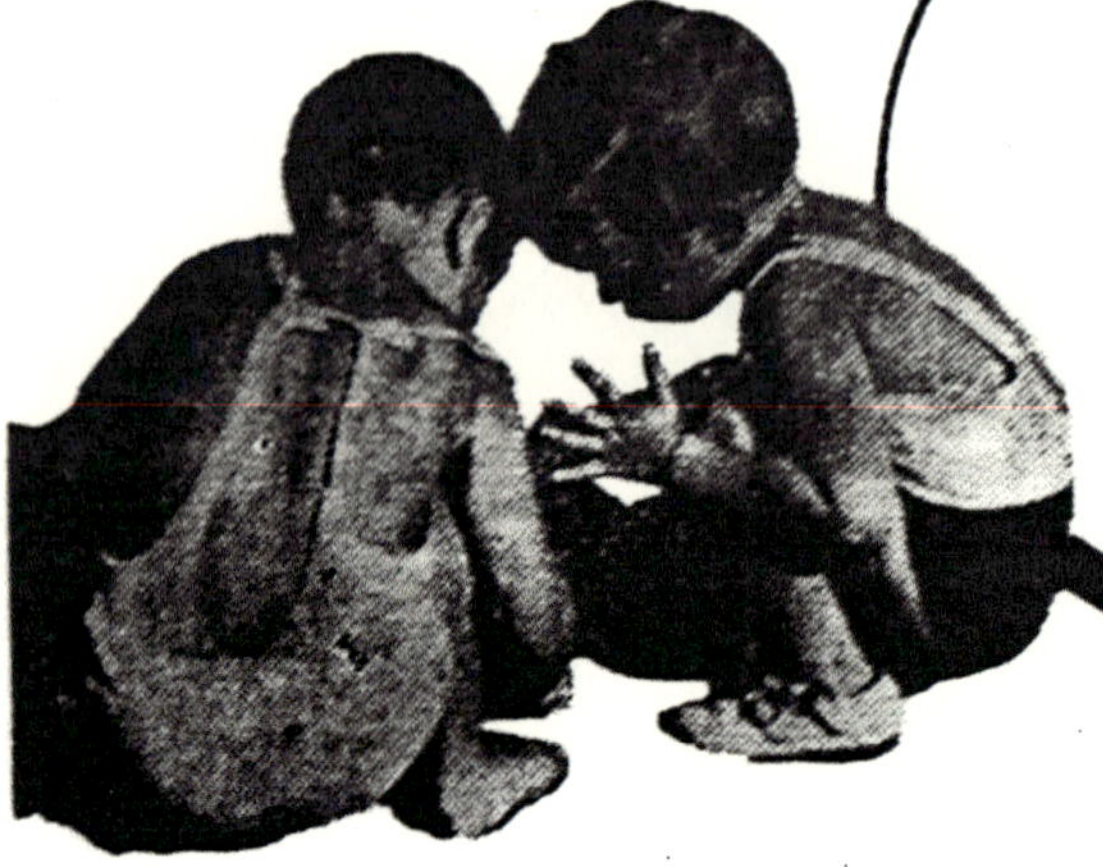

近年壯丁の體位低下が重大な問題になつてゐますが、壯丁の體格を良くするには幼兒、學童の體格から良くして行かねばなりません。兒童の體力を造り發育を旺盛にする最も重要な養素の一は、云ふ迄もなく燐酸カルシウムで――これが不足すれば筋骨が弱くなり、歯が脆くなる、生活機能が衰へ、體の抵抗力が弱まる、又神經質な子供になります。

然るに我國の兒童、特に都會に住むものは、カルシウムの少ない白米を常食とし肉類を好み、鑛物質の不足せる水道の水を飲む、其の上日光の不足、汚濁した空氣、街の騒音、砂糖の多い菓子類の氾濫等のため血液が濁る結果（血液アチドージス）その抑制中和のために體内のカルシウムが消費されますので……都市の兒童はカルシウム缺乏型とも稱すべき蒼白くてヒョロ長い體質が多いのであります。

ところが今日、科學の發展のおかげで我々はビオカルク錠と云ふ、燐酸カルシウムを生理的な活性コロイドにした優秀な製劑を得たので、今、全國の幼稚園、小學校では兒童の發育増進、體力强化のために此のビオカルク錠を賞用して居られます。コロイド性ですからよく吸收されるし、胃腸障害を起す心配も皆無で、幼稚園用にはチヨコレートを加味してありますので、子供も喜んで服んで居ります。

活性コロイド正燐酸カルシウム劑

ビオカルク錠

供試品及文献は下記宛御申越次第御送呈

大阪市東區道修町一丁目　コロイド製薬株式會社

エプロン
子供服　指定品ハ
肌衣類一式

特ニ御注文ニ應ジ型
生地共ニ撰定ノ上實
費ニテ販賣致シマス

大阪市電氣局電燈部
大阪交通株式會社
大阪市小學校購買會
御指定

當店ノ品物ガ
萬一他店ヨリ
高價ナ場合ハ
御通知下サイ
聊カナガラ御
禮致シマス

(彌)

彌七屋雜貨店

本店　大阪市浪速區新川二丁目六九一
電話戎五七九〇番

第一支店　スミヱ市場
電話住吉三四四七番

第二支店　森河内市場

ムシ歯と膿漏を防ぐ……
ライオン歯磨
丈夫な身體で
時局の波を乗切り
ませう。
國民の體位向上は
寝る前の……
ライオン歯磨から！
潤製ライオン歯磨
MADE IN JAPAN

祝關西聯合保育大會

株式會社フレーベル館

社長　高市慶雄

第四十九回　関西連合保育会誌

第四十九回

關西連合保育會誌

昭和二十二年十月十七日

關西連合保育會

大會記念寫眞

（上）開會式を述べる柳澤會長
（中）祝辭を述べるマックッアーランド女史（向ッて右）
（下）姆ノ保育功勞者ノ表彰式

第四十九回關西連合保育會概況

昭和二十二年十月十七日午前十時から、京都市生祥幼稚園に於て、終戰後初めての關西連合保育會を開催した。來會者約八百名、名古屋神戸大阪京都の會員久し振りの集いなので、心あまりて言葉足らずの思いが漲つて、たまらなく明るい氣がした。

日彰幼稚園長柳澤靜子女史推されて議長となり、下記の通りなごやかに、おおらかに進行した。

なお、會の情況は後述の通りであつた。

一同着席の後、司會者杉浦照榮女史より開會の辭あり次いで挨拶、祝辭があつた。

一、着席　（午前十時）
一、開會の辭
一、挨拶
一、祝辭
一、表彰
　表彰
　謝辭
一、報告
　經過報告
　建議に關する報告
一、議事
　協議題
　一、幼稚園に於ける社會性の基礎陶冶についての方策
　（大阪保育會提出）
休憩
　晝食
　獨唱　京都市立錦林小學校敎諭　下村萬里雄
　影繪　兒童藝術研究所
一、研究發表
　1、幼兒體操、その他　京都保育連盟
　2、幼稚園新目標　大阪保育會
　　一、健康安全で幸福な生活のために必要な日常の習慣を養い、身體諸機能の調和的發達を圖ること
　3、幼兒の自然觀察　兵庫保育會
　4、我が國に於ける給食狀況に就いて　名古屋市保育會
　研究發表に對する質疑應答
一、閉會　（午後二時半）
解散後見學　（係員案内）

一、挨拶

京都保育連盟委員長　柳澤靜子

本日こゝに關西連合保育會を開催致しますに當りまして時節柄にも關りませず本大會の爲に貴重な御時間をおさきいただき御臨席下さいまして本會に一段の光彩をおそえ下さいました來賓の皆々樣へまことに高いところからでは御座いますが厚く御禮を申上げます。

國を擧げてあらゆる面におきまして文化國家平和國家の建設に邁進いたして居ります時代で御座いますことは今更申上げるまでも御座いません。教育の面に於きましても新憲法の精神に則り教育基本法は制定せられ私共の幼稚園も亦學校教育法の一部としてその位置を明らかに致しその色彩が鮮明にされたわけで御座いまして私共は行く手にはつきりと光明を見出したわけで御座います。斯道の爲まことに御同慶の至に存ずるところで御座います。

扨て皆樣　十月十七日　私共の先輩は過去凡そ半世紀の長きにわたりまして來る年も來る年もこの日を期して同じ道にいそしむ者多き年は千數百名の者が一堂に會しその時代時代に即した重要な諸問題に意見を披瀝し經驗を語り合つてお互を切磋琢磨し斯道の向上發達の爲精進せられた事は古きは殘された記錄により近きは私共の記憶に尙明らかなところで御座います。終戰後の今日、今日十月十七日　こゝに御參集のこの大勢の皆樣と再びこの良き集りを致しますことはまことに衷心より喜びに堪えないところで御座います。殊にこの意義深き第一回の集りをわが京都市に於ておひきうけいたしました事はこれ又私共といたしましては感激の至りで御座います。何卒本日は會員の皆樣には先輩に優るとも劣らぬ熱意をもたれまして幼稚園教育向上發展の爲愼重なる御討議と御研究を遂げられ有効に本會を終始せられんことを切望いたす次第で御座います。それにつきまして主催者側といたしましては力の及ぶ限りの用意は致しましたが何分にも不馴れの爲尙不行屆の點は幾重にも御諒承下さいましてどうぞ本大會が無事終了し得ます樣皆樣の御協力のほどをお願い申上げる次第で御座います。

甚だ簡單では御座いますがこれをもつて御挨拶といたします。（拍手）

一、祝辭

教育部　マックファーランド女史

私は圖らずも此處に招かれてお話する機會を得てうれしく存じます。何故ならば理由は澤山ありますが、その一つは新しい進歩的な教育の第一歩を强く印すものである。二番目は大會が全く御婦人方の手で、一切計畫、準備されたことである。ずつと昔から子供の教育の重要さは强く認識されて來たが、適應された教育の重要さが認められ與えられている。幼稚園は今や遊び場所ではなく、將來その子の身につく永續的なよい立派な習慣をつけてやる教育の場所である。幼稚園は一八三七年、フレーベルによつてドイツに始まつたものである。このフレーベルは自分は幼くして親を失い不幸であるだけに子供の事に關しては同情を持ち、一生をあげて、幼稚園の先生の教育と幼兒教育の認識が役に立つ習慣の研究、及びどんな遊戯がよいか研究し、一生を獻げた人である。よく研究している教育研究家は、教育の最も重要な時代は、幼兒及び小學校一・二年時代だと言つている。だから先生の給料は學歴を問わず、經驗年數によつて定められるべきである。この制度によれば、幼稚園も高等學校の先生も同資格であるべきである。よつて給料の增加ということは經驗、教育經歷によつてきまるものである。アメリカに於いては、大學の中に幼稚園の先生の養成の特別の科があり、心理、リズム、音譜その他適應な研究がなされている。皆さんは新しい幼兒教育の重要性に鑑みて大いに精進し、進歩發展を期せられんことを祈ります。（文責記者）

一、祝辭

京都市長　神戸正雄氏

本日玆に關西連合保育會を催されるに當りまして一言祝辭を申述べる機會を得ました事は私の最も光榮とする所であります。

皆樣御承知の如く教育の民主化とは最も洗練された社會人を養成することであり教育上の諸施設は總べてその線に沿つて經營されているのであります。即ち學齡前の幼兒保育に當る幼稚園はその第一步を踏出す機關であります。

即ちいままで家庭にあつて我が儘いつぱいに育つた子供等が始めて集團生活の裡に一つの社會を構成してその一員となるのでありましてこれが指導は極めて重大でありその任にある皆樣の御勞苦はお察しするに餘りがあるのであります。

西洋の諺に「年老いたる犬に新しい藝を仕込む事は出來ない」とありますが眞の民主的文化的な日本人を造るのは先ず幼稚園から始めて頂かねばならないのであります。

此の意味に於きまして本日玆に關西地方幼兒保育の任に在る同志の方々が集られて或は議事に或は發表に平素の御研究を傾倒せられる事は誠に喜ばしい事であり御同慶に堪えない所であります。

何卒御列席の皆樣此の機會を充分御活用の上斯道のため倘一段の御精進をお願い致したいと存じます。

一言御挨拶旁々御祝い申上げます。

祝電の披露

引續き祝電の發表があつた。

ゴ・セイカイヲシユクシゴ　ハツテンヲイノル　クラハシ（倉橋惣三先生）

タイカイノセイカイヲシユクス　フレーベル[illegible]

保育功勞者表彰

次いで保育功勞者の表彰が行われ清水桔梗女史、總代として謝辭を述べられた。

私共二十名のため、多數御參集の席で記念の品、表彰狀を頂き誠に光榮に存じて居ります。私共はあの幼兒達よりあの誠實さ、元氣さを教えられ二十五年以上の長い間、この職に從事させて頂きました。その間に幼兒教育の必要さ、重要さを確信しました。幼兒は誠に自由で民主的であるにも拘わらず私共は微力でその純眞さ、眞實さを社會に訴える事も出來ずお恥しく思います。その結果、日本がこんな姿になつているのも私共の責任と存じます。新日本の建設は子供の天眞爛漫な眞實、自由の國、民主の世界を打ち立てることだと存じます。今日この席上で表彰されたことを肝に銘じこの道に勵まして頂き、小さいからをぬぎ棄て社會へ幼稚園教育の必要を知らせるため一段の努力をしたいと存じます。

有難うございました。

因に本大會に於て、多年保育に從事し、功績顯著なるを以て表彰された人々は左の通りである。

大阪保育會
大阪府吹田幼稚園　中野巻子
私立常盤會幼稚園　佐藤冨子
堺市立旭幼稚園長　岡本シカ
元大阪市立菅南幼稚園長　岡田しげの
私立睦美幼稚園長　杉本タツ
大阪第一師範幼稚園　清水桔梗
大阪市立五條幼稚園　岡野冨美子
元大阪市立御津幼稚園長　冨はま子

兵庫保育會
別府幼稚園　迫田マツ
神戸市立垂水幼稚園長　渡邊春野
神戸市立西鄕幼稚園長　和田よね
光の園保育園　小山初枝
芦屋市立精道幼稚園　森たね
赤穂幼稚園　島關シン

京都保育連盟
私立相愛幼稚園長　平澤恭子
私立平安幼稚園　藤本睦子
私立常葉幼稚園　藤波和
京都市立妙巽幼稚園　佐々木貞
元舞鶴幼稚園　山崎ひさ
元京都市立生祥幼稚園　江川すめ子

報告

◇經過報告

大阪保育會　中村道子

去る昭和十八年十一月二十一日に第四十八回の關西保育大會が、大阪浪華小學校で開催されましたが、それを最後と致しまして今日迄絶えてしまいました。

御存じのように戰爭が漸次苛烈となりましてからは、都市の幼兒はほとんど疎開し、度重なる空襲にいずれの都市も幼兒の姿を見ることは非常に少くなつたようで御座いました。大阪市も二十年三月十四日の大空襲によりまして全く休園狀態に這入りましたが、名古屋神戸岡山等の各市も皆同じ狀態のもとにあつた事と存じます。

戰は悲しくもついに敗れました。靜かに廢墟と化した自分達の町の有樣を目前にして、心ある人はその各々の立場に於て、祖國の再建を想わない人はなかつたで御座いましよう。

大阪保育會の者達は各地保育會の消息を案じまして、これ等の幹事の方々に呼びかけ今後の幼兒教育について共に研究し再び歴史あるこの大會を續けて行つてはとの意見が一致致しましたので、昨年十一月二十二日關西連合保育會準備委員會として大阪市立菅南幼稚園に御案内致しました處、名古屋、京都、神戸、岡山等の各地より御參集戴きました。そしてその節に、各地の被害狀況、其の中での保育狀況や保育會の活動狀況、新時代の保育計劃、教官待遇の實狀、關西連合保育大會の再發足等につきまして談り合い意見の交換を致しましたが、滿場一致を以て大會繼續することと相成りました。

そして再建第一回大會の開催地として、戰禍を蒙らなかつたからとの御好意によりまして、京都市保育會が會場をお引受け下さいましたので、各地代表幹事はその翌月即ち十二月十四日と、越えて本年一月十八日に此の生祥小學校で、次いで六月七日には日彰幼稚園で準備會を開きまして、今日かくも盛大に本會を開くことが出來ました。

洵に日本幼兒の教育のために祝福すべきことと喜びに堪えない次第で御座います。（拍手）

◇建議に關しての報告

京都保育連盟　中西ヒサノ

今度の戰爭で、その敗戰理由は、いろ〳〵考えられますが、私は日本が幼兒教育を輕視していた點が、大きい理由の一つと考えます。これは國民全體にも責任がございますが、何と申しましても教育者全體の負うべき責任でありまして、この敗戰の歴史的現實の責を如何にして償うべきかを切實に考えねばならぬと思います。

　武器を以て倒れました我國は、今度は教育という平和武器を以て文化國家建設、世界平和へ寄與いたさねばなりません。今こそ、その責を償う秋が參りました。

　そこで、十一月廿二日大阪市菅南幼稚園に於て、關西役員會が開催されました席上、學制改革に先だち教育の根基である、幼兒教育に關し、劃期的改革を當局に建議する事に決議されまして、その原案作成を次回開催地の京都に一任されました。其後十二月、翌年一月の二回に亘り役員が京都に集合、原案を中心に數日審議いたし、二月に左の様な建議書が出來上りました。

一、幼稚園令、その他幼稚園關係法規の改正
二、幼兒保育施設の普及擴充
三、幼兒保育施設の年令による再編制
四、國民學校に幼稚園を附設し、就學前一年の保育義務制施行
五、教員養成機關の整備擴充及び教員の待遇改善
六、保育資材及び保育用品の確保

　三月八日　京都市聚樂幼稚園長佐藤先生、西院幼稚園小澤先生と私の三名が交渉の爲東上いたしました。

　第一日(九日)は議會に參り各黨代議士(教育委員守山、名古屋の越原兩女史及び京都の小川、田中兩氏)に面談極力御盡力方を依頼申上げました。

　第二日(十日)は午前は女高師の倉橋先生に、午後は青少年課長坂元先生に面談いたしまして、詳細に御説明いただきました結果を御報告申上げます。

一、幼稚園令、その他幼稚園關係法規の改正について、
　今回の學制改革に伴い、幼稚園は學校教育法の中に於て、他の學校と同列の法的規定下に置かれることになった。

三、幼兒保育施設の年令による再編制について、
　現在六・三制の、三の實現にさえ困難な狀態にある今日、四才以上の幼兒を文部省が責任を持つ事は出來ない。當分現狀のままで行くより方法がない、但し今後託兒所に於ては今より教育的に内容を考慮してもらい度い。

(二)
(四)について
(六)
　前述の如く財政困難な現狀であるだけに小學校就學兒童の

— 7 —

うち幼稚園及託児所の恩恵に浴している者は僅か一割五分にも足りない様な現状では、義務制實現には其實績が餘りに少い。今後内面的に充實させると共に世論を興し、外面的府市の教育委員に働きかけて、幼児保育施設の普及、擴充及び小學校に一つでも多く幼稚園を附設する様にし、又保育教材及保育用品の確保に努められたい。

五、教員養成機關の整備擴充及教員の待遇改善について、

幼稚園教員の養成機關のみ不備、不完全でありましたが、今回幼、小、中學校の養成機關が一本建となり、大學豫科二年を終了すれば、希望の學校へ就職出來る事になり、從つて待遇も同等になるわけである。

以上の御報告をうけました。

義務制の實施まで到達し得なかつた事は、殘念に存じましたが、學校教育法の中に規定され、幼稚園の地位が大盤石のそれの様に確立いたしまして私達は、しつかりここに理想を把握し、希望を持つて仕事に挺身出來ます幸福を感じますと共に、文化國家建設への一方途として、國民と共に無上の喜悦を禁じ得ません。

過去に於きましての先生方の並々ならぬ御努力、又側面より御援助下さいました方々に對しまして、深甚なる感謝を捧げまして私の報告を終らせていただきます(拍手)

議　事

司會者(杉浦)　只今より議事に入ります。

議事係(中西)　議事の進行上、議長を如何取計らわせて頂きましよう。

大阪保育會　議長は主催地である京都の保育會長柳澤先生にお願い致します。(拍手)

議事係(中西)　御異議がないようでございますから左様にお願い致します。

議　長(柳澤)　慣例に依りまして多數の御推薦を得まして議長を勤めさせて頂きます。甚だ不行屆でございますから何卒皆様の御聲援をお願い致します。

それでは是から協議題に移ります。

「幼稚園に於ける社會性の基礎陶冶についての方策」につきその御提出理由を大阪保育會にお願い致します。

幼稚園に於ける社會性の基礎陶冶についての方策

大阪保育會　奥村ミツヨ

提案理由説明

新しい日本は過去の封建的な迷から醒めて眞理と人道に對する愛敬と信頼とによつて民主主義革命を斷行して民族の再建に立上らねばなりません。玆に新憲法が制定されたのであります。新憲法は戰爭を放棄して平和的文化國家をめざし人權の尊重と民主主義の徹底を企圖しているのであります。新教育も亦此の精神に則して行われるわけでありまして世界の平和と人類の福祉に貢獻し得る世界的日本人の育成をめざしているのであります。

從來我が國民は久しきにわたり封建的教育によつてなされたため國民の人格としての自覺に乏しく上からの命令には無批判に服從しその職分に對しては忠實に任務を果すが社會公共の一員としての奉仕を缺き公德心や責任感、規律や協同等の精神に乏しい欠點をもつているのであります。

斯様な缺點が日本を敗戰に陥れ終戰後の混亂状態を招來したのであります。

民主主義教育によつて此の國民の態度や心持を一新し崩壞しつゝある社會を平和に復し社會人として完全に各自の役割を果し得る様指導するのが私達教育者の任務であり社會性の陶冶が重要且緊急の事と提唱される所以であります。

「三つ子の魂百まで」とか「幼稚期の狀態が人の性格を決定する」とか人生最初の六年間に起る精神發育は爾後全生涯に於ける發達の總和より遙かに優るものであるという説など人間生涯に於ける幼兒期の教育の根づよき重要さを物語るものであります。

フレーベルは「幼兒の二才ならば二才、三才ならば三才、各其の時期々々に充實した眞の意味に於ける人間性を發展さすことがやがて公民的社會生活に於ての凡ての特殊な要求に應じ得るものである」とまで極論して居ります。

この重大な使命を持つ幼兒期をあずかる幼稚園に於ての社會性の基礎陶冶は如何なる方法によつてなすべきか其の方策を伺いたいのであります。

以上以て提案の趣旨の説明といたします。

議長　只今の御説明に對し御質問はございませんか。

（なしと呼ぶものあり）

ございません樣でしたら意見の發表を伺います。

名古屋市保育會にお願い致します。

名古屋市保育會　**久田せい**

「人は教育によつてのみ人となる」と云われ、「人は社會の一員としてのみ人である」と云われています。すぐれた人類の社會とは自由な、眞實な人道的且つ民主的な社會をさすのです。教育によつて作り上げなくてはならぬのは社會人であり、公民であります。即ち幼兒に社會性の素地陶冶の重要なことは、昨今提唱者の御説明の通りであります。

扨て、幼兒の大部分生活する家族も一つの社會でありますが、幼稚園は意圖的な、組織化された社會であり、幼稚園に於ては、新しい正しい民主的社會を作る素地を營ませたいのであります。

申すまでもなく民主主義の信條が、

1 社會全体の福祉を希い

2 人權の尊重と

3 自治、協同の精神を持ち、

4 幸福享受の權利を得させるのでありますから、幼兒の指導はすべて此の信條を目指して進みたいものであります。

幼兒の生活は遊びであり、最も偽らざる眞の姿は自由な遊びの中に見出されますが、又社會性を陶冶するのに最も好適な場も亦自由遊び――遊びであると思います。その子供の自由遊びを見ていますと

1 何もしていない

2 傍觀

3 獨り遊び

4 平行的活動

5 集合的遊び

6 組織的遊び等が見出されます。

「行うことによつて學ぶ」――遊ぶことによつて學ぶのでありますが、次第に組織的遊びに進む樣導くことが大切であります。何もしていない子をさそい傍觀している子、獨り遊びの子も教師が相手になつている中に、他から集つた子供と一緒になつて、次第に組織的に遊ぶことが出來る樣になります。

自然の中によい環境に居させて社會性をもたせるのは此のことをさすのであります。そして教師は決して短氣であつてはなりません。時と場所とを適當にとらえなくてはなりません。

具体的に二、三を申述べてみますならば、

◎劇遊びについて、

繪本觀察をしたり、童話をきいたりしている中に、子供は物語の中の人物になりきつて、その言葉を、仕ぐさを表現しはじめます。一寸言葉を添えますと立派に劇になるのです。

お面を作り、人物を表わす工夫をします、圖畫工作の力―描き方の練習、鋏の使い方、糊の使用法を學びます。せりふを

考え、動作を工夫し、場所をえらび、道具を取そろえます。配役もなか／＼適當に考えられてまいります、観察、協同、工夫、創作等や他人に對する尊敬の念も、そして、各自はよろこびに滿ち滿ちて遊び、お客は拍手を送り、座席のとり方を工夫し、さては批判討議まで陶冶出來るのです。

◎健康教育の一例として

体力テストを考えてみますと、

走、投、跳、競等を計畫します。

男女によつて運動の區別をしません、十才位まで遊びを性別によつてこだわらずにやらせることは女性のその力を充分に生かし得る道であると名大醫學部教授堀要氏は云つて居られますが、實に此の點は大切であると思います。

旺盛な活動力を滿足させ、意志表示を自由にし、競爭し、滿足し、喜びを感じ、健康増進を計ることが出來、他の力に對して尊敬し、憧憬し、又他を觀察することにより批判もし、努力もし、自己反省のよい機會を與え得るのです。

◎生活發表に於ては、

①正しい言葉の練習を　②聴くことによつて正しい判斷をもち(連想)―(構想)、公衆道徳の基礎が養えるのです。

③社會の出來事、年中行事等の觀察　④自己行爲の反省が出來るのです

◎動植物の培養飼育をさせることは、

種蒔、水まき、草とり等体得させることによつて、成長のたのしみ、美しい花の觀賞、理科的觀察の養成、そして、公園の樹木を愛し情操の陶冶が出來ます。

殘忍性のある幼兒も動物を愛撫することにより思いやりの心を養い、引いては強者弱者に對する心構え、長幼の序等の精神を自ら理解して來ると思います。勿論これは教師の日頃の心構えが大切で、自ら子供に反映するものですが、木の葉一枚にも愛着をもち、虫一匹にも觀察の目をむけ、人と共によろこぶ、遠足も多面的にたのしめる子供が出來ることと思います。

◎細工

特に粘土細工、砂場の箱庭作り等、小木片、石ころ、草花等が橋になり、電柱になり、汽車になり、舟になり、想像力の旺盛な子供の滿悦そして各自の山が川が、畑が共同し連合することによつて社會の模型になり、縮圖になるのです。

トンネルのぬけたのをよろこぶのは、土をかため、穴をくりぬく作業と共に協力の成功をよろこぶのです。出來上つたものよりその過程が尊い。

かくして、協同も、自由も、寛容も、工夫や創作も、他人に對する尊敬も、又幸福も健康も、その素地が養われてまいります。正しい成長發展の過程が培われるのであります。

教師は幼兒心理を理解し、探求すると共に、よい環境を、――よい雰囲氣を作ることに專念しなくてはなりません。

正しい觀察の眼を、絶えず幼兒の活動の上に向け、充實した設備とその活用を工夫して、正しく、深く、廣い社會觀を以て、保育案の完璧を期しその實跡に邁進しなくてはなりません。

議長　兵庫保育會にお願い致します。

兵庫保育會　**山川道子**

幼兒に社會性が陶冶されるのは何によつてどんな場合にどんな方法でなされるかと申しますと、それは幼兒の一日中の生活全体を通してなされるものであります。生活を通して社會性が陶冶されるとすれば、それが陶冶されるのは幼兒の住む環境即ち周圍に居る人との言語、周圍にあるもの、周圍の事柄、それ等によつて起つて來る事情と、その中に置けるよろしき指導とによつて陶冶されるのであると、申す事が出來ましよう。然らばどんな環境を備えて、その中でどんな生活をさせたならば、民主々義國家を建設するにふさわしくて、私共が現在最も教育的だとして望んで居る様な、社會性をそなえた人を育てる事が出來るのでしようか。

環境として先ず強い影響を與えるのは、家庭環境でありその如何が、社會性の陶冶に重要な關係がありますので、先ずここから出發せねばなりませんが短い時間の事ですから、今日は幼稚園に於ける場合の一部分のみをとりあげてみます。幼稚園に於ける環境の第一は保育者であります。保育者の人格が第一でありそれと同時に學識をそなえた人、ここでの學識とは各兒の發達をよく理解し、その年齢と發達に應じて彼等の社會性が陶冶されるに必要な環境をそなえてやる事の出來る様な學識を云うのであります。

次いではその社會性を陶冶するために、保育者がそなえるべき環境とはどんな環境でしようか、そなえらるべき環境の一は幼兒達が毎日通園して居るその園の環境を自然に身に受けてそれをそのまま自分のものとし、或はそれを模倣して遊ぶ事により、そのものを自分のものとして体得してもよい様な環境でなければなりません。所謂どこを見てもきいても眞似してもよいものであり度いのです。この一つの例として過日ある小學校の社會科の時間を、アメリカの教育指導者が視察に來られたが、その學校の掃除が出來て居ず、きたないのを見てこんなごみの建物の中での社會科の勉強は意味なしとて授業を見ないでそのまま歸えられた由です。その二はその環境は幼兒達に社會性を陶冶する機會を度々與える様な環境でなければなりません。社會性を陶冶する機會を與えるとは彼等自身の生活經驗を通して社會性の基礎を体得出來る様な機會を出來る丈多くつくつてやる事です。それと同時にその經驗した事や經驗する事は保育者によつて正しい方向に向う樣に助けられねばなりません。ではその社會性を陶冶するために保育者はどんな機會をつくり得るかその二三をあげてみましよう、①お互同志交渉のある機會を多くもたせる事です。外遊時間中丈でなく室内保育時間中でも幼兒がお互同志で交渉のある時間を多く持たせる、これが幼兒の社會生活です、そこには必ず人と人或は人と物との問題が起りますでしよう。此問題が所謂我々の社會生活に於ける、日常の問題と同じ問題です。今迄の教育は出來る丈此問題を起さない樣に問題にふれない樣にと、教育者が計畫しととのえ只云われた通りにすれば問題は起らぬ樣になつて居ました。それ故何年教育されても指導者の居ないところにゆくと、直に人と人との交渉の上に問題を引起し、混雜しなか／＼解決困難な状態を引起しやすいでした。例えば室の出入りにしても先生によつて一列にならべられ定められた人の後に行けば問題は起らず、それでよい樣になつて居ましたところが順番を定められなくて出入りする事になると、後の者が先に出たり入つたり、狹くて人をおしたりついたり喧嘩になつたりする、共同お話をする時等椅子を持つて來て先生のまわりにかけさせる場合もきめた通りにかけさせれば、共時は一番簡單で扱い易いが自由に坐らせると次々に問題が起ります。これを繰返しそこに適當な指導が與えられるならば、これ等の問題は子供達自身で解決しやすくなり、問題が少くなつていきます。そこに社會性の陶冶があるわけです。

②自分自身で考え考えた事を互に相談してきめる機會をあたえる。自分自身で考えて行う機會を多く與えることは、今迄の樣に先生の考え通りそれを守り、或は記憶すればそれでよいと云う方法では有りません。自分達で考えて考えながらお互に相談して問題を解決しきめた事はそれを直に實行する樣な機會を與える事です。例えば第一の例の出入りをして混雜をした場合すぐに先生がどうしてこんなに混雜したか說明したり、出入りし易い樣にしてやるのでなく、その體驗を通して子供達にどうしてこんな状態が起つたか、それをどんなにしたらその樣にならぬかと、考えさせ話合いをさせ、よいと思つた事を實行させます。然しその場合必要に應じて先生は助けを與えねばなりません。第三には社會性を陶冶するための、きめた時間をもたせる事です。所謂小學校の社會科の時間の樣なものを、持たせる事であります。それはどんな時

間かと申しますと、幼稚園に於ける社會科の時間とは保育室にて自由に社會遊びをさせます。それが社會科の時間です。子供達の興味と教育的な見地から取りあげられた遊びを、先生の指導下にて自由にして遊びます。ままごと汽車ごつこ電車ごつこ郵便遊びなど、教育的でしかも子供達によろこばれる社會遊びは澤山にあります。この時間には只その遊びをする丈でなく、その遊びのために必要なものを自分達で必要に應じて作らせ、その作つたものを使つて遊ばせます。この時間のために保育者が備えた環境及その指導よろしきを得てこそ、社會性の基礎となるものは最も多くよく表われる事が出來るのであります。此時間が充實した時間であり、子供達によろこびと滿足を與えしかもよく、社會性を陶冶せしめる樣にその環境をそなえてやらねばなりません。然らば、その樣な時間たらしめるために必要かくべからざる事は何でしようか。その重なものを一二だけあげて見ましよう。その一つは此遊びをする爲に用いる遊具や遊びに必要な遊具を作る材料をそなえてやる事です。幼兒の遊びが遊ぶうちに一つの遊びに對してだん／＼と興味が深められてゆくのも、ものごとを考える事がだん／＼とねられて、よく考えられる樣になり、考えが進められてゆくのも、ものごとをよく記憶出來るのも、彼等が學び習得し得るほとんどは、具体的に自分で何か爲してみる事によつてであります。具体的に何かしてみると云えば、幼兒の場合は特に、そこに材料が必要になつて來ます。大人の樣に抽象的でも、教育的効果をあげると云う事は、子供の場合は困難です。子供への遊び材料の必要な事は、我々が深く研究し樣と思えば書物を必要とするより以上に必要なものでしよう。遊びに興味をまし加えさせよろこびを與え遊びを發展させ充分に体驗してよく學ばせる爲には、どうしても遊び材料が必要です。教育上是非必要なものであり、幼兒の精神發達の上から缺くべからざるものであれば、たとえ今の時代ですから入手困難だと云つても我々保育者が先ず此材料を備えるために大いに工夫と研究をなすべきではないでしようか。もう一つの必要なる條件は保育者のよき指導です。幼兒達は此與えられた材料を用いて自己活動をなし、その活動中に保育者のよき指導によつて、自然に社會性を陶冶する事が出來ます。此時間を通して社會性を陶冶するのに、どんな指導をしたら最も教育的に効果をあげうるか、この事に就ても此題目で考える上からは申述べるべきですが、時間の都合上略します。最後に社會性陶冶上否それのみならず、保育全体を通じて保育の新理論を、實際にいかす上に、現在の多くの幼稚園で困難を來すでしようと思われます點の、一つについて考えて見度いと存じます。最も困難とされそんな理想論は實現出來ぬと、問題の中心になりますでしよう事は材料不足と一組の園兒數の多過ぎと、云うことではないでしようか。一組四十人五十人の園兒では、如何にすぐれた先生でも理想通りにはとてもやれないでしよう。然し人數が多いから、新教育は出來ぬとか、私の園等ではこれこれの事情で出來ませんとかそんな事は單なる理想論であるとか云つて、從來のままでしてゆく事は許されぬ事です。それかと云つて何もかもが自分の思い通りにしてほしいとは、實際問題として今の場合國情や園の事情を考え合せる時、要求してみても出來難い事も有りますでしよう。そこで私共は與えられたものを最も教育的にする爲に如何になすべきかと云う事を、よくよく研究工夫していかねばなりません。例えば、人數が多過ぎれば、アメリカの或地方ででも、なされて居ます様に午前と午後の二部保育にするとか、或は社會科の時間なども人數が多過ぎれば半分外で半分室に入れ、外の子供は他の組の先生に頂いて交代でするとか、室の出入りを自由にさせるのに、人數が多過ぎれば始めは少しずつ出入りさせてだんだん人數をますとか、色々と考えてすれば、工夫する事も出來るわけです。

教育上多くの困難な問題を切開いて新教育にあたらねばならぬ事を思う時、我々保育者の責任のますます重大なるを感ぜざるを得ません。新保育に向つての改革、改良こそ實際保育にあたる私共が協力してなしてゆくべきではないでしようか。幸にかゝる力強き保育會をもつて居ますのですから、お互に力を合せて研究工夫し幼兒教育のため、私共の最善を盡そうでは御座いませんか。

議長　次は京都保育連盟にお願い致します。

京都保育連盟　**宮西ゆき**

幼兒の社會性は日々の生活によつて養育されるので御座いまして、幼稚園とは幼兒を對象として社會性基礎陶冶を目的としている場所でなくてはならないと思います。人間は必ず社會を通して人格品性を陶冶されるのでございます。そうして此の幼兒の魂と生活を守り育てて行くことであります。以上保育者は保育に關する理念をはつきり把握し、意識されていなければなりません。同時に保育者自身健全な社會性の保持者であり、円満な人格を持つた社會人、愛の人でなければならないと思います。古い考えを根にもつて形式的な考えでしつこくしばりつけられて、新しく進み行く道を妨げない様に注意しなければならないと思います。ですから私達の適切な指導方法を研究いたしますことは、最も必要な根本問題であります。で私共の方策の二三を述べて見たいと存じます。

一、先ず愛の實行者となるために、

何れの社會を問わず、愛はあらゆる生活あらゆる集團生活に、欠くことの出來ないものでございます。愛は人生を豊かにし、又之を高くする原動力でございます。感受性に富む幼兒にあたえる最大のものが、外的環境であるとすれば、その外的環境の中に於て大きい役をはたすものは、實に保育者の正しい愛の取扱いであると思うのでございます。そして幼兒をして小さな愛の行爲を誘導し、奉仕の喜と自己犠牲に現われる高い形の愛に迄、導き度いと思うのでございます。むくいをのぞんだ愛の行爲は、さけなければなりません。物質的な愛より精神的な愛こそ眞の愛であると信じます。愛の行爲をした時には、心から感謝をすること又皆で拍手をして、行爲を賞するとか、又よき同情心の現われに對して、適當にほめて奨勵する。又病氣の子供或は、又家族の中の誰かが病氣の時には、それをおぼえてお祈りをし、又何かその日の手技をもつて、お見舞に行く、又手紙を書いてたずねてあげるとか、幼兒をして愛の實行者となるために、指導をいたします。

二、良い經驗をさせること、

幼兒は、社會生活とは何であるかを明らかに理解することは出來ません。けれども唯全身に於て感じ性格に於て、それを受取るのでございます。子供が喜をもつて集團生活に參加させる様な、社會生活こそ、眞の社會生活でなければなりません。そして眞の個性が生れ、眞の良き經驗を味うことが出來ると信じるのでございます。

例えば、下に落ちている紙屑は目につけば必ず屑籠に入れる。自分が使つた紙は籠に捨る、繪本は大切に仲良く見る、個不揃に行く時満員になるが必ず押合わず、並んで順番を待つ。それが押合いへし合いで行く時と、くらべるとどんなに氣持ちがよいか、こうした氣持を体驗させ、この氣持よさを味わせてこれがその子の性格となるまでに築き上げたいのです。そして達には云われたことを從順にするだけでなく、自分が氣持よい又他人も氣持よく思うことは、先生に云われないことでも進んで行う氣持、一里行けと云われたら二里行く、こう言う氣持にすすんで行きたいと思います。この場合余りほめすぎてもいけないと思います。人が見ている時だけは、良いことをすると言う様な傾きが表われない様によく注意して、裏表のない明るい性格を育みたいと思うのでございます。

三、集團遊び(自由あそび)

子供達がお庭で自由に遊んでいる時こそ、その子の自由なそしてありのままの姿でありましよう。私達はこの遊びの中に一人一人の性格をしつかりとつかみ、その子の良い所の、伸しかくれているところはひき出し、悪い所は子供自身の力で押えてゆく様かげ乍ら、見守つていくことが大切でありましよう。幼稚園で子供達が「三匹の小豚」や「七匹の小山羊」のお遊びをいたします。子供同志で子山羊をきめ、お母さん山羊そして兄弟山羊をきめて、朝から晩まで自分達の生活をそのまま、山羊の生活にしてお母さん山羊がお使に行つたり、兄さん山羊は子山羊さんのお守りをしたりよく世話をします。この様な時いつもだまつて、ぐずぐずしている子供が案外ハキハキと自分の意見を言つたり、お友達のお世話をしていることがございます。この時保育者はめだたぬ様によせてもらつている様な形で、よほどおかしくまちがつているときには、少し「先生が見た時はこんな様でしたけど」と、かるく意見を言う位にしています。こうして子供達が自分達の考えで、この面白いお遊びを作り出して行く中に、自分の意見自分の考えを發表し、そして他人の意見考えをもきき、みんなで考えて、少しでも良い面白いものを作つて行く。そして自分の言つたこと人が言つたことは、必ず守ると言う風にたのしいお遊びの中に、こうした小さい約束を守り皆と仲良く遊ぶ氣持良さを味わすことによつて、社會性の發達を助長して行きたいと思うのであります。

三、共同製作

一人一人の製作でなく、何人かのグループを作つて、一つのグループが一つの製作をするのであります。皆と氣持を合せて協力して子供達の考えで、話し合いで物事を處理していくのであります。

(イ)相談會……大体今度は「海水浴ごつこ」と言う題でしましようと、先生が考えて皆の意見をきく。皆が賛成すれば先生ができます。海水浴ごつこをするには、宿屋さん、食堂、おみやげ屋、ボート屋、汽車驛、お家の人等、いろいろなものがあるが、この中で自分のしようと思うグループに入り幾つかのグループに分れて、相談會をする。これはあくまで子供の意見尊重で、皆が皆の意見をききどんなものを作つたら、どんなにして作つたらいいかをよく考え、各自の分擔を決め、思考力觀察力發表力を養い子供同志のいい相談が出來る様に進めさせます。

(ロ)製作……一旦製作にとりかかつたら、決められた責任は必ずはたす、みんなと協力してよりよいものを作る。そして出來ない人はみんなが喜んで助け合い、物を大切に使うこと。お仕事は默つてして他の人に迷惑をかけない様に、後片附けはきつちりする等、この氣持をもつてお仕事を進めてゆきます。

(ハ)出來上り……各グループのものが出來上つたら、一度皆で見てまわり、批判力觀賞力を養います。素直な氣持で人の良い所を見出し、又賞められたからと言つて、すにのらず、又悪く言われても卑屈にならず、ほんとに偏よらないおおらかな氣持で人の製作品を批評し、又他人の批評をうけ入れること、こうした氣持を習慣づけていく様にいたします。そしてこの出來上つたものを使つて、皆で海水浴ごつこをいたします。小さな可愛いい子供の社會を作つて、或る子供は驛員になりきつて、又或る子供はお父さんに、宿屋のおかみさんに、食堂のボーイになりすまして、ほんとに愉快に遊んでいます。この嬉しいお遊びの中に汽車にのるとき、ボートにのるとき、切符を買うとき、おみやげを買うとき、宿屋に泊るとき、食堂に入つたとき、道を歩く時等の社會的規律をつくつて、皆が氣持ちよく遊べる様、子供達自身が良い世界を作つていく様に、先生はかげ乍ら見守つていきたいと思うのでございます。

四、子供のけんか

けんかは社會的行動が盛になるにつれて、多くなつてくるものでありますが、やはり社會的行動の破壊分子でありますから、何とかして防ぎ、うまく處理していきたいと思います。子供のけんかは、子供の世論に訴えて子供達自身で處理して行く様にいたしますことが、大切でありますが、殊にブランコその他の遊具のとり合いは、自分もこれで遊びたいのと同じ様に、他の人もこれで遊びたいのだから、自分ばかりんないでお友達にも貸してあげようと言う同情心をもつでお互いがゆずり合うやさしい氣持ちをもつことが大切である。自己中心的な殻から、中々ぬけきらないこの年齢の子供たちに、こう言う氣持をもたせることは中々むつかしいかもしれませんが、時にはこうした内容のやさしいお話紙芝居人形芝居繪本等によつてそんなに氣持のよいものであると言うことを味わせることが大切だと思います。

五、樂隊遊び（リーダー）

例を樂隊遊びにとれば、これは皆が氣持を一つにして指導者に從うこの氣持を味わせたいと思います。一方一人の者がリーダーばかりにいつもなつているのでなく、皆がリーダーにもなり、次にはリーダーに心を合せて追從すると言う、兩方の經驗をさせることが大切であります。これは社會生活を營む上に、大切な氣持でありましよう。

六、園外保育

私達が心をこめて作つたお花が明日は咲くであろうと、樂しみにしていると、朝見ると折られていることが度々あります。こうしたことこそ、子供の中にはつきりと躾けておくべきではないでしようか。草木を大切にすること、無駄に草花を切つたり樹を折ることは絶對にしない様、習慣をこの時にはつきりとさせておきたいと思います。秋晴れの下、たのしい園外保育は、この上なく氣持がよろしい。子供達と共に廣々とした美しい自然の中にとけこんで、知らず知らずの中に、子供の心の中からこの美しい大自然、神様の造つて下さつたこの木この草を大切にしましようと言う氣持を湧き出させる様に、誘導したいものであります。以上種々な點について申しましたが、幼兒の社會性は毎日毎日の生活によつて、養い育てられるものですから、これが正しく導かれるか否かによつて、その子供の將來が開かれるか否かが、決ると言つても過言ではないと思います。要するに私達は子供達が將來どんな人間になつてほしいかを、常に考え美しい社會を作つていくに足る円滿な人格を築き上げて行きたいと思うのでございます。

論說　大阪保育會にお願い致します。

大阪保育會　園田房子

一、新教育の目標

誤まれる國家主義に基づく、排他的な狹量さを一掃して、「平和を愛好し、世界文化に貢献し得る世界人へ」、即ち「よき日本人であると共に、正しき世界人へ」と、教育目標は新しき一大轉換をみることになりました。

二、社會性の必要と正しき社會人

「正しき世界人」として立つ前に、私達は先ず「よき日本人」として生い立ち、また「よき社會人」として「正しい社會性」を身につけなければなりません。では一体「正しい社會人」とはどんな人をいうのでしょうか。

それは協働体社會の一員として、自らを律し規律を守り責任を完うし、進んでは他人の自由を許し、これを認めるおおらかな氣持を養い、自分を愛すると共に他の人を愛し、互に相愛し相扶けて生活を樂しむことの出來る、民主社會の一員というのであります。

三、幼兒と社會性

1幼兒期と社會性陶冶

民主社會の一員としての、社會性を正しく導く方法を考える前に、この社會性の生い立つ時期を心理學的に考察して見たいと思います。

人間は自己を主張し自己を意識する自己中心的な自然性を持つと共に、他の人と一緒に生活したいという本性を持つております。

この社會性は嬰兒期のごく幼い頃から芽生えますが、滿三歳丁度幼稚園に入園する頃から、一層とはつきり表われ、家庭で親や兄弟に可愛がられているだけで滿足せず、同じ年頃の友との對等の立場に於ての相互的交渉を求めるものであります。

友を求める自然の欲求を適當に滿足させてやらないと、その經驗の機會を與えて導かないと、社會性そのものの發達が妨げられて偏屈な孤獨性を持つようになり、充たされぬ社會性の要求は人間性そのものを抑壓し、性格全体を又身体をさえ、不健全にすることがあります。

友を持たぬ子は屢々虚弱な身体と、不活潑な陰氣臭い性情の持主になることがあります。

私達幼兒保育者は「幼兒期こそ社會性を正しく躾ける根源の時期」であることを、大いに自覺しなければなりません。

2幼兒期に於ける社會性の實態

では日々私達が保育している幼兒の姿の中に、如何に社會性が生い立つているかを眺めます時、

○全然一人の友をも持たぬ心淋しい子供

○自我が強く我儘で遊具も先生も獨占しなければやまぬ子供

○友と喧嘩にあけくれ人の遊びを破壞し、弱き者を奴隷視する暴君

○無口で返事一つせず唯一人で遊びを樂しむ子供

○よく拗ねて泣く事に依り自分の存在を知らす子供

○自分の過を他に轉じて平氣な子供

等、その在り方は誠に理想の社會人から縁遠く非社會的な實態に驚かされます。

四、社會性を如何にして陶冶するか

1 環境教育

こうした千差万別の社會性の生い立ちを持つている幼兒の實態にふれ、また社會性がすこやかに伸びている姿をみつめる時、その依つて來た原因はこれを育んだ家庭環境にあるのであつて、社會性陶治の大いなる力は環境教育に依ると言つても過言でないと思います。

この世に生を享けて始めてつつまれる環境に於て、父は父で母は母でその責任を完うし、お互の立場に深き理解を持つ。

この兩親は揃つて子供の本性をよく理解してその心理性に合致した教育法に依り、その獨立心を培い社會性を養う。

父も母も子も一家という團欒の中に互の責任を果し合い、互の人格を尊び合い互に信頼し合うという、愛情と思いやりに結ばれた協同の姿に生きて行く。こうした民主家庭に生育した幼兒は友の心を認めつつ協同の生活を樂しむという「正しき社會性」を、すこやかに伸ばして行くことでありましよう。

父は母を束縛して常に暴君的存在として君臨し、二言目には「女の癖に」と女性の特權をふみにじり、母は常に「子供の癖に」と子供の心をふみつけ、伸び行く我が子のよき芽を摘みとる。

こうした非協力的な封建的家庭に育つて、どうして友と仲よく遊ぶ心が生い立ちましようか。友を求め人をなつかしむ心の芽も萎えしぼみ、生涯非社會的な孤獨人として、精神的不具者となり終ります。

家庭環境こそ幼兒の社會性のすぐなる伸び方に、大いなる力を持つことを父に母に自覺させ、家庭が新しい時代の息吹を以て、民主的に轉換されます日の、早くきたりますよう、私達は積極的な指導性を持ち度いと思います。

この家庭環境からうまくすこやかに伸びた社會性を益々伸ばし、みじめに歪んだ非社會性を矯めて、素直にのばさねばならぬ大きな使命をもつ私達幼稚園は、この多數の幼兒を包含する環境として、如何に在つたらよろし

いのでしょうか。

先生は先生としての責任を完うし、おじさんはおじさん達でその務を果す。互にその人格を尊重し合い、互の長所に對して尊敬し合う信頼感と、思いやりで結ばれた明るい民主社會であらねばならぬ事は言を俟ちません。

その上幼兒が自律的に協同生活の出來る平和的な美しい設備が、完備しておりましたら申分ありませんが、復興の途上にあつて、それを望むことのむずかしい現在、園の中のグループが、せめて平和的な樂しい民主社會を具現して幼兒をほのかにつつみ度いものです。

日一日と社會の惡環境は、幼兒の心を蝕みつつあります。長い封建の歴史は家庭環境を容易に新しくは息吹かせません。

幼兒の直ぐなる伸び方を一途に願い、新日本建設の礎たらんとする私達保育者は、せめて自らの環境を美しき花と香らせ、家庭に社會にその香をうつしていき度いものだと思います。

2 機會保育

かくして整えられた環境の中に、私達は靜かに幼兒の實態を眺めなければなりません。その實態をみつめつつ機を逸せず、折にふれ時を捉えて、正しき社會性の在り方へと指導することこそ、社會性陶冶の方法として最も新鮮にして、活きた指導方法であると思います。

では如何なる觀点から指導すべきかを申述べてみたいと思います。

○愛の教育

友と友との交りは深き愛情と思いやりに結ばれるものであつて、社會性陶冶の最も根源の教育は、愛情の教育にあると思います。

我が子を愛する母の愛の强烈さ、家族の者同志いたわり合う愛の豊かさに於ては、世界何れの國々の人にも優るとも劣らぬ日本人も、隣人愛として横にひろがるおおらかな愛情には、誠に乏しきものがあります。

常に相手の立場を考え、相手のために盡し、相手のために親切にしなければおられないという愛情の濃やかさこそ、協同社會生活を生い立たせる土壌と、なるものであります。

本來自己中心的で主我的な幼兒に、友を愛する心を芽生えさすもの、それは母の愛であり、先生の愛情であります。

幼兒は先生に優しく愛されると、先生を只管に慕い先生の言葉だつたらどんなことも守ろう、どんなお手傳いでもしようと、愛せられることに依つて愛する心を育まれるのであります。

即ち「愛を生むものは愛」であります。

先生に愛されることに依つて、人を愛する心を育てられた幼兒は友の心を思いやり、自分より幼い者を弱い者をいたわろうとする優しい心情を、生み出して來るのであります。

先生の愛情こそ眞心こそ幼兒を育む最も底の力であることを深く自覺して、幼き一人一人の姿をみつめつつ「友を愛する」深い思いやりの心情を、芽生えさせて行き度いものであります。

○人權の尊重

アメリカの母親は赤ん坊の時から、子供の人格を尊重すると聞きます。

その泣き聲を聞きわけてお乳の欲しい時は、時をきめて授乳しおしめの濡れた時は、これをしかえ痛さを訴える時は、これが處置を致します。

このように幼い時から人格を認められつつ育まれた幼兒は、成長して又よく他人の人格を尊重するようになります。

友の心を無視して、自分の意のままに腕力を以て他を壓し、弱き者を服從させて平然としている幼兒が相當に多い事實に直面します時、泣けば授乳の一手、その心理性を無視して母親の感情のままに、叱責して來た日本の家庭教育に原因するものであることを、泌々と痛感するのであります。

自由平等の鐘は鳴り人權の尊重は新憲法に保證された今日、理由なくして人を壓迫する暴君的要素は、幼兒個々の姿から拂拭し度いものであります。

時々わけもなく友を擲る、喧嘩をする、友を泣かせるという事件が園庭に起り、その當事者を眞中に澤山の幼兒が、これを圍んでその事件の成行を注目しています。この場合先生は先ずその事實をみつめ、これを取圍む幼兒達の批判の言葉にも耳を傾け、當事者の言分も聞いてやり、その行動が社會的立場から是であるか非であるかを、よくよく靜かに考えさせ、反社會的行動に對しては、しつかりした態度をとり度いものだと思います。

先生が先ず幼兒の人格を尊重する時、幼兒も亦友達の人格を認め、先生が社會的正義を以て事の處置をすれば、幼兒も亦社會的正義感を身につけるものと思います。

○公德心

私は錢湯に行く度、その浴場内で用便をする幼兒をよく見かけます。

この子供達はお風呂に來ると「おしつこ」をするものだと思つているらしいのです。浴場は大勢の人々を清潔にする場所であつて、そこを不潔にすることがどんなに大勢の人に迷惑をかけるか位は、母親によくわかつていることと思います。同じ習慣をつけるなら何故お風呂に入る前に、用便をすます癖をつけないのでしょうか。

幼稚園でお便所の場所を教え、其の使用法を毎日のように躾けているのにかかわらず、園庭に歸途道路にと放尿致します。これも幼い時から道路や、浴場を平氣で汚す悪習慣に原因づけられているのだと思います。

子供部屋を汚した場合は餘り叱られませんが、大勢の人の通る廊下を、お客様の出入する應接室を汚した場合は、その社會的立場からきつく叱責されるアメリカの家庭教育に比べて、大いに反省する點があると思います。

この教育あつてこそ、萬年筆のインクの出方を試すのにたとえ自分のハンカチや洋服を汚すことがあつても、學校の机や、腰掛や、床は絶對に汚さぬという公徳心が生れるのであります。

大勢の人の清潔を闘る浴場を、大勢の友の遊ぶ園庭を、公衆の歩く道路を不潔にすることの平氣な野蠻的行動は、「大衆に迷惑をかける」という非社會的行動として自覺を持たせつつ矯正し、公徳心の芽を養い度いものだと思います。

○責任の教育

人は責任を履行して始めて自由人としての權利を主張することが出來ます。

お辨當のお當番・積木其他の遊具のお片付・お部屋やお庭のお掃除・兎のお世話・お花の水やり・畠づくりなど、いろ〳〵なお手傳を喜んでしている中に、責任を果すことの大切なこと、責任を果すことこそ、人の信頼に應え得るのだということを、自覺させて行き度いものです。責任は强制す可きものではありません。樂しくお手傳の出來る機構をつくつてそのお手傳を終つた時の、すがすがしい喜びに浸らせつつ、不知不識の間に責任感の芽を養い度いものです。

○自律・協同

入園當初は自己中心的な考えの子供が多く、私のために先生あり友あり遊具ありという考えが强く我儘者の集團であります。その爲に先生を引張り合い、自分のすきなように友を隷屬させ、友達が並んで待つている辺り傍には腕力を以て割り込むという始末。

幼稚園は、自由平等の集團生活の第一歩として先ず「協力」ということの大切なことを知らせ、自分一人が我儘をいう樂しみ方からひろいグループ全體が、樂しく暮すことの出來る暮し方を、幼兒自身に考えさせて行き度いものです。

協同を裏づけるものは自律であります。

辷り臺に刹到する現狀を幼兒によくみつめさせ、この混亂を解いて誰もかれもが樂しむには、どうしたらよいか。

我先にお部屋を出ようとすると、おし合つて怪我を致します。おし合わずに出るにはどうしたらよいか。

ここに「こんなにしたらいいでしょう。」「みんなこんなにしましょうね。」と、いろ〱なお約束が生れます。

「こうしなければいけませんよ。」と斷定的な命令壓迫によつて、躾ける教育はもう過去の遺物になりました。

子供達のきまりは、子供達のお約束は子供達でつくり出されてこそ、これを樂しく守ることが出來、そこに民主社會を生い立たせる根源の教育があるのではないでしょうか。

○禮儀

最後に社會性陶冶の重要な面として、禮儀の問題が殘されていますが、禮儀こそは人と人との交りに於て、愛のしるしを與え、愛のしるしを受け入れる美わしい形相《すがた》であると思います。

その第一歩として先生に對する挨拶、子供同志の挨拶並にその言葉遣いを、正しく躾けることが肝要であると思います。

五、結び

以上申述べてまいりましたように、幼稚園に於てはあらゆる機會を通し「正しい社會性」を躾けると共に、「兩親と先生の會」即ち「P・T・A」の新しい運營によつて、家庭教育を啓蒙し、幼稚園と家庭が兩々相俟つて、社會性陶冶の完璧を期し、平和を愛好し世界文化に貢獻し得る「正しい世界人」として伸び行く根基を培い度いと存じます。

議長　御通告による御意見の御發表はこれにて終りました。なお御意見、並びに御質問はございませんか。

（なしと呼ぶ者あり）

ではこれで議事を終ります。

まことに不慣れで御座いましたが皆樣の御協力により無事つとめさせていただきました。

御禮申上げます。　（拍　手）

司會者（杉浦）　之を以て午前の部を終り三十分の休憩を致しますから、控室で御食事をおすましになりましたら、又この會場にお集り下さい。

一、休憩

研究發表

遊戯內容解説

京都保育連盟　瀬戸口孝子

學校教育法に於ける幼稚園の目的は：幼児を保育し適當な環境を與えてその心身の發達を助長する……ことにあります。今回ここに發表します御遊戯に就きましては、その目的の中直接身體方面をねらつた幼兒體操と、心の方面をねらつた「ひらがな遊び」「動物遊び」を取扱いまして、幼兒に與える環境の一斷面と考えてみたのでございます。

一、幼兒體操

幼兒の全身活動を目的としています。幼稚園に於きましては、幼兒は思う存分身體を動かして遊んでは居りますが、幼兒の個性によりましてその遊び方はまちまちでありますが。元氣な兒は常に活潑に動き廻りますし、常に物靜かに他人の遊びを眺めて一日を過すといつたタイプの兒もあり、一人々々の筋肉活動は常にかたよつた傾向にあるのが普通でございます。そこで一日に一回は全身の筋肉をどれも動かす機會を與えてやることが、最も大切なことでございます。が右に述べましたことは、今更事新らしく考えるまでもなく、從來ラジオ體操等によつて行われて居りましたが、それをもう一つつきつめて考える必要があると思います。

即ち幼兒の心理に、ピツタリしたものであろうかということであります。一定の場所に固定してわけもなく手や足を動かす、――幼兒にとりましては、何の喜びも感じられないまことに無味乾燥なものといわねばなりません。もつと幼兒が生き生きとリズムに乗つて、魂の底から表現するものでありたいと願うのでございます。ここで一寸音樂と音樂遊戯について考えてみたいと思うのでございますが、從來はとかく動作が文學的表現にのみ、こうでいされていたのではなかつたでしようか。例えば「丸い丸いまん丸い。」と歌えば手で丸を作らねば氣がすまないと言つた樣な考え方――そうでなしにもつと根本にさかのぼり、幼兒が音樂を聞けば何となくその音樂につれて、手や足や身體まで動かさねば濟まないと言う樣な、音樂に對して示す反應とでも申しますか、それを動機にした、純粹な音樂の表現といつた方向へ導きたいと思うのでございます。しかし幼兒のことですから、或る程度文學的な表現も加味する必要をみとめますので、その兩方面から歩み寄つたものとして今度の幼兒體操を考えてみたのでございます。始めに述べました全身活動の意味で體操の順序を下肢、上肢、頸、胸、平均、體側、前後屈、跳躍、かけあし、整理運動という風に組立ててみました。

そしてこの運動の目的を達成するため、幼兒の生活、心理に適したもの、幼兒が親しみをもつて表現し得る内容を選んだのでございます。曲はこの方面の權威者でいらつしやる京都師範學校の福本先生に特にお願いしてつけて頂きました。

二、ひらがな遊び

遊び方――厚紙に平假名を書いて（同一文字に就いて幼兒の數だけ）床の上に散布し、その周圍に円陣を作ります。幼兒に探させる文字を内容にした歌を皆で一回歌い、歌い終つたらそのリズムに合わせてスキツプし乍ら、厚紙の文字を探します。探せたらそのカードを持つて元の位置に歸つてきます。皆が間違えずに探せた所で合圖によつて、カードを床の上へ返しに行きます。こうして數種類の文字を歌に合わせ乍ら探し出すお遊びで、遊び乍ら識らずのうちに文字を覺えます。

文字と幼兒生活について考えてみたいと思います。幼稚園は學校へ上る準備として文字を教える所だ、と言う風に考えたくありません。しかし幼兒は教えなくても、この頃は知識慾が非常に旺盛で、自分の力でぐん〳〵文字を習得して行くものでございます。適當な機會さえあれば遊んでいるうちに、教えられたという壓迫感を、一寸も感じないで文字を自分のものにすることが出來るのでございます。こうした文字生活に於ける環境を與える意味で、ひらがな遊びを工夫してみたのでございます。お遊びの中に用います歌曲は、新作ではなく、どの幼稚園でも古くから使われているものを用いることにいたしました。と申しますのは臨時隨所で、カードさえ用意すれば誰にでも簡單に遊べる様にというので既成の歌曲を使うことにしたのでございます。

三、動物遊び

遊び方――動物の形を厚紙で作り、數種類毫の上に置き、その周圍に円陣を作ります。マーチに合わせて円周に沿つて行進し、マーチが一曲終つた時誰か（約束によつて豫め定めておく）が、動物の名前を英語で發音しますと、皆がその動物の側へ集るという簡單なお遊びですが、幼兒が常に親しみを感じている動物の名前を、英語で發音して識別するのですから、何回やつても興味深いお遊びでございます。

英語と國民生活、これは今更論するまでもなく、占領下にある日本が、現在も將來も英語を必要とすることは明白なことでございます。「ネ、犬のことどう云うか知つてる?」「ドッグつて云うのよ。」「そしたらネコのことは?」「キャット。」等と、これに類した他愛ない會話が、幼稚園のお庭の片すみで交されていることがよくあります。幼兒は文學を覺えると同樣のコースをたどつて、日常生活のうちに、色々な機會から自然に英語を覺えます。只その環境の差によりまして、例えば正確な發音、アクセントでもつて話されている英語を常に耳にして居ります場合と、そうでない場合とでは、幼兒自身の發音、アクセントに差が生じて參ります。多くの場合は、きつと、グッドバイ等と日本語的發音、つまり日本人同志でないと、通用しない發音になり勝ちなのでございます。そこで幼稚園では出來る丈正しい發音やアクセントでもつて、聞かせる機會を作つてやりたいと思います。只殘念なことは私達自身英語の素養が貧しいので幼兒の前で堂々と發音してみる自信が持てないのでございますが、そうかといつて、いつまでもしりごみしていては、日々伸びることを止めない幼兒に對して、申譯ないことでございます。幸い市視學の不破先生から常に御熱心な御指導を頂いて、幼兒と共に伸びると云う意氣で進んで居るのでございます。

關西連合保育會規約

第一條 本會は關西連合保育會と稱し事務所は當番市に置く

第二條 本會は幼兒教育に關する各般の事項を研究しその普及進展を期することを目的とする

第三條 前條の目的を達するため左の事業を行う
1. 大會の開催　2. 機關誌の發行
3. 其の他

第四條 本會は關西各地に於ける保育團体を以つて組織する

第五條 必要に應じ各團体より代表者を出して役員會を開く

第六條 會議の議長會務の處理は當番市の役員之を擔當する

第七條 大會の費用は加盟團体が分擔する

第八條 本會に必要な内規は役員會で定める

—内　規—

1 規約第四條に依る本會加入の保育團体(昭和二十三年三月現在)
京都保育連盟　大阪保育會　兵庫保育會　名古屋市保育會

2 新に本會に加入する團体は役員會の承認を得た上大會の決議を經るものとする

3 連合各團体は大會で決議した調査事項に對し責任を持つこと

4 各團体役員の交代分擔の變更は其の都度連合各團体に通告すること

5 大會は毎年一回交番に開く

6 大會の會場日時及開會の順序等は當番市に於て定め
研究題は　三ケ月前　協議題は　三十日前
會場其の他は　十日前
に他の團体に通告すること

7 大會の費用の分擔は役員會に於て評議決定する

8 機關誌の發行は當番市擔當し實費にて頒布する

以上

— 28 —

幼兒体操說明

体形……自由

(1) 元氣な子供……自由な方向に行進する。

(2) 蝶々ひらひら……兩手を横に擧げて上下に輕く動かして、叉体側に下す(二呼間一動作)第一圖

(3) 時計かつちんかつちん……手胸、頭を左右にまげる(四呼間一往復)第二圖。

(4) お日樣高い……脚を横に出すと同時に兩手を上に擧げて大空を見る(二呼間)つぎの二呼間で直る＝第三圖。

(5) かがし……兩手側擧、片足で立つ(二呼間)つぎの二呼間で直る＝第四圖。

(6) 大風びゆうびゆう……脚を横に開くと同時に兩手を上擧しつゝ体を横に屈げる。左右交互に行う(四呼間一往復)第五圖。

(7) 漕げ漕げボート……二人兩手を取り、脚を出して坐り、互いに体を前後に屈して舟を漕ぐ形。

(8) 兎がぴよん……兩脚跳びで自由の方向へ。手は兎の感じが出るように自由な形に。

(9) 汽車ぽつぽ……かけ足で自由の方向へ。

(10) あしなみそろえて……行進叉はあしふみ。

5. か が し (平均運動)

6. 大風ぴゅうぴゅう (体側の運動)

7. 漕げ漕げボート (前後屈の運動)

8. 兎ぴょんぴょん (跳躍運動)

9. 汽車ぽっぽ (かけあし)

10. あしなみそろえて (整理運動)

幼児体操

福本　正作曲
京都保育連盟撰

幼稚園新目標（一）

―健康安全で幸福な生活のために必要な日常の習慣を養い身體諸機能の調和的發達を圖ること

大阪保育會　片岡恭子

一、幼稚園教育が學校教育法の中にくり入れられた喜びと責任

新憲法ができ續いて新しい教育法が制定され、教育が全面的に變つてまいりまして、幼稚園教育も學校教育法の中に大きく浮び上つてまいりましたことは、我々實務に携わつている者にとつては嬉しいと申しましょうか、力強い喜びを感じると共に、その任務の重大さを心の奥底から感じさせられるものでございます。

二、不遇な園兒

あの恐しい戰爭中から終戰後にかけての、ひからびた社會情勢、殊に乏しい乏しい食糧事情の中に於いて、母の體内に生を受け、先天的にもあまり香ばしくない體位だつたろうに、母親の苦しい、但し、愛に滿ちた涙の努力によつて、やつと幼稚園兒になるまでに成長してまいりました。只今おあずかりしている子供、さてその體位は如何でございましょう。我々月々の集いの折、何時もこの體位のことが話材の一つになつておりましたし、我々の各園は、毎月末一齊に身體測定をして、比べたり統計をとつたりして色々の面から考えて居りました。

三、學校教育法第七章

丁度その折この學校教育法幼稚園の章に〃第七八條、幼稚園は前條の目的を實現するために左の各號に揭げる目標の達成に努めなければならない。〃（一）健康安全で幸福な生活のために必要な日常の習慣を養い身體諸機能の調和的發達を圖ること。〃

こうして健康保育を第一に取り上げられてまいりました。先ず體の丈夫であること。安全とは怪我をしないこと。幸福な生活とは、心の健康適正な慾望の滿足を云い、身體諸機能とは運動の諸機能を云うのでございましょう。但し私達がここで、より考えなければならないのはこの中の〃調和的〃と云う言葉でございますし、又この目標は特に體育のみと云うだけでなく、身心一つにして考えなければならないと思います。だがこうした事は我々幼兒教育者にとりまして、殊更に新しいことでございましょうか。すぎ來し體驗を靜かにふり返つて見ましても、今度書き變えられました點の香のみは、新しいかも存じませんが、中身は御互が絶えず考え、又幼兒に

も實際やつて來たことではなかつたでございましようか。

四、我々のなすべき重大な任務

がしかし文化國家として力強く立ち上らねばならない、我國社會制度の改つた我國、又その重大な任務を負わされている子供達、敗戰日本の眞只中で教育の力、即ち人間完成のための教育は、保育者の熱愛なくしては到底達成できないことと信じます。

〃あの汚い道路〃〃汚い電車〃〃あの錢湯で〃〃榮養價の少い食糧で〃〃あの衣料で(殊に下着類)〃〃こわれかけて數少い遊具で〃〃硝子の破れた窓で〃だん〳〵好くなりづつあるとは申しながらこうした社會狀態の中で私達はどうしても健康でより幸福な生活習慣を、學校教育の第一歩としての幼稚園でしつかり培い又、それが一生輕々と何の氣なしに人から強いられなくともできる日常の生活習慣の第一歩としての、力強い歩みでなければならないのです。即ち全體主義的な教育法より個人完成の教育へと進まねばならないのでございましよう。

五、要目作成の意圖一

又、我々がやつて來ました身體檢査の結果から申しましても劣つています。幼兒數四千名、延人數一万六千名、大體その子供一カ月毎の滿年令を出し、その月々の年令による體重身長の合計から平均をだしたもので、割合い細かい統計でございますが、戰前の十カ年の幼兒三千五百名から出した統計と比べたものです。未だ四、五、六、七と四カ月の分ではございますが、大體の開きは約半カ年に、身長も體重もなつている樣でございますし、今後この線が如何に伸びて行くか、しかし小學校入學まで餘す六、七カ月の間で、そう急に近よるども考えられませんが、私達保育者は大いに考えなければならないことだろうと存じます。このグラフに現われた幼兒の環境は、大阪府下の衞生都市にあつて空氣も清淨であり、食糧事情も都會よりやや狀況がよいのではないかと考えるのですが、都會の眞中に住んでいる幼兒の體位は、之より上ることは先ずなかろうと思われますが……。又あまり戰前戰後の開きがひどいので、小學校に伺つて見ましたが大體この開きは(本年の分)ずつと續いて小學校五年生位では、約一カ年のひらきがあることを伺い、實にびつくりしているような次第でございます。さてその原因は?食糧事情の惡化よりくる榮養不足か?それとも蛔虫の保有が多いため、せつかくの母の苦心の榮養も吸收されないのではないか?又戰爭の眞最中あの空襲につぐ空襲で、十分に伸び〳〵運動できなかつたのだろうか？それとも社會狀勢が幼き魂の成長をはばんだのか？

食料事情の悪いことも大きな原因の一つであろうし、最近蛔虫保有者の、多くなつたことも事實でございます。私の幼稚園でも六月末の檢便で二百三十人中二百人までは蛔虫卵をもつていて、たつた三十人が免がれて大體87％の割になつて居ります。又御近所の岸和田、池田とかの幼稚園でも90％前後でございますし、比較的惠まれていらつしやるだろうと思われる、大阪第一師範女子部附屬幼稚園でも七三％位だそうでございます。二年保育の子供は昨今よりも10％增しているそうでございます。あちらの表にもございます通り、明治初年の蛔虫保有率は今のように90％以上でございましたが、段々文化が進むにつれてだん〳〵よくなり昭和のはじめは20％前後になつておりましたが、今では又明治に戻つた樣でございます。大體子供の體內に三〇〇匹位は住めるそうでございます。

私の方で七月の初めと九月初めにパラジリン錠を服用して居りましたが、九月末の身體檢査の結果の折には、未だよい徵候をあらわして居りませんでした。之は今年の夏の一倍暑かつたことも原因致して居りましょうが、何分にも未だこの樣に體位の下つた明瞭な原因をつきとめるまでいつていません。是非つきとめたいと思つています。

六、要目作成の意圖二

しかし目標には健康保育を第一に取り上げられていますのに、現實の體位はこうした狀態、社會狀態は前に申し上げた樣な有樣です。私達はこの體位を戰前以上に、又こうした社會狀態の中に、温かく正しく幼兒を守り、強い強い陣を張つて家庭、社會、幼稚園共に力を合わせて、身心共に調和的發達を目指す教育へと、押し進めて行かなければなりません。如何にして押し進めて行くか、母親は勿論、幼稚園教育に携わるもののなすべき大切な仕事でございます。勿論之には政治的工作にまで押し進め、給食その他のこともしていただきたい慾望をもつて居りました所、四、五日前の新聞にそのようなことが書かれていたので、政府も幼兒の體位の下つたことには、稍關心をもつておられたのだと、少しはほつと致しましたが、實施までには遠いのではなかろうかと、心配して居ります。だが我々は我々の立場から、この狀態から第一目標達成のための方便として、貧しい乍ら過去の体驗を集め、このような「要目」を作り、少しでもそれぞれの項目を、教育らしく行う過去の方法に依らないで、生活の間に生活に依つて自然に行える樣な環境を造り、幼兒の自然生活になる樣、考えてやりつつある道すがらでございます。「要目」の目標事項は月々變わつておりますが、どの月にも殆んど必要な事項でございますが、その月に大きく揭げられたものと云

四月	健康	安全	幸福な生活(一)	幸福な生活(二)
	衛生	登校園に氣を附けましよう	草花に親しむ生活	楽しい幼稚園

う様に四月は特にこうしたことに、意を注いでやり度い意圖のもとに、大きく掲げたまででございます。

七、實施方法

さてその目標事項の効果を充分にするために、即ち幼兒の自然生活になる迄には、どんな方法で生活の間に生活によつて行うか……。先ず幼兒の喜ぶ童話を、紙芝居を、ポスターを目標に即して、私達の手で作つて見ました。あちらに貼つておきましたが……。こうしたものを、機會をとらえて、何回も何回もやつて居ります中に、又壁教育と申しますか、ポスターを見て居ります中に、何時か幼兒の生活になるようにねらつたのでございます。強制して行わせる。即ち先程御發表になつた與えるのみの教育は、過去の教育であり、生活習慣になるまでには、凡そ程遠いものではなかつたかと存じます。こうしたことをやつて居ります中〃四月〃健康の手を洗いましようの結果は、幼兒四二名のうち最初は手を洗つた子供が數名でしたが、二ケ月後には殆んどの子供が洗う様になり、七月初めには一人残らず洗うようになりました。

九月は夏休があつたので案じて居りましたが、初めは二三人洗わない子供がありましたが、何時の間にやら九月六日以後は洗わない子供はなくなつたようでございます。左側通行等もこうした方法でやゝよくなつた様に思つて居ります。幸福な生活の面に致しましても、やはり紙芝居で草木を愛することを仕組んだり、自然物を對象としての遊びを考えたり、廢物利用で遊具の創作をしたり、身長を幼兒自身ではかつて遊べるものを作つたり、家畜の飼育、花だんの手入れ等、少しでも幼兒の喜ぶような生活に、そうして健康も増進する様な生活へと心掛けて居るようなことでございます。

八、結び

三ツ子の魂百までと云われるように、心理的にも好適な幼稚園時代に、そんなあたりまえなことと人に笑われるようなことでも、正しくしつかりと培つて健康な生活の爲の日常習慣となるよう基礎づけたいと思つてやつて居ります。要目も大きくは掲げましたが、少しやりかけたのみで研究の序の口にも達して居りません。もつと〳〵研鑽をつんで子供のため再健日本の爲、しつかりやらねばならないと思つて居ります。そして一日も早くこの体位が少しでも、よくなればと念願致しております。

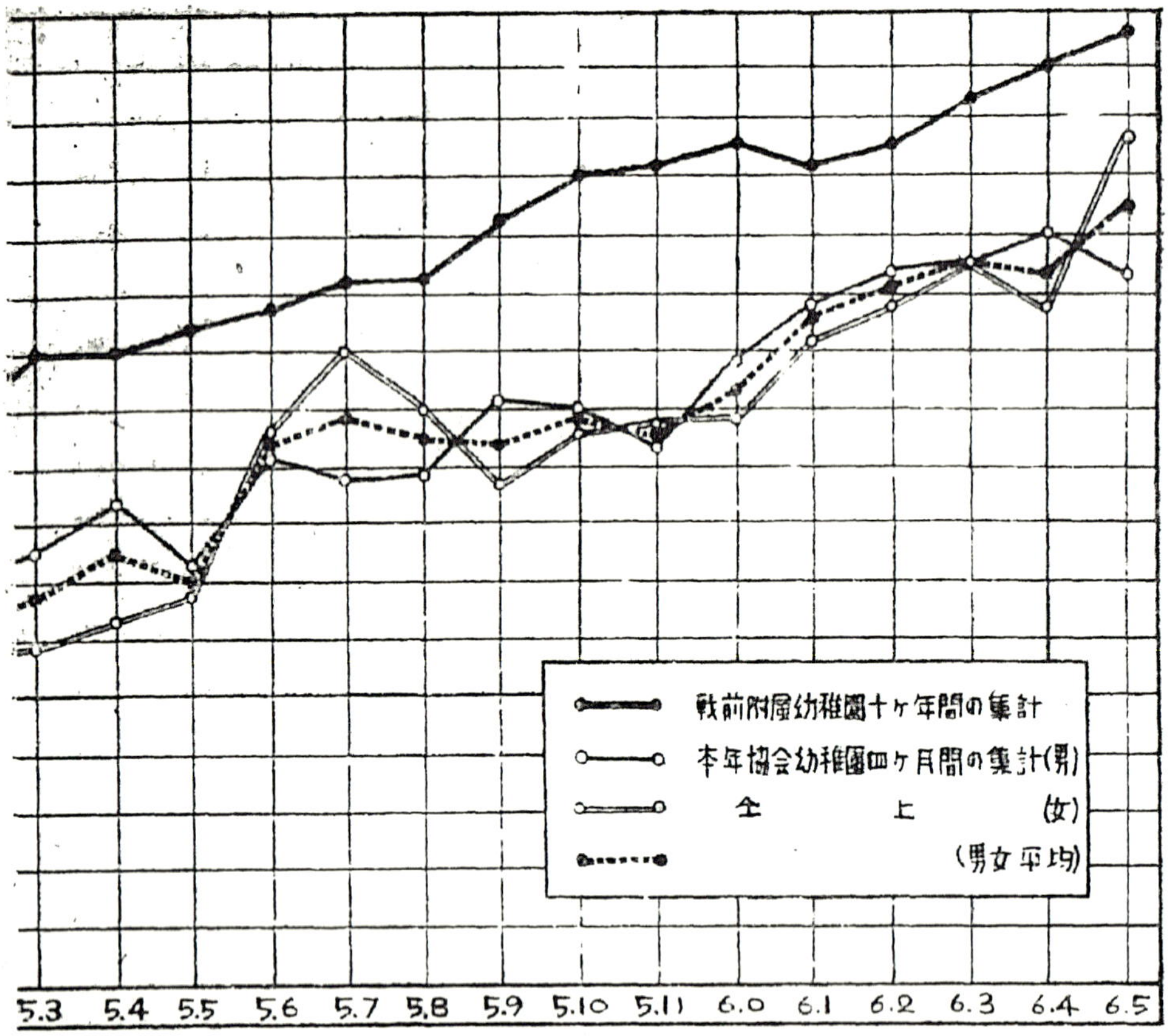
戦前附属幼稚園十ヶ年間の集計
本年協会幼稚園四ヶ月間の集計(男)
仝　上　(女)
(男女平均)
5.3 5.4 5.5 5.6 5.7 5.8 5.9 5.10 5.11 6.0 6.1 6.2 6.3 6.4 6.5

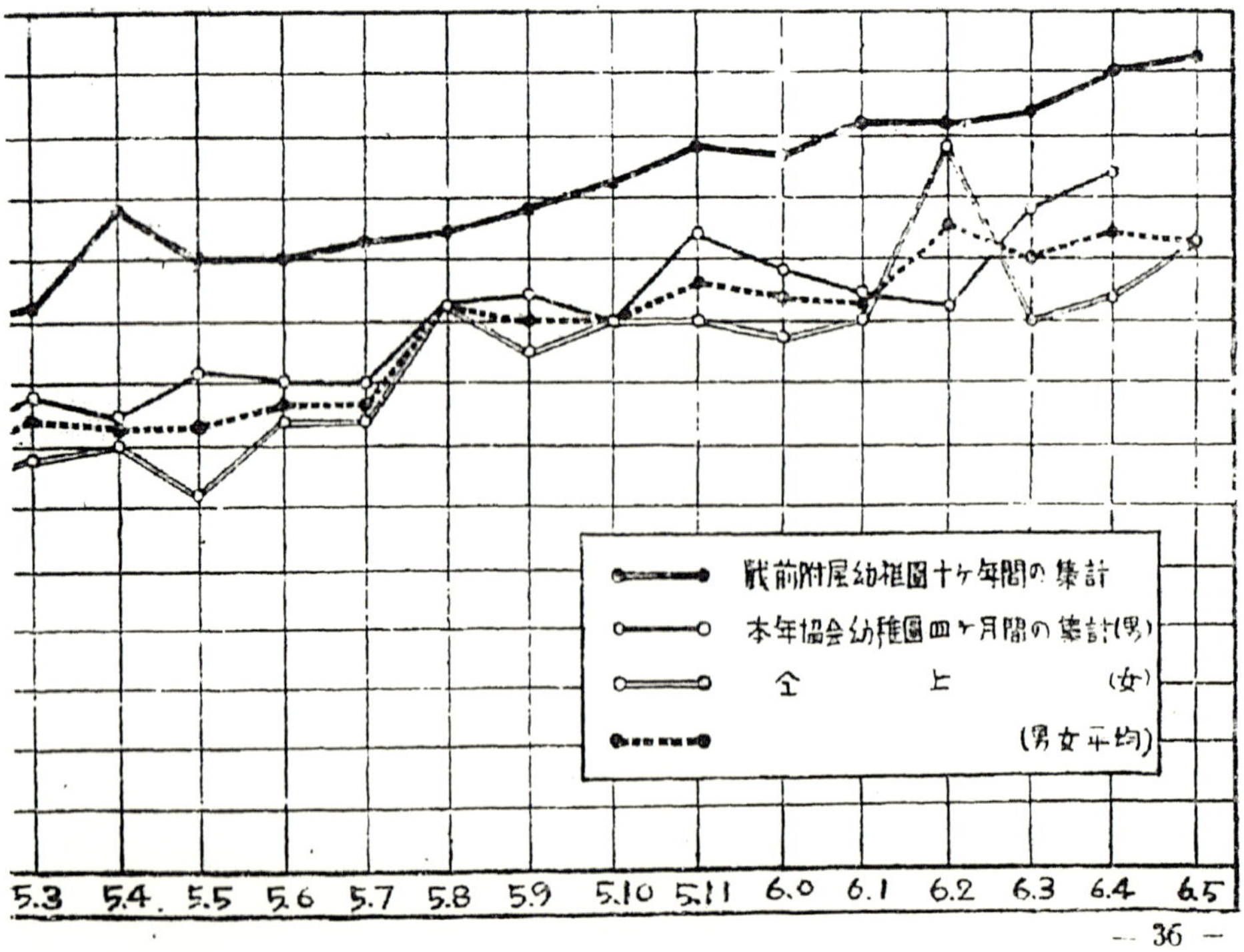
戦前附属幼稚園十ヶ年間の集計
本年協会幼稚園四ヶ月間の集計(男)
仝　上　(女)
(男女平均)
5.3 5.4 5.5 5.6 5.7 5.8 5.9 5.10 5.11 6.0 6.1 6.2 6.3 6.4 6.5

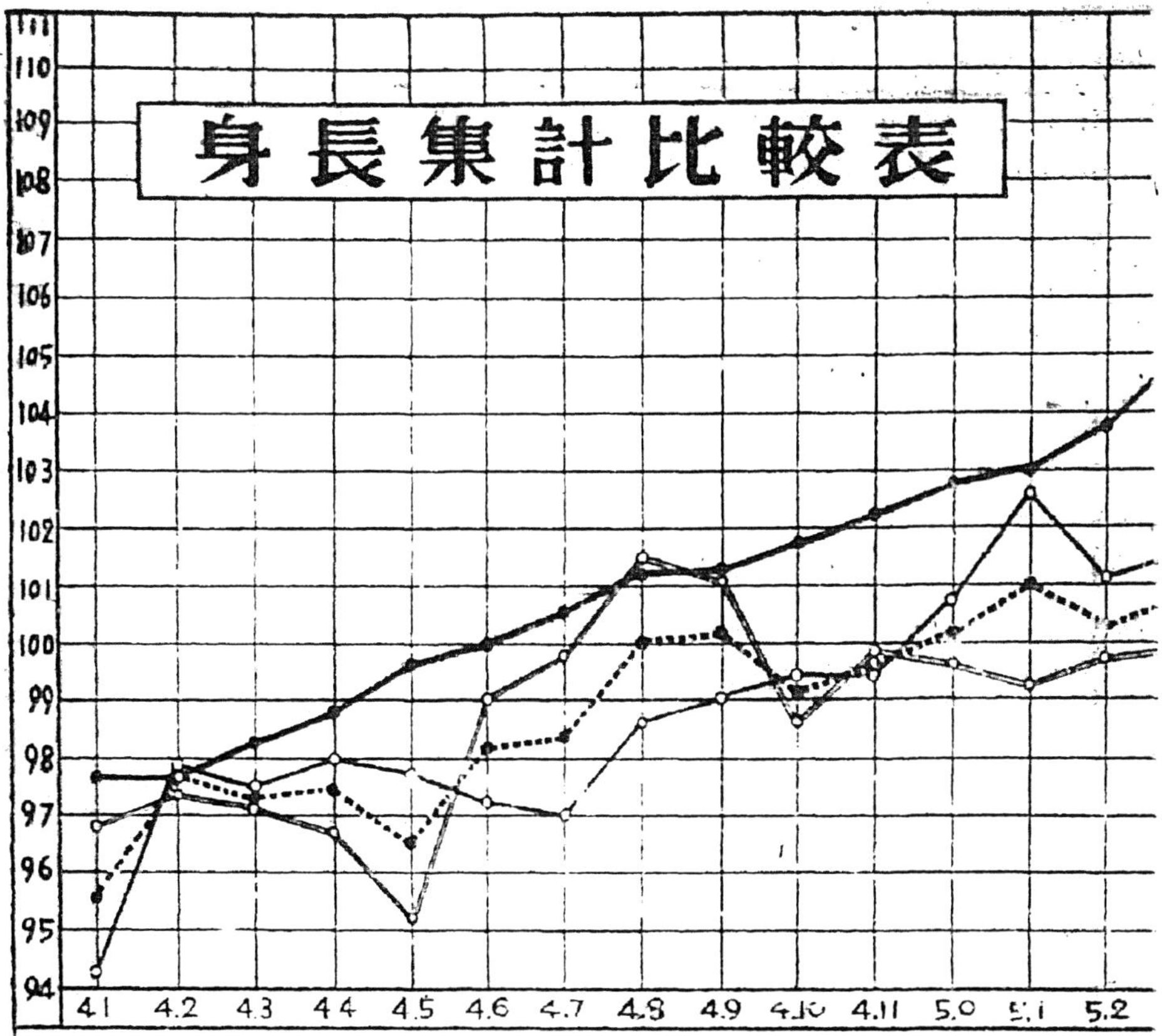
身長集計比較表
111
110
109
108
107
106
105
104
103
102
101
100
99
98
97
96
95
94
4.1 4.2 4.3 4.4 4.5 4.6 4.7 4.8 4.9 4.10 4.11 5.0 5.1 5.2

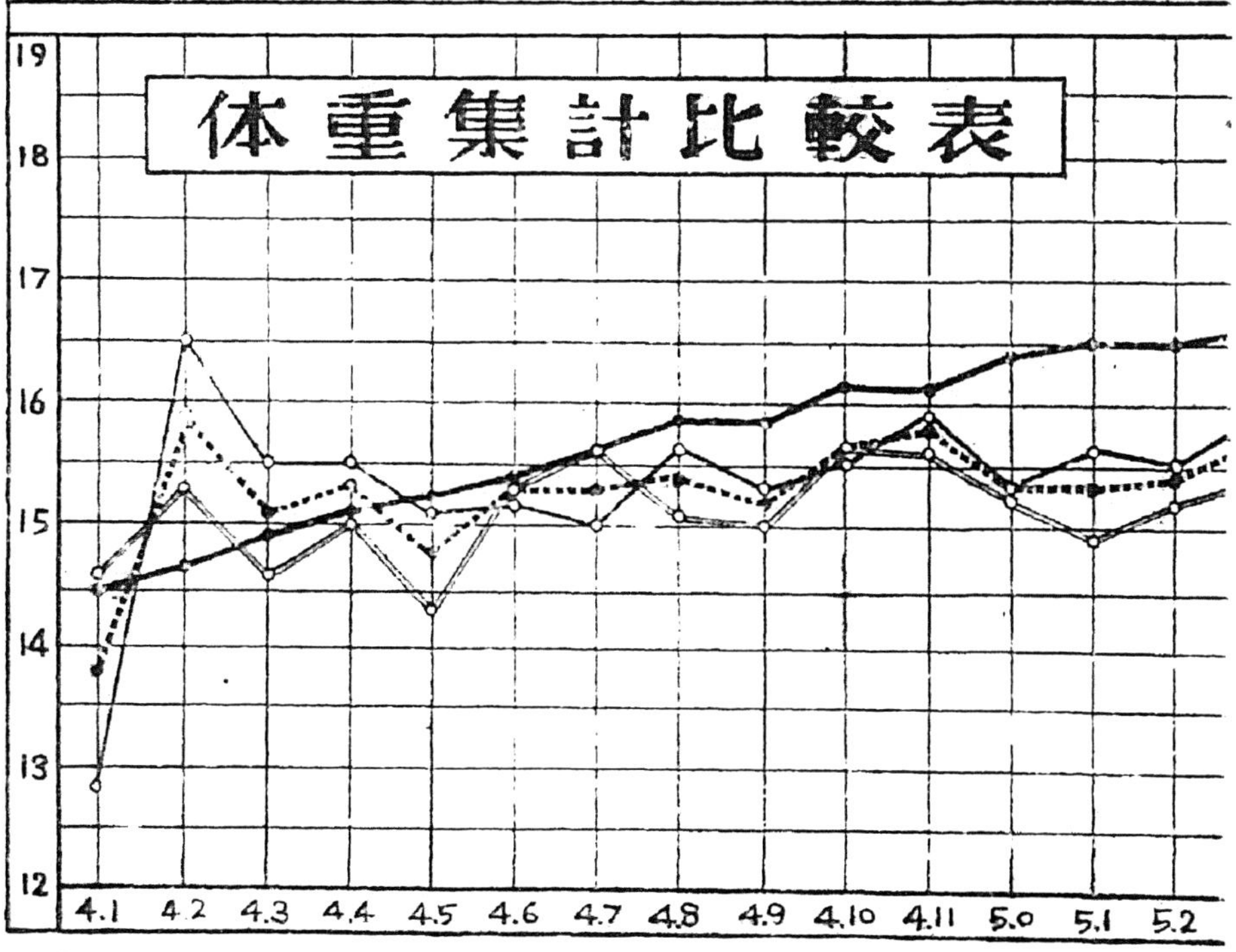
体重集計比較表
19
18
17
16
15
14
13
12
4.1 4.2 4.3 4.4 4.5 4.6 4.7 4.8 4.9 4.10 4.11 5.0 5.1 5.2

- 37 -

新保育目標（一）

健康安全で幸福な生活のために必要な日常の習慣を養い身体諸機能の調和的發達を圖ること

項目		四月	五月
健康		清潔	食事
		身体の清潔 身邊の清潔	食事前には 食事中には 食事後には
安全		登降園に氣をつけましよう	毒草毒虫に氣を付けましよう
		歩行のときは 乗降車には 降雨時には	毒虫にさゝれたときには 草花を摘んだ時には
幸福な生活	其の一	草花に親しむ生活	土に親しむ生活
		美しいものを得たよろこび 明るい親和のよろこび	工夫創造のよろこび 生長のよろこび
		花つみ 草つみ	砂あそび 小石あそび 粘土あそび 畠つくり
	其の二	樂しい幼稚園	友達のある幼稚園
		園兒になつた喜び、自分の先生を知つたうれしさ 樂しく遊具が使える	段々友達が增して來て親しく愉快にあそべる樂しさ、むかし人形について話し合い會食するたのしさ
		入園 砂あそび ぶらんこあそびなど	庭のあそび 菖蒲の節句

項目		六月	七月	九月
健康		衛生	睡眠	姿勢
		五官の衛生は 梅雨時の衛生は	就寝前には 就寝中には 起床には	立つ姿勢 坐わる姿勢 椅子に掛ける姿勢 寝る姿勢 歩く姿勢 走る姿勢
安全		傳染病に氣をつけましよう	水遊びに氣をつけましよう	虫取りに氣をつけましよう
		身邊については 飲食物については	時間については 場所については 共に行く人は	行く時には 場所と時については
幸福な生活	共の一	雨に親しむ生活	水に親しむ生活	空に親しむ生活 虫に親しむ生活
		豊かで變化に富む雨を友として思うままあそべるおもしろさ	水の變化の不思議 玩具創作のよろこび	美しい想像の世界に遊ぶたのしさと科學的に物を觀究めようとするよろこび相互親和のなごやかなたのしさ
		雨ふり 雨上り	水あそび 水あび	秋の空 月、星 風、雲 秋の虫
	共の二	室內の朗かな幼稚園	私たちの幼稚園	手傳いを喜ぶ生活
		鬱陶しい雨をよそにあそべる樂しさ あそびながら部屋かざりの出來る愉快さ	木かげで暑さを忘れて樂しくあそべる 自然の審美を味う	お月見の支度を喜ぶ きれいになって清々しい氣持
		部屋のあそび 部屋かざり 製作	木かげあそび 七夕まつり	お月見 室內清掃 庭園清掃

項目／月		十月	十一月	十二月
健康		運動	三浴	着衣
		運動の前は 運動中は 運動後は	沐浴 日光浴 空氣浴	更衣は 着衣は
安全		運動具の使用に氣をつけましょう	食べものに氣をつけましょう	感冒に氣をつけましょう
		使い方は	分量は 食品は	衣服は 榮養は 空氣は
幸福な生活	其の一	運動に親しむ生活	大自然に親しむ生活	ごっこ生活
		活動のよろこびと全力發揮の滿足感	豊かな秋のみのりを知るよろこびと 大自然の恩惠へのよろこび	お正月を待つよろこびと 模倣のおもしろさ
		運動會	遠足 山、川 田、畠 野、海 秋のくだもの	暮の街 クリスマス
	其の二	集團を喜ぶ生活	みのりを壽ぐ生活	お正月を待つ生活
		友達同志ありったけの力を合せて競技したあとの愉快さ 親しい友達と大自然の中で樂しく遊ぶうれしさ お辨當の樂しさ	農民の氣持を氣持として樂しくあそぶ みのりに對する感謝 感激	お正月の玩具を作ってたのしむ
		運動會 遠足	收穫 お百姓ごっこ	行事をたのしむあそび 玩具やさん

項目	月	一月	二月	三月
健康		間食	鍛錬	健康
		間食は 間食の前には 間食中には 間食の後には	準備運動は 主運動は 整理運動は	立派な身体
安全		火なぶりに氣をつけましよう	氷や雪に氣をつけましよう	運動に氣をつけましよう
		火なぶりは	氷雪のあそびのあとは 降雪中には	運動するには
幸福な生活	其の一	香色に親しむ生活	雪氷に親しむ生活	太陽に親しむ生活
		あそびを工夫するたのしみと 構成のよろこび	美しく豊かな自然とあそぶよろこびと 神秘な美しさを究めようとするたのしさ	なごやかなたのしさと 太陽の偉大な恩惠へのよろこび
		お正月あそび	雪あそび 氷あそび	日向ぼつこ
	其の二	發表を喜ぶ生活	自然に打克つ生活	進學を前にした喜びの生活
		自分の思想を自由に率直に發表するよろこび	寒さに負けないで元氣よくあそべるよろこび	美しいお雛様を飾り遊戯、話などしてあそぶたのしさ 學校へいく氣持を存分に味う
		發表會	庭のあそび	おひなまつり 學校ごつこ

月	目標	生活要項	保育者の配慮
四	清潔	一、身体の清潔 ・口をすすぐこと。 ・胡起きた時必ず口をすすぐこと。 ・毎食後口をすすぐこと。 ・就寝前に口をすすぐこと。 ・歯をよくみがくこと。 ・手を洗うこと。 ・便所へ行つたあと。 ・あそびのあと。 ・保育室に入る時。 ・外出先きから歸つた時。 ・おやつをいただく時。 ・毎食事の前後。 ・就寝の前。 ・顔を洗うこと。 ・毎朝ていねいに洗うこと。 ・洗つたらすぐ手拭で拭くこと。 ・入浴をよくすること。 ・身体各部を自分で洗うこと。	一、家庭に於いて 口をすすぐこと。　歯をみがくこと。 手を洗うこと。　顔を洗うこと。 入浴すること。　頭髪を洗うこと。 鼻汁をかむこと。　手指をくわえないこと。 などの癖をしつかりつけるように毎日毎日配慮すること。 二、肌着、エプロン、ハンカチ、上衣、下衣など凡そ幼児の身にまとうものはいつも洗濯したてのものを着けさせること。

月	五　月
清潔	食事
・頭髪を自分でよく洗うこと。 ・鼻汁を自分でかむこと。 ・手指を口にくわえないこと。 二、身辺の清潔 ・肌着はいつも清潔にすること。 ・道ばたで放尿しないこと。 ・道ばたに塵埃を捨てないこと。 ・ハンカチやエプロンを清潔にすること。 三、その他 ・ハンカチやエプロンをかまないこと。	一、食事前には ・手を洗つていただくこと。 ・姿勢を正して食膳に向うこと。 ・箸、茶碗を正しく持つこと。 ・「いただきます」と感謝していたゞくこと。 二、食事中には ・分量をきめていただくこと。 ・よく噛んでいただくこと。
	一、食事の時刻をきめること。 殊に夕方の食事はあまりおそくならないこと。 二、偏食にならないように配慮すること。 ・よく煮たもの、よく焼いたものをたべさせること。 三、食後三十分間はあまり智能を使うような生活をさせないこと。

月	目標	生活要項	保育者の配慮
五月	食事	・與えられたものは殘さないでいただくこと。 ・こぼさないようにいただくこと。 三、食後には ・「ごちそうさま」と感謝すること。 ・箸、茶碗、お膳などは自分で片付けること。 ・口をすすぐこと。 ・あまり過激な運動をしないこと。 四、その他 ・たべものに蠅をとまらせないようにすること。	
六月	衛	一、五官の衛生は ・目の衛生 ・あまり近くでものを見ないこと。 ・小さいものを見ないこと。 ・暗いところで繪本などを見ないこと。 ・日光の直射するところで繪本を見ないこと。 ・出來るだけ遠くを見ること。 ・出來るだけ空を見ること。	一、流行病の早期發見につとめること。 二、目の病氣の子供に自覺させて早く治させること。 三、耳垢の有無をよくしらべて時々掃除をしてやること。 ・耳だれの子供は早く醫師の處置を受けさせること。 ・隙間風を入れないこと。 四、頭髪をよくすいてやること。

月

生

・目の病気の子供のハンカチは借らないこと。
・目の病気の子供と手をつながないこと。
・鼻の衛生
・鼻汁をたえずかむこと。
・鼻汁を吸いこまないこと。
・鼻汁をかむ時は片方ずつかむこと。
・耳の衛生
・耳に湯水を入れないこと。
・耳朶をよく洗うこと。
・口の衛生
・口を閉じること。
・口をよくすすぐこと。
・歯をよくみがくこと。
・皮膚の衛生
・頭髪をよく洗うこと。
・度々入浴して皮膚をよく洗うこと。
・爪をのばさないようにすること。
・乾布摩擦をはじめること。

・爪を時々つんでやること。
五、吹出物の子供には自覚させて早く治させること。
六、着換の用意を持たせること。

月	目標	生活要項	保育者の配慮
六月	衛生	二、梅雨の衛生は ・梅雨にあたらないこと。 ・素足で水たまりにはいらないこと。 ・生ま水をのまないこと。 三、その他 ・用便は便器に正しくすること。 ・蝿を驅除すること。	
七	睡	一、就寝前には ・口をすすぐこと。 ・手足を洗うこと。 ・果物又は冷たいものをたべないこと。 ・適度の運動をすること。 （身体各部の調和運動） ・晝着をすっかりぬいで寝衣にきかえること。 ・寝冷えしらずをすること。 二、就寝中には ・床についたらすぐ眠ること。	一、夜具類はなるべく幼兒向きのものを作り幼兒に床をのべさせるように配慮すること。 二、幼兒の就寝前には大人は間食をしないこと。 三、深く眠らせる工夫をすること。 ・光線をおおうこと。 ・静かにすること。 ・適當に換氣をすること。 ・直接風をあてないこと。 四、遺尿の癖のある幼兒は時刻をきめて起し、遺尿しない習慣をつけること。

月	九月
眠	姿勢
・一人で就寝すること。 ・遺尿しないように氣をつけること。 三、起床には ・眼を開けたらすぐ起きること。 ・寝衣、夜具など自分で始末出來るものは必ずすること。 四、その他 ・早寝、早起きをすること。 年長兒　十一時間眠ること。 年少兒　十一時間半眠ること。 ・夜間は外出しないこと。 ・寝る時の挨拶を忘れないこと。 「おやすみなさい」 ・起きた時の挨拶を忘れないこと。 「お早うございます」 ・適度に午睡をさせること。	一、立つ時の姿勢 ・漸時兩踵をつけ足先きを六十度に開いて立つ習慣をつけること。 ・立つ時は必ず椅子を片付けること。

月	九
目標	姿
生活要項	・両手を下にのばし、顔を正面にむけること。 ・両眼を動かさないこと。 二、すわる時の姿勢 ・あごを引いてすわること。 ・両足を臀部の下に正しくおくこと。 ・脊中をのばし胸を張ること。 三、椅子にかける時の姿勢 ・椅子を前に引いて正しくもたれに脊中をのばしてかけること。 ・椅子をがたんがたんと後に押さないこと。 ・顔を正面にして眼を動かさないこと。 四、寝る時の姿勢 ・真すぐにからだを伸して上向いて寝ること。 ・両手をからだの上におかないこと。 五、歩く時の姿勢 ・椅子を持つて歩く時。 もたれを胸につけて椅子の両横を腕を伸して
保育者の配慮	一、貧弱な姿勢はしばしば次の様な影響を導く事があるから注意しなければならない。 ・肺を弱めること。 ・心臓をいためること。 ・内臓を低下させること。 ・脱腸及び盲腸炎を引起さすこと。 ・栄養不良に導くこと。 ・体質的虚弱及び疲労に導くこと。 ・知能を發育不全ならしめること。 ・下腹部を突出せしめること。 二、椅子の高さは身長の四分の一より高くならないこと。又は、 ・下腿長と等しいか、下腿長より一、五センチ低いのがよい。 三・机の高さは、椅子に掛けた膝がはいる程度の高さであること。又は、 ・腰掛の高さと坐高の三分の一の高さを加えたものを机の高さとすること。 ・坐わる時の机の高さ 坐高の三分の一に足の高さを加えたも

十月 運動	月 勢
一、運動の前には ・軽い服装になること。 ・履物のぬげないようにすること。 ・運動する時は必ず教官についてもらうこと。 二、運動中は ・一生懸命にすること。 ・教官の指示に従うこと。	持つて歩くこと。 ・真すぐ向いて歩くこと。 ・道草をしないこと。 ・足をのばして歩くこと。 ・道路の左側を歩くこと。 ・歩道を歩くこと。 ・二人以上手をつないで歩かないこと。 ・喋舌つて歩かないこと。 六、走る時の姿勢 ・しつかり前を見つめて走ること。 ・楽な姿勢で走ること。 ・口を閉じて走ること。
一、運動の前には ・運動具に危険のないよう配慮すること。 ・履物はなるべく運動靴を使用させるようにすること。 ・はだしはさけること。 ・運動する場所に危険のないよう配慮すること。	のを机の高さとすること。 四、扁平足の矯正をはかること。 ・坂道をのぼらせること。 ・太鼓橋を渡らせること。 五、大きい鏡を用意すること。 たえず鏡に自分の姿を寫さして姿勢を正させること。 六、大空を見つめる時を多く持たせて胸をひらかせること。 七、身体の調和的運動をはかること。

月	目標	生活要項	保育者の配慮
十月	運動	・運動中はよく注意し緊張すること。 三、運動後は ・手、足、顔を洗うこと。 ・汗をすぐ拭くこと。 ・遊具、運動具を片付けること。 四、運動の種類 ・よく歩くこと。 ・よく走ること。 ・よく跳ぶこと。 ・よく投げること。 ・よく登ること。 木のぼり 枠のぼり 攀登棒のぼり 雲梯のぼり 太鼓橋のぼり ・適當な平均運動をすること。 ・適當な懸垂運動をすること。 ・身体諸機能の調和的發達を圖る運動をすること。	ガラス、木片、石ころなどを取りのぞいておくこと。 二、運動中は ・足をのばして歩かせること。 ・徒競走の時は五十米以内でとどめること。 ・跳躍の場合は一週三回位にすること。 ・投げる運動の時は七米以上を強要しないこと。 ・のぼる運動の時は怪我のないよう、よく見とどけること。 ・運動は興味に任せて長時間にならないよう氣をつけること。 三、運動後は ・充分休養させること。 ・遊具、運動具のあと始末を充分すること。 ・運動中の汗はすぐ拭わせるように留意すること。 四、その他 ・午前八時より十時までになるべく運動をさせること。 十時以後は怪我が多い。 ・午後の運動はさける方がよい。 斷然怪我が多い。

十一月

三浴

一、沐浴

・浴場で遊ばないこと。

・自分でよく洗うこと。

・沐浴の前に必ず用便をすましておくこと。

・沐浴後は早くからだを拭いて衣服を着ること。

二、日光浴

・帽子や覆いをぬがないこと。

・適當に運動をすること。

三、空氣浴

・窓をあけること。

・肌着だけで輕い運動をすること。

・空氣浴は短時間にすること。

一、沐浴

・錢湯は出來るだけ早く行かせること。

・三七度、三八度以上のお湯にはいれないこと。

・夏期には冷水浴もよい。

二、日光浴

・長時間にならないこと。せいぜい五分間まで

・必ず頭部を覆わせること。

三、空氣浴

・からりと晴れた日にさせること。

・風のない日にさせること。

十二月

着衣

一、更衣は

・すつかり肌着をぬいで寢衣に着かえること。

・ボタンやスナップを自分でとめたり、はずしたりすること。

・寢衣の紐は自分で結ぶこと。

一、厚着をさせないこと。

・あまり薄着にならないこと。

・体温はいつも九十八度（三十六度、七八分）程度を保たせるようにすること。

二、肌着はなるべく木綿ものにすること。

月	目標	生活要項	保育者の配慮
十二月	着衣	二、着衣は ・衣服は素早く自分で着ること。 ・極寒は靴下、足袋、手袋をはくこと。 ・自分ではくこと。	三、衣服はなるべくゆつくりしたものにすること。 四、清潔なものに度々着かえさせること。 五、破れたらすぐ繕うこと。
一	間	一、間食の前には ・手を洗うこと。 ・他所でのいただきものは母親に見せてからいただくこと。 ・いただく場所をきめて坐わること。 二、間食中は ・立ち食いはしないこと。 ・一定の器にいれていただくこと。 ・偏食をしないこと。 ・買い食いはしないこと。 三、間食後は ・器を自分で片付けること。	一、時刻を決めてあたえること。 二、分量をきめてあたえること。 三、間食の器を幼児に工夫させること。 四、過食にならないよう配慮すること。 五、夜分の間食はひかえさせること。

月	二月
食	鍛錬
四、その他 ・いただく時の挨拶 ・いただきます ・御馳走さま　｝感謝していただくこと。	一、準備運動は ・脚、頸、腕、胸、その他全身のあらゆる筋肉關節をあらゆる方向に十分に動かすこと。 二、主運動は ・耐寒行進をすること。 ・口を閉じること。 ・充分走ること。 ・鬼ごっこかくれんぼ ・走りつかい。 ・充分跳ぶこと。 ・縄とび ・椅子からのとびおり ・けんぱ
	一、風の強い時は 襟巻き手袋をさせること。 二、しもやけ、あかぎれの出来た時はすぐ油薬をつけること。 三、汗ばんだ時は着換えさせること。

月	目標	生活要項	保育者の配慮
二月	鍛錬	・投げること。 ・ボールなげ ・輪なげ ・懸垂すること。 ・立木、立棒、ジャングルゴムで懸垂すること。 三、整理運動は ・三分位でとどめること。 四、その他 ・冷たい寢衣にすつぼり着かえること。 ・敏捷に着かえること。 ・こたつを入れないこと。 ・手足を洗つたらすぐ拭くこと。 ・ふとんの中へもぐりこまないこと。	
三月	健康		一、檢便をすること。 二、驅虫劑をのませること。 三、身体檢査の結果を處理すること。 四、保育期間中病氣怪我などがなくて全出席した幼兒を適當に表彰すること。

月	目標	生活要項	保育者の配慮
四月	登降園に氣を附けましょう	一、歩行の時は ・登降園の道を一定すること。 ・左側を通行する。 ・道草をしないこと。 ・歩道を歩くこと。 ・わき見をしないこと。 ・二人以上手をつないで歩かないこと。 ・走る時はこけない様に氣をつけること。 ・道路を横断する時は左右をよく見ること。 ・道路上でのいたずら書きはしないこと。 ・道で放痰放尿をしないこと。 ・信號標に氣をつけること。 ・登降園の途上みだりに人や犬をからかわないこと。 ・雷鳴いな光りのする場合電柱電線のそばで遊んだり雨宿り等しないこと。 ・自轉車、自動車が急に後に來た時、うろたえないでじつと其の場に止つて待つこと。 二、乗降車の時は ・電車の乗り降りは乗務員の指示に従うこと。	一、通園路程に配慮すること。（約三十分以内） 二、通園中の所持品は大、小、重さに配慮すること。 三、履物は幼児の足に適したものを選び、通園途上鼻緒等切れない様注意すること。（緒ぎれの場合使用する材料を持たして置くこと） 靴の場合はあみあげをさけること。 四、出園時間、歸宅時間、について園と家庭の連絡を豫めとつて置き、遅れた時は注意すること。 五、踏切番のいない踏切は通園路としないこと。

月	四月
目標	
生活要項	・順序よく乗降すること。 ・シートの上に泥足で乗らないこと。 ・人に迷惑になる様なことはしないこと。 {窓を開け放さないこと。 紙屑を捨てないこと。 喧嘩をしないこと。 ・ドアーにもたれないこと。 ・窓から顔や手を出さないこと。 ・連絡臺をみだりに渡らないこと。 ・窓の開閉を勝手にしないこと。 ・線路内に物を落した場合も、一人で拾わないで必ず驛員か、大人の人に頼むこと。 三、降雨の時は ・傘を上手にさすこと。 ・水たまりには入らないこと。 ・傘をさして居る時は踏切、まがり角等特に氣をつけること。
保育者の配慮	
備考	

毒草毒虫に氣を附けましよう

一、毒虫に刺された時は

二、草花を摘んだ時には
・摘草をしたら必ず先生に見せること。
・摘草の後は必ず手を洗うこと。
・草花の莖葉をみだりに口にくわえたり、なめたりしないこと。
・針のあるもの又はすすき等を摘む時は、よく氣を附けて手を切らない樣つむこと。

一、園の保育遠足等の場合適當に救急藥品を用意すること。

二、毒草の種類
きんぽうげ(全體)
どくうつぎ(果實)
とりかぶと(根)
きつねのかみそり(全體)
きつねのぼたん(葉、莖)
あせび(葉)
朝鮮あさがお(種子)
どくせり(全體)
ひがん花(全體)
やまごぼう(根)
うらしま草(全體)
つきよたけ
紅たけ
うるしはぜ

三、毒虫の種類
蜂
ぶと
毛虫
蛾
むかで
ひる
毒蛇
狂犬
其他

備考

救急法及手當

イ、毒草をたべて中毒を起した樣な時は直にヒマシ油を吞ませてたべた物を出す。なお腸に入つたと思われる時は灌腸をする、そして直に醫師の手當をうけること。

ロ、毒虫に刺された時は應急處置として、刺されたところを思いきり吸いとること。そして早くアンモニヤ水、炭酸、亜鉛華、クーメント、オキシフル等を刺口に滴らし摩擦する。但し蜂に刺された場合、口を見て針がは入つて居れば、それを拔いてから前述の藥を塗布する。

・毒蛇の場合は直に毒を吸いだし、血液が體内に廻らない様に止血し、醫師の手當をうけること。
・狂犬にかまれた時は傷口より毒を吸い出し、止血して醫師の手當を受けること。豫防注射をすればよい。

月	六
目標	傳染病に氣を附けましょう
生活要項	一、身邊について ・吹き出物、目の病氣、咳嗽の子供等のそばに寄らないこと。 ・幼稚園等の便所は上手に使って汚さないこと。 ・梅雨の雨に當らないこと。 ・他人の手巾等借らないこと。 二、飲食物について ・腐敗した物は食べないこと。 ・生水を飲まないこと。 ・量を過さないこと。 三、身體について ・食事の前には必ず手を洗うこと。 ・外から歸った時は必ず手を洗い口を灌ぐこと。 ・爪を伸ばさないこと。 ・指先を口にくわえたりしないこと。
保育者の配慮	一、何時も皮膚を清潔にし汚れた肌着を身につけないこと。 二、生水不消化物、及腐敗した物を飲食しない様注意すること。 三、寝冷えしない様にすること。 四、人込みの中に成るべく出さないこと。 五、流行病の早期發見と早急に適當な處置をとること。 六、豫防注射のあるものは流行前になるべく之を施行すること。

月

備考

団体生活と傳染病

病名	傳染力を有する期間	傳播の仕方	隔離及警戒期間	団体生活可能の狀態
猩紅熱	發病から落屑の終る迄病の初期、發疹の現われる前後が傳染力の最大なる時期である。	患者との接觸によつて感染する。	六週間乃至八週間。	此の病氣は最早治つたと思う頃に腎臓炎を起すことが多いから醫師の診斷を要す。
ジフテリヤ	發病より上部氣道粘液中にジフテリヤ菌の消失するまで病の初期五六日間が傳染の最大の時期である	患者の口から出る滴沫の吸入に依つて感染する。	二、三週間。	
流行性感冒	發病より上部氣道粘膜中に菌の消失するまで。	患者の口から出る滴沫の吸入に依つて感染する。	病の經過し終るまで	解熱、咳嗽がなくなる、頭痛、体の倦怠を感じない程度。
百日咳	痙攣性咳嗽の存する間。	同上。醫學上では點滴感染と言う。	病が經過し咳嗽の發作が止むまで。	咳嗽が減つて輕くなり最後の輕快期を經てからも充分の日數をおくと良い、体の衰弱が全く回復するまで。

六

病名	傳染力を有する期間	傳播の仕方	隔離及警戒期間	團体生活可能の狀態
流行性腦脊髓膜炎	病源菌の咽頭鼻汁等に存する間。	點滴感染による。	病の經過し去るまで	醫師の診斷に依る。
麻疹	約三週間、初期及び發疹期が傳染力の最大なる時期である。	患者との接觸に依つて感染する場合が多い、滴沫の吸入に依ることもある。	約四週間。	解熱 咳嗽がなくなる 麻疹が枯れてすつかり皮膚が回復する。
風疹	約二週間。	患者との接觸。	約三週間。	解熱 水痘痂皮が脫落し皮膚が全く回復した狀態。
水痘	發病より痂皮の脫落するまで。發疹期は傳染力が大である。	患者との接觸。	約三週間。	解熱 水痘痂皮が脫落し皮膚が全く回復した狀態。
流行性耳下線炎	發病より耳下線の腫脹存する間。	患者の口から出る滴沫の吸入によつて感染。	病が經過し耳下線の腫れが全く消失するまで。	耳下線の腫れが全く引いた狀態。

月

腸チフス	病源菌の糞便中に排出される間、發病より約三週間が傳染力最大の時期である。	患者より出た含菌排泄物で汚染せられた器物もしくは飲食物に依つて傳播感染する。	病が經過し解熱後約三週間糞便中に菌の消失するまで。	醫師の診斷を要す。
發疹チフス	初期、發疹期が最も傳染力が大である。	保菌者の媒介若しくは空氣傳染による。	病が經過し解熱後約二週間。	
赤痢	病源菌の糞便中に出る間。 下痢のある時期が最も傳染力が強い。	保菌者の媒介に依つて傳播若しくは感染する。	病の經過し終るまで	醫師の診斷に依る。 解熱 下痢が止まつても全快したのではなく檢便に依つて菌が認められない狀態、固型食を攝り体の衰弱の回復。
疫痢	發病の症狀の輕快するまで。	保菌者の媒介若しくは飲食物に依つて傳播感染する。	病の經過し去るまで	醫師の診斷に依る。 右に同じ。
トラホーム				
はやり眼				
かいせん				

月	七月
目標	水遊びに氣を附けましょう
生活要項	一、時間について ・あまり長時間しないこと（約三十分以内）。 二、場所について ・水たまりや淺い川等で遊ぶ時は、足をついたりしない樣注意すること。 ・不潔な水で遊ばないこと。 三、共に行く人について ・單獨で川や海に行かないこと。 ・魚釣りなどの場合も必ず大人か年上の人と、一緒に行くこと。 四、其の他について ・衣服をぬらした時は早くかわかすこと。 ・海邊での遊び中は滿潮に氣をつけること。 ・お腹を水に浸さない樣にして水遊びをする。
保育者の配慮	一、水浴について イ、幼兒の身体の狀態に氣をつける。（特に貧血兒、有熱兒をしらべる） ロ、水溫に氣を附けること。（二十度以下はなるべくさける） ハ、全体を浸す時は鼻汁をとり用便後、耳に綿等をつめる。 ニ、時間に氣を附けること。 ホ、水浴後日光によく當ること。 ヘ、引卒者の數を多くすること。（十人に一人宛位） ト、プールを使用する場合は、水を消毒するか取り換えをすること。
備考	

九月

虫取りに氣を附けましょう

一、行く時には

・必ずお友達(年長者)かお家のどなたかと一緒に行くこと。

二、場所と時については

・野井戸、肥料つぼ等足もとに充分氣を附けること。

・田畑を荒さない様にすること。

・かえりの時間がおそくならない様にすること。

・蛇やまむしに刺されない様氣を附けること。

・丈の高い草が耳にはいらない様氣を附ける事。

一、幼稚園で行く時は必ず救急薬品、着換え等の用意をする。

備考

一、毒蛇咬傷の手當

イ、傷口の上部を布片紐等でしぼりその間に小さい棒を通して、捻轉して強く堅く次に吸角を當てるかすぐ口をつけて傷口を、かみつつ血を吸い出す(口内に傷口のない場合)又手元にあれば濃厚サルチル酸水5%石炭酸水、アルコール、苛性カリー等にて腐蝕さすのもよい。

ロ、アンモニヤ水を滴下することもよい。

ハ、石けん水に焼酎、食鹽を加えたものにて、血を絞りつつ洗うのもよい。

月	十
目標	運動具の使用に氣を附けましよう

生活要項

一、使い方は
・遊具の使用後は必ず手を洗うこと。
・使用後、後始末の出來るものは忘れないでさせること。

二、遊具使用上の注意

イ、ブランコ
・順序よくのること。
・綱をしつかり持つてあまり亂暴なこぎ方をしないこと。
・必ずとまつてから乘り降りすること。
・使用して居る場合待つている者は側へよらないこと（こいでいる方向の前後）。

ロ、つみ木
・投げないこと、箱積木等高くつんでいる時、あまりそばによらない樣にすること。
・廊下や通路でしないこと。
・お友達のつくつたものを、むりにこわしたりしないこと。

ハ、遊動木
・下へ足をすらない樣にすること。

保育者の配慮

一、運動具のそれぞれの正しい使い方を指導すること。
二、午前十時頃より十一時頃までは、怪我が多いから遊具の使用に細心の注意を拂うこと。
三、運動具の定期點檢。
四、ブランコ等は年令に應じて、綱の長さを配慮すること。

月

。必ずとまつてから乗ること。
。そばへよらないこと。

ニ、たいこ橋
。一番上からとばないこと。

。とびおりする時は危険のない様に、気を附けること。(一メートルより上からはとばないこと)

ホ、シーソー
。外からこがないこと、必ず中へ乗ること。

ヘ、雲梯
。順序よく乗ること。
。しつかり握ること。
。わきみをしないこと。

ト、辷り臺
。さか上りしないこと。
。上で押し合いしないこと。
。頭から辷らないこと。
。順序よく辷ること。(後の人は押したりしないこと)
。ローを塗つたり汚したりお友達に迷惑になる様なことをしないこと。

チ、わく上り
。しつかり握ること。

月	目標	生活要項	保育者の配慮
十		・土足のまま上らないこと。(泥が下の者の目には入ることがあるから) リ、なわとび・ ・塵埃のたたない所でとぶこと。 ・塵埃のたたない様工夫してとぶこと。 ヌ、砂場 ・砂場を清潔にすること。 ・砂を投げないこと。 ・使つた後は必ず手を洗うこと。 ・玩具の後片付を忘れないこと。 ル、相撲 ・定められた場所以外ではとらないこと。 ・先生や大きい人の見ていない所ではとらないこと。 オ、木のぼり ・木のぼりする時は 危険の ない 様な木を 選ぶこと。 ワ、はんとう棒 ・上る時に地床に障害物がないかよく見て上ること。 ・しつかり握ること。	

月

備考

遊具使用中過つて怪我をした時の注意

イ、擦過傷（すりむき傷）

傷部に不潔物がはいつた場合にはオキシフルで洗い落すこと、洗い落してもとれない時はピンセット（消毒）で摘みとつてオキシフルをガーゼに浸して、其の部にのせて繃帯する。爪等はがしてブラブラしているのは適當に切りとつて少し血を出させた方が洗われてよい、その上オキシフルをガーゼに浸して繃帯すればよい。

ロ、打撲傷

冷水にその部を浸して其の後硼酸なんこうを塗つて、輕く繃帯して置けば痛みもとれる。其の他高い所等から落ちて人事不省に陥つた時は、衣服を緩め呼吸がとまつていたら人工呼吸を施し、早速醫師にかける。冷水をふきかけるのもよい。

ハ、挫傷

創傷を清潔にして消毒繃帯をする。骨傷を兼ねる時には副木繃帯をして専門家に診てもらう。

ニ、出血及止血法

沈着にして急に應じねばならぬ、緊縛法と指壓法とある。

指壓法は出血部から中樞部（心臓に近い方の部分）に指で動脈を強壓して止めるのである。

緊縛法は四指から出血した場合一時止める方法で、出血部の上方即ち心臓に近い部分を、強く緊縛するのである。

止血すれば一時も早く、外科醫にかかることである。

ホ、骨折

局部を動かぬ様に副木をして幾重にも繃帯をかけて、動かない様に氣を附け専門醫に運ぶ。

ヘ、眼の異物

塵埃、炭粉、砂、其の他の異物が入つた場合、決して眼を擦つてはいけない。瞼を下に引張つて異物を發見したらかんぜよりの先か、又はハンカチの端で靜かにとりのぞく。

月	十一月
目標	食べ物に氣を附けましよう
生活要項	一、分量 ・あまり多く食べないこと。 ・刺激性のものはなるべく食べないこと。 ・間食は定められた時に食べること。(時間と分量) 二、食品は ・不消化物はなるべく避けること。 ・與えられた食物にすききらいを言わぬこと。 其の他 ・食前には必ず手を洗うこと。 ・姿勢正しく食べること。 ・よくかんで食べること。(幼兒、一分間九五回——一〇〇回) ・御飯とおかずは交互に食べること。 ・水分過飲にならぬ樣にすること。 ・食後は必ず口を濯ぐこと。 ・食後は暫く休息すること。 ・食後の遊びは靜かなものを選ぶこと。 (頭を使う遊びはさけること)
保育者の配慮	一、間食について イ、新鮮な物をあたえること。 ロ、發育に適せない食品は避けさせること。 ハ、さつま芋を與える時は血液の生理作用をたすける爲、必ず食鹽をふりかけて與えること。
備考	一、異物嚥下の手當 先ず口を開いて見てその物が見えさえすれば、大體とれるが奥に食い込んで居るとなかなかとれないものである。か樣な時は指を喉に入れて吐かすこと。

感冒に氣をつけましよう

一、衣服は
・厚着をしないこと。
・汗のついた衣服を着ないこと。
・肌衣をよく着かえること。

二、榮養は
・ビタミンを充分にとること。
・過食にならないようにすること。

三、空氣は
・乾燥をさせないこと。
・空氣の流通をよくすること。
・すき間風を入れないこと。

四、その他
・感冒流行時には寄席、映畫、百貨店など多人數集まるところへは行かないこと。
・外出先きから歸つた時は必ずうがいをすること
・せきをする時は人のいないところで、又は手やハンカチを口にあてゝすること。
・呼吸は口を閉じて鼻ですること。
・こたつをいれないこと。

・被服着用の時の溫度は、三十七度位が丁度よい。それよりのぼる時は厚着と見て調節すること。
・おいしく食べられるように調理法を配慮すること。
・强い風の時は、なるべく窓や障子をしめること。
・風のない時は、よく陽のあたるところで遊ばせること。

月	一月
目標	火なぶりに氣を附けましよう
生活要項	一、火なぶりをして遊ばないこと ・マツチを勝手に使わないこと。 ・セルロイドの玩具を火のそばに置かないこと。 ・沸いたお湯のそばに近よらないこと。 ・勝手に電熱のスイツチ等さわらないこと。 ・ぬれた手足をそのままあぶらないこと。
保育者の配慮	一、部屋の温度が(六十八度から七十度)以上になれば、窓をあけて適當な温度にすること。 二、湯がま、鐵びん等幼兒のそばに置かないこと。 三、暖房裝置には柵を巡らすこと。 四、炭火の炭酸ガスに氣を付けて、適當に窓をあけて發散さすこと。

備考

火傷の手當

第一度(皮膚の表面が赤くなつて少し腫れ上りピリピリ痛む程度)

手當

患部を水に浸しておくのが最も手近な方法である。又有合せの油(椿油、胡麻油)をぬつて繃帶をして置く、アンモニヤを塗つて置くもよい。

二月

氷や雪に氣を附けましよう

一、降雪中は

・降雪中遊ぶ時は首筋から雪が入らない様注意すること。

・降雪中の遊び、氷遊びはあまり長い時間しないこと（最大限三十分位）。

二、氷・雪遊びの後は

・よく拭いて磨擦すること。

・氷辷りはあぶないからなるべくしないこと。（當地方では厚氷は張らないから）。

・ぬれた靴下や足袋は早く取り換えること。

・氷や雪を食べたりなめたりしないこと。

・平地の遊び場所を覚えていて、積雪中過つて危ぶない所に、行かない様に氣をつけること。

備考

一、凍傷の豫防

イ、血行を盛にする爲榮養ある食物を與えること。

ロ、皮膚のマッサージをすること。

ハ、寒氣にふれぬ様にすること。

ニ、紫色になつて痛かゆい時には、湯で充分に洗い乾かしてヨジム丁幾をアルコールで倍量に薄めたものを塗ればよい、もし崩れたならば充分湯で暖め硼酸軟膏をつけ硼帯をする。

二民間療法

イ、柿の渋

患部を充分湯で温め、きれいに洗つてから筆か綿で塗る（一日二三回）。

月	目標	生活・要項	保育者の配慮
三	運動に氣を附けましよう	一、運動するには ・輕快な服裝をすること。	一、大筋肉を動かす様な運動を選ぶこと。 二、運動量に氣を附けること。 三、運動の後は適當に休息させること。 四、運動後に汗をぬぐい取らせること。 五、運動量のあまり少ないものは、身体に異常のある者が多いから家庭とよく連絡を取り。病氣の時は早く手當をすること。 六、走る時は五十米以內。 ・地床に注意すること。 ・呼吸は鼻ですること。 ・走る時は脱腸の子供に注意すること。 ・走つた後は汗をぬぐうこと。 ・運動する時の服裝に氣をつけること。

備考

けがの種類	手當
切創	・小さな傷は消毒して繃帯する（汚物が附着していないか検べる）。 ・血管が切れた場合は、傷の上部を壓迫して、その部を堅く手拭等でしばれば大てい一時は止血する。或は出血部を上にあげ直に外科醫に送る。

月

刺創	・傷口を清潔にして異物の有無を見て、若し異物が容易にとれない場合は、醫師に診てもらうこと。 ・異物が深部にあつても明らかに見えるものは、消毒したピンセットの先ではさみとればよい。 （化膿し易く破傷風を起しやすし）
捻挫（くじくこと）	・患部を高くし早く濕布繃帯を捲き、副木をして外科醫に送る。
脱臼	・動かぬ様安靜にすること、手が下つた場合つつてやる、足の場合は動かさない様にして醫師に送る。
衄血（鼻血）	・僅かの出血であれば脱脂綿で軽い尖端をこしらえて、鼻の孔にさし込み仰向けに寝かして置く。 ・冷水を手拭に浸して頸部に載せる。又食酢と水を等量に混ぜて、それを脱脂綿につけて鼻の孔に入れて暫くそのままにして置けば止る。 ・激しいのには焼酎を水にとかし、之を脱脂綿につけて鼻孔に入れる。 ・何れの場合にも血が止ればすぐ脱脂綿をとる。 之等の手當をしても、どうも血が止らぬ場合は、氷嚢を鼻柱の上に載せて静かにして置く。
日射病	・冷蔭に移して衣服をぬがし風の當りをよくする。胸部は特によく開いて、仰向けに寝かし顔や胸に冷水をふきかける。 そして氣が附けば水を飲ますと元氣に快復する。

三月

けがの種類	手当
脳貧血	・空氣のよいところに連れていき頭を低くして臥かし、衣服を緩め氣を失つて居る場合は、冷水を顔に吹きかける。後に葡萄酒の小量を飲ませる。
痙攣	・早く衣服を緩めて危險のない様に、周圍に有る物を片付けて怪我のない様に注意する。そして痙攣を起しても、發作の最中に水や茶を呑ましてはいけない。少し落付いてから頭部を高めて仰向けに臥かし、未だ氣の附かぬ時は顔、胸に水をふきかけそれでも氣の附かぬ時は、微温湯かグリセリンで灌腸する。
癲癇	・先ず手早く周圍の物品をのける。或は抱いて怪我する危險の無い様な場所に移して手・足・体をおさえて後の身体の疲労を少くする様、助ける程度である。

幸福な生活　其の一

月	四月
目標	草花に親しむ生活 美しい物を得たよろこびと 明かるい親和のよろこび
生活要項	草つみ 花つみ
保育者の配慮	かんざしあそび　たんぽぽのくき　なずな 節つぎごつこ　すぎな　つくし 笛あそび　すずめのてつぽう 押花あそび　さくら 花びらあそび　もも　テニーリップ 吹きあいごつこ　たんぽぽの種子　さくら　蝶

月	五月
目標	土に親しむ生活 工夫創造のよろこび 生長のよろこび
生活要項	砂あそび 小石あそび 粘土あそび お花つくり
保育者の配慮	お山つくり　（幼稚園のお庭） 汽車ごつこ　（汽車） 箱庭 砂繪 お節句のお供え 果物、野菜 朝顔の種子まき　（小さいお庭） 水やり 草ひき

— 75 —

月	目標	生活要項	保育者の配慮
六月	雨に親しむ生活 豊かで變化にとむ雨を友として思うまま遊べるおもしろさ	雨ふり 雨上り	雨だれあそび 傘　バケツ　罐 楽隊あそび 水たまり 水かがみ　舟うかし　池川つくり 虫のお家 かたつむり　水すまし　げんごろう 繪模様 かえる おたまじやくし 繼續觀察

月	目標	生活要項	保育者の配慮
七月	水に親しむ生活 水の變化の不思議と 玩具創作のよろこび	水あそび 水あび	水鐵砲　竹木 お舟つくり　木　板　松の皮、野菜、木の葉、紙 水車　木の葉、藤の實、板 おせんたく　ハンカチ、人形の着物 シヤボン玉　ムギワラ、硝子管 魚つり プール、シヤワー

月	九月
目標	空に親しむ生活　虫に親しむ生活 美しい想像の世界に遊ぶたのしさ 科學的に物を觀究めようとするよろこびと 相互親和のなごやかなたのしさ
生活要項	秋の空 お月見 お星様 雲 風 秋の虫 虫とり
保育者の配慮	お供え遊び　粘土、紙　月と兎 お話會　觀察發表 籠取りあそび　草、木の葉 雲おいごつこ　雲の形 風車　木の葉、色紙、キビガラ、 風輪　二百十日 鳴きまねごつこ 跳び比べ 虫のお家　水槽、植木鉢

月	十月
目標	運動に親しむ生活 活動のよろこびと 全力發揮の滿足感
生活要項	運動會 なわとび 川とび 木のぼり 梓のぼり 低鐵棒 雲梯
保育者の配慮	走りつこ　まり取り　風車取り だるま競爭 つなひき まり入れ 遊戯　胸を張つて、道ぶしん 高さ比べ　眞直木、傾斜木、 電車ごつこ

月	十一月
目標	大自然に親しむ生活 豊かな秋のみのりを知るよろこびと大自然の恩恵へのよろこび
生活要項	遠足 山 田畑 野 川 海 秋のくだもの
保育者の配慮	木の葉あそび 木の實あそび いなご取り いも掘り 草つみ 砂あそび 石ひろい 貝ひろい 葉うつし 貼り繪 コマ、花籠 人形 觀察　寫生 相撲あそび かやつり ままごと 寫生

月	十二月
目標	ごつこ生活 お正月を待つよろこびと模倣のよろこび
生活要項	暮の町 クリスマス
保育者の配慮	年の市遊び 雜貨屋 下駄屋 八百屋 おもちや屋 木の葉 木の實 贈物あそび おもちや 本　えはがき お菓子 木の葉 木の實 色紙

月	目標	生活要項	保育者の配慮
一月	音・色に親しむ生活 あそびを工夫するたのしみと 構成のよろこび	お正月あそび	こままわし ボタン どんぐり 木の葉 きびがら 厚紙 風の音 雨の音 レコード ラジオ 楽隊あそび たこあげ はねつき かるたとり 色がるた 空の色 色ならべ 模様 物の色
二月	氷・雪に親しむ生活 美しく豊かな自然と遊ぶよろこび 神秘な美しさを究めようとするたのしさ	雪あそび 氷あそび	雪うけ 色紙、形、配色、ちぎり紙 雪つり わら、炭 雪なげ 雪うさぎ あおき、南天の實 雪だるま まき、ささの葉 氷舟 氷とかし 蒲わら つららとり 綿ふき 霜柱あつめ

月	三月
目標	太陽に親しむ生活
	なごやかなたのしきと 太陽の偉大な恩恵への よろこび
生活要項	日向ぼっこ
保育者の配慮	あやとり はかりやごっこ かげえ　かげえ芝居 かげふみ　かげの長さ かげうつし　かげのかたち 虹ごっこ　プリズム　鏡 シャボン玉 咲き比べ　寒暖計

月	目標	生活要項	保育者の配慮
四月	樂しい幼稚園 園兒になれた喜び 樂しく遊具を使える喜び	入園 ぶらんこ遊び等	・教宗及び新舊園兒の親しくなる挨拶 ・保育者は其幼兒一人一人に對して其人格を認めると共に、種々細いところまで氣配りをすること ・幼兒が毎日登園して氣持よく感じるように部屋の内外、すべて環境の整理を充分にすること ・舊園兒は新入園兒に玩具（風車、花輪等）をつくり贈ること ・幼兒携帶品の置場所、部屋、組をはつきりと覺えさせる ・誕生會
五月	お友達のある幼稚園 段々友達が増して來て親しく愉快にあそべる樂しき昔人形について話し合い會食する樂しさ	お庭遊び 菖蒲の節句	・仲よく遊具運動具を使用して秩序をよく守り、樂しく遊べるようにすること、先を爭わないこと ・お友達同志誘い合せ仲よく登園させること ・欠席兒童を尋ねさせること ・なるべく大勢の子供を集めて、樂しく遊べる遊戲をさせること（電車ごつこ、人形ごつこ、中の中の小坊さん、とんねるくぐり、まゝごと）飾つた昔人形について、お話をきかせて樂しませ菖蒲節句には樂しく會食をさせる 辨當のはじまるについて箸、茶碗など正しく置き、揃つてうれしくお食事をさせる

月	六月	七月
目標	室内の朗らかな幼稚園 うつとしい雨をよそに遊べる樂しき遊びながらに部屋飾の出來るゆかいさ	私たちの幼稚園 自然の審美を味う
生活要項	部屋のあそび 部屋飾り製作	木かげ遊び 七夕祭
保育者の配慮	・面白いお話や紙芝居などによつて、幼兒は想像の世界に、又は夢の世界に時の過ぎるのも忘れて樂しく聞き入る ・空箱などを利用して水族館をつくり、又金魚鉢をつくり等してお魚の名を知りつつ知らず知らずのうちに、お魚の習性などもわかりそれが涼しい感じのする部屋飾りとなるとともによろこんで遊びながら樂しく部屋内の飾りが出來ていく ・部屋内の装飾として時計もつくらせる ・雨上りには農夫の仕事も見せて感謝の念を養う	・せみ取り籠、せみ取り網などをつくり、蟬の取り易いように準備しておくこと ・茣蓙人形などをつくり、ままごと遊びの準備をしておく ・水遊びの出來るように水溜場の準備をしておくこと、笹舟遊び、つりもの遊びなどの準備も、しておくこと。七夕祭りを待ちつつ色紙短冊などをつくり樂しむ

月	目標	生活要項	保育者の配慮
九月	手傳いを喜ぶ生活 お月見の仕度をようこぶ きれいになった すがすがしい心持	お月見 室内掃除　園庭掃除	・出來るお手傳いは何でもいたしましょう ・お月見仕度のお手傳い、すすきとり、團子つくり手傳い ・机ふき、水打ち、お膳くばり、紙屑拾い、幕掃除の手傳い ・種子蒔き、園庭の掃除、草取り、花つくりなど
十月	集團を喜ぶ生活 友達同志ありつたけの力を合せて競技したあとの愉快さ親しい友達と大自然の中で樂しく遊ぶうれしさお辨當のたのしさ	運動會 遠足	繩飛び綱引き、走りごつこ、花植え、豊年遊び、八百屋ごつこ、日月ボール、玉入種々の運動を友達同志ようこんでなし、運動後の爽快さを樂しむ 大氣を充分に呼吸して爽やかな秋の氣分に浸りながら、野山の景色田園を觀察させて樂しいお辨當をいただく

月	十一月	十二月
目標	みのりの秋を壽ぐ生活	お正月を待つ生活
	農民の氣持を氣持として樂しくあそぶ稔りに對する感謝感激	お正月の玩具を作つて樂しむ
生活要項	收穫 (百姓ごつこ)	玩具屋さん 行事を樂しむあそび
保育者の配慮	・感謝祭りをする ・雨の日も風の日も一生懸命につくつて下さつたお百姓さんの、努力に對して心から感謝して、お百姓遊びを樂しませる(音感遊びなどによる) ・十日頃からいつも田圃へつれて行き、稻の稔りお百姓さんの働きぶりを、よく觀察させておくこと	・使用した玩具の破損したのを、修繕させて更生させて、再び使用することの出來る樂しさを味わさせる ・空箱や廢物の用紙、粘土などで工夫してお正月の遊びを樂しみながら、玩具をつくらせる ・カルタ、スゴロク、たこ、羽子板、はがき入、人形つくり、カレンダー等 ・町の店屋など觀察させる

月	一月	二月
目標	發表を喜ぶ生活 自分の思想を自由に率直に發表するよろこび	自然に打ち勝つ生活 寒さに負けないで元氣よくあそべるよろこび
生活要項	發表會	庭の遊び
保育者の配慮	・冬休み中に家庭で遊んだ事などについて、話し合つて樂しく遊ばせる ・紙芝居や、お話など人の前で發表して愉快に遊ばせる ・言葉づかいについて、充分注意する事	・羽子つき、たこ上げ、わまわしなど、盛にして遊ばせる ・石けり、縄とびも喜んでして、暖まる遊びをさせる

月	三月
目標	進學を前にした喜びの生活
	美しいおひな様を飾り遊戯などして遊ぶたのしさ學校へ行く氣持を存分に味う
生活要項	おひな祭り 學校ごつこ
保育者の配慮	美しいお雛様を飾り、樂しい雛祭りの遊びをさせてなごやかな心持を味う唱歌や、遊戯をして樂しく遊び會食して樂しむ事は、一生の思出となつてうれしい 恰も學校の子供になつた心持になつて、先生や子供になりたのしく希望に輝く心持で遊ばせる

幼児の自然観察

兵庫保育会　埴生　操

――ムギワラトンボ觀察記錄――

昭和二十二年五月十五日の晴れた朝の十時頃、雨のために園の前の小川から、這上る事の出來なかつたヤゴ達は、今朝こそはと我さきに、水面から靜かに川の岸に這上り、草の茎につかまり、コンクリー壁に、杭の上にと、つかまつて、新鮮な空氣を吸うて、メタモフォーシス即ち變態を始めていた。この日、子供達と私とは一緒に、時の立つのも忘れて、ヤゴの變態の狀況を觀察した。

子供達はこの日どんな風に觀察を進め、何を學び得たかを簡單に圖示しながら、お話することにいたしましよう。

水面からゆつくり這い上つて來たヤゴ達は先ずてんでに安全な場所を選んで次々と身体を乾かし始めた。

その内にあるヤゴの頭から背面にかけて、さけ目が出來、そこから胸と頭が現れ、最後に足が出て來て、次の自分の身体全体を外に出すために、そのヤゴは尾をのばしかけた、その時、子供達は、

「あゝ、しつぽをまげて出て來るよ」

又横にいた一人の子供は、

「ウンしつぽをうごかしている!」

と話しながら、目をくり／＼させて、次はどうするのかしらと好奇心にかられて、息をこらして眺めている。

と、そのヤゴは、身体をさかさまにぶらさげたと思つたら、二十分ほどかかつて、靜かに元の位置にかえり、ぬけがらにしつかりとつかまり、最後に足をだした。然し翅はまだちぢんだままであつた。

見ていると、更に二十分程かかつて翅の先の方から、だんだんにちぢんだ翅をきれいに揃え、セロファンのようにすき通つた四枚の翅をきちんと重ねて見事にのばした。

「やあ、大きうなつたなあ」

「きれいに、なつたなあ」

「これヤンマか」

「ヤンマやヤンマや」と子供達はお互に話し合う。

私はさあ「何でしようね、これはムギワラトンボよ」と答えた。

「なか／＼翅を擴げんなあ」

子供達は、少しくまちどおしくなつたようです。

翅を擴げるまでに相當の時間がかかるのです。

この間の時間を利用して、子供達に興味を與えるように、私はあつちこつちにいるヤゴのせいぞくする場所を子供達と

のぞき廻つていると、一人の子供はぬけがらをさして、

「先生、いとのひつついているの、からつぽやなあ」

「こつちのはまだ背中がさけてへんなあ」

といつている。この時に一匹のヤゴが水面から子供達がかがんでいるところへあがつて來た。

子供達は
「やあ、ヤゴがあがつて來た」

「皆、バツクせいバツクせい、つぶしたらあかんよ」

と子供達は皆でヤゴが無事に安定した場所にゆけるようにしてやるのでした。

そうしているうちに、さつきの翅を擴げかけたトンボは、あれから三十分もたつたと思う頃、丁度十二時！

急に「ピリピリピカツ」と音と光を發したと思うと見事に四枚の翅を擴げました。

皆で「やあきれいだなあー」と一齊に感嘆の聲を發した。

「今日は、トンボ見ばかりやつたなあ」

ほつとしたように、ある子供は私に話しかけて來る。ある子供は、誰かがとらえた、ヤゴから出たばかりのトンボをとつて來て、

「先生、これかわいそうやなあ、僕の肩にとまらせてやつて置くよ」

と自分の肩にとまらせて、飛び立つのを待つている。又手の掌の上にヤゴの身体がまだ一寸ひつついているトンボを、そつとのせて見ている子供もあつた。

今日の、このすがすがしい雨上りの五月の朝は、ムギワラトンボの誕生日でした。

この時間は又私と子供たちにとつて「驚くべき一時間半」であつたのでした。

これによつて子供達は何を學んだでしょうか。

徳育の方面
- 理學的訓練—持久性 ― 繼續觀察によつて忍耐力の養成
- 社會教育—協同性 ― 協同で觀察することによる社會性の養成

情操陶冶
- 1 美の觀賞
- 2 小さきものへの愛育の心
- 3 生物發生の過程の觀察による神秘性の体得

知識と技能
- 1 注意力の養成
- 2 觀察力——形、色彩、生活、動き—變態の過程の各段階の觀察による微密な觀察力の習得

自然觀察要目

幼兒の自然觀察

(1) 自然觀察の

- 意義──自然の有りのままの姿を正しく見る──体驗の教育

(2) 自然觀察の要義

- 目的──性格教育‖（人格）
  - (1) 德育の方面
    - 1 理學的訓練
    - 2 勞作教育
    - 3 社會教育
  - (2) 情操陶冶
    - 1 美　育
    - 2 宗教教育
  - (3) 知的方面
    - 知識と技能
    - 知識は授けなくとも幼兒自身が体驗によつてかくとくする
  - (4) 体　育
    - 採集、栽培、飼育

- 自然觀察の指導法
  - 1 指導者の態度
    - 1 研究的であること
    - 2 誘導保育に留意すること
    - 3 知つたか振りをしないこと
    - 4 自然を教師とすること
    - 5 忍耐強いこと
    - 6 徹底な態度を持つこと
  - 2 指導者と幼兒の關係
    - 1 幼兒に同化すること
    - 2 懇切であること
    - 3 幼兒自身の觀察を尊重すること
    - 4 幼兒と共に体驗すること

自然觀察のさせ方

1 適正な環境をそなえること
2 直接經驗をさせること
3 興味の持てるように指導すること
4 幼兒の要求に應ずること
5 質問に對しては幼兒の知能發達程度に應じて答えること
6 共に學び、共に採集、知らない時は調べる
7 動植物名は親しみをおぼえさすために教えること
8 幼兒の觀察態度に對して嘲笑的態度をとらぬこと
9 驚異の想いを起させるように導くこと
10 採集、栽培、飼育によつて勞作させること
11 解答を即座に與えず自ら研究させるように導くこと
12 顯微鏡による觀察に習熟させること
13 觀察の結果を發表させること

（一麥保育園　埴生　操）

我が園に於ける自然観察要目（一ケ年）

これは園の環境による自然観察主要目を12月に分類したもの・前頁参照

	植物	動物 昆虫	動物 鳥獣	動物 其の他	物象 天象	物象 地象	物象 氣象
4月	ヨモギ、ヨメナ フジ、ツバキ	トビケラノ幼虫 ヤゴ	ヒバリ ニワトリ	カワニナ シジミ	太陽		
5月	ジシバリ、タンポポ セリ、ノゲシ スイバ、ヘビイチゴ	ツバメ ヨシキリ	ツバメ ヨシキリ	カタツムリ		土	
6月	ゲンゲ カラスノエンドウ スズメノエンドウ カスノコグサ 田植	カマキリの幼虫 ホタル コガネムシ テントウムシ ヨトウムシ		モノアラガイ ドジョウ タニシ オタマジヤクシ カタツムリノ産卵 カエル			雨
7月	ハス、ヤエムグラ カタバミ オウマツヨイグサ アサガオ	カミキリムシ アメンボ イラムシ 蜂、蝶		フナ メダカ	星		
8月	ヒマワリ、チカラソウ メヒジハ	ゲンゴロウ 地下蜂					雲

	9月	10月	11月	12月	1月	2月	3月
	ノアズキ、ツルマメ ヤハズソウ カヤツリグサ コスモス、イチヂク	秋の果物、イヌタデ キンモクセイ サワラタデ ハギ、ススキ、イヌビワ	ミゾソバ、ドングリ 種子の散布 米の收穫 紅葉と落葉	冬の野外植物の姿 落葉樹	冬の野外植物 ナズナ、ハハコグサ ウシハコベ スズメノカタビラ	オオイヌノフグリ タネツケバナ ハコベ オランダミミナグサ	春の野外植物の目覚め ツクシ
	秋の虫 アリジゴク	秋の虫 産卵	昆虫の冬眠			昆虫の冬眠の姿 冬の昆虫	
		モズ 白サギ		モズの早ニエ			
			カエル カタツムリの 冬眠			ジグモ	
		月					
					霜 霜柱		

— 91 —

我が園の給食情況

名古屋市保育會　國府谷しづ

我が幼稚園の給食の情況と申しましても、皆様の前に發表致します程の事は持ちませぬが、近時小學校兒童の給食がさけばれ、續いて小學校以前の幼兒への給食が尚必要であると認められ、來年度よりは幼稚園兒への給食も實施される樣聞き及んでいますので、誠に微々たるものでは御座いますが、實情をお話し申上げまして、來るべき時に幾分なりとも御參考になりましたならばと存じまして、ありのままを御傳え申し、併せて皆々樣より更に御指導に預り度いと存じます。

給食するに到りました動機

終戰後二ケ月たちました十月に、幼稚園を再會致しました。其の當時辨當の調査を致しました處、在籍兒七十五人の中僅十人位は苦勞なしに喜んで辨當を持たせ得らるるが、他の大部分は日々辨當を作る事は親の氣苦勞でありました。その當時幼稚園に子供を出し得らるる家庭の多くは、戰災をまぬがれた所謂物持てる家庭であつたのでありますが、當時は物品が只今とは違つて市場には少しも出ていませんでしたから、入手が誠に困難でありましたのと、戰時中の勝ち拔くまでの辛棒と云つた氣持が未だ拔けていませんので、米の配給が少なければ、辨當にも雜炊を持せて出したり、晝食を喰いに歸らせたり、時には晝食を拔かせたり中には米のある中は腹一杯喰べ、米がなくなれば喰べないで、次に配給のあるまで親子共遊んでいると言う無能な暮し方をしている者さえもありましたので、子供のお辨當を良くすると同時に何んとかして食事に對する親の知識を向上させることに、努力しなければならないと思い立ちました。

次に我々は終戰と共に食生活に於て、益々困難なる立場にある事を覺悟して、今よりそれに備えるべく食生活の改善を計らなければならないと考えました。

一、それには現在我々の台所に配給される物資をより良く有効に、合理的に調理しなければならない。即ち体内への吸收率を良くするには如何にすれば良いかを研究し、榮養素の調和を科學的立場より檢討して、少しでも無駄の無い樣にしなければならぬ。

二、配給物資は量的にも不足勝ちであるから、未利用物資をも適當に食膳に上す樣に努力する事。即ち滋養分はありながらも調理法が不充分であつたり、又面倒である爲めに消化良き調理が出來なくて、捨てられていたもの、例えば果物の皮、芋の根の太い所、青菜、乾燥菜、木の實等の如きもの園兒全体にて集め、是れを粉となしパン或は團子にい、量とカロリーの増加を計る。

三、かくして不馴れな食物も幼少の時より喰べさせ、口に馴れ腹に馴れさせて、食事について小言を云わない様に躾けることも必要であると考えました。偏食は多く親の偏食癖ある献立に依つて習慣づけられるものと思われます。今日の尊い配給物資さえも喰べられない物だと小言を云つて虫すらせたり捨てたりして、足りない物資を一層足りなくしてなげいている人も多々見受けます。今後は喰べ馴れない物をも食わなければならぬ時代になる事を豫期して、幼少の時よりあらゆる物に食い馴れさせるべく大勢の友達と一緒に楽しく戴く事は、良い仕方であると考えました。

四、次に戦時中は子供は子供ながらに、精神的にも物質的にも疲勞しているから、今後は楽しい食事を一様に與え楽しかるべき食事時を、一層楽しきものとしてなごやかに精神的にもうるおいを持たせつつ、合理的に榮養を與えて、以て敗戦後の再建の重責を背負う雄々しき第二の國民にふさわしき体位を獲得すべきである、等々と思い當りまして單なる辨當のお手助けと言うばかりでなく、大きなる使命を感じつつ希望にもえて給食をすることに致しました。

實施に當つては其の道

先ず心ある父兄に對し、此の趣旨を話しまして相談致しました處、趣旨としては、一應誠に結構な事であるがと殆んど賛成者ばかりであつたが、さて實行に移る段になると思いも掛けぬ反對説がふえたのであります。其の理由を纒めて見ると、大体左の三つであります。

一、この食生活の困難なる時に、辨當の世話と言う事はあらゆる點に支障が起り易くて不可能なことである。

二、普通でやれない事をやろうと言う事は、世間の誤解を招くもとであるからやめた方が良い。

三、設備に莫大な経費を要することとて、是れも亦不可能のこと。

等々の意見でありましたが、私は、

一、此の食生活の苦しい時なればこそ、給食の必要を痛切に感ずるのである。

二、世間の誤解云々の點は違法なことと私慾さえ致さなければ、何等恐るるに足らんやで、何時でも了解を得る丈の自信と潔白さえあれば良いのであつて、献身的に働いていて悪いことは無いと信じていた。

三、費用の點は今後益々物價の上るは當然で、悪性インフレさえ掛念せらるる時に、設備費の莫大を恐れていたのでは到底何事も出來得るものではない。一刻早ければ一刻の德あり、遅れれば益々出來難くなるものと考えましたから反對説を押して實行する事に決心致しました、年明けて早々實行に取り掛りました。

設備の模様

一、最初の着手として運動場七百坪程ありますその一部を、幼兒の爲めの野菜園とすることに致しまして葱、菜等の植付播種を致しました。

二、粉碎機と石臼式製粉機とを備え、一馬力の動力を附設致しました。當時は雜穀の配給が續きまして、製粉に互に困難致しました。たまたま粉屋に賴めば多分に粉を引き去られ、不足勝ちな物資が一層不足するのです。此の製粉業者に引かれる量の半分を、園兒の爲めに園にとゞめおき、製パンも同樣の仕組に致しました。斯くすれば家庭も利分があり知らず知らずに園兒の晝食の不足分を補う事が出來ると言う豫定、各兒童の家庭の製粉を引き受けることに致しました。

（業者が製品の一部を引き去る事は、違法であるが最初から申合せなれば何等違法ではない）

三、六キロワットの電氣製パン機壹台、壹キロ電熱器貳個、一キロ半の湯沸し器等を設備しました。園兒一回分參拾匁の粉を各家庭より持ち寄りパンを燒き、汁を煮て給食する計畫であります。

四、調理場拾貳坪と園舍とをつなぐ渡り廊下、拾貳坪半とを新築致しました。

最初は從來の炊事場の片隅に上記の機具を備え付ける豫定でいましたが、幼兒への給食丈けでなく一歩進めて一般家庭の御利用、お母樣方の調理の研究の場合等々考えましてお母樣方の氣樂に出入りの出來る樣に、一棟別に造ることに致しました。

給食の實際

漸く半年かかつて不充分ながら一通り設備が整いましたから六月から、パンと野菜の澤山に入つた汁とを、支給する事に致しました。

每日の晝食を樂しみ深きものとする樣に、パンの型は每日工夫して變えて燒きました、中で子供が一番樂しそうなのは動物の形でありました。鳩、金魚等は唱歌に合せて、食前の一時なかなか賑わしく如何にも樂しそうである、野球のグローブ、ボール等は直に彼等をして大選手としてしまう。

汁はパン食に依る榮養素を補うを目的とする物であるから、出來る丈け味噌汁が作り度いと思うが味噌は入手が困難であるから、多くは醬油を使う、榮養價を高める爲めに、魚粉又は煮干食油を多量に用う「榮養とカロリーの點は、別表を參照せられ度い。雜穀と雖ども決してあなどるべきではない」

一、配給の雜穀に困らせられる時は、製粉して製パンに利用す。甘藷の配給が續けば電氣パン燒機を利用して燒きいもとなし、又いもぜんざい、甘藷シチユウも作つた。

大麥の配給に對してお麥を二時間程煮れば、良いおはぎの餅が出來る。是れにきな粉、ごま(スリツプス)青海苔を別々に作り少々の甘味を加えてまぶし、三色のおはぎが出來ます。是れは子供から大變に喜ばれました。

こうらい粉のみ續く時はこれを良く煮て、畑で取れた小麥或は南瓜と交ぜて適當なパンを作れば、却て美味にて非常に喜ばれる。家庭であつかい兼ねておる變つた材料は、一寸した工夫でふさわしい調理法が施さるるなれば、却て目先の變つた樂しまれる食糧品となります。

こうして物に應じて調理するには、私達は常に食品に對する知識を高めることに努力せなければなりません。そして價格に於て低廉であり、調理法に於ても經濟的であり、然も實質に於て榮養豐富な食品を撰び出さねばなりません。

例えば無機鹽類に於ても燐や石灰を得ようとして牛乳を飲むよりも、佃煮の樣な骨まで喰べられる食品を撰べば、經濟的でもある、ビタミン類にあつてもバタや黄卵の代りに牛の肝臓やホウレン草を、又高價なリンゴより畑に出來たトマトを撰ぶ樣にする。

又榮養價の取り合せは片寄らぬ樣に、動物質と植物質の取り合せ、濃淡軟硬の配合に注意しなければなりません。

濃厚な食品に偏しますと、容積が過少な爲め過食となり易く淡白な食品に偏すれば、容積過大にして養分が乏しくなる。軟い物に偏すれば活動激しき者は、消化容易な爲め空腹を覺え硬い物に偏しますれば、消化器の負擔を重くして消化不良に陷る元となるのでありますから、よくよく注意して獻立を立てねばなりません。こうした注意撰擇に注意しなければならぬが同時に衞生的取り扱いをも考慮せなければなりません。

例えば畑で取つたままの物を洗い場へ持ち込んで洗うことは、寄生虫の卵を洗場へ洗い落すことになりますから、必ず外流にて一應洗い落して後にながし場に持ち込み、改めて洗い調理する樣にしたい。蠅をふせぎ、ほこりをなるべく入らぬようにする等々の注意をする。

調理人は身邊を清潔にすると言う事も、勿論考えねばなりません。以上は終戰當時計畫致しました給食情況の概要を申述べました。

◎獨唱、影繪

大會當日、晝食休憩時間中に、京都市立錦林小學校教諭下村萬里孃の獨唱があり、續いて兒童藝術研究所の影繪があつた。花園の中の小人のおはなしは美しい音樂と共に、一同を誘し夢の國へ誘つた。

◎見　學

大會が終つてから、希望者は金閣寺の見學でした。終戰後、始めての關西連合保育會に會員一同は満足して解散したのである。

閉會の挨拶

會長　柳澤靜子

終戰後第一回の關西連合保育會を當地で開催いたしますに當り、來賓の皆樣には時節柄まことに貴重な御時間を本會の爲におさき下さいまして、長時間にわたつて終始御臨席力强き御力添えをいただきましたことを、ここに厚く御禮申し上げる次第で御座います。有難う御座いました。

會員の皆樣に於かれましても、交通機關の不備な昨今の狀態で御座いますにも關らず、遠隔の地よりも多數御參集いただきまして、まことに立錐の餘地なき此の盛況で大會をいやが上にも盛大ならしめられました事を、厚く御禮申上げます。主催者側万事不行届にもかかわらず、終日皆樣には熱心に御協力いただき、おかげをもちまして豫定通り滯りなく進行いたし、大會を無事終了いたす事の出來ました事を併せて御禮申上げます。

時代は民主々義を呼び、その中に生きてゆくべき私共で御座いますが日々あずかつている幼兒を眞の民主國家の一員となすべく、その根底を培つてゆかねばならない、重大な責任をもつて居る私共で御座います。本日御協議願いました問題、御發表になりました御研究や、貴い御体驗の發表を大會の一通の大會氣分に終らせる事なく今日の實のある熱のこもつた御意見を、明日の保育の實際に活かし、私共の目的達成の糧といたしたいと念願いたす次第で御座います。

終に來賓並に會員の皆樣の御健康を御祈り申上げ、次に會う日迄の御精進を御願いいたします。まことに不調法な言葉で意のあるところを盡しませんが、これを以つて閉會の御挨拶といたします。

（拍手）

大阪保育會挨拶

岡田しげの

お許しを得て主催地の皆樣に御挨拶申上げます。

昭和十八年秋、大阪市浪華小學校の講堂に、各地保育會代表集り決戰下の保育のあり方について話合いました。世の中は移り變り、敗戰の事實は時と共に押し寄せて參りました。新憲法、新學制の設立と共に、私共は雄々しく立上り、大國民の育成に發足しようと結束しました。久し振りに知己、知友集り多年の經驗研究を披瀝しまして無限の力强さを得ました。久振りの催しとてお骨折りがあり困難のあつたことでしように、克服してよき日をお與え下さいました事を、厚く御禮申上げます。機會にあわせて申し述べたいことは、御案内狀は柳澤先生の名で落手しました。大會は保育實務者の手によつてなされました。强い固い傳統の殼を破つて、女性をもり立てようとして頂いた、關長先生の御厚意を身に泌みて感謝致しますと共に、女性の責任の重さを痛感致します。示された姿を、私共は運營の上に精進しようと存じています。よろしき御導きを厚く御禮申上げます。

御參會の皆樣に申上げます。

來年は大阪に引受けました。切角お迎え致しましても、數々の御不自由をおかけすると思いますが、喜び樂しんで待つています。御案内した時は、賑々しく御來會下さいませ。（拍手）

時＝午後二時三十分　閉會

あとがき

終戦後に於ける最初の催しとしての本大會は實に有意義の試みであつた。この記錄の編集と印刷の責務を受けた本社では、そうした意味からも欣然とお引受けはしたが、複雜な原稿と限られた少部數のため、印刷所との商談が容易でなく、いささか持てあましていた折から、濱田印刷所が快く引受けてくれることになつた。今夏の全國大會と二つの記錄の編集事務を事實上擔當した私として、その出來上りは、或いは御期待に副いかねない點であるとは思うが、まことに喜びにたえない次第である。新かなづかいに文章も努めて書き改めたが、完全を期待し得ないことを御諒承乞う。

（昭和出版株式會社編集部にて　豊田武雄記）

昭和二十三年十月十日印刷
昭和二十三年十月十六日發行

—非賣品—

京都市中京區高倉六角下ル
日彰幼稚園
編集兼發行者　柳澤靜子

大阪市南區安堂寺橋通一ノ一
印刷者　濱田正明

印刷所　濱田印刷所

京都市中京區高倉六角下ル
日彰幼稚園
發行所　關西連合保育會

第五十五回　関西連合保育大会協議会誌

日時　昭和二十六年十月二十七日
場所　岡山縣立倉敷青陵高等学校講堂

第五十五回
關西連合

保育大會協議會誌

岡山縣保育會編

會　長　挨　拶

集ふ會員二千名

大 原 美 術 館

—（目　　録）—

第五十五回 關西連合保育會 研究協議大會

昭和二十六年十月二十七日
岡山縣青陵高等学校

開會式

一、奏楽　倉敷東中学校ブラスバンド
一、挨拶　大會委員長
一、祝辞　岡山縣知事
　　　　岡山縣教育委員會
　　　　岡山大学教育学部長
　　　　倉敷市長
一、祝電披露
一、表彰　四十名

議事

一、報告　名古屋保育會
一、會則変更
一、建議案
○平衡交附金法の教育法費中に小学校と同様に幼稚園と明記されたい　兵庫
○私立幼稚園に対し国庫並に各府縣市町村費より幼児教育振興費を交附されたい　京都
○措置費を平衡交附金よりはづして補助費として支給されたい　岡山

研究發表

○わが園の保育實踐について　和歌山
○一人〳〵をどの様にして伸すか　兵庫
○保育玩具について　岡山

晝食並にリクレエーション

分科協議會

第一分科會

○園兒の一組定員を三十名までにしてもらいたい　京都

○貧困家庭の幼兒を幼稚園に收容した場合如何なる措置を講じられているか　奈良

○幼稚園と保育所との年令的一元化について　大阪

○兒童福祉法の第二十四條及第三十九條の改正について　名古屋

○各市町村に於て一校下一幼稚園を目標に増設されんことを協議せられたい　三重

○本會の組織强化について　滋賀

第二分科會

○措置費を平衡交附金よりはづして補助金として支給されたし　三重

○本會の組織强化について　滋賀

○兒童福祉法の第二十四條及第三十九條の改正について　名古屋

○幼稚園と保育所との年令的一元化について　大阪

第三分科會

○園兒の輿論調査に基づく保育の在り方について承りたし　京都

○兒童憲章をどの樣にして幼兒敎育に具体化するか　大阪

○家庭連絡簿の記載方法について承りたし　名古屋

○幼兒の休息の方法について具体的に承りたし　奈良

全体會

一、實踐要項報告　大阪

— 2 —

一、分科會協議結果報告

第一分科會　　兵庫
第二分科會　　奈良
第三分科會　　滋賀

閉會式

一、挨拶　　大會副委員長
一、次回開催地挨拶　　奈良縣幼稚園會
一、保育歌　　一同
一、關西連合保育會萬才　　一同

開會式挨拶

岡山縣保育會長　松井惠戒

昨年十月名古屋市に於て御開催下さいました保育大會以來早くも滿一ヶ年を經過致しまして。愈々本日茲に第五十五回關西連合保育大會を開催致すことに相成りました

就きましては來賓各位の一方ならぬ御支援は申すに及びませず二府七縣の御誠意こもれる御協力と更に中国、四国遠くは北九洲の各縣よりも遙々御來會頂きました御熱意の賜によりまして斯くも盛大に開會出來ますことを主催者側一同此上もない喜びとして甚深の感謝を捧げます次第であります

元來この関西連合保育會は遠い歴史と傳統を以て古き先輩諸賢から次々に、より正しく強く大きく育成されまして回を重ねますこと實に五十五回です、その間我國幼兒教育文化の草分の大任を背負ひつゝ現在に至りましたが猶、將来にも言ひ知れない多難な課題を孕んで居ります

就中、終戰後の個人並に社會は必然的ではありませうが急激に様相を一變して学問、文化、はた又教育

にも異様を呈しまして、教育本然の眞相の把握も五里霧中の感が少くないと憂慮されつゝある緊要の時機です

かゝる折しも本日御參會の皆樣方は各々その御立場には相違がおありになるでせうが要する所、我國幼兒の幸福と安全の爲に共同の目的と共通の問題を持たれまして眞に一味乳水、本日、一日中眞劔に御協議下されますことは此上もなく意義深く喜ばしい事と存します

つら〳〵考へますに皆樣方は夫々に幾十人か幾百人かの可愛い幼兒の全体的な象徵としての保育者であり得る時に無限の價値と其の使命が存在するのだと思ひます

その價値とその使命こそは皆樣方各位の眞に正しく淸らかな保育理念であり又童心と相互に交渉する健全な保育者の主体性であると確信いたすものであります

私達は年に一度の待望のこの大會にかゝる主体性をしつかりと把握して一つには過去数十年間に亘り先輩各位が築き上げられました無名の保育金字塔の無言の聲に應へ、一つには現實の保育に正しい批判と反省を自覺し今一つには我國に於ける幼兒教育は猶前途遼遠なることに思ひをめぐらし不退転の決意のもと不撓の忍從と不屈の研鑽を以て斯道に挺身いたされますならば會期は僅に一日たりとも優に百日の効果にまさると信ずるものであります

かくも重大にして意義深き大會を開催させて頂く本縣保育會と致しましては準備萬端極めて不行届でありまして洵に申譯なく存じて居りますが親しき盟友の間柄として平に御許しを頂き更に皆樣方の絶大なる御協力と御支援によりまして本日の大會をして無事且、有意義に終了させて頂きますやう切望いたし

蕪辞ながら一言御挨拶を申上ます

祝辞

岡山縣知事　三木行治

遠來の皆様よくいらつしやいました

私は全く門前の小僧でございますが赤坊の時から就学前までの教育が大切であると云ふことはよく存じております

皆様御承知の様に三つ子の魂百までもと申しますが次代を背負ふ子供の教育が国の盛衰にかゝつております

この最も重要な幼兒期の教育のことにつきまして意見を戰はし子供の幸福のためによく討議せられまして僅の時間ではありますが有効にお過しなさいましてこの岡山の地にも沢山の友人を作つてお帰へりになります様にお願いたします

皆様に一言お祝の御挨拶のために立ちました次第でございます（拍手）

祝辞

岡山縣教育委員會指導課長　内藤一人

本日この倉敷の地に於て關西連合保育大會が開かれるに當り御挨拶申上げます事は欣快の至りであります

皆さま方この道の達識の方許りでかくも多数御參集になりまして幼兒教育の問題について特に當面されている様々の課題について協議せられ明日の保育のかてとせられます事はこの教育進展のためまことに慶賀にたえられません

昭和二十二年学校教育法改正され幼稚園が学校教育え織り込まれなほ兒童福祉法が制定され保育園が確

立されました、これ等兩者共々に幼兒教育の進展に大いなる寄與と共に皆さま方の熱意により保育園、幼稚園の数は年を逐うて増し保育内容も改正されて來ました、さり乍ら道は坦々としていません、解決しなければならない課題が覆いかぶさつています　この職にある者如何にしてこれを育成すべきか、如何に改良すべきか保育内容は如何に進歩すべきか、小学校或は家庭との連絡はいかにすべきか等多数の問題が見出されます、今日こゝに皆様一堂に會されましてこれ等の諸問題を協議研究されて明日の進展に努力せられます事は五十有余年この道に進まれました先輩方々と共におよろこびする次第であります　かくも盛大なこの會を開催せられます事は又、世の父兄の方々にとりましていかに喜ばしい事であるかを思います時にこの今日の大會の意義の大なるを痛感するものであります、この大會の目的が充分に果されて役立つやうにお願致します

こゝに愚詞をもちまして祝詞に代えさせて頂きます失礼致しました（拍手）

祝辞

岡山大学教育学部長　阪元彦太郎

祝詞を申上げる番が早すぎると思います　淺才の私はこの方面には無爲無能のものでありますので祕かに一番後から申上げやうと思つていましたのに誠に恐縮に存じます　今、私と致しましては皆さまがこんなに沢山倉敷の地に集まられました事本當に感慨に耐えぬものがあります　私は三ヶ月前までしばらくアメリカにおりました、その見聞の中の一つだけ申上げて祝詞にかえさせて頂きます

現在我國でもそうですが教育の面で取り殘されているのは幼兒教育と精神薄弱兒の教育とであります、

アメリカではこの特殊兒童の教育に予防が叫ばれていて既にあらはれている子供をそれ以前に予防する事が重要視されています　イリノイ州のある大学のK博士がこの精神薄弱兒の教育の研究をしていらつしやいますがそのあげつゝある實際を申上げましよう

普通の幼兒が本を讀む事が出來るやうになるのは六才位からであるけれどもそれ以前に適當な教育によつて早める事が出來る　精薄の子供に對しても二才から三才の間にそうした教育を加えると精神薄弱兒にならないであらうと博士は申されています

五年計畫で（現在三年目ですが）優れた先生三人集めて十五人の子供を見ている施設があります　一夫婦に五人の子供があり長子も第二子もアメリカでは進級はとてもやかましいので一年生が終る時進級出來なかつた、第三子もＪ・Ｑ七〇－七五で絶望していたが、この施設に入れた所第一學年を中位で進級した、Ｋ博士は五年經過せねば解らぬが幼兒期の教育を適切にやれば精薄兒を予防出来ると斷言してよいと言つている、これは單に優れた先生の技術のみでなく熱意であると私は確信致すものでございます

この話の一つを申添えて祝詞に代えます　何卒皆様御元氣でこの會に精出されます事をお祈りします

（拍手）

祝辞

倉敷市長　高橋勇雄

本日こゝに地域的には名古屋より九洲まで千五百の人の集るこの盛大な關西保育大會が催されます事は、この會の歴史と伝統とをもつ内容もさる事乍らかやうな大會がこゝ倉敷に開かれます事は地元の市長として喜びに耐えないものであります、私は過日

市内のある保育園で僅かな時間を過しましたがその雰囲氣に接しましてまのあたり先生達の努力を見その中に育まれる幼兒の幸福をしみぐ感じました、先生達のあの努力を市長として私がこの市のために拂つたらどんなに立派な街になるかと思つて、このしばらくの時乍ら、自分の魂が淨化された思がしました、先生達の献身的努力の姿を見ていかに保育事業が困難で努力を要するものであるかをはつきりと受取りました、そして私は保育事業に宗教的愛情をもつて先生達が努めていられる事を信じました

私も今日は童心に帰つて御挨拶致します

御遠方よくいらつしやいました、どうかとゞこほり無く大會が濟みます様　御遠方御苦勞様でした　心から歡迎の意を表します、市は文化祭の期間中であり美術館もピカソ展開催中であります、大會後は市内觀光もごゆつくりお願い致します、少くとも数々の文化施設をもつ倉敷はそれに誇るだけの内容をもつものでありたいと希う時にこの大會が開かれましたことを一入の喜びとするものであります、市民全体がこの喜びをもつものでありたいと思います、小さい都市でありますがこの土地でごゆつくり成果を得られます様望んでいます

心から皆さまに歡迎の意を表します（拍手）

祝電披露

オナジ　ホイクセイシンニヨルレンゴ　ウノヨロコビ　トタイカイノセイコウヲシユクス

倉橋惣三

ゴ　セイカイヲシユクス

日本幼稚園連盟

ハルカニバ　ンザ　イヲサケブ

全日本保育連盟

ゴセイカイヲシユクス
大阪府知事　赤間文三

ゴセイカイヲシユクシマス
光の口　昭　昭出版社

ゴセイカイヲシユクシマス
岡山縣會副議長　河崎一

ホンジツノゴセイカイヲ
オイワイモウシアゲマス
敦賀市　徳本達雄

保育功労者表彰

岡山　國富友次郎

永年勤続者表彰　四〇名（順序不同）

縣名	氏名	勤続年數
名古屋	伊東式部	二四・〇
〃	伊東爲子	二四・〇

縣名	氏名	勤続年數
滋賀	有馬豊子	二八・八
〃	静永賢純	二五・三
奈良	浜田清夫	三一・〇
京都	古川富子	二二・二
〃	木村美佐子	二〇・一
兵庫	内匠ちゑ	四〇・五
〃	田中スエ	三三・五
〃	和田よね	三〇・五
〃	原しげ	三〇・七
〃	前田なみ子	二九・七
〃	大西トミ	二三・七
〃	菊農榮子	二三・二
〃	吉田かね	二〇・七
〃	望月くに	五〇・〇
大阪	佐藤富子	三〇・〇
〃	東シマヱ	二七・六
〃	津村節津子	二〇・七
〃	中村道子	二〇・七
〃	阿部正子	二〇・七

縣名	氏名	勤続年數
大阪	杉浦シク	二〇・六
〃	澤田一枝	二〇・五
岡山	國富友次郎	保育功勞
〃	岡 秀	四〇・〇
〃	中山 春	三八・〇
〃	小寺かつ	三六・七
〃	松井惠戒	二三・〇
〃	谷 玉喜	二二・六
〃	齋藤藤子	二二・六
〃	松岡覺澄	二二・五
〃	山脇久	二一・二
〃	從野靜江	二一・一
〃	三宅君	二一・二
〃	常原富美子	二〇・二
〃	林 政野	二〇・〇
〃	池田クマ	二〇・〇
〃	竹林始女	三〇・〇
〃	中桐壽平	三〇・〇
〃	中桐美春	三〇・〇

謝辭

國富友次郎

私は先程表彰をうけました國富であります

せんえつ乍ら四十名の被表彰者を代表致しまして一言お禮申上げたいと存じます

私はたゞ過去四十年間いささか幼兒教育のために微力を捧げました許りで只今の如き光榮ある表彰を頂きます事は誠に夢の如き感が致します、只今永年勤續にて表彰をおうけになられました四十名の方に衷心より御礼申上げます

私はたゞ四十年の間吉備保育會が出来て幼兒教育のためにいささか微力を捧げ東は名古屋西は九州に至るまで大會にのぞみ活動しました當時の事を追懐して感慨無量云う言葉を知りません しかも昔と変りこの新進の前途有望なる發展地區倉敷の地で千五百の會員が集まつてかゝる盛大なる大會の席上でかゝる表彰をうけました事は何とも御礼申上げやうも

ありません

記念品は子々孫々に伝えて家寶と致し永くこの光榮を記念いたします、時はまさに国際問題も滞りなく進み我日本は新に生れ変つて諸國と共に文化のために盡くさなければならない重大な時になつているのであります、国民が開闢以來大緊張して新日本建設のために進まねばならない折しも人間教育として基礎を作る幼兒教育にたずさわる人々は燃ゆる意氣と希望とをもつて御活躍になると信じて疑はないものであります

幼稚園、保育所各々その使命に向つてお進みになつている事と思いますが、いかに子供の心身の健全な発達をさせて新日本建設に邁進するかは共通な点であります

今や我國は小さい事を責め合つて兄弟互にひしめく時ではありません感情を捨て總親和總努力で進まねばなりません、いささか幼兒教育に奔走していた私と致しましてはこの盛大な第五十五回の大會にのぞみまして感慨無量胸に迫るの現在であります、たゞこの大會に色々と研究協議がなされます事が天の時を得ていますこの時こゝに一大結束をして一大声明をもつて一丸となり人間基礎教育のために固い決心をなされます様に感激の一端を被歴致しまして御祝に代える次第であります（拍手）

謝辞

望月くに

私は昨年秋東京お茶の水創立七十五年の大會にのぞみました、その時一人の紳士が「先生私をおぼえていらつしやいますか」と云いました、私ははてなと考えましたがさつぱり頭に浮かびません（笑声）忘れたと云つては申沢けないと思いましたが正直に「わかりません」と申しましたら（笑声）「私は先

生に幼稚園の時 お世話になつた たけちやんです」と云つて一枚の名刺をくれました 「あゝ たけちやんかいナー」と云つて名刺を見ると肩に醫学博士と書いてあるのでびつくりしました（笑声）

このたけちやんは會場で皇后様にマイシンのことを色々御説明申上げていた偉い醫学博士だつたのです

私は たけちやんは えらい人になつたもんやなあーと感心しました（笑声）

私は若い時はじめ醫者を志ざしていましたが中途より保育の道に進んだのですがこの時ほど私は醫者にならなくて保育者になつていてよかつたなあと思つた事は有りません

もし私が醫者になつていたら一人の私と云う醫者しか生れないけれども保育者であつた爲に何人もの醫者を育てる事が出来て更に醫者ばかりでなく優れた沢山の人を育てる事が出来た事を本當に嬉しく思いました

一寸思い出しました事を申上げて御礼に代えさせて頂きます（拍手）

議事

運營委員（藤本）

みなさん方の承認を得てこれより私達三名は運營委員となりこの大會を運營させて頂きます（拍手）

議長は規約第六條により大會準備委員長松井圓戒氏にお願いいたしたいと思いますから御承認願います

（拍手）

議　長（松井圓戒）

只今御推薦いただきました松井でございます まことに不慣れでございますが第五十五回の大會の議長を勤めさせて頂き度いと存じます

議長の責任まことに大でありますがおゝらかな和の精神をもちまして私の至らない所を御援助いたゞきまして大會の意義を遂行して行き度いと思いますどうぞよろしくお願いいたします（拍手）

議　長（松井）

それでは昨年名古屋に於ける大會の御報告をお願いいたします

名古屋（浅野壽美子）

関西連合保育會の二府七縣の足並揃つた賑々しい第四回の研究協議會が昨年十月二十一日名古屋市榮小學校講堂で開催されました　菊かおる秋晴れのよき日早朝より約千人に近い會員の皆様の御參集をいたゞきなごやかで有意義な研究協議會を開くことが出來ました

先づ第一に保育功勞者の表彰がございました　表彰を受けられた方四十四名は永年幼兒教育の爲に献身功績を擧げられてこの榮をおうけになつたことはまことにおめでたい限りでございます

○研究発表は大阪保育會・滋賀縣保育研究會、京都保育連盟の各會からカリキユラムについてそれぞれの立場から又御經驗の結果から貴い御研究の御發表がありまことに得るところが多うございました

○次に研究協議會にはいりましたが之は役員會の申合せによりまして二つの部會に分れ各々三問題の協議題を中心に和氣靄々のうちに極めて熱心な協議がすゝめられました

○又保育の實踐計畫の實施につきましては各會からそれぞれ御努力御苦心の結果の御報告があり非常に感銘いたしました

○建議案は市町村立幼稚園の教員給の全額を府縣支辨にせられたい件、幼兒教育機關の設立を義務制

にせられたい件、都道府縣國立大学に幼稚園教諭兼保育所保母の養成コースを設けられたい件の三議案でございましたが皆委員附託に致しまして請願文も會議中に作成されましたので各保育會地元の関係へ各々陳情を致す申合せを致しました

一方名古屋市の委員が十月三十日上京し關係當局へ請願致しました

主催者側としましては準備万端まことに不行届きも多く御不自由をおかけ致しましたにもかゝわらず會員皆様の多大の御協力によりまして長時間にわたりきわめて御熱心に而も圓滑に研究協議が進められ尚且つ短時間に重要な諸問題が處理出来ましたことは偏に皆様の御支援のたまものと深く感謝いたします

十一月二十四日犬山で役員會を開きまして御報告の上バトンを岡山縣保育會にお渡しいたしました

以上簡單でございますが御報告させていたゞきました（拍手）

議　長　次に會則変更にうつります　提案者の御説明をおねがい致します

運營委員（大高）　六月十五日の役員會におきまして決定いたしました改正案ですがそれは三十五頁を御覧下さい

第六條　會議の議長會務の處理は當番市の加盟保育團体が担當するとあるのを　當番府縣或は市の加盟保育團体………としたいのです

それから第三條の2　第七條の9　機關紙を誌と改めたいと思います

議　長　たゞいま運營委員から上提されました會則変更の件如何でせうか

兵　庫（岩下）

改正理由を説明して下さい

運營委員（大高）

當番市を當番府縣とした理由は當番市と云ふ狹い範囲でなく縣郡市あらゆる地區から加盟しているので大きくはつきりさせる爲に大幅の線を出しました紙はプリントの誤りであつたのを三十五頁の通り誌にかへます

兵　庫（岩下）

ありがとう　さんせい　（笑声　拍手）

議　長

元氣に拍手して下さい　（拍手）　それでは會則は三十五頁のやうに変更いたします

運營委員

つぎは建議案に入ります　發言なさいます場合には議長が指名しましたら府縣名と御氏名とを明つきり云つてから御發言下さいますやうに尚發言時間は、建議案の提案者は十分以内、意見發表者は五分以内にお願いたします

運營委員

はじめに字句の訂正をさせて頂きます　兵庫縣よりの提出の建議案中教養費中とあるのを教育法費中と直します

平衡交附金法の教育法費中に小學校と同様に幼稚園と明記されたい

では兵庫の内匠先生御説明をお願いたします

兵　庫（内匠千恵）

幼兒教育の向上と進展とを考へる秋先づ第一の問題は如何にして教育財政の確立をするかということであります、この確立なくしては私共多年の念願である義務制の實現も困難であり、幼兒教育の擴充發展は至難であります、幼稚園が學校教育法に入れられ漸くその地位は確立しましたが國家からは何の裏づ

けもなく全く忘られた子といふかたちであり何等の措置も講ぜられて居りません、従って公立幼稚園教員に於ても待遇は幼、小、中一本で教諭差はありませんのに實支給額になりますとこれを市町村費でまかなわれる關係上辞令面通りの俸給がもらえず千圓二千圓或は三千圓迄も强制寄附をさせられている者も相當数あるのでございます、これが調査は園長會に於いて實施準備中ですからいづれ近い中に詳しいデーターが出來上ると存じます、そこで私達の俸給の縣費支辨こそ我々幼稚園教諭の身分を安定し従つてよき人を得教育向上發展にプラスするものと信じ去る二十四年から俸給の縣費支辨の運動をして居りますが兵庫縣に於きましては漸く本年當初予算に初めて幼兒教育振興費として僅かですが金拾參万圓を計上されたのであります、そうしてこの運動中に体驗しましたことは縣當局の云ひ分として我々實務者の熱意はかつて頂ますが幼稚園費が平衡交附金の對象でないといふのです、それで予算使途の際に新規事業として幼稚園教諭の俸給を縣費で支辨するならば法令違反として兵庫縣の受ける平衡交附金の配分が減額されるというのであります、文部省で伺ふと幼稚園は大学とおなじく平衡交附金の其の他の項に入れてあるといふのですがその他の項では末端へ行けばぼやけて消えてしまい前言のやうに縣ではいわれるのであります、それでこゝにはつきりと小學校同様に幼稚園と明記されたいと要望するのであります、只今六・三制 学校給食も問題となつている我が国の貧弱な經濟狀態ではありますがどうしてもこの事が出來なければ幼兒教育發展の大きな障害となるのであります、それで本問題にいくたの會合のある度、日教組及全國園長會、全国連合保育會等にも提案決議され陳情或は請願をして居りますが中々實現は困難であります、その為幼兒教育を熱愛される皆々様の御賛同をお願いし本會の名に於て强力にこれを請願し速かに出來ますことを念願する次第であります

建議は文部省、大藏省へ請願して頂きたいのであります

議　長

御質問がありましたら簡單に仰言つて下さい（拍手）ありませんやうですから引つゞき意見の御發表をねがいます

大　阪（岡田しげの）

只今の結構な御提案につき賛成を申上げます　私の幼稚園に過日四国のある先生が見えてのお話に二十數年勤める有資格の先生が縣の辞令では一、一四〇〇圓の俸給であるのに財政上と云ふ理由のもとに實際は七、五〇〇圓しかもらつていない　五人の内若い三人は辞令面通りの俸給なれど上の二人はまことに乏しいのでPTAの人々が市に陳情に行つたところそれは市では何ともならぬから縣に申出てくれと云つたので今度縣へ交渉した所縣では何とも致し方ない、平衡交附金の中には幼稚園は入つていないのでどうすることも出來ないと云はれ泣き寢入の狀態ですと話されていました、又大阪市附近のある地方の話では戰時中八つの幼稚園の内四つは休園し四つは保育園となつた、それが戰後休園中の四つの幼稚園が復活したので保育園であつた四つの所も中途半端な保育園よりも幼稚園に切換へたいと云ふたら保育所ならば厚生省の恩惠により運營することが出來るけれど今ある四つの幼稚園の經營だけでも中々容易でないのに新たに幼稚園を加へることは困難であるから保育園として厚生省よりの補助をうけるより外はないと申されたとの事でございます

立派な履歴と經驗とをもちながらかゝる俸給では有用な先生をもつてその實をあげることが出來ない、まことに幼兒教育進展のために残念に在じます、その故に平衡交附金中に幼稚園と强力に明記して頂きたいことをこの會に於て上提して頂き度いと存じます（拍手）

議　長

なぜ平衡交附金の中に幼稚園が必要なかを例を擧げての御説明になつてまことに結構でした　他に

名古屋（淺野）

只今の案に心から賛成申上げますが一つつけ加へさせてもらいたいと存じます、福井縣教育委會長にあつて過日給與問題について話合ました時强力に運動しやうではないか、大藏省も地方自治廳も反對が多いがどんな事を云はれても熱意をもつて文部省、大藏省と共に地方自治廳にもぜひ申出てほしいと云はれておりました、私も心からこれに賛成しますのでこれを一つつけ加へさせて頂きます

滋　賀（清水）

先程の岡田先生のお言葉中　中途半端な保育所と云ふ所がありましたがこれはどう云ふ意味でせうかおたづねいたします

大　阪（岡田）

お答へいたします　それは中途半端な運營の事であります

滋　賀（清水）

さうつけ加へて下されば結構でございます

議　長

まことに和やかな御了解で結構です（笑声）（拍手）拍手で御承認されたやうです

議　長

その建議の方法は如何に

兵　庫（内匠）
委員會へ附托したらどうでせうか（拍手）
大　阪（岡田）
在來決議になると終了後においてこれを取まとめ上京請願は儀礼的に終りがちですが一度や二度で成果を得られるとは考へられません、來年度まで波狀的に陳情されますことを望みます（拍手　笑声）
議　長
腹案はないが委員會をつくり運びます
兵　庫（内匠）
只今の岡田先生の御意見がよろしいと思います、役員會に附批して頂ければよろしいと思います
兵　庫
議長に一任（拍手）
岡田先生の意見に賛成ですか次年度の報告は失敗か成功かの結果を報告することを目的とし波狀的運動については議長に一任します
議　長
結果を報告することゝ波狀的に運動することゝしてこれは一應議長に一任して頂き成立したものとみとめます（拍手）
運營委員
私立幼稚園に対し国庫並に各府縣市町村費より幼兒教育振興費を交附されたい
提　案　京都保育連盟　佐　藤　晃　海
議　長
御説明お願いたします
京　都（佐藤晃海）
現在私立幼稚園の中で法人に切換の幼稚園は全國的にまだ〳〵その一部分で大部分は宗教又は個人の幼稚園であります、しかるにその大部分の幼稚園に於きましてはどこからも何らの助成の道が効ぜられて

いません、しかるに幼稚園としての業績は公私何れも劣らぬものであります、より高い保育を目指して進んでいる我々私立幼稚園に於いては現在のこの經濟狀態においては孤軍奮闘刀おれ矢つきた感があります、もとより幼兒教育の重要なことは官公私いかなる教育においても異はないと思います、長田先生は教育は下へ行く程大切で困難であると申されました、學校法人による幼稚園であると其他私立幼稚園であるとにかゝわらず凡ての私立幼稚園に対し國庫並に市町村費より幼兒教育振興費を交附されたいと願ふものであります

満堂の御賛成をお願いいたします　（拍手）

大　阪（松井）

理由を承ると私立幼稚園の中でも學校法人以外の私立幼稚園に対する希望のやうですが

京　都（佐藤）

學校法人であつても助成せられていないところもあるが法定には助成してあつてもなくても補助することになつている、しかし個人は補助がない、これを同様にしてほしい

議　長

これに賛成の方は拍手ねがいます　（拍手）　では成立したものとみとめます

議　長

時間がありませんのでこのまゝで行くと明日までかゝりますから以後簡單にねがいます　（笑声）

運營委員

措置費を平衡交附金よりはづして保助費として支給されたい

提　案　岡山縣保育會　大　森　次　郎

議　長

御說明をおねがいいたします

岡　山（大森次郎）

昭和二十五年度から地方公共團体の財政の自主性を確保するため地方財政平衡交附金制度が實施され從來補助金であつた兒童保護費も平衡交附金に組入れられたのであるが本年一ヶ年の實蹟によると

一、兒童措置費の支拂がおくれたり支拂はれなかつたり施設の經營が困難になつたものが多い

二、兒童措置費が國の定める限度に達せぬものもある

三、措置兒童を解除したり新に兒童を措置することをさけたりするものもある

四、之等により要保護兒童が町に放置されるものが少なくない

と云ふ有樣である、之等の弊害を除去するためには兒童保護費を平衡交附金から補助金の制度に變更して頂くのが目下第一の急務であると思いますので皆樣の御賛同を得て本大會の名によつて之が変更を建議いたしたいと思います

滋　賀（清水）

担置費とは公費負担と解してよろしいか

岡　山（大森）

それでよろしい

議　長

賛成の方は　（拍手）　では成立とみとめます

議　長

これで建議案（一、）（二、）（三、）成立とみとめます

議長一任の件は關西大會役員會に附托してと云ふ意見もありましたがこちらで腹案がありますからそれを發表させて頂きます

そして御承認をねがいたいと思います

これは全体會のあとで發表して下さい

これをもちまして建議案をおわらせて頂きます

滋　賀（南出）

緊急動議としてモデル幼稚園の件を提案します

議　長

どうでせう（拍手）賛成の方がありますから簡單に説明して下さい

滋　賀（南出）

阪元先生のお話のやうに教育は教育の路傍にある、私共は幼兒教育に對してほんとにあるべき姿をもつべき内容をはつきり把握することによつて進展するものであると考へる、さうして施設はかくありたいと云ふモデル式のものがほしい、これは私達の望みである小、中、高 學校に於ても も早モデル校が指定されている、こゝにわが幼稚園のみとりのこされている、文部省に於ても幸にして九月十三日付發表のやうに来年度よりモデル幼稚園に對し補助費を出す予定になつているやうです われら これらの計画に同調してこの進行をはかつて行き度と思いますのでこの際急速にモデル幼稚園の設置を見たいと思ふ

議　長

小、中、高学校には既にモデル校があるが幼稚園のみいまだないこの際眞劔な叫びのもとにモデル幼稚園設置は必要と思はれますが御賛成の方は（拍手）

議長一任の声おこる

さんせい／＼の声（拍手）

議　長

モデル幼稚園の増設について建議案成立とみとめます　後刻報告いたします

運營委員

これより研究發表にうつります

一人十分以内八分で予鈴を打ちますから　そのつもりで　では　わが園の保育實踐について

和歌山　石黑つぎ先生お願いたします

研究發表

我園の保育實践について

和歌山市 みどり幼稚園長
石黒 つぎ

世界名画の一つとして私の心に何時もくつきりと浮ぶ希望の画 裸の地球に一人のはした女が これも裸姿で座している、手に持つたハープの糸は一つ二つ三つと切れ落ち 後たった一つ切れ殘つた糸に何かの音を捉えようとじつと耳を寄せている姿〟これを二つの画像は希望だという。

敗戰後の日本の現狀も燒け盡した土の上で、これは一人ではない、八千万の人間が動きひしめき、溜息をつき、嘆きうばいあいをして生きて來た。終戰六年で講和に調印し今國會で批準されているが、これも又中々楽觀は許されない。

西の方の窓は少し開いたが隣の東北の窓は鉄のカーテンがふさがれ南の窓のカーテンも陪償重みで動かない、東から西から南から北から続いて來る嵐に耐えながら然も希望を持つて平和日本を打ちたてようと のみを とる建設者の悩みは大きい、其の基礎工事をゆだねられた日本の保育者の責任は重かつ大である。私は此の事を深く思ひ、先づ私のエミール教育像を世界の舞台にのせたいと思つた。この教育像は知性の鍵をとり豊かな情緒の香りを身につけ、いつも希望に導かれながら眞理に對する勇氣を持ち平和に貢献するエミール。日本の兵隊の殘した暴力の過ちをこの人達の明白がぬぐい消してくれることを夢みている。

課題は大きい先づ手近な一つ一つから手をつけて行かなければならない其の手順の一つとして私は先づ子供達が手を叩き足をおどらせて喜ぶ、童話をとりあげて幼兒達の心の世界を擴げそしてこの中で考える力、感じとる力、人生の見方、世界への關心、意志、求智心を最も高いものにし様と努力した、其の爲に私は太い思想の川、藝術的香氣のある世界長編童話に手をつけた。

或時は半ケ月、長がければ一月、二月間も幼兒達は思想の川で心をたぎらせて人生の虹を描く、希望と勇氣と平和のシンボルである。緑の色を園名にしてみどりのベレーで、みどりのバスケットを提げて、みどりの園舍に登園する子供達、遠い所の子供は緑の自動車に迎えられる、この子供達をどこの園でも同じ様に一つの カリキユラムの中で遊ばせる けれどもお歸り前の三十分を私はこの世界長編童話の時間に當てゝいる。

春と夏と秋は園兒を藤棚の下で冬はストーブのぬくみの中で子供等の心の琴線をあつめて太いたのしい夢をえがかせる。

四月　マイアのたび　アンデルセン
五月　ピーターパン　ジェームスバリ
六月　みにくいあひるの子　なまりの兵隊　アンデルセン
七月　ロビンソンクルーソー　ダニエル・デフフォー
九月　絵のない絵本　アンデルセン
十月　十一月　ピノチオ　イタリヤ　コロデイ（カルロ　ロレンチニ）
十二月　クリスマス物語　ユダヤ聖書
一月　犬と子供の兵隊　ドイツ
二月　青い鳥　メーテルリング
三月

或人は童話は噓じやないかという、或幼稚園教育の指導者が智能指数の發達した一年生の子供が大阪の動物園で 狼をみて 赤ずきんさんをたべた狼ですねと云つたのでがつかりしたという言葉を聞いたが私は、これには不賛成です。
民族は眞、善、美を追ふて進みつゝある、タゴールの言葉、眞、善、美は写實的なリアルからは生れない、小説、映画、演劇、音楽、美術科學は民族の大きな夢から生れると私は信じている、これがこの問題への私の答である。

手順の二、

私は幼児に幼兒の爲の演劇をとりあげた。

「はじめに言葉あり」と聖書のヨハネ伝の一章一節に書いてある、今日ほど言葉の必要な時はないと私は信じている、劍をもつて立つ者は劍で亡びるとも聖書に書いてある。

劍をすてゝ平和をとると世界に宣言した日本は自由な民主人として言葉即ち思想のつみあげによつて世界の平和に貢献することこそ陪償のあるべき正しい形ではないかと私は思ふ、正しい言葉、アクセント言葉にともなふ表情、思想をしかも多くの觀察の前に自分を表示することによつて正しい自信をつける又協力することを覺える、総ゆる綜合藝術のるつぼの中で、情操を洗いかけゆく人生の夢を捉えさせたいと劇（かけゆく人類の夢をみる様に）をとりあげた。

劇を専問的に一應説明すると劇の條件として役者、脚本演出者、觀客劇場がある。

A　役者とは自分の引受けた人物を脚本中に書かれた境遇に應じて動いたりものをいつたりする藝術である。

フランスの劇作者コクランがいつた、「役者は往來にいるのでもなく、家にいるのでもない、劇場にいるのだ、往來や家でする動作をそのまゝ舞台にのせたら圓柱の頂きに實物大の立像をのせたのと同じ結果になるだらう、だからリアルと實物とはずつと違はなければならない、即ち手腕、歩行身振、目の使い方などの役者の七つ道具を材料として雪の像を造るのが役者の藝術だ。

B　脚本は劇の成功不成功を決定する、脚本は読み物ではない芝居の台本だ、音楽の譜はひいてみねば良さがわからない、總ゆる文化資材、例えば、せりふ、動き、音樂、裝置、効果などを驅使して書かれたものである。

C　演出者に依つて同じシューベルトの作品でも味が違う様に同じ脚本でも演出者に依つて味が違う演出者は脚本をよく読み深い印象を得てこの脚本のもつ全体の色彩とリズム動作をみる、そしてその各々の調子を忘れずに全体の構圖をすすめてゆく。

D　劇場、裝置、大道具、小道具、音楽、踊り、照明、効果、この様な條件のもとに劇は吟味され、はじめてスターにする。そして、本読み、読み合せ、立稽古、總ざらいといふ風に進んでいつて、はじめて觀客の前に出されるわけである。

これが劇のアウトラインである。私はこれを幼兒の劇にする爲に努力している、幼稚園では時々劇の約束に從はないで唯々お話してそれを劇らしく動いてみる、そこには専問的な研究もなく、たゞその場つくりのまことにお粗末なものを與えている所があるが、それはお話遊びであり又是の目標もあることは認めるが、私のいう劇ではないことをお斷りしておく。

譜なしで思いつきで名曲をひく人があつたとしたら奇蹟である、劇の約束はこの譜なのだから、然し相手は幼兒である。

無理なものを押しつけてはならない、私は私の近刊京都聖光社幼兒劇集「わん ひん めえ」のあとがきの一節に「私はこの劇を机の上では書かなかつた。子供達の遊び、動き、走り、喜び、笑ひ、泣く喧噪のるつぼの中からこの劇は生れた。洋裁のデザイナーが幾度も假縫を、そしてその人の体にぴつたり合せる様にしては幼年の心と身と筋に合せて本縫ひをする様にと書いたが、本當に幼兒の心身發達の段階にぴつたりした然も大きな民族の夢を反映したものを選びたいと思ふ。

それで幼兒劇の特色として私の考えている條件は

一、幼兒劇はごつこ遊びの發展である、だから劇しているのか遊んでいるのか區別がつかない境地にまで子供達をつれて行きたい。

二、なるべく凡ての幼兒に出演の機會を與えたい。小著（わん ひん めえ」の中の春秋という舞踊を主として書いた劇があるが私の園ではこのどちらへもクラス全部の子供を出した。

三、言葉、せりふをローカルにぬいて正しい發音をさせ、又日本人にかけている表情を正しく出すことを指導したい。

私はあなたを愛していますでも目の上のもの目下のもの相對するものとでは表現が違う。

四、協力することを理解させたい

などの目標のもとに私の園では發表會前にじたばたするのではなしに不斷から劇の時間を特別にとつて遊ばせている。

今迄述べて來たもののみでなく他にもバレー、バイオリン、ピアノ等撰擇科目として幼兒に自由に選ばせて指導している。

それ〲ベストメンバーに指導を願つている、去る二月末、日映ニュースで楽しい幼稚園として紹介された、一昨日はＮＨＫで錄音したほんとにどこ迄も楽しい遊び場、然も世界を舞台にして貢献する人間の苗床としてやらねばならぬと思つている。

まだ〳〵とり殘している課題は多い。

ジイドの言葉の中に「もし僕等の魂に何時かの價値があつたとしたらそれは他の眞魂より壯んにもえさかつたからに他ならない」といつている、

私等も明日の日本の夜明けをになう、幼兒等のよりよい指導者として總ゆる惱を克服し眞善美えのもえさかる魂をもち續けたいものである。

運營委員

次は一人一人をどのやうに伸すか　神戸の内匠先生にお願いたします

「一人一人をどの樣にして伸ばすか」

神戸大學敎育學部附屬幼稚園敎諭
内　匠　慶　子

「一人一人をどの樣にして伸ばすか」。　これは敎育者の誰もが絶えず考えて居る問題なのであります。およそカリキュラムの研究とか、敎育技術の研究等種々な研究がなされて居りますが、それ等の期する所は「一人一人の子供をどの樣に成長發達させるか」と言う点なのであります。言い換えて申しますならば、敎育の諸研究が一人一人の指導に迄生きて來なければならないという事なのであります。

〃一人一人の指導〃その一人一人とは一体どんなものでありましようか。

一クラス三十五名なら三十五名の幼兒はそれ〳〵違つた兩親を持ち、それ〳〵違つた家庭環境で育てられているのであります。ですから遺伝的にも皆その素質が違い、環境的にもみなその發達が異なつて居るのであります。年令が同じであつても決して同一ではありません、身体的、知的、情緒的、社會的發達に於て非常な差があり特色があるのであります。

私達はこの様に個性の違つた幼兒達を同様に取扱つていていいものでありましようか。

それは言う迄もなくA君にはA君に適切な指導を、B君にはB君に最も良い指導をと考慮しなければならないのであります。

それには個人差についてもつと深く研究を進める必要があると思いますので、先づ「個人を知る爲の個人研究について」次にその「一人一人をどう導くかという指導法」について述べてみたいと思います。

一、個人研究

一人一人をよりよく指導する爲には先づ個人個人をよく知らなければなりません。私達は指導上、その必要に迫られて一人一人の本當の姿を知る爲にこれ等の調査、研究を次々行つてゆきました。

この一つ一つを説明させて戴くつもりで居りましたが時間の關係上省かせて戴きます。これから順を追つて、その説明を致しますが時間の関係上簡單に致します。

1．先づ行動記錄、これは日々の幼兒の行動を觀察して記錄に殘すのであります。どんな形式であるかと言う事は、後程その一例を讀み上げてみますから、それで大体お分り戴く事と思います。

2．過去の生活しらべ

現在の幼稚園だけでの狀態をみていては計り知れない面がありますので、過去にどんな生活をしていたかと言う事を調べる事にいたしました。その方法は父兄と話し合いで次の様な事柄をお聞きしましたが、その內容は省きます。

○どこで生れ、どこで育つたか。

○その子供が生れてから現在までに家庭生活の

変化はなかつたか。
○その子供を主として育てた人はどんな人か、その人の影響をうけているか。
○歩きはじめや、ものゝ言いはじめは順調かどうか。
○過去の病氣について、その後の健康狀態はどうか。
○親の観察による子供の性格はどうか、その生格をつくつた原因は何か（遺伝か、環境か）
○今後伸ばして行きたいと思はれる点と矯正しなければならないと思はれる点。
○日常生活上特に注意している事はどんな事か
3. 興味、欲求の調査
その子供がどんな事に興味欲求をもつているかといふ事を知つて置く事は、その指導上にも非常に參考になりますので調査用紙によつて次の様な事をお聞き致しました。
○お家ではどんな遊びをするか。
○遊び友達は主にどんな人か。
○どんなもの、どんな事に興味を持つているか
○ラヂオや絵本（お話）に對する興味はどうか
○幼稚園のお話をどの程度するか、どんな事を楽しそうに話すか、嫌がる事は無いか。
○お友達の事を話すか、誰の事をよく話すか。
4. 知能テスト
知能の發育はすべての生活に影響するものでありますから、これを是非知つて置かなければなりません。

これは、唯指數を出すのみでなく、この子供は、どの面がよく發育し、どの面が遅れているかという事と、全幼兒の中でどれ位かと言う事を調べてみなければなりません。

5. 性格テスト

不断の生活態度をみていますと、大体の性格は分るのでありますが、何か科學的に調査するものは無いかと思ひましたので神戸大學の心理學の先生にお聞して、ロールシャッハーの性格テストを行つてみました。

6. 人物画検査法

鈴木氏の知能テストを全兒に行いましたが唯一つのテストを信用するのもどうかと思ひましたので、これをやつて見ましたがその結果は、前の鈴木氏のと大分違つた指数が出て參りました。

それで、これは大分描画能力に關係するのではないかと思はれました。

7. 幼兒の特徴しらべでは

色々な經驗をさせて行くうちに〃この子供は何が好きでよく出來、何が出來ない〃と言う風に特徴が現れて來ますから唯頭の中で感じる丈でなく幼兒の一覽表にそれをしるす事が必要で大切なのであります。そしてリズムでは誰々々がよく出來、製作ではどの子供達が上手かという事を先生自身の頭の中に絶えずもつている事は、いろ〳〵な指導をする場合に非常に役に立つものであります。

8. 自由遊びの状態しらべ

一應先生の前に居る時は緊張して思う様にしやべれない子供でも、自由遊びの時にはありのままの姿を現すものであります。この全く自由な時間に一人一人がどんな活動をして居るか。誰がどんな遊びをするか、どんなお友達と遊んで居るか、又は一人ぽつちで居るかグループの遊びの中ではどんな働きをして居るか、遊びを考えてどん／＼構成して行くか或は人に言はれるままに動いているのか。〃子供の自己活動は人間生活の最も大きな力をもつのである〃とも言われて居ります。

この状態をよく調べてみますと、大体知能のよく發達している子供は自己活動が盛んなものでありますが、中には知能の遅れている子供でも自己活動の盛んな子供や知能は優れているのに、自己活動の盛んでない者があります。これには色々な原因がありますから、よく調べて指導しなければなりません。

9・幼兒の成長發達しらべ

段々と成長發達して行くうちにその長所や短所も変化して行くものであります。或期間にはそれ等の調査を行はなければなりません。

つまり現在の問題兒は誰か、どんな点がよくて、どんな点が悪いか、そして今後どんな点に注意すればよいか、と言う事を常に私達の頭の中に持つて居なければならないと思ひます。

10・父兄との懇談

一人一人を指導して行くうちにどうしても父兄と相談したり、協力しなければならない問題が起つて參ります。

こうなりますと、父兄會のみではとても行屆かないので、私達は二ヶ月に一度程、一日に四、五人の父兄を呼んで一人一人について、ゆつくり相談をする懇談會を設ける事に致しました。

この外問題が起つた時には、その都度連絡する事にして居ります。

この様にして指導し乍ら色々な調査を行つて行く

のでありますが、もう一度、入園當初からの幼兒をどんな順序で、どの様に指導して行くかと言う事をまとめてお話したいと思ひます。

二、指　導　法

1. 問題点をみつけて治療する。

入園當初の幼兒をみますと、それぐ、色々な問題を持つて居ります。例えば「よく泣く子供、腕白をする子供、わがままを通す子供黙つてものを言はない子供、どうしてもお友達と遊べない子供」等。私達はこれ等の問題点をみつけて、その原因を調べなければなりません。

その爲に過去の生活しらべを行つたり、父兄との懇談をする等、或は又その他の種々な個人研究を行うのであります。

そうして適當な指導をして行くのでありますが、例えば「B君の腕白の原因は、父兄との懇談によりお父様の乱棒な性格がうつつたものである」という事が分り、「G子のわがままの原因はやはり父兄との懇談の結果、身体が弱いのであまり大事にし過ぎた爲である事」が判明したのであります。それから「E子の無口なのはお母様との話し合いの結果遺伝的なもの（母親に似ている）である事」が分つたのであります。次にこれ等の原因が分ればそれぐの性格に適した指導法を考えて實施するのであります。

B君の腕白に對しては、「性格は無邪氣」で氣が強いからあつさりと割に強く注意しても大丈夫でありましようし、G子のわがままは「身体が弱い」ので休み勝ちな爲、あまり無理をする事は出來ません。先づ健康に、それから理解し易い点を利用して、その現場でよく話して聞かせてやればよいでせう。又E子の無口は「先天的」のものである丈に急には治らないから、先づ先生に親しませるとかお友達を作つてやる等して徐々に話させる様に導いて行くのであります。

問題の中には割合に簡單に治るものと、そうでないものとがありますから、困難なものは特に問題兒として、もつと深く研究を進めなければなりません。

2. 個性をみつけて伸ばす

それ〴〵の幼兒は問題点を持つている反面、又長所を持つて居るのであります。

B君は腕白だけれども、リズムが正確で太鼓を打つのが上手であるとか、G子は我儘だけれども理解が早くて何でもよく工夫するとかE子はものを言はないがお歌なら上手に唱ふしお遊戯も好きでよくすると言う風に、必ず何かいい面を持つているのであります。

私達は一人一人の幼兒の問題点をみつけるのと同時に、長所を發見して、それを伸ばして行く様努力しなければなりません。幼兒は先生に認められる事により、心の安定感と満足感を持ち、自信を得るのであります。そうなればその長所が伸びるだけでなく、他の生活態度まで変つて来る場合が少くありません。

3. 個性を團体の中に生かす

この様にして一人一人の問題点をなくして長所を伸ばせば殆んどその目的は達せられたのでありますが、ここでもう一つ大切な事柄は「個性を團体生活の中に生かす」と言う事でつまり社會性を發達させると言う事であります。
幼児が自分はグループの役に立つて居るのだと思ふ時、非常な満足感を得るものでありますから、個性が團体生活（遊び）例えば、自由遊びに、ごつこ遊びに、劇遊びに、リズムバンド等にと役立つ様に導いて行く事が大切なのであります。又お當番を決めてグループの為に奉仕をする事もいい事でありましょう幼児は成長して社會の一員となるのでありますから、お互いに夫々の個性を生かし合つてより楽しいグループ生活をさせなければならないのであります。

三、次に指導の實際例と致しましてA君の入園当初から現在迄の發達変化の狀態を行動記録より御紹介致します。

一幼児の指導の場合

四・一〇 入園式の式場で泣いてお母様を離さないお母様の傍にずつとくつついていた。

四・一一 小学校のお兄ちゃんとくる、絵本を読んでやると喜んで見ている、この調子ならあまり案じることはなさそうだ。

四・一二 今日はおばあちゃん〳〵といつてよく泣いた、おばあちゃんがお迎えに來られたその様子を見ていると大分おばあちゃん子らしい とても甘えている。

四・一三 自由画を描せてみると割にかいていた、しつかりしていることは しつかりしているが少し甘え坊らしい。

四・一四 今日は泣かずに濟んだ、少し元氣が出て來た様だ。

四・一六 「おばあちゃん歸つて」と大変な元氣。

四・一七 又おばあちゃん〳〵と泣いてばかり。

四・二一　今日も又「おばあちゃん〳〵」とずつと泣いていた。
四・二三　又泣いた。
四・二四　お兄ちゃんが行つてしまつたからといつて泣いていたが長泣きはしなかつた。
四・二七　島住君が大変泣いていたがA君は泣かずに済んだ。
四・二八　今日も泣かずに済んだがお遊戯をしなくなつた、お遊戯室に行つてもしないで坐つている。「僕チェーヘンネン」と言つて。
四・三〇　裏山へ登つた、今日ははじめて親しみを感じた、手をつないで行くと色々な事をよくしやべる、山羊をみたら　こわい　といつて　ふるえていた。
五・一　今日も泣かなかつたが休息の時のおねむりをしない。
五・四　もう泣かなくなつた。そしていつも私の手をひつぱつて来る、この間もれんげつみに行く時「先頭やないといやや」と言うので一番前にして手を引いてやると大変な元氣で面白い事をおしやべりした。
五・七　朝禮に行く時にも「僕いやや」と言うので、そしたら先頭にしてあげるからと言うと並んだ。ブランコしているとお部屋の窓からじつと見ていたが面白いと思つたのか出て來て「僕も乘せてーなー」と言つて來た。順番を待たせて乘せると大喜びで「もつとキューとふつてーなー」と言う。
五・一二　もうすつかり元氣になつた。よくおしやべりもするし何でもする様になつた（お

遊戯だけは何故かしない）

五・一五　昨日から楽器遊びをしているが相変らず「僕チェヘンネン」といつて何もしない今日はお母様を懇談にお呼びしたが、病氣だからといつて来られなかつた。

五・一七　明石公園に行つた、相變らず「僕一番前やで」といつて聞かない、もうすつかり元氣になつているが、並ぶ時とお遊戯の時だけは特別行動をとる、帰りに「チュンチェーあめ買うて」と言うので「お家でそう言うのでしよう」というと「ばれたかー」なんて言うので大笑いをした。

五・一八　今日は結んで開いてをはじめてしていた少し恥しそうにし乍ら。

五・二五　「先生、まゝごとあそび寄せてくれへんねん」と言うので「寄せて上げて頂戴」と言つてやると、しばらくして行つてみると寄せてもらつて元氣に活動している、そして後から見ているとお人形の着物等投げつけている、この子供は馴れてしまえば大分權太さんらしい、後で皆一緒にこんな事はいいか惡いか反省させると惡そうな顔をしていた。

五・二六　昨日から毎日まゝごと遊びの中に入つてちよこ〳〵走り廻つている。「先生僕まゝごと寄チャテモロトルネン」とうれしそうにしている。

六・二　園外保育で中崎の海岸へ行つた　A君は石投げに興味を持ち盛んに石を投げて遊んだ、「チェンチュほつて見、僕と投げ合いチョー」と言う、私も投げてやると喜こんで何度も投げている中　木片を　投げると浮いた事から色々なものを投げて、浮いたとか　沈んだとか　言つて喜こんでいる、チュンチェーこれ浮くか沈むか言うてみー」「浮くわ」「ほんまに浮いたなー」といつて下駄のこわれたのや、たばこやら　穴のあいた石や　色々のものを拾つて來ては　投げて　嬉しそうにしている。これが科学する　心の芽生えだ　と思つて　私も熱心に相手をしてやると　滿足そうにしている。行き帰りにはいろんなことを　おしやべりした。

この子供は　色々な事を　お話するのを聞いていても　今日の遊びを通しても、大分頭の良い子供の様に思う。（はつきり分らないが　殊に理數方面が）

六・四　まゝごとをし様と四、五人が言つていると「僕お父ちんやでー」と　いつて來たそして　一人で　玩具を　引張り出して　ごそ〳〵遊んでいる。

六・九　積木のお部屋でT君と一生懸命遊んでいる。

六・一三　お遊戯をする様になつた。上手々々と言つてやると嬉しそうにしている、前に出して　させてやつたら得意そうにしていた、そして少しも恥しがらなくなつて何でも力一杯活躍する様になつた、今日は積木を一生懸命していた。前とはすつかり態度が變つた　もうこれなら　問題兒ではない。

六・一四　知能テストの結果　指數一三一で　優秀兒という事がはつきりした。

〔過去の生活しらべ（六・一）〕

○出生地及び成育地　………明石（現在のところ）
○主に育てられた方………お祖母ちゃん（お祖
　　　母ちゃんのお乳まで
　　飲んだ）
○歩きはじめ………………一年二ヶ月
○歯の生えはじめ…………九ヶ月
○ものを言ひかけたのは……一年三ヶ月
※人工榮養（半分だけ）……生れた時　九七〇匁
性　格
○子供の特徴……明るい、お茶目、意地つ張り、
　　一寸恥しい所がある。よく泣く
　運動が好き、駅や映画館など混
　雑した所を嫌がる（泣いたり、
　おこつたりする）……ややこし
　いという。
○矯正してほしい点…………我儘な点。

○この性格を作つたのは………
｛ひ弱い子……先天的（お母さんに似てい
　る。血液型Ｂ型）
　意地つ張り……お祖母ちゃん子で甘えた所
　　から來ている。｝
○日常生活で注意していること……間食が多いの
　で決めてやる様
身体面
○今迄の主なる病氣……全然なし
○健康法として　している事……別になにもして
　いないが早寝早起
○幼稚園に入つてから疲れた様子はないか……全
　々ない、余計元氣になつた。
六・一九　まゝごとで八百屋さんをする事になつた
　用意をしていると傍へ來たので「Ａ君、
　八百屋さんにならない？」と言つてやる
　と「なつたろか」と言う、「なつて頂戴

よ、さー　いらつしやい〳〵　言つて賣るのよ」と言ふと面白くなつたのか「僕なつたるわ」と言ひ出した。お部屋で相談する時も「僕、八百屋さんやで」と言つて嬉しそうにしている、タオルの鉢巻をしてやると得意そうな顔をして「買うて頂戴、買うて頂戴」といつている。
しばらくすると「先生　僕　淡路へお船に乗つてお野菜買うて來るよー」といつてどこかへ行つたり、とても活潑に遊んだ
「先生買いに來て頂戴」と言うので買いに行つてやると
「おまけしときます」といつて沢山くれる、本當に今日は楽しそうだつた。

六・二七　大鼓を叩くのに非常な興味を持つて一生懸命たゝいた、割合にうまい。

七・一四　あれ以来リズムバンドと言えば大変な元氣である、太鼓でも　シンバルでも　上手に使う、そしてリズム感が正確である、お誕生會の時も太鼓を叩きたいといつたのでB君とジャンケンをして負けた、ボートの遊戯も喜んでしている「僕船長やで」といつて　先頭になる。

九・五　二學期が始まつた、始業式の時「僕又一番前になりたいなー」と　いつたので　さしてやると嬉しそうにしている。
とても機嫌よく色々な事をしやべる（帰りみちで）この調子なら今学期は大部成績を上げる事だろう。

九・八　自由遊びの時、まゝごとをしていると
「僕　赤ちゃんになるから　先生だつこして」といつて　ひざの上に乗つて來た、

「ええ氣持やなあ」と満足そう、歸り道での話に「先生 僕とこの 子になるか、ほんまやで ほんなら ええもんやるわ」と言う 子供らしい事を 言うので思わずふき出してしまつた。

九・一五 リズムバンドの練習で太鼓の打ち方を復習したら皆 忘れてしまつていたのに A君は覺えていた、とてもよく拍子に合つているし力もこもつている、たのもしい素質がある様だ。

九・二二 関先生のおつしやるにはA君は非常に面白い子供だと。

本當にその通りだが、今朝もこんな事を言つた。私が来るのを見て「内匠先生が向うの方からトコトコ來よつてや」お部屋の中に知らぬうちに入つてたのを見て「やあー 内匠先生が知らん間に お部屋の中に入つとつてやー」と仲々表現がうまいのに感心した。

粘土遊びを非常に喜んでする。

一〇・一二 最近とてもお茶目を發揮して面白い事を言つて笑わせるのですつかり人氣者になつて仕舞つた、然しそれが過ぎて少し調子に乗る傾向があつて、お歸りの道で大変お行儀が悪かつたので厳しく注意した。

一〇・一三 走りつこをしても一等をとるので選手になるし、リズムバンドをすると太鼓で活躍するし、すつかり自信をもつて、大変な元氣者になつてしまつた。そして毎日元氣一杯活動して、満足そうに樂しい生活を送つている。

以上A君の場合の入園當初から現在までの發達変化の狀態を述べたのでありますが、入園當初の問題点としては、よく泣く点で、その原因はおばあちやん兒で甘えん坊だつたからであります。
そこで私がおばあちやんの代りに愛情を示してやる事によつて、もう泣かなくなつたのであります。（山登りの日から）
次にこの子供の長所としてリズムの正確さと運動の好きな所を認めてやり、走りつこの選手にさせたりリズムバンドの大太鼓を叩かせてやる事により益々元氣が出て、遂に現在では組の人氣者となつたのであります。
これは唯一幼兒の指導の例でありますが、この樣にして一人一人を丁寧に指導してやり、本當に社會の爲に役立つ人間となる樣、現在の生活を力一杯發揮して、樂しい幼稚園生活が出來る樣にと導いて行きたいものであります。

運營委員

次は保育玩具について　岡山長崎先生にお願いたします

時代の保育と遊具の考案

岡山市御野保育園長　長崎末野

遊具の價値
フレーベルの恩物と時代の變遷
現代の保育と遊具の研究
年令別によるスコープとシーケンスの決定
結び

一、遊具の價値

保育施設に於て遊具の示めせる役割が實に大きく
保育の目的を達成いたしますには實際家の先生が

日々の幼兒の生活の姿の中から遊具の教育的價値について研究を進めてよりよきものを創作考案せなくては現代の保育の目的に合致した遊具は得られないと常に考へるものであります。

フレーベルの恩物と時代の変遷

従来保育施設の遊具といいますと先づ頭にうかぶものはフレーベルの恩物モンテッソリーの教具がありますが時代の進歩につれ幼兒心理の研究の發達にともない幼兒教育のシステムも著しく変化して來ました、然しこれはあの偉大なる恩物を否定し去るものでは決してなく研究すればする程その深さ廣さに驚嘆するものであります。

それ故に常にあの恩物に基礎を置いて社會の進歩や幼兒の生活の姿の中から創作考案して恩物を發展させなくてはなりません、恩物に対する批判は既に大正末期以前より始められました、それは米国のノラアッドウッド女史の著、幼稚園の理論と實際を見ても明かな處であります、その一例として第三第六積木色板等がフレーベルの考へていたよりも遙かに大きくなつて來ました即ち幼兒の協同遊具となり小さな社會生活の現れとなつたのであります。

現代の保育と遊具の研究

現代の教育が社會と云ふ大きな基盤のもとに行はれつゝあります事は今更申す迄もありません、この社會を改善改造しよりよき社會を作る事が現代教育の目的であるとしますならば保育施設に於てもこの線に添つて日々の保育の計畫を樹立しなければなりません、アメリカのマッカテイー女史は最近の子供の社會的發達の指導について遊具が如何に幼兒の社會的發達に役立つかを論じ従来の遊具が幼兒の社會的発達を問題とするよりもむしろ個人的発達を問題としたものが多く恩物にしてもモンテッソリーの教具にしても幼兒の感情的發達を問題としたものでありました故今後は保育施設に於ては遊具の性質が社會的發達を指導する様に遊具の工夫と選択を必要とすると説いて居られます。

保育施設に於て使用される遊具は幼兒の官能訓練としてのみの遊具でなく幼兒の生活を充實發展させその機能を表現し得る社會的遊具により社會的生活を指導し幼兒の社會的經驗をより豊にする事の出来る遊具の研究が重大視される事は當然の事であります。

年令別によるスコープとシーケンスの決定

さて考えねばならない問題はどの程度の社會的經驗を知らしめたらよいか、即ちこゝにスコープを決定しなければなりません、社會の基本機能はスペンサーヴアージニヤ、サンタバーバラ等の諸案又我国に於ても色々とプランが立てられて居ります。

各施設に於てカリキユラムを作る場合にそのいづれをとるか又獨自のものを作るかは誠に難しい問題でありますと同様に保育遊具によつて効果を考へる場合やはりこのスコープ枠の中にどの様の物を決定考案するか、即ち保育遊具を作る場合スコープとシーケンスの決定を必要といたします、これがなくては一貫した保育の目的に合致した保育遊具の研究も又無意味になると考へるのであります。別紙保育遊具の基本表は私の試案でありましてまだ今後研究に研究を重ね皆様の御批判を仰がねばならない点が多くあるのでありますが私はスコープを次の如く定めたのであります。

一、自然環境への順應

二、社會的環境への順應

イ・物資の生産　分配　消費

ロ・運輸　通信

ハ・政活生活

ニ・リクレーション

三、宗教的藝術的情操の陶治

別表に於けるごつこ遊びや其の他遊びの中に含まれる遊具（詳細は印刷物を御參照下さい）このシーケンスは三才から五才までの心理的發達を現わしたものであります、この心理狀態に適した遊具と幼兒等の經驗し得る社會生活を考慮したのであります、この別表に現われて居ります一つ一つの遊びに用ふる遊具の研究の重大なる事は申す迄もありませんが其の指導の方法等は實際保育に日々あたつて居られます諸先生のよりよき御研究を希望してやまない次第であります。

結び

以上述べました如く遊具による教育は從來の如き遊具觀とは變化を來しました即ち遊具は自由遊びの際幼兒が勝手に使用するほかに、遊具そのものが保育室での保育即ち歌たり踊たりの指導と同樣に指導しながら遊ばせるそして其の中に社會的經驗を豊ならしめて行く意圖を以て居るのでありますから其の指導の方法について充分の研究が非常に大切になつてまいります。

以上述べました趣意にもとづきて實務者相寄り研究を重ね各種いろいろの遊具の創作考案に努力致し各施設に多大の賞賛をうけて居りますがいまだ日淺く改良を重ねてゆかねばなりません、どうぞ諸先生方の御批判御指導をお願いいたして已まない次第であります。

議　長

貴重な研究發表をつぎ〳〵とありがたうございました　滿堂の皆さんのお元氣なお顔が　みんな　こちらを向いて下すって　まことに　うれしいきわみでございます　（笑声）

和歌山の石黑先生には保育者の心構へを世界道まで引あげてもつてゆかれ平和を　培ふために　日々實踐せられています　童話、演劇を詳しく　實際に即して述べていたゞき有難うございました。

神戸の内匠先生は　一人　一人　をどのやうに　伸すか空論でなく深い体驗を通じての貴重な發表を　個人研究　泣く子　協調性のない子　等の問題兒をとりあげて　長所の發見に努力し　問題点　を見きわめて　行動の記録をし　だん〳〵　とリヅムを好むやうになつたとか　云ふまことに　貴重な御發表を有難うございました。

長崎先生にはフレーベルの恩物から發して深い理想と根本精神とによつて又深い地盤をもつて變化して行く社會のうつり變りと共に保育玩具も個人玩具と共に社會性を培ふ社會的遊具への転換を實物を示しての御發表を頂き　千五百の眼を　一点に集注せられました。

何分にも時間が短かく　割愛して頂いた　部分が多くてまことにお氣の毒でありましたがこれをもちまして研究發表をおわります。　（拍手）

運營委員

午後は一時十分より午後の行事にうつります

晝食並リクレエーション

（一二・〇〇――一二・五〇）

◎劇あそび（約十五分）

照ちゃんの誕生祝

倉敷市保育會 御國幼稚園々兒

照ちゃんのお誕生を、山、海、野原や人形の国の友達が大勢お祝いに来て、楽しく 愉快にお祝いの遊戯をするところ

◎倉敷市東中学校管絃楽演奏

齊唱、獨奏、合奏と次々のメロデーに滿場陶酔アンコールの連發に予定時間三十分以上超過す六十名の大演奏は けだし 中等學生の精華であつた。

分科協議會

第一分科會

議　　長 兵庫保育會 岩下利久

運營委員 岡山縣保育會 廣常君子

佐藤昌子

議　長 只今より第一分科會の協議會を開きます私兵庫の岩下でございます第一分科會の議長の責を果させていただきますどうぞよろしくおねがいいたします。

運營委員を議長におまかせ頂けますか（一同拍手）

それでは指名させて頂きます（運營委員 速記者指名）

（運營委員 速記者 着席 挨拶）

運營委員 まことに不行届でございますが皆様の御

協力をよろしくおねがい致します　第一分科會に與えられました時間は一時間三十分でございますが順におくれておりますので恐いりますが少し短縮させて頂きまして提案者のお方の御發言時間は五分以内に意見發表のお方は四分以内にそれ〳〵御發表ねがいたいと思います　御發言時間一分前に　合図致しますからよろしくおねがいいたします。

議　長　それでは運營委員のお方のおつしやいました時間によりまして協議會をすすませて頂きます。

第一分科會の協議題は六問題ありますので順に第一より始めます　1．園児の一組定員を三十名までにしてもらいたい　提案者　京都加藤總枝先生に提案理由の御説明をお願いいたします。

協議題

『園児の一組定員を三十名までにしてもらい度し』

京都保育連盟　加藤総枝

提案理由

一、幼稚園の教育が人格形成えの一つの段階として重要な役割を持つて居る点から申述べ度いと思います。

幼児期の教育が人間の性格形成の上に大きな影響を持つものであつて、此の時期に性格の大体の傾向が方向づけられるのであります。

家庭教育と共にこの重要な時期の教育を担當する幼稚園の教育は、よき人格形成のために誠に重要な使命を持つのであります。

私達は日々の保育に當りまして、よき人格の形成を目指し幼児一人〳〵に適切な指導育成を意図するのでありますが、このためには先

＊　本誌４９～５６頁は底本乱丁により欠落している。

現在ある、幼稚園及保育所の現況を管見してみますと、その收容している幼兒は、年令的にも、また家庭狀況もほとんど同一と見ることが出來ます。戰後の經濟的不安定の社會狀態からして考へれば、どの家庭にても昔の如き安定した、自分の子供に一意專念して保育にあたれるという余裕をもつていません、なにかの事情で幼兒の保育に欠けていると思はれます。

幼稚園兒の家庭も保育所の入所兒も亦同一條件の家庭をもつと管見できるし、勿論全く保育所の對象でなければならぬというのもあるとは思うが、大部分は全く同一內容をもつものであると感ぜられます。

ここにおいて、法第二十四條の改正を願望することになります。

法第二十四條　市町村長は保護者の勞働又は疾病等の事由によりその監護すべき乳兒又は幼兒の保育に欠けるところがあると認めるときは、その乳兒又は幼兒を保育所させて保育しなければならない。

但し附近に保育所がない等やむえない事由があるときは、この限りではない。

條文の但し以下を見れば、いかに法自身の高遠な理想にそわないかを味わせます。

附近に保育所がない爲、幼稚園はあつても入園できない狀態であり、入園しても保障されない狀態であります。亦

法第三十九條　保育所は日々保護者の委託を受けて保育に欠けるその乳兒又は幼兒を保育することを目的とする施設とする

②保育所は前項の規定にかかわらず

特に必要があるときは、日日保護者の委託を受けて保育にかげるその他の兒童を保育することが出來る。

②項の解釋は　保育所運營要領の解說には、保育所の對象は乳兒、幼兒であるが、保育所を退所した。小學校及中學校に入學しているものでも、家庭で保育に欠ける子供、卽ち母親又は家族に面倒がみてもらえない兒童、又適當な友達もなく學習及び家庭の暖かさをあたえられない兒童を、兩親が歸宅するまで保育所にて保育するのが、この第二項の　保育に欠けるその他の兒童ということである。亦、保育所に入所せしむる順位は、以下の順位にて市町村長は措置すべきであると、書いています。

第一順位　母子家庭の母親や、保護者が疾病のため又は父子家庭で母親代りをする人のないため保育にかける乳兒又は幼兒。

第二順位　保護者、又は母子家庭の母親が勞働のため保育に欠ける乳兒又は幼兒。

第三順位　保護者、又は母子家庭の母親が勞働又は疾病のため、保育にかける低学年の兒童

第四順位　第一順位、第二順位、第三順位に準ずる乳兒または幼兒。

保育所は新しく兒童を入れるときは、先ず市町村吏員が對象になる子供たちを順位別に調査し、先づ第一順位と第二順位の子供たちを全部登錄し、第三順位、第四順位の子供等の必要度の高いものから順々に登錄してそれらの兒童を全部保育所に入れ保育するように全力をあげて努力すべきである。

美しい服を着て、美味しいお辨當をさげて、保育所に行く子供たちを、保育に欠ける家庭の子供たちが指をくわえて眺めていることがないように吳々も注意しなければならない。（この文は、保育所運營

要（一九五〇年厚生省兒童局編纂）保育所の對象の項よりそのまま技萃）。

以上のように保育所は兒童をして全く幸福な生活をあたえしめるのであるが現況の如く、今だ保育所の完備しない狀態にてはすくなくとも就學前の幼兒だけにても、保育所の完備するまでたりとも幼稚園に收容して、法の精神を活用致し、その兒童福祉法を全く兒童に浴せしめたい念願で、第二十四條及第三十九條を改正するか、明文化をはかりたいと願ふのであります。

不完備を了承下さい。

議長　この項につきまして御意見の發表を兵庫の太田トリヱ先生おねがいします。

兵庫　太田トリヱでございます　提案者のお方と同意見でございます。

龍野幼稚園々長　太田トリヱ

第二十四條の但書「附近に保育所がない等止むを得ない事由がある時は」の次に『幼稚園に委託するか』の九字を挿入し又、第三十九條第二項の始め「保育所は」とある處を『保育所及幼稚園は』と改正されたいと思います。

理由　地方財政は非常に窮乏しており既に或地域に幼稚園があつた場合又、僅かの數の措置幼兒のために保育所を設立することはなか／＼困難であるためそのまゝ放つておかれたり、たゞ單に看板のみを幼稚園から保育所へと書きかえることにより町村は義務を果し、しかも平衡交附金や共同募金を得るという風に惡用される場合も出來るのではないでしようか。

幼兒機関である幼稚園がありながら兒童福祉法第二十四條及第三十九條の該當者があつても保育所がないために保護できなかつたり、無自覺な看板書きかえでなく正しく最も適切な方法として附近に保育所が無い時は既設の幼稚園があれば該當幼兒及兒童を市町村長が委托保護をする事が最もよいと思いますそして當然保育所同様に措置兒童に對しては国家や縣が措置費を負擔する筈だと思います。

現在の幼稚園は決して特權階級のものではありません、しかし幼稚園は保育料其他が自己負擔となつておりますため市町村に於きまして保育料減免規定等設けられてゐない場合第二十四條なり第三十九條該當者の入園は困難ですが措置費が出ればどんなによろこんで入園するでしよう。

第二十四條　但書の其他の適當なといふ事に該當する場所は何といつても幼稚園であります、設備といい環境といい教諭の教養なり技術直ちに受け入れ体制が出來ております、それで法改正によつて前記の様になりますれば各自の自覺と責任に於て措置兒の幸福は守られ保護されるでありましよう。

ことに学令前一ヶ年の幼兒は附近に幼稚園があれば是非幼稚園に委托し教育的に保育される様になることが最ものぞましいことであることを附記いたします。

議　長　次に奈良の藤田利息先生おねがいします。

奈良　藤田利息　私も加藤先生の提案に賛成するものです。

『兒童福祉法の第二十四條及第三十九條の改正について』の答申案〔奈良縣〕

本法が兒童の健全なる育成と平等なる福祉の上に立つて作られたものである以上全兒童の福祉増進の爲に地域社會の凡ゆる施設と機構を活用することは當然で兒童教育の理想的育成の場としての幼稚園も保育所と共に必然的にこの中に考えられるべきもので

ある、この意味に於て本法を検討し次の諸点の改正を要求したい。

一、本法の欠陥

1. 貧困家庭の子弟は保育所へ、富裕家庭は幼稚園へと、この法そのものが既に幼い子供の心中に差別感〔劣等感〕を植えつけるように出來て居り、精神的に不平等の福祉であること

2. 保育施設に対する考え方が狭小に過ぎ全施設を兒童福祉に提供する事を忘れている、特に幼稚園施設は幼兒育成の理想的環境であるからである。

二、改正についての希望事項

1. 第七條に於ては
　兒童福祉施設の中に幼稚園をも取上げて地域社會の兒童福祉に貢献せしめること。

2. 第二十四條に於ては
　貧困家庭の如何なる幼兒も希望に應じて幼稚園か、保育所か、他の適当な施設によつて無料で保育を受ける事が出來るように改正すること。

　尚市町村長は無料保育者についてはよく家庭の實状を勘案して決定するようにすべきであること。

3. 第三十九條に於ては
　保育を目的とする施設の中に幼稚園をも挿入し、保護者は保育の委託を幼稚園か保育所かを希望に應じて自由に選擇出來るようすること。

三、結び

精神的に不平等な本法を右の様に改正する事により社會的に惡條件下の子供でも自分の希望する所に自由に入園又は入所する事が出来て楽し

く其の地域の福祉施設の恩恵に浴する事が出來距離の遠近を憂へる事は不要となる、一方市町村に於ては幼稚園か保育所かの一方を作る事によつてこの法の目的を達せられる便がある。

〔以　上〕

議　長　有難うございました、次第五項にうつりまして　各市町村に於いて一校下一幼稚園を目標に増設されんことを協議せられたい、三重　福村きみ先生　提案理由の説明をおねがいいたします。

三重　福村きみ

教育基本法の制定せられてから早や五ヶ年は立ちました、一校下一幼稚園の増設に付ましては今迄に度々提出せられていますので今更説明の必要はございません、皆様の縣に於かれてはすでに實施の時期に入つていられると思いますので、各縣の實情をお伺いして　本縣の參考とさして頂き度　又出來れば此會の名に於て各縣市町村當局へどうあたるかまで協議して頂けたならばと存じまして此問題を提出した次第であります。

議　長　次意見發表を　滋賀　南出信一先生おねがいします。

滋賀　守山幼稚園　南出信一

『各市町村に於て一校下一幼稚園を目標に增設されんことを協議されたい』

一、昭和二十六年十月三十日現在で滋賀縣内に小学校が二八〇校あつて、これに收容されている小學校兒童は一一三、二六二名ですが、この内幼稚園教育を受けた兒童は一七、六〇七名に過ぎません。其のパーセントは一五、五％です。少くとも五〇％迄には上昇させねば幼児教育の重要性も立証されないのではないでしようか。施設数から云いましても現在滋賀縣では公立幼稚園一七、私立幼稚園一三、計三〇ですから小學校数に対しては、公立は八、二％公私立では一五、〇％という情無さです。

二、増加目標として

町制を布いている小学校下に一園ずつ増加すれば

四十八園増になつて六園になる（三一、四％）

二十學級以上収容している小學校に一園ずつ増加すれば

十四園増となつて三一園になる（一五、〇％）

十八學級以上収容している小學校に一園ずつ増加すれば

十八園増となつて三五〇になる（一六、九％）

ことを示して縣市教委と小學校長會とに其の協力と指導方を願つています。

縣市教委は「まことに結構なことではあるが、現在としては財政的裏付けがない爲強制的なことが云えない。」と甚だ消極的な態度にありますが小學校長會としては全面的協力を決議して専ら善處方を講じていてくれます。

二十七年度には各郡市に幼稚園が併設されるであらうことを念願しています。

三、増設の具体的方法としては

第一次

入学前の兒童達を家庭から小学校へ自然な形において移行させるという意味において日曜幼稚園を開設して、各兄弟とか隣家の上級生が休みを應用して送りむかえをし、小學校の日直の先生方が半日保育をする。この保育によつて家庭人も社會人もその効果を認めさせその必要性を識らせる。

第二次

「日曜幼稚園だけでは滿足出来ない」この雰囲氣から　せめて　私立でもいゝP・T・A經營の幼稚園を學校内に作る。勿論經營は該当幼兒の保護者負担として　これに各校P・T・Aが補助するとか援助するとかの方法を用い漸次全日制幼稚園に切りかえて行く。

第三次

全日制幼稚園としてから公立に移換し幼・小との連絡を密にして學校教育法による幼兒教育の軌道に乘せればいゝ――この行き方で滋賀大學の附屬幼稚園と坂田郡米原幼稚園の二園が本年四月から各小學校に併設されたのであります

以上まことに粗雜な表現でしたが滋賀縣の現狀を申し述べまして皆さんの御批判御指導を仰がんとするものであります。

議長　次に大阪東崎きよ先生におねがいいたします。

大阪　東崎きよ先生

議長　第六項　本會の組織强化について　提案者滋賀の先生おねがいします。

滋賀　組織强化の問題については関西保育連合會の現在に於ては之をあえて唱える必要を認めませんので撤回いたします。

議長　以上をもちまして第一分科會協議會を終ります有り難うございました。

（一同挨拶拍手）　退場

第二分科會

議　長　奈良縣幼稚園會　三長きみえ
運營委員　矢野易子

運營委員　それでは只今から第二分科會の研究協議會を開催致します。

第二分科會の議長は奈良縣幼稚園會三長きみえ先生にお願ひする事に致します。

議　長　只今御紹介を頂きました　奈良縣幼稚園會三長で御座居ます。

私に第二分科會の議長をせよとの事で御座居ますが、第二分科會は主に保育所關係の問題で御座居ますので、私は幼稚園関係の者で不適當と御辞退致したのですが、是非との事で御座居ますので不馴れで御座居ますが、皆様の御協力によりまして會を終えたいと存じます。よろしくお願ひ致します。

尙朝からお時間が遲れておりますので恐れ入りますが、提案者の方は十分以内にして頂きまして、それから御意見、御質問等大勢の方から承りたいと存じます。

では　これから　第一の措置費を平衡交附金よりはづして補助金として支給されたしに就きまして三重縣の竹尾先生お願ひ致します。

×　　×

三重縣の竹尾先生いらつしやいませんかいらつしやいません様ですから次の第二の本會の組織强化についての問題を先に取り上げたいと思います、それでは滋賀の坂口先生にお願ひ致します。

×　　×

坂口先生もお見えになつてゐない様ですが誰

方か滋賀縣の先生にお願ひ致したいのですがのまれたのではありませんが代つて私の意見を少し申し上げたいと思ひます。

中川正造（滋賀）坂口先生に提案説明をする様にた

必要ないと思はれますが前大會の時幼稚園と保育所の関係が割り切れない空氣があつた様に思はれます、この様な事は幼兒敎育の爲に悲しむことであります。

勿論保育所の使命幼稚園の使命はありますが、目的は幼兒の幸福に違いないのです、同じ幼兒敎育にたづさわるものが、一体となりがつちりと手を握つて一團となつて行かねばならないと思います。

滋賀保育研究會に於ては實務者の方には悪い空氣はなくて一体になつてゐます。

關西に於ては悪い空氣が入らない様に結束して進んで行きたい愛する子供は一つでありますす他の地區の模範となりたいと思います

議長　有難う御座居ました。

幼兒敎育の目的は一つである、保育所、幼稚園が共に手を握つて一團となつて行かなければならない愛する子供は一つである。

關西に於ては悪い空氣が、入らない様に結束して進んでゆきたいと云ふ御説明で御座居ましたが、他に御意見は御座居ませんか、恐れ入りますが御發言なさいます方は縣名とお名前をおつしやつて下さいませ。

安藤輝通（岡山）岡山縣保育會安藤で御座居ます。

『本會の組織强化について』

岡山　安藤輝通

吾々は日本の幼兒を幸福に正しく保育すると云う大きな共同目的の中に個々の小さい幼稚園、保育所に分れて働いているのであります。

　幼稚園といゝ　保育所といゝ　公立といゝ　私立といゝ　それは皆　この目的の中に包含せられているのであります。兩者の一元化が成就すれば全ての問題は解決するのであるが　この問題は將來の課題として現在について考察反省して見よう。

八月仙台市に於ける全國保育大會に於いて保育所關係者の組織化について決議になり次いで厚生省兒童局長より各府縣に対し指示がありました。吾々は之は少々遲きに失する　もつと早く　吾々保育所關係者は立ち上らねばならなかつたものと思います。幼稚園は幼稚園、保育所は保育所で別に團結して大いに研究精進すべきであります。

　しかし　こゝに私が云わんとする處は　兩者が別々に團結することも當然必要でありますが亦共に協力して研究討議切磋琢磨する機會の必要なことを痛感するものであります。

　人間の通弊として團結が强固になれば獨善的となり　排他的となり　一方的な偏見を立てたり侵し合つたり他を卑誇し合つたりすることが生じ兼ねる憂なきにしもあらずであります。

　やがて就學の際一方は幼稚園　一方は保育所　そこに差別的待遇處置が生じないとは斷言出來ないのであります。

　兩者は法的には　年令的に　時間的に　或は措置的に多少差異はありますが幼兒保育と云う大部分の面では共通で共に連絡提携して幼兒幸福のために精進すべきものと思います。

　然るに本大會を見るに保育所の參加は極めて寥々たるもので兩者の連合している縣は滋賀、三重、岡山のみとは實に淋しい極みであります。

　當局者も大いに反省して頂いて各保育所の自由意

志に任かすべく亦保育所實務者も偏見を捨てゝ盛り上る力により兩者大同團結して頂きたいものであります。
そこに兩者とも今までの行きがゝりを捨て共に謙虚な氣持で連合し益々本會の强化を來たし幼兒教育に當つて貰いたいと存じます。

議長　保育所 幼稚園の兩者が連合してゐる 縣は滋賀、三重、岡山のみであることは淋しい、他府縣も謙虚な氣持で連合し本會の組織を强化したいとおつしやいましたが、私の縣奈良縣におきましては講習會とか研究會等にはお互に案內し合いまして仲よく研究致しております。
この問題は第四の幼稚園と保育所との年令的一元化と關連が御座居ますのでこれを只今の問題に附隨しこれに含めて審議してゆきたい。と思ひますが如何で御座居ませう（拍手）
それではそう致しまして誰方か御意見は御座居ませんか、

奥山道枝（岡山）岡山縣の奥山で御座居ます。
本會に未加入の保育園は保育會には絶体に加入しないと云う惡意のある人ばかりと斷定する事は早急ではないでせうか、
予算の許されない 貧しい園もあらうし 加入する事をよく認識しない園もあると思はれます、從つて未加入園は保育會に對して反對者であるとは斷定してはならないと思います。
幼稚園と保育所とを一元的に組織を持つ事が必ず お互が親密であるとも 云い得ないし又全然二元的に持つ事が相反目しているとの斷定も出來得ません、その反對の場合もあり得ると思います。
お互に自分の身邊に近い處から研究し討論して向上して行く方法をとる事は何れの縣も統一する事なく自由であらうと思います。從つて私共保育所關係者は兒童福祉法の發令されて間もないまゝに小さいグループから手近な問題から研究して長い歴史を持つ幼稚園保育に一日も早く追ついて肩を並べる時を持ちたいもので御座居ます。終りに私はお互の感情は棄て保育所関係者は手近な問題から解決したいと云うだけの事であつて幼稚園保育に對して兎角の意見を持つものではありません。

議長　いろ〳〵と御賛成の御意見が出ましたが、ここらで結論を出したいと思います。この問題は保育所、幼稚園が互に手をさしのべ謙虚な心になつて一体となり幼兒教育に邁進したい、それ〳〵各府縣に歸り保育所、幼稚園に呼びかけて連合体を作つて本關西連合保育會の組織を强化しようと決論してもよろしいでせうか（拍手）

議長　それでは第三の兒童福祉法の第二十四條及び第三十九條の改正について移りたいと思ひます。御提案になりました名古屋の加藤先生お願い致します、いらつしやいませんか、いらつしやらない様ですが、如何致しませう。

蒲池一義（滋賀）それでは私のかねて考えております事をちよつと申し上げたいと思います。人格はそれ自が育てるより他ないならば、その完成に都合のよい環境に於て育成される場合に純眞無垢の子供として接する保母と、子供との人格と人格との交流交感が生ずるだろう　そこに眞の　保育があるであらう、然るに性質ということに就いても或る固定的なものとして見る事はすでに無理があるのに兒童福祉法によつて措置せられた子供は保育に欠げたるところのある者　換言すれば　何等かの欠点のある子供として取扱はれる、こうした先入観念による立場で子供を見る事は一つの宿命視というべく　この宿命視はやがて　人間冒瀆に陷入つているというべきであろう、それかあらぬか　現在の　幼稚園兒は上層階級、保育所兒は下層階級なりという社會通念は誠に痛ましい社會問題の一つである、それにそうした反省もなく單に保育所は社會事業なりと强調し固執されることは保育上のみならず社會的にも憂慮に絶えないものがある、故に兒童福祉法は歴史的發展段階の一つとしては肯定するものであるが、學校教育法が兒童の環境によつて收容の場所を區別せず、同一の學校に收容して例えば生活保護法をソツト適用するように乳幼兒もその環境によらないで同一施設に收容し、兒童福祉法がそこに適用されるような保育法（仮稱）を新しく制定し眞の保育が出來るよう、且つは兒童憲章を地についた歩みとするように希望するものである勿論それには現行法の一部改正も必要である

議長　有難う御座居ました。先生それには　この會として　どの樣にしたらよいかお考へが御座居ますか、

蒲池一義（滋賀）それはですね　末だ〳〵研究しなければならない問題がありますから繼續委員會でも作ればと思います。

議　長　その場合委員は事務局の方へお任せしてよろしゆう御座居ますね。

議　長　この問題につきまして他に御意見が御座居ませうか。

新見昌子（岡山）議長　又　問題が元に戻りますが、私は保育所と幼稚園とは本來の姿が違うと思います、實際の保育に於きましても兩者には年令差別があり取扱ひが異ります、これを同一線に並べて考へる事は不可能であると思います。

蒲池一義（滋賀）その年令差別は必要ないと思ひますけど。

議　長　時間も大分切迫して參りましたし後に殘つてゐる問題が二つも御座居ますので結論に參りたいと思ひますが、この問題は繼続委員に附托し年令的問題等も研究協議して頂いて目的達成に邁進致したい、尚委員は事務局に御一任する。

と云ふ様に決議致したいと思います（拍手）

議　長　では第四、幼稚園と保育所との年令的一元化についてで御座居ますが、これは第一分科會の方でも審議されてゐると思いますが、兩會場とも提案は大阪の和田先生で御座居ますね。

小　川（奈良）只今まで第一會場へおりましたのですが、第一會場ではこの一元化の問題は提案者が尚研究の余地があると徹回されました。

議　長　今お聞きの通り第一分科會の方で提案者の方が徹回されたそうで御座居ますがそれでは第二分科會の方も審議する必要は御座居ませんね、では最初の措置費を平衡交附金より、はずして補助金として支給されたしにつきまして提案の方がいらつしやいませんが、誰方か御意見は御座居ませんか。

三宅左一（岡山）それでは私の意見を申し上げたいと思います。

『措置費を平衡交付金よりはづして補助金として支給されたし』

兒童福祉法の發布によりまして政府としては困窮者の幼兒に對し是れが措置を施設地の首長によりて措置する樣になりました事は何より吾々幼兒を取扱つてゐる者の等しく悅びとする所であつて政府に對しまして感謝いたす次第で御座います、然るに其の措置費が政府では平衡交付金により市町村へ交付されてゐる事は實に幽靈交付金と言つても過言ではないと思ひます、何ぜならば平衡交付金は總べての費目を一括して市町村へ交付されるのでありますから實際首長に於て措置してゐる費用に對しても割當の金額を平衡交付金の中に明配算入してゐない爲めに出納係に於ても措置費が幾等算入してゐるかゞ明細にわからない夫れが爲めに支給される事も遲れ、請求をしてもなか〳〵頂けないので止むなく他から借入をして行かねばならない狀態で昨年の如きも年度末になつても支給不能の樣な狀態であつた。

夫れで平衡交付金の支途は首長の自由權限に委ねてあるので例へば土木費或は消防費其他相當の費額を要する場合は首長の自由で權限を與へてゐるので措置費の交付が出來なくとも止むを得ない狀態である此の缺陷のために吾々幼兒の保育に當つてゐる者の苦境である事は吾々が諜々と述べなくとも政府當局に於ては既におわかりになつてゐるものと推察してゐますが若し認識されてゐないとすれば甚だ遺憾の極みである。

而して現在福祉法實施の基に置かれてゐる幼兒の措

置に對しては斯の如き難点を改正して實際幼兒のために將た經營の面に支障を來たさない獨立の補助金として交付される事が至當である。

又兒童憲章も制定されて兒童の爲めに働くべく指導されてゐて其の責任や重大である、吾々は茲に最大の努力を拂つて献身的に日々幼兒の保育に精勵してゐるのである、斯の如き幽靈交付金の線を脱して獨立した補助金として交付せられん事を切に要望する次第である。

陳狀等により當局に改正を促したいと思ひます。

議長　有難う御座居ました、これは保育所の組織運營の面で御座居ます。

交附金は金額が明記して算入してない、市町村長に使途自由の權限がある等の缺陷がある爲に補助金として欲しいとの御意見で御座居ました。

これは全体會の建議案にあるのと同じで御座居ますからその委員會を通して陳狀書等もつて强力に當局にあたつて頂く事と致したいと思いますが、如何で御座居ませう。（拍手）

議長　これで予定の議題を終る事が出來ましたがそれでは第一の措置費と平衡交附金よりはずして補助金とされたしは委員會に附托し第二分科會の名に於て强力に推進される樣にお願ひする。

第二の本會の組織强化については保育所幼稚園が互に手をさしのべ素直な謙虚な心になつて一体となり連合体を作り組織を强化したい

第三は兒童福祉法の第二十四條及第三十九條の改止についてで御座居ましたがこれは繼續委員會を作り研究協議し目的達成に邁進したい。

第四は第一分科會で徹回されましたので審議致しませんでした。

以上で御座居ます。

いろ〳〵と眞劍な御意見を伺はせて頂きまして有難う御座居ました。

議長　不馴で御座居まして　ほんとうに　不行屆で御座居ましたが、皆樣の御協力によりまして會を終了する事が出來ました事を感謝致しております。

皆樣の御協力を心から御禮申し上げます。

有難う御座居ました。　（拍手）

第三分科會

議　長　滋賀縣保育研究會　三村習一
運營委員　岡山縣保育會　三谷松子

議　長　第一分科會は幼稚園、第二分科會は保育園を別々に討議なさるが第三分科會は幼稚園保育園共通の問題をとり入れて協議していたゞくので大変復雜になると思いますが、よろしくお願いいたします、では提案理由の説明からしていたゞきます。
一人五分以内にお願い致します。
運營委員　では1の〃園兒の輿論調査に基づく保育の在り方について承りたし〃提案者の京都の宮西先生お願いします。

京都聖マリア幼稚園長　宮西ゆき

終戰後六年やうやく講和條約がむすばれて私達日本

人も獨立国の一員として再出發することになりました、社會のうつりかわりのはげしさは善惡にかゝわらず私達の心情、物の考へ方、目方などに大きな変化をきたしましたことはおどろきの他御座いません大人でさえもこの様な狀態なのですから私達の幼な子にとりまして時代の激変はどんなに大きな知、情、意の上に又体の上にも影響を受けたことで御座います。彼等はするどい時代感覺をもつてゐることは皆様も毎日の彼等の遊びの中に又言葉の中に感じてゐられることゝ存じます、彼等は新しいものを把握しその時代に順應して行こうと無意識の間にもあゆんでゐる様に思はれます、幼兒は如何に社會の環境家庭の人々によつて凡てを支配されてゐるか又彼等は社會をどう見てゐるか又どう考へてゐるかを一應しらべその結果がはたして日常保育の在り方はいかにあるべきかを知るためにこの調査をこゝろみてみたので御座います。

お手もとのプリントの條項は終戰直后に調査いたしましした事項を參考に作製されたものでありましてまだまだ不充分な点が多く御座いますが一應皆様と共に研究討議していただいてよりよき効果的なものにしていただければ幸に存じます。

1. 先づ天皇觀について

日本國憲法では天皇は國及び國民統合の象徵としての地位にたたれましたが今だ幼兒の種々の環境による(家庭、幼稚園、社會)人々の古い觀念がぬけきらないかも知れないし又反對にせんせん天皇制を否定する立場にあるかもしれません、それらの考へ方が幼兒達にいかに反映してゐるかを見て見たいと思います、ただその三條項を答へさせるだけでも察知することが出來ると思います、子供にあやまつた天皇觀をいだかせるのは非常にきけんなことだと思います。

2．次に國家觀と世界觀について

正しい國家觀又愛國心は廣い世界觀への段階であります、國を愛せないもの又隣人を愛せないものがどうして大きな世界を又世界人を愛することが出來ませうか、かの私達の敬愛する幼稚園祖始者フレーベル先生は廣い世界觀をもち大きな愛にめざめた人でありましたが戰が始まるや祖國獨逸のために又愛する幼な子のために銃もつ一兵士となつて従軍いたしました、彼の參戰行動についての批判は別としてあの愛する人達にたいするぎせい的な愛の行動は正しい國家觀からうまれたものであり私達幼子達にももつてほしい尊い心であります、今こそ正しい日本人としての自覺をもたねば又正しい日本国の見方ももたねば むじかくな かつての島國根性的なきけん國民におちて行く様なことになるのではないでせうか、苦しい時代の子供達にこの重大な認識をもたせるために正しい保育がなされねばならないと思ふので御座います。

幼兒にあやまつた國家についての優越視をもたせるのもきけんですし劣等觀をいだかせるのもあやまりでありませう。

3．次に戰爭觀と講和觀について

戰爭と平和と言ふことについてひとまとめに申上げ度いと思います、幼な子は誰よりも平和を愛するものであります、それはお手元の調査表をごらんいただいてもおわかりの様に88％そのことが一番高いのでございます、戰爭と言ふものに對して周園から入れられた恐怖懸念は大きなものでございます又直接的にもいやなものと感じてゐるのでございます、ですからこの爭ひごとを好まない平和な清らかな感情をいつまでも育成し延ばして行くために彼等に爭ひごとは小さいことでもこれを防止し又じしゆくすべく保育されるべきだと考へるのでございます。

4. 次は家庭觀について

戰后の社會事情變化それにともなふ倫理觀念の變化で最大の影響を受けたのは家族関係でありませう、そしてその變化は子供の家庭に對する考へ方をかへて行つたでありませうか又今後変へさせるべきでありませうか日本の家族制度は一應否定されましたが凡て否定してしまふのは考へものであろうと思います、美しい風習は今后も保存して差支へないと思ふのでございます幼兒の兩親に對する感情、見方、考へ方又他の家族に對するそれらを調査するのは必要だと思われます。

5. 次に宗教觀

日本國憲法に於ては宗教の自由をみとめられてゐます、然し戰時中の神佛に對するあやまつた考へ方はかへつて戰後に反動となつてあらわれ戰后の宗教混乱をまねいたのであります、神佛に対する子供の素直な考へ方を見るだけでよいと思ひます。

即ち「神様佛様はあるかないか」の簡單な事項のみ質問してそれに答へさせて一資料にするのも一方法だと思います。

6. 次に職業觀

以上の様な時代感覺にもとづき幼兒は自分は将來何になりたいかと言ふことを知ることも必要であるし又それによつて勤勞の尊さを考へることも大切な事柄であろうと思ひます。

以上誠に言葉たらず不充分とは存じますが提案の理由として一言のべさせていたゞきました。

昭和二十六年九月現在

幼兒の世論調査（近頃の幼兒の考へ）

京都保育聯盟調査

戰爭觀

戰爭つてどんなことですか	1 鉄砲の打合	48%
	2 知らない	30%
	3 爆彈が落ちる	8%
	4 その他（人間を殺す、けんか 國と國との戰ひ等）	14%
戰爭は好きですかきらいですか	1 好き	9%
	2 嫌ひ	88%
	3 知らない	3%
日本はなぜまけたと思ひますか	1 知らない	59%
	2 武器、彈藥が無かつたから	12%
	3 日本が弱くアメリカが強いから	15%
	4 その他（爆彈が落ちたから お金がない等）	14%

世　界　観

日本の国の他にどんな国を知つてゐますか	1　アメリカ	42%
	2　知らない	17%
	3　イギリス	11%
	4　その他（朝鮮、ソ聯、ドイツ、アフリカ、フイリツピン等）	30%
アメリカ人と日本人とどこがちがひますか	1　顔の相違（目の色、鼻が高い毛の色、顔色等）	46%
	2　言葉の相違	16%
	3　服　装（服、爪の色、耳輪）	14%
	4　その他（生活の相違、食物、ペツト、家、椅子、環境等）	24%

天　皇　観

天皇陛下を知つてゐますか	1　知つている	51%
	2　知らない	49%
どんな人ですか	1　知らない	54%
	2　偉い人	29%
	3　顔、形、服装で表現したもの	4 %
	4　その他	13%
日本のお国で一番えらい人は誰ですか	I　天皇陛下	38%
	2　知らない	36%
	3　父	5 %
	4　その他（進駐軍、吉田總理神樣等）	21%

国　家　觀

あなたはどこのお国の人ですか	1 日　本	58%
	2 知らない	26%
	3 京　都	6%
	4 其の他（アメリカ、イギリス等）	10%
お国とはどんなところですか	1 知らない	71%
	2 良い所（美しい所、廣い所 大きい所を含む）	8%
	3 家のある所、人の住んでいる所	4%
	4 その他（地球の中にあるもの 日本の國のこと等）	17%
お國のためにどんなことをしたいと思ひますか	1 解らない	47%
	2 良い事がしたい	19%
	3 遊びたい	12%
	4 その他（働きたい、偉い人になる 勉强したい）	22%
日本のお國のよい所を言つて下さい	1 解らない	68%
	2 施設（大丸、幼稚園、動物園）	7%
	3 地名（京都′東京、田舎）	5%
	4 その他（きれいな所、遊ぶ所が 多い等）	20%
日本のお国の悪い所を言つて下さい	1 知らない	72%
	2 悪い人、可愛いいさうな人がいる	12%
	3 戰爭をした事	5%
	4 その他（悪くない、汚い所がある お金がない等）	11%

宗　教　観

神さま（佛さま）はあると思ひますか	1 有る	86%
	2 無い	9%
	3 解らない	5%
神さま（佛さま）にどんなことをたのみましたか	1 よい子（大きい 賢い）になる様に	29%
	2 知らない	26%
	3 頼まない	25%
	4 その他（病氣が癒おる様に 物を買つてもらう様に等）	20%
かなへてもらひましたか	1 叶えてもらつた	34%
	2 叶えてもらはない	21%
	3 知らない	45%
死んだらどこへ行つてどうなると思ひますか	1 お墓（土の中）へ行く	34%
	2 お山へ行つて燒かれる	24%
	3 知らない	16%
	4 その他（天國へ行く、地獄へ 神樣、佛樣になる等）	26%

講　和　観

講和のことをわかりやすく話して子供たちの氣持をきいてみる	1 よいと思ふ	46%
	2 解らぬ	30%
	3 他の国と仲良くする	9%
	4 その他（よい子になり日本を立派にする、戰爭がない等）	13%

家　庭　観

あなたのお家で一番えらいと思ふ人は誰ですか	1　父	85%
	2　母	6%
	3　兄、　姉	4%
	4　その他（祖父母、叔父、知らぬ等）	5%
あなたのお家で一番誰が好きですか	1　母	44%
	2　父	43%
	3　兄、弟、姉、妹	8%
	4　その他（祖父母、家中、解らぬ、叔父等）	5%
あなたはお家の人で誰がいなくなると淋しかつたりかなしかつたりしますか	1　母	59%
	2　父	24%
	3　祖父母	5%
	4　その他（兄、弟、姉、妹、家中 淋しくない等）	12%

職　業　観

あなたは大きくなつたらなにになりますか	1　お母さん　お父さん	20%
	2　先生	15%
	3　偉い人	10%
	4　その他（巡査、お嫁さん、運轉手 商賣の人、選手、藝術家等）	55%

— 82 —

議　長　只今宮西先生の發表は園兒の輿論調査について、それに基づいて保育されなければならない點を述べられましたが、も一つ同じ問題について兵庫の先生にお願いします。

兵庫保育會　尾田美知子

京都の方の出題に對して兵庫保育會と致しましては、日數もございませんので二五園、六五九名の園兒に對して

(一)家庭觀
(二)幼稚園觀
(三)社會觀
(四)宗教觀
(五)職業觀
(六)國家觀
(七)世界觀
(八)天皇觀
(九)戰爭觀
(一〇)講和觀

の十項目にわたつて、いろ〳〵な方面より調査致しました。

詳しく調査の結果など御話致し度いのでございますが時間の都合もございますので各項目について極く簡單に御話申上げ度いと存じます。

(一)家庭觀

1. あなたの御家で誰が一番えらいですか。
2. それはなぜですか。
3. あなたの御家で一番好きな人は誰ですか。
4. なぜ好きですか。
5. あなたのお家で一番こはい人は誰ですか。
6. それはなぜですか。

の項目について調査致しました。

一番えらい人では、矢張り「お父さん」で、理由としては「働いて御金をもうけるから」と答へるものが多うございました。これに依りましても御父さん中心で動いてゐる家庭が大部分である事が見受けられました。

一番好きな人と云ふのでは「お母さん」「お父さん」の答が多く、「お父さん」の答に對しては「ものをくれる」「よそへ連れて行つてくれる」などの物的方面の理由が多かつたに反し、「お母さん」の答に對しては「世話をしてくれる」「やさしい」など情的な面の理由が多うございました。

次のこはい人では「よく怒る」と云ふ理由のもとに「お父さん」の答を擧げてゐた子供が大多數でございました。

しかしこの項目に於ては各園共に格別取上げる答もなかつた樣に思ひました。

(二) 幼稚園觀

1. あなたは幼稚園が好きですか。

2. なぜすきですか。

3. 幼稚園には何をしに来て居ますか。

4. 幼稚園で何をするのが一番好きですか。

の項目について調査致しました。

この項目は兵庫と致しましては園兒に一番手近かなものとして加へて調査致してみましたが、極く少數を除いては全部の子供が「好き」と答へ、幼稚園は楽しい面白い所、又遊び仲らにしてかしこくなると云ふ樣な答が多く私達としましても誠に嬉しく感じました。

(三) 社會觀

1. どんな事をするのが一番好い事と思ひますか。

2. どんな事をするのが一番惡い事ですか。

3. どんなお友達が一番好きですか。

4. 汽車、電車に乗る時は如何したらよいですか。

5. 道にお金が落ちていたら如何しますか。

の項目について調査致しました。

兵庫と致しましては、特にこの項目をも加へてみたのでございますが、子供達が社會に對して感じ考へてゐる事、をよく知る事が出來、又終戰後の惡い行き方、考へ方が、私達が案じてゐた程に子供に影響してゐなかつた事は大變喜ばしい事でございました。

しかし電車に乗る時には「一番早く乗つて坐るのがよい」と云ふ答も極く少數でしたがございました。又お金が落ちてゐたらと云ふ問ひにも「拾つて持つておく」「拾つて帰つて貯金する」「拾つて何か買ふ」と云つた様な答もありました。

これをみてもこうした幼兒期に於て善悪《よしあし》に対するはつきりした態度を養ふ道徳教育の必要性を感じると共に一方家庭や社會に於ける道徳の向上をも計る必要を感じました。

（四） 宗教観

1. 神さまは有りますか、有りませんか。

2. 神さまを拝んだ事は有りますか。

3. 何と云つて拝みましたか。

4. あなたの御家には何がおまつりしてありますか。

の項目について調査致しました。

この項目もいろ／＼な答が出ましたが、要するに宗教は自由でありますが、正しい宗教的な情操を自然に身につけるのがよいと思ひました。

（五） 職業観

1. 大きくなつたら何になり度いですか。

と云ふ問ひに対して男の子、女の子によつて各々違ひがございましたが、流石に現代の社會狀勢の影響でございませうか、女の子では「洋裁する人」「バレーの先生」とか、男の子では「野球選手」「俳優」などを希望してゐるものがあり面白い傾向として參考になりました。

（六）國　家　觀

京都の方と同じ考へでございましたから省略させて頂きます。

1．日本はどんなお國ですか。
2．日本の御國の旗を知つてゐますか。
3．それはどの様なのですか。
4．あなたはどこの國の人ですか。

の項目について調査致しました。

日本はどんなお國ですかの問ひに對しては數多く面白い答がございましたが他の項目に於きましては「日の丸」「日本人」と云つた答をした子供が大部分でしたが、殘りのものは余りはつきり致して居りませんでした。

私達保育するものは、今後獨立国民としてこの面を導き育てる必要を認めたのでございます。

（七）世　界　觀

1．日本の他にどんなお國を知つてゐますか。
2．一番よい国はどこですか。
4．一番惡い國はどこですか。
5．なぜ惡いですか。
6．日本と一番仲良しの國はどこですか。

の項目について調査致しました。

この項目は子供に對して稍々むづかしい所もあつた様に思はれましたが理由の如何に拘らず、日本とアメリカは何となく関聯されてゐる様な感を持つてゐる点が多かつたと思ひます。

又どんな國を知つてゐますかと云ふ問ひに對しては私達が想像してゐた以上に二十三ヶ國もの名前を答へ、中には一人で七ヶ國も知つてゐた子供がありました。
今後の日本の在り方としては從來の島國根性を捨てて、目を廣く世界に向けさせる樣に導き度いと思ひます。

（八）天皇觀

1．日本で一番えらい方は誰ですか。
2．天皇陛下の前に行つたら如何しますか。

の項目について調査家しました。

日本で一番えらい方は誰ですかと云ふ問ひに對して「天皇陛下」と答へてゐるのは六五九名中一七九名ございました。終戰前の子供ならば全部がそう云つたと思ひますのに現在では大体四分の一がそう答へ、四分の一が「お父さん」「巡査さん」「吉田さん」「マッカーサー」で、全体の約半分の子供が「知らない」でございました。

又次の天皇陛下の前に行つたら如何しますかと云ふ問ひに對しては「おじぎをする」「拜む」と云ふのが多うございましたが、中には「今日はと云ふ」「話をする」「握手をする」等件々民主化された答もございました。

私達は昔の樣に天皇陛下を神樣と思はせないで日本国の象徵であり國民統合の象徵である天皇陛下として心から尊敬すると共に、したしみを持つ事が國民として大切である樣に、子供にもそう導き度いと思ひます。

（九）戰爭觀

調査致して居りますが京都と同じ考へですので省略させて頂きます。

1．戰爭とはどんな事ですか。

2・戰爭は好きですか、嫌いですか。

3・何故ですか。

の項目について調査致しました。

この項目についてはどの園もほゞ似通つた答が得られました。即ち極少數の「好き」を除いては大部分の子供がはつきり「嫌い」と答へ、理由にも「人が殺される」「家がこはれてもえる」などが主でございました。現在の子供は戰爭の實際の有様を知らないのでございますが、きつと家の人の話や朝鮮の戰爭等によりこう答へたものと思ひます私達としましては、こうした戰爭の實態を知らせ合せて平和の良さを知らせて、子供として戰爭に對する正しい批判を持たせると共に平和を愛する国民となる様に導き度いと思ひます。

(一〇) 講　和　観

1・講和とは何の事ですか。

と云ふ問に對して「知らない」と答へた子供が大部分でございましたが「戰爭がこれで終る事」「他の國と仲良くなる事」「サンフランシスコへ吉田さんが行つて仲良しの判コを押して來た事」と云ふのが少しありました。

私達は獨立國民としての喜びと將來への希望と自信を持つて子供達を保育し子供達にも之を感得させ今後の行き方として、先づ責任感のある人になる様に、又これからの苦しい生活にも耐えて行ける丈夫な体と強い意志と豊かな情操を養ふ様に正しい方向へ導き、將來尊敬と信頼をうける事の出來る國家、国民を作る所に私達の責任、使命があると確信致しました。

尚調査の結果、人數の比率などは會誌で御報告致しますから御承知おき下さいませ。

(一一) 家　庭　観

1. あなたの御家で誰が一番えらいですか。

(1) お父さん　四四九名
(2) お母さん　七三名
(3) 兄、姉さん　五二名
(4) おじいちやん、おばあちやん　三一名
(5) おじさん、おばさん　九名
(6) 弟、妹、(赤ちやん)　五名
(7) 僕　四名
(8) 誰もない　三名
(9) 判らない　三三名
計　六五九名

2. それはなぜですか。

(1) 働いてお金をもうけるから　三〇〇名
(2) かしこいから　三七名
(3) 何でも買つてくれるから　三三名
(4) 大きくて強いから　三二名
(5) やさしいから　一七名
(6) 怒るから　九名
(7) 男だから　七名
(8) 會社で一番えらいから　五名
(9) 世話をしてくれるから　四名
(10) 判らない　二一五名
計　六五九名

3. あなたのお家で一番好きな人は誰ですか。

(1) お母さん　三二一名
(2) お父さん　一七一名
(3) 兄、姉さん　五三名
(4) おじいちやい、おばあちやん　四二名
(5) 弟、妹、(赤ちやん)　三三名
(6) 誰でも好き　一四名
(7) おばさん　四名
(8) 判らない　二一名

— 89 —

計　六五九名

4. なぜ好きですか。

(1) 世話をしてくれるから　一二六名
(2) 何でも買つてくれるから　一七六名
(3) かはいがつてくれるから　一二五名
(4) お金をくれるから　五九名
(5) よそへ連れて行つてくれるから　二三名
(6) よく働くから　一四名
(7) かはいゝから　一〇名
(8) かしこいから　八名
(9) 判らない　一一八名

計　六五九名

5. あなたの御家で一番こはい人は誰ですか。

(1) お父さん　三〇三名
(2) お母さん　一三一名
(3) 兄、姉さん　八三名
(4) おじいちゃん、おばあちゃん　五九名
(5) おじさん、おばさん　九名
(6) 弟、妹　七名
(7) 女中さん、運転手さん　三名
(8) 誰もない　四四名
(9) 判らない　二〇名

計　六五九名

6. それはなぜですか。

(1) 怒るから　四三〇名
(2) 悪い事するから　九二名
(3) こはいから　一七名
(4) 男だから　三名
(5) 大きいから　三名
(6) 母が寅年だから　一名
(7) 判らない　一一三名

計　六五九名

（二）幼稚園観

1．あなたは幼稚園が好きですか。

(1) 好き　六五六名
(2) 嫌い　三名
計　六五九名

2．なぜすきですか。

(1) 何でも教へてくれてかしこくなるから　一三六名
(2) いろ〳〵遊ぶものがあるから　一三九名
(3) お友達があつて面白く遊べるから　一〇一名
(4) おうたを歌つたり御遊戯をするから　六六名
(5) 御繪かきが出來るから　二八名
(6) いろ〳〵なものをくれるから　二八名
(7) 御辨當を食べるから　二一名
(8) 先生がやさしいから　一六名
(9) 遠足や運動會があるから　六名
(10) 学校の様に勉強しないから　四名
(11) 廣いから　二名
(12) 花が咲いてゐるから　二名
(13) 判らない　一一〇名
計　六五九名

3．幼稚園には何をしに來て居ますか。

(1) おうたや御遊戯をしに來る　二七四名
(2) かしこくなりに来る　一四二名
(3) 遊びに來る　七一名
(4) おけいこに來る　五六名
(5) 仲良しになりに來る　一七名
(6) 好きだから來る　二名
(7) 御祈りをおぼえに來る　二名
(8) 御辨當を食べに來る　一名
(9) 先生が「いらつしやい」と云ふから來る　一名

(10) 判らない　九三名

計　六五九名

4．幼稚園で何をするのが一番好きですか。

(1) 御遊戯とおうた　二六九名

(2) 遊ぶ（積木、お砂場、まゝこと、汽車ごつこ等）　一〇六名

(3) 御仕事（おえかき、ぬりゑ折紙、粘土等）　一〇二名

(4) ぶらんこやすべり台　九二名

(5) 運動會會や遠足　二一名

(6) 御はなしや紙芝居　一四名

(7) 全部好き　五名

(8) 御辨當　三名

(9) 御掃除　三名

(10) 御祈り　三名

(11) 判らない　三六名

計　六五九名

(三) 社會觀

1．どんな事するのが一番よい事と思ひますか

(1) 元氣に仲良く遊ぶ事　二二八名

(2) かしこくする事　一六六名

(3) 手伝ふ事　六〇名

(4) 何でもきれいに片付ける事　四六名

(5) 親切にする事　四〇名

(6) 勉强する事　二三名

(7) 人に迷惑かけぬ事　八名

(8) 神様にお祈りする事　三名

(9) きれいな言葉をつかふ事　三名

(10) 物を大切にする事　二名

(11) 嘘をつかぬ事　二名

(12) 判らない　七六名

計　六五九名

2. どんな事するのが一番惡い事ですか。

(1) けんかする事　五一四名
(2) 人の邪魔をする事　二五名
(3) 人の言ふ事を聞かぬ事　二五名
(4) 泥棒する事(お金や物をとる事)　一二名
(5) 悪口を言ふ事　一〇名
(6) 御行儀惡くする事　八名
(7) 御金を沢山つかふ事　四名
(8) 嘘をつく事　二名
(9) 欲ばりな事　二名
(10) 人を殺す事　二名
(11) 判らない　五五名
計　六五九名

3. どんなお友達が一番好きですか。

(1) やさしい親切な人　一九七名
(2) 友達の名前を云つたもの　一七一名
(3) おとなしいかしこい人　一三七名
(4) かはいゝ子　二九名
(5) 强い元氣な人　一三名
(6) 誰でもが好き　一三名
(7) 面白い人　三名
(8) 男の子　一名
(9) 女の子　一名
(10) 判らない　九三名
計　六五九名

4. 汽車、電車に乘る時にはどうしたらよいですか。

(1) 並んで順番に乘る　二二九名
(2) 氣を付けて乘る　二一三名
(3) お金を渡して乘る　八六名
(4) 手をつないで乘る　五四名
(5) 一番先に乘つて坐る　七名

(6)「一寸ごめん〳〵」と云つて乘る　一名
(7)判らない　六九名
計　六五九名

5. 道にお金が落ちて居たらどうしますか。

(1)拾つて巡査さんに渡す　三〇二名
(2)拾つて御母さんに渡す　七六名
(3)拾つて持つておく　六三名
(4)拾はない　五八名
(5)拾つて落した人に返して上げる　四五名
(6)拾つて先生に渡す　二五名
(7)拾つて持つて歸つて貯金する　一九名
(8)拾つて何か買ふ　八名
(9)拾つて乞食に上げる　五名
(10)拾つてお父さんに上げる　五名
(11)拾つて神様に上げる　四名
(12)判らない　四九名
計　六五九名

(四) 宗教觀

1. 神様は有りますか、有りませんか。

(1)有ります　五三七名
(2)有りません　七七名
(3)判らない。　四五名
計　六五九名

2. 神様を拜んだ事は有りますか。

(1)有ります　四五八名
(2)有りません　二〇一名
計　六五九名

3. 何と云つておがみましたか。

(1)念佛や經文を云つたもの　一五一名
(2)何も云はずに拜む　七〇名

(3)「おりこうになる様に」　四五名
(4)忘れた　二七名
(5)「有難うございます」　二四名
(6)「強く元氣になる様に」　二四名
(7)「兄弟皆んながえらくなる様に」　一三名
(8)「大きくなる様に」　五名
(9)「けがをしない様に」　四名
(10)「早く病氣がなほる様に」　二名
(11)「お父さまが早く歸へる様に」　一名
(12)判らない　二九三名
計　六五九名

4．あなたのお家には何がお祭りしてありますか。

(1)神　様　一七九名
(2)佛　様　二〇三名
(3)神様、佛様　五四名
(4)祭ってない　七一名
(5)判らない　一五二名
計　六五九名

(5)職　業　觀

1．大きくなったら何になりたいですか。

。男の子

(1)お父さん　五九名
(2)先　生　五六名
(3)會社員　四七名
(4)えらい立派な人　三九名
(5)運轉手　三七名
(6)巡査さん　二三名
(7)勉强する人(學生)　二三名
(8)御醫者さん　一七名
(9)金持ち　一二名
(10)お店屋さん　一〇名
(11)画　家　九名

(12) 兵隊さん　八名
(13) 大工さん　七名
(14) 御兄さん　七名
(15) 野球選手　六名
(16) 驛長さん　四名
(17) 大統領、總理大臣　四名
(18) 俳優　三名
(19) 音楽家　三名
(20) かじやさん　二名
(21) 船長さん　一名
(22) 角力とり　一名

○女の子

(1) お母さん　六二名
(2) お姉さん　五二名
(3) 洋裁する人　二四名
(4) 幼稚園の先生　九名
(5) 用事する人　八名

○判らない　一二六名

計　六五九名

(六) 国家観

1. 日本はどんなお國ですか。

(1) よい国　九二名
(2) 富士山があつてきれいな国　三四名
(3) えらい国　一五名
(4) 強い国　一四名
(5) 日の丸の国　一二名
(6) 大きい国　一二名
(7) 小さい国　九名
(8) 平和な国　七名
(9) あつい国　六名
(10) 弱い国　四名
(11) 寒い国　三名

(12) 正しい國　二名
(13) 天皇陛下の居られる國　二名
(14) 判らない　四四七名
計　六五九名

2. 日本のお國の旗を知つてゐますか。
(1) 知つてゐる　五三三名
(2) 知らない　一二六名
計　六五九名

3. それはどの様なのですか。
(1) 「日の丸」と答へたもの　三四四名
(2) 形は知つてゐるが名前を知らないもの。　一四一名
(3) 判らない　一七四名
計　六五九名

4. あなたはどこの國の人ですか。
(1) 日本人　四九五名
(2) 神戸の人　二六名
(3) アメリカ人　九名
(4) 朝鮮人（内三人は本當）　五名
(5) 支那人（引揚者なるため）　一名
(6) イギリス人　一名
(7) 鹿兒島の人　一名
(8) 台灣人　一名
(9) イタリャ人（本当です）　一名
(10) 判らない　一一九名
計　六五九名

(七) 世界觀

1. 日本の他にどんなお國を知つて居ますか。
(1) アメリカ　三三六名
(2) イギリス　一〇五名
(3) 朝鮮　七九名

(4) 支那 五〇名
(5) フランス 四〇名
(6) ソ聯 三五名
(7) アフリカ 二〇名
(8) ドイツ 一六名
(9) インド 一六名
(10) スイス 五名
(11) オーストラリヤ 四名
(12) オランダ 三名
(13) ブラジル 四名
(14) ハワイ 一名
(15) アルゼンチン 一名
(16) トルコ 一名
(17) イタリヤ 一名
(18) タイ 一名
(19) インドネシヤ 一名
(20) チエッコスロバキヤ 一名
(21) 知らない 一六四名
計 六五九名

2. 一番よい國はどこですか。

(1) アメリカ 二一七名
(2) 日本 二〇九名
(3) イギリス 八名
(4) ソ聯 二名
(5) フランス 二名
(6) オーストラリヤ 二名
(7) インド 一名
(8) 朝鮮 一名
(9) 判らない 二一七名
計 六五九名

3. どこがよいですか。

(1)	きれいで何でも賣つてるから	四九名
(2)	强いから	二八名
(3)	仲よしだから（アメリカ）	二〇名
(4)	廣いから	一九名
(5)	私達の國だから	一六名
(6)	悪い事をしない國だから	一三名
(7)	飛行機があるから	一三名
(8)	かしこいえらい國だから	一三名
(9)	天皇陛下がいらつしやるから	一名
(10)	判らない	四八七名
	計	六五九名

4．一番悪い國はどこですか。

(1)	朝　鮮	一三〇名
(2)	日　本	三六名
(3)	ソ　聯	三三名
(4)	アメリカ	三〇名
(5)	支　那	二三名
(6)	イギリス	一二名
(7)	インド	九名
(8)	アフリカ	九名
(9)	土人の國	九名
(10)	ドイツ	二名
(11)	スイス	一名
(12)	ブラジル	一名
(13)	トルコ	一名
(14)	判らない	三六三名
	計	六五九名

5．なぜ悪いですか。

(1)	戰爭をするから	七七名
(2)	人をつかまへたり殺したりするから	七二名
(3)	お金がなくて弱いから	一七名

(4) 日本をうつてこはいから　一四名
(5) 判らない　四七九名
計　六五九名

6. 日本と一番仲良しの國はどこですか。

(1) アメリカ　三二一名
(2) イギリス　一三名
(3) 支那　二名
(4) 朝鮮　二名
(5) フランス　二名
(6) オーストラリヤ　二名
(7) ソ聯　一名
(8) アフリカ　一名
(9) スイス　一名
(10) 知らない　三一四名
計　六五九名

(八) 天皇観

1. 日本で一番えらい方は誰ですか。

(1) 天皇陛下　一七八名
(2) お父さん　三四名
(3) 兵隊さん　二一名
(4) 巡査さん　二〇名
(5) 吉田さん　一二名
(6) 神様　一一名
(7) 先生(園長先生、校長先生)　一〇名
(8) 王子様　九名
(9) 男の人　三名
(10) マッカーサー　四名
(11) お母さん　二名
(12) かしこい人　二名
(13) 社長さん　二名
(14) お友達　一名

(15) 大統領　一名
(16) おじさん　一名
(17) お姉さん　一名
(18) 判らない　三三七名
計　六五九名

2. 天皇陛下の前に行つたらどうしますか。
(1) おじぎをする　一四四名
(2) 拝　む　一二七名
(3) 今日はと云つてお話する　四〇名
(4) お行儀よくする　一八名
(5) じつと見てゐる　九名
(6) 有難うと云ふ　三名
(7) 旗をふる　二名
(8) 握手する　一名
(9) 怒られる　九名
(10) 判らない　三〇八名
計　六五九名

(九)

1. 戰　爭　觀

戰爭とはどんな事ですか。
(1) 鉄砲、大砲をうち合ふ事　三〇二名
(2) 爆彈をおとす事　七五名
(3) けんかする事　四四名
(4) 人を殺す事　三三名
(5) お家がこはれたり、もえたりする事　二〇名
(6) 國や寶を取合ふ事　一八名
(7) 飛行機がとんで来る事　一六名
(8) あぶない事　八名
(9) 逃げる事　三名
(10) アメリカがたまを落す事　一名
(11) 判らない　一三九名

計　六五九名

2．戰爭は好きですか、嫌いですか。
(1) 好き　五二名
(2) 嫌い　六〇二名
(3) 判らない　五名
計　六五九名

3．なぜですか。
（好き）
(1) 鉄砲うち合ひして面白い　一二名
(2) お金がもうかるから　一名
(3) 惡い事したのをうつから　一名
（嫌い）
(1) 人が殺されて死ぬから　二一二名
(2) 家が焼けるから　一一八名
(3) こはいから　八一名
(4) 家がこはれるから　五一名
(5) 爆彈おとすから　三〇名
(6) 鉄砲うつたりするから　一七名
(7) 惡い事だから　八名
(8) あぶないから　七名
(9) 負けるから　五名
(10) お金がなくなるから　四名
(11) けんかをするから　四名
(12) 國がつぶれるから　一名
判らない　一〇七名
計　六五九名

(二) 講和觀

1．講和とは何の事ですか。
(1) 皆と仲良く一緒になりませうと約束する事　一〇名
(2) サンフランシスコへ吉田さんが行つて仲良しになる判こを押して来た事　七名
(3) 旗を出す事（うれしい事）　六名

(4) 戰爭がこれで終りの事　二名
(5) アメリカへ行つて如何したらいゝか考へる事　一名
(6) 話し合ふ事　一名
(7) 知らない　六三二名
計　六五九名
以上

議　長　尾田先生發表有難とうございました。
時間がありませんので發表をさせていただいて最後に協議していただきますが如何でしようか。（拍手をもつて贊成）
では次の發表お願い致します。

運營委員　兒童憲章をどの樣に幼兒敎育に具体化するか　提案者の大阪の先生　藤井先生お願い致します。

提　案　大阪　藤井千代

フレーベル先生逝かれてこゝに百年意義深きその百年祭を迎えた本年、丁度年を同じうして我が國に生まれた子供のための兒童憲章、私は之が偶然の一致と考えるだけでなく、こゝに偉大なる幼兒敎育に挺身されたフレーベル先生がわざ〳〵この東洋に再現されて、我が國が再び世界に伍してゆくために、今の子供たちが健かに力強く立派な人格性をもつ人間とならしむべく破れたる大人に與えられた忠告ではなかろうかと考えます。

敗戰後早くも數年を經た現在でありますが子供をはだかにして、お湯をつかわせようとしたのに、まだその肝心の湯がわいていないといふのでは子供は忽ち風邪をひくではありませんか、私たちの身のまわり小さい地域社會を眺めましても子供たちに對する新舊思想が入りまじつて人によつてはまちまちであり又單なる一家のうちに於てさへ父母の間に意見の對立するのをしば〳〵この目で見、耳できく狀態なのでございますが、この混頓たる時に、時代の救世主とも云うべき兒童憲章が子供の問題に對する共通の認識共同の目標をかゝげて向こう所を示し、大人の古い頭の完全切換えを求めてきたのでございます。

言うまでもなく私たち大人は又敎育者の一端に連なるものにとりましては常にその子供たちを對稱に、その育成に微力を致しているのですから之が誕生した事につきましては誰よりも喜びとするものです。それだけに又この兒童憲章をたゞ立派な規則としてまつり上げておくに止めず之が幼兒敎育へ如何に具現さるべきか、又如何なる点を强調すべきであるかについては研究を必要とするのは言をまたないことであります。

人間尊重の精神と民主主義の原理の上に立つて古い天皇制に変革をあたえ主權在民を高唱している我が國の憲法、戰爭放棄を誓つて侵略主義、軍國主義の復活をおさえ、国際平和への道を明示している新憲法は新しい社會關係、人間関係の基礎的要素を多分に含んでいるのでありまして日本人の實現すべき理想と子供の未來が美しくえがかれているのでございますが、本年生まれましたこの兒童憲章の思想内容を支えるに相應しいもので共に相通ずる和やかな流れを見出さずにはおれないのでございます。

私たち敎育道を歩むものにとりましては新時代の生活原理となる憲法のこの精神に照しあわせてこゝに客觀的な判斷を下し日々おこる子供たちの問題を正しい方向に於て且發展的に處理すると共に種々雜多な意見を調整して最も正しい観念ですべての兒童の幸福をはかるためにこの兒童憲章をみつめたいと思うので御座居ます。

子供たちの人権を尊びましよう、そして子供たちに幸福が訪れる様、子供たちをよりよい環境の中で育てたいものと、こゝに兒童憲章を如何に幼兒教育へ具体化するかの問題としてとりあげていたゞいて皆様方に色々お教えいたゞきたいと存ずるのでございます。

議　長　つゞいて意見發表お願い致します。

『兒童憲章をどのようにして幼兒教育に具体化するか』

中　山　春

兒童憲章が制定されました事は誠によろこばしく御同慶に堪へません又これが制定される迄の各方面の御勞苦に對し深甚の敬意と感謝を捧げます、此事につきまして未だ十分その精神を把握して居りませんがこの精神に流れていますものは誠に立派なものでで社會人として斯くありたいと願ふことを示してあると思いますす又言葉をかえて申しますなら私共教育に對して現在このように實行しているか否かの反省を促がされ且認識を深めさせられたとも考へられますこの憲章の一つ一つを實現するためには私共自身血のにじむような困難な努力が要ります今幼兒教育に於ての實際保育の内容は即ち保育要領に副ふて實施しているので憲章本文の四、五、十二に合致していると存じます故に現在の保育の上に更に憲章の精神を盛り上げ形でなく魂を磨き人生の基礎的芽生えを培ふ幼兒教育に於て特に躾を重視し憲章により尚一層日々の保育に留意なし内容の充實されん事を望みます、かくするためには次の二つの事を强張したいと存じます。

一、兒童憲章の精神を先づ保育者自身しつかり身につけたいこと。

二、家庭学校及一般社會に憲章の精神を普及徹底せしめ且幼兒教育の振興を計りたいこと。

かく申ますのは憲章は國民の總意であつて私共が兒童に対して約束したともいへますそこで憲章の四、五、十二の條項に明かにされております、そのような人に導ますためには私共がその生活態度の改革もなし自からを仕立直し燃ゆるが如き教育愛もて感化され易い幼兒を最もよき環境の中にて護り導く事こそ大切と考へます又私共がいかに懸命になりましても國民がこれを理解され實行にうつして戴かないと目的が達成されません、茲に官民一致實行することによりてのみ或は强力なものとなり現在の幼兒教育機關の上にも最善の考慮が拂はれ我国幼兒教育が振興されるのではないでしようか、此事たるや決して容易の事では御座いませんが今日一堂にお集り下さいました關係者の皆さまお互は共に共に相提携して正しい兒童觀に立脚し日本の將來を担ふかけがいない国民である幼兒の一人一人を幸福にさせるためひたむきの精進を續けたいと念願いたします、私共はこの重大な義務と責任とに於て憲章制定を機會に本會實踐要項を座右觀とし常に反省しつゝ修養を怠らず人格を高めゆるぎなき確固たる信念をもちまして幼兒教育のために努力いたしとう御座います、尙この憲章が單なる理想として終る事のなきよう法律で制定された学校教育法及兒童福祉法にもつながりをもち三者融合され幼兒教育の成果をいやが上にも擧げられますよう皆樣と共にお祈りいたします。

諸先生方の御批判と御指導をお願い申上げます。

運營委員　次は家庭聯絡簿の記載方法について承りたし。

提案者　名古屋の山口先生お願い致します。

提案者　山口たつ

提案理由

指導要録の記入方法についてはいろいろ皆様方御研究されている事と存じます，私共名古屋市幼兒教育會におきましてもこの評價についての基準尺度を作りたいと考え四月以來研究を重ねて略々完成に近づいて居ります、その指導要錄を最も有効に活用するためには我々教師のみが幼兒の種々のよき芽生えを知つているだけでなく家庭にも此の幼兒の狀態を連絡して園と家庭とが一体となつてこの芽生えを培い育てていかなければならないと考えます、その爲にはどんな方法で以つて指導要錄の記載事項を家庭へ連絡するかという事は非常に愼重に考えねばならない大切な問題だと存じます。

小中学校の如くそのまゝを家庭に知らせるといふ事は大きな誤解をまねくおそれがあると存じます幼稚園では幼兒の能力を記載するのではなくあくまでそのよき芽生を培うためのものでありますから自らそこに連絡簿の記載の形式方法も異つてくると存じます。

從來行われている面接による連絡の方法「園のたより」による日々の通信連絡、健康表による身体上の連絡方法等色々なされてきた事をよく檢答してみまして、指導上の各事項を夫々最も適切な方法で連絡するにはいかなる形式をとればいいか皆様方の御意見を伺わせていただきたいと考えまして此處に提案いたしました、よろしく御協議下さいます様御願い申上げます。

奈良幼稚園會　井　島　歌　子

家庭連絡薄の記載方法について奈良縣の實態を御報告申上げます、時間が限られておりますので極く短的に説明させて頂きますが、アンブロース女史は幼児期の家庭連絡は両親と先生の間の話し合いによつて行われるべきであると申しておられます、奈良縣に於きましては、家庭連結につきまして勿論面接の方法を重視致しておりますが多くの人數を預つている幼稚園組織の現状では又一面家庭連絡簿も幼児の成長發達の状況を家庭に連絡し、又家庭から幼児の家庭の状況を連絡して頂く事により一層教育の効果をあげる意味に於いても是非必要な事であると存じます、先づ一年間に使用される家庭連絡簿は色々なものがございますが一番重きをなすものは一保育、期の終りに渡す連絡簿でございます、これにつきましては内容形式共に色々な意見もありどこの府縣に於きましてもそれぞれ御研究の事と存じますが非常に難しい問題でございますので、御提案の理由もこゝにあるかと推察致してお答え申し上げます。

家庭連絡簿はすべて両親がそれをみて、他の子供と比較したり、又それを盲信して子供を極度に叱つたり、ほめたりするのでは却つて悪い結果をもたらします、又幼児期はあくまで芽生を養成するのであつて、小学校の様に能力の養成ではございません、この事を考慮しまして奈良縣では指導要錄の項目を全部そのまゝ連絡する事は致しておりません、指導要錄の中の身体の状況とか、健康の習慣とか、社會生活、其の他（指導要錄には言語、仕事の習慣、音楽リズム、自然、絵画、製作となつていますがこのまゝでは技能の評價と受取れますので其の他と致しました）から適当な項目を抜き出し極くやわらかな言葉を用い、地方の特殊性などをよく考えて作製致しました、こゝに掲示させて頂きましたのがそれでございますが、この項目にしたがつて家庭からも觀察した事を記入していただくわけでございます、成績らしく受取られる項目やことばについては父母を刺戟しないように特に留意しました、従つて評價も二段階だけに致しまして指導要錄のまれにという評價は省きました、これも父母になごやかさを與へる爲でございます又智能検査の結果等は連絡しない事にしております、この記載につきましては指導要錄を參考と致しますが指導要錄は項目を更に細かく分解しまして一般的評價の基準と年令的評價の基準を入れた指導要錄原簿によります、年令的基準の一例を申上げますと、仕事の習慣の中に自分に與えられた仕事が自分一人でしまいまでやりとげられるかとありますが、この年令別の基準は三才兒はある程度手伝えば出来る、四才兒は助言すれば出來る、五才兒は一人でやりとげるとなつております、この原簿には指導要錄の評價の基準だけでなく行事表から出欠金錢の出納、身体検査の狀況に至るまで記入する様になつていて、保育者がこれをたえず持參致しまして、日々子供の生活を具体的に記録し、指導要錄や連絡簿記入の資料に致します。

以上で大体連絡簿の記載方法を、おわかり下さつた事と存じます、その外何處でも御使用の園の行きかいの利用や身体検査の報告等もいたしております又行事とか保育計画上の調査とかお金の徴集其の外、時々に應じて家庭に連絡する事項もございますが、これはどの幼稚園でも、その時の文面や内容によりまして適當な紙を用いて謄写板刷りにし家庭に配布しております。

尚連絡はすべて必ず父母の手に渡る様留意すると共に受取つた場合に父母の方からも何等かの反應を示す様に特に父母の記入する欄を設けたり、月当番制にしたり、簡單なものは捺印する等の方法も取つております。

以上御報告申上げましたが極めて貧弱な内容でございまして恐縮に存じます。

先生方から御指導と御批判を頂きますれば幸いでございます。

事項 ＼ 評価		幼稚園から			家庭から		
		第一保育期	第二保育期	第三保育期	第一保育期	第二保育期	第三保育期
		たいてい ときどき	たいてい ときどき	たいてい ときどき	たいてい ときどき	たいてい ときどき	たいてい ときどき
身体の状況	遊びの時、仕事の時、活氣がありますか						
	すぐに疲れませんか						
	歩く時、腰かけている時、姿勢がよろしいか						
	服のボタンをかけ、靴の紐を結んだりすることがうまくできますか						
	箸や鋏を上手に使えますか						
健康の習	食事やおやつの時どんなものでもよろこんでたべられますか						
	仕事の後で手を洗いますか						
	食事の前には手を洗いますか						
	便所へ行つた時、手を洗いますか						
	はながでたらすぐにきれいにふきますか						
	手や物を口へ入れませんか						

慣	よく外で遊びますか						
	必要な時よく休息する事が出來ますか						
社會生活	友達と仲よく遊びますか						
	自分の物と人の物と區別が出來ますか						
	幼稚園のものや其の他の公共物を大切に取扱うことが出來ますか						
	自分だけ先にならうとしませんか						
	室内や廊下を靜かに歩けますか						
	話を聞く時いたづらをしたり、しやべつたりしないで靜かにきけますか						
	時に應じて挨拶が出來ますか						
	まちがつた事をした時あやまる事が出來ますか						
	人に對してやさしいおもいやりがありますか						
	自分がよくないことをしたとき、すぐわるかつたと思うことが出來ますか						
	物をつくつたり、ごつこ遊びをする時出來ない友達をたすけて、つだつてやる事が出來ますか						
	氣儘を通すために泣きませんか						

其の他	いわれた仕事を順序よく出來ますか						
	自分に與えられた仕事が自分一人でしまいまでやりさげられますか						
	仕事に使う材料や道具をそまつにしませんか						
	後始末がよく出來ませんか						
	動植物に興味をもつていろいろみたりたづれたりしますか						
	動植物の世話をすることがすきですか						
	話をきくのがすきですか						
	人にいわれれば自分の經驗を話す事が出來ますか						
	いわれた事を人に傳える事が出來ますか						
	歌うこさがすきですか						
	はつきりうたいますか						
	歌に合せてよろこんで遊戯をしますか						
	よろこんで絵をかきますか						
	よろこんで物を作りますか						

『家庭連絡簿記載方法について』

京都保育連盟　勝見たづ

家庭連絡簿の必要性は只今御説明の通りでございまして京都ではいろ〳〵研究いたして居りますが先づ保護者によく分つて頂くために今までにもいろ〳〵の機會をもち、説明し、話合いました。

家庭連絡簿の望ましい有り方は如何にあるべきかについて三つの項目　即ち

1. 幼稚園に對して信頼感をもたせる。
2. 幼兒を中にして先生と家庭がよい点を認める
3. 生立のよい記録として保存出來る様なものであり度い。

この三つの項目を觀点とし指導要録を基盤として、うしろに掲げましたこの形式をとることにいたしました。

觀察の事項は細かく項目を掲げないで融通性のあるものにいたしました。

評價につきましては先生が觀察して科學的に評價することが困難であり又指導要録の評價の仕方は行動の現れた機會の多寡によつてなされるのでありますが、それは保護者の理解もむづかしい事と存じますので言葉で現す様にいたしました。

例えば　社會生活面に於きましては

〃入園以来お友達と交つて遊べなかつたが性格の似た何々町〇〇さんと遊ぶ様に導いてから少しづゝ他のお友達とも遊べる様になつて來ました。〃と云う風に書きますと保護者の理解がしやすいと思います。

右の面の家庭からは家庭生活における指導上の困難点或は感想、其他を書いて頂きます。

それから裏面に出欠並に欠席の理由を一学期毎にまとめて通知いたします。

矯正しなければならない事は今の観点からみますと省くことになりますが それは記録に残さないで 保護者との懇談會とか家庭訪問をして保護者と協力する方針をとつております。

尚この様式は紙の都合でこの様な形になりましたがこの中におさまるべきもので、したがつて横に延びるものでございます。

指導要録補助簿は出來て居りますが家庭連絡簿は目下研究中でございます。

議　長　第四問題についてお願い致します。

奈良　大橋和子

『幼児の休息の方法について具体的に承りたし』

最近、アメリカ人講師や、又アメリカへ教育視察に行かれた方々の話を伺いますと、アメリカに於いては休息は幼児教育の課程に於いて大きな位置を占めていることを聞きます。

その日課表を見ますと、午前の保育では、一日に平均十分乃至十五分の休息を、又終日保育では午後も一時間程の晝寢をとつております、その他動的な活動と静的な活動、緊張と弛緩がリズムを持つて取り扱つてございます。

何故このように休息が重視されておりますのでしようか、幼児達の生活は、その觸れる外界のすべてから絶えず、種々の刺戟をうけて居ります、しかし幼兒は自分の疲労にもきすかず又休息の仕方をしりません。

アメリカに於ては、横臥する休息と、靜かな活動とを含めて大体次の様な目的を持つているようでございます。

1. 活動と靜止の間のバランスをつくる。

2. 幼兒に連続的な靜止の時間を與える。

3・休息をエンジョイすることを教える。
4・休息の仕方を教える。
5・實際に幼児を休息させる。

子供の過労は血液の循還を悪くし、胃腸障害や、頭痛をおこし、發育をそ害するばかりではなく、頭の働きをにぶらせ、いたずらに氣分を興奮させ、怒りやすく、金切声をあげたり、喧嘩をしたり、腹を立てたり、いたしますが一定時間の休息の後では、筋肉の疲労は勿論、情緒的にも、又注意力、興味、思考力も恢復することが出來ると云つて居ります。

この様なことを考えます時果して日本の幼兒達にとつて休息はどのように考えられて居りますでしようか。勿論幼兒達の活動を見て居りますと、はげしい運動の間に、急にグループから離れて柱にもたれたり、ふとしやがみこんだりして、或る程度の休息をとつている子供もおります、しかし大体の子供が疲れを氣づかず又は休息することを知らないかのように見られます。

よしや、肉体的な疲労に對して或る程度の休息をとつていますにしましても、精神的な疲労に對しては果して適當な休息が出來て居りますでしようか。殊に日本の幼稚園の現状に於いては、狭い施設に、少い遊具で沢山の幼兒を收容しておりますから、幼兒達のうける刺戟は、アメリカのそれよりも幾倍も大きいのではないかとおもいます。

常に興奮し、常にいきり立つている子供達の様子を元氣がある、興味を持つて活動していると思いこんではいないでしようか、保育要領にも休息の主要性はのべられており、又リズム遊びの後に絵本を見るお仕事の後に話をきく、等の緊張と弛緩のリズムは從来も或程度考えられておりました、しかし、實質的にも精神的にも休息が充分出來て居りましたでしようか。　私達はここで幼兒の疲勞度について科學的に調査し、幼兒の休息についてもつと研究する必要があると存じます。

しかし、實際幼兒達に十分乃至十五分横臥させますことは、その方法と設備とに幾多の問題を持つて居ります、私共の縣では、實際に休息をこゝろみて居る園もございますが子供達も休息をよろこびますし又休息をしないよりは精神的にも安定し、殊に興奮した後等喧嘩や怪我の多い事等休息によつて少くなることも經驗いたして居りますが、その休息の時間部屋の彩光、換氣、保温、清潔、又寝具等の点について種々の難点を持つて居ります。

ここに諸先生方に休息について具体的な方法についてお教え頂きたくこの問題を提案いたしました。

大阪保育會　堺市立百舌鳥幼稚園
中　西　綾　子

休息と云うことが保育要領の中に保育内容の一つとしてとりあげられていることは健康増進のための積極的意義をみとめ幼兒の活動の反面として休息の重要性にかんがみ誠に結構なことに存じます。

一体疲勞とはどんなものでございましよう、疲勞度の割に疲勞感の少い幼兒をあつかいます私達保育者にとりましてはよく注意いたさねばならないと考へます、疲勞につきまして色々と研究が行われていますが疲勞の本態をつきつめる所までいつておりません。

「或る程度以上の肉体的、精神的作業の結果としてその作業又は他の作業の能率を低下させる現象」と云つた漠然としたものとなつております、又仝條件の下でも個人個人により非常に異つた表われ方をいたしますし又その程度もまちまちであります、榮養、氣温、生活狀態、健康狀態によることは勿論のこと、個人の受入れ方により疲労の度はちがつてまいります。幼稚園では態度の変化、顔色の変化によく注意いたしております。

疲労防止の方法といたしまして先づ環境の整備ということが大切であります。

保育室　廣さ、一組の幼兒數、椅子机の高さ、雑音の有無、保育者の声、色彩のなごやかさ、が大切であります。

園　庭　廣さ、みどりの草木、遊具の色のなごやかさ、飼育の動物のかわいさが大切であります。

保育時間　四月は幼兒の最初の社會經驗でありますから午前九時―十時半、十一時、十一時半迄と云うようにのばしてまいります。

五月、六月、七月になりますと保育時間も長くなり晝食後は午睡の時間を一時間半位とつております。

秋季には運動會、遠足などがあり幼兒の活動も盛んになり興味のままに度を過さぬようにいたします。

冬季には室内の換氣に特に氣をつけて日光によく浴しますようつとめます。

給食は　榮養補給、偏食矯正をしながら休息をとりますのに大變よいことに存じます。

プログラムの構成

一日のプログラムを組みますのに動的なもの、靜的なもの、又グループ活動のもの、個人個人の活動のものと云うように變化のあるリズミカルな生活をさせます。

家庭との連絡

一、睡眠を充分とること。

四、五才兒は十一時—十二時間

二、榮養を充分に偏食をさけること。

三、赤、みどりのカードを作つて連絡をし疲勞が早く恢復するようにつとめることが大切であります。

保護者の協力

休息は幼稚園の保育時間内の問題だけでなく家庭環境がどうであるかと云うことまで及んでこそ効果の上るものと存じまして母の會などひらき保護者の協力をねがつてをります。

『幼兒の休息について』

京都市保育會
京都市立乾隆幼稚園長
中西ヒサノ

マガレットニードは、あらゆるものにリズムがあると云つています。アメリカの學者たちは兒童の行動記録によつて身体發達にも年令によりリズムのあることを立證しました。

私達の毎日の生活においても、活動のあとは休息を、又活動、休息とリズムをもつて動いているわけです。

私達互に自分のやつていることに氣づきませんが外國の学者が日本へ來て感じることは、「餘りにも兒童を興奮させすぎている、休息の面をよく考えることだ」、と申しています。私はこの言葉を聞いて、その解決を幼兒の行動記録に求めました、二人の虛弱兒の十五分間記録で二日続けました、その結果

A兒は非常に活動的で社交性のある子です。

第一日、十五分のうち休息二分十秒

第二日、十五分のうち休息二分二秒

B兒は非常に靜的で非社交性な子です。

第一日、十五分のうち休息十三分二十秒
第二日、十五分のうち休息十三分五十秒

こうした二人の行動から学び得ましたことは、

1．虚弱兒にも活動的な子と靜的な子があります
2．活動的な子は概して社交性にとみ、従つて休息をとつても、友達に誘われて十分な休息がもてないで遊ぶことになりますからこの点指導者は最も注意して適當な休息をもたせるように。

こう云つた事實から

1．個人を、しつかりつかむこと。
2．グループ全体の動きに氣をつける。
3．クラス全体の動きに氣をつける。

右の三つについて、子供たちの動きに注意し、大きい活動のあとは多く休ませ適當な處置をとつてゆくべきだと思います。

又季節的にも関係のあることで夏ならば、

1．木蔭の芝生で、椅子で。
2．室内で腰をかけて休む。
3．敷物の上に、上向きに寝させる。

いづれもよいレコードをきかせるとよいでしょう將来靜かに休息させる部屋と設備がほしいものです（ベット、フトン、毛布、枕等）

議　長　有難とうございました、分科會に於いては廣く皆さんの討議をお願いする積りでございましたが時間がございませんで殘念でございますが、今發表して下さいました方によつておのづと結論をだして頂いた事と思います、失禮致しました。（拍手）

×　×　×

全体會

議　長　實踐要項の報告をお願いいいたします。

布施市小阪幼稚園　中西ミヨ

一昨年この関西大會におきまして、眞に幼兒の幸福と幼兒教育の振興を希う人々の熱意によつて、六ヶ條の實踐要項が決議なりました。

まことに保育者にとつて貴重な適切な指針でございました。

以來それぞれの團体におきましてはこれを教育の根本指標としてその實踐に努力いたして參つたことでございました。

或る年は第二條の實践强調を申合はせ、或る年は第五第六條の具現のために幼兒の生活展覧會の開催又はそれに伴う各研究部會の結成とその計画的研究の継続など、大いに保育教育の實を擧げて參りまして實踐要項はまことに幼兒教育の上に大きな役割を果して參つたことでございました。

然しながら決議當時はまことに適切な條文であり最もその意を爲したものであると認じておりましたものが、今靜かに讀みかえして見ますとき幾何かの物足りなさを感ずることはございませんでしょうか

實踐要項の第一項、時代の進歩に伴う新しい知識、であるとか、第二項の望ましい環境、第五條の新しい保育の在り方等の言葉も今では既にその内容がより大きいふくらみを持つてきているものではないでしょうか。

しかしながら私共が大會で定めましたこの實踐要項を大會の責任において生かし続けたいものでございます。

これを時代の要求に即して新しく解釋し、新しい

息吹きを以てこれの實践に努力いたしたいと考えます。

幸いに本年五月戦後の混乱した国勢の中から眞に兒童の幸福を希う人々の努力によつて兒童憲章が生み出されました。制定に功献されました方によつて示されましたその趣旨内容を思いまます時、まことにその尊く意義深いことに感激いたすもので御座います。

私共がかつて念じつゝ表はし盡せなかつた言葉や方法を憲章は適切に大胆に、しかも暖かい愛と誠實を根幹として說き示してくれているものであります

現在の正しい兒童觀と最も適切な兒童教育の指針として憲章を正しく理解しその實践に努力することはこの實践要項を生かす一つの道であると信じますと共にこれが又兒童憲章をも生かすことになるわけでございます。

今直接の教育問題について兒童憲章と打ちくらべて見ますのに、

第二項　園内の整備と美化につとめて望ましい環境を作りましよう。

第三項　幼兒をよくみつめて個性を伸し相互敬愛の心を培いましよう。

の項に對しては兒童憲章において總則の三ヶ條は勿論、第一條の心身共に健かに育てられ。

第四條　個性と能力に應じて教育せられ社會の一員としての責任を自主的に果す。

第五條　自然を愛し科学と藝術を尊ぶように導かれ又道德的心情が培われる。

第六條　十分に整つた教育の施設を用意される

第九條　よい文化財と遊び場を用意され、わるい環境からまもられる。

等の内容と、廣い範囲に考えれば其他の各條、總括

的には第十二條の内容が包含されるべきでありますので、まことに大きな内容と高い要求を以て實踐されなければならないことゝなるわけであります。

又第四項の幼兒の保健にこゝろして の言葉は、憲章の 第一條 心身共に健やかに生れ育てられ

第二條 家庭で正しい愛情と知識と技術を以て育てられ家庭に惠まれないものはこれにかわる環境が與えられる

第三條 適當な榮養と住居と衣服が與えられ疾病と災害から守られる

第八條 心身の發育が阻害されず

第十一條 身体が不自由な場合適切な治療と教育と保護が與えられる

等の内容を包含するわけとなります。

この實踐要項を眞に生かして行く爲めには兒童憲章を眞に理解し、兒童憲章をよりどころとして新しく解釋することが大きな力となるものであると信ずるのであります。

特に憲章の四條、五條に示されている新しい教育の方向は幼兒期の教育の任に當る者のよく反省頑味すべき点であると信じます。

伝統あるこの大會の決議いたしました實踐要項を龍頭蛇尾とし終に空しうすることなくこれをよりよい解釋によつて實踐し新生させて決議の責任を果し幼兒教育の振興に力あらせ度いと念ずる次第であります。

議　長　分科會協議の結果の御報告をお願いいたします。　第一分科會の岩下先生お願します　いらつしやいませんか　御不在のやうですから　第二分科會　三長先生　五分間にてお願いたします。

奈良（三長きみえ）

簡單に第二分科會の報告を申上げます。

第一項　措置費を平衡交附金よりはづして補助金として支給されたし

提案　三重　竹尾ふみ

これは保育所の組織運營の面でございます。提案者の御出席がありませんでしたが先程の建議案にあるのと同じでございますからその委員會を通じて强力に當局にあたつていたゞくことに致しました。

第二項　本會の組織强化について

提案　滋賀　坂口完二

これは各府縣の幼稚園、保育所の實務者は素直な謙虚な心になつて一つとなり連合會をつくり本會の組織强化に協力することに協議いたしました。

第三項　兒童福祉法の第二十四條及第三十九條の改正について

提案　名古屋　加藤保昌

これは繼續委員會を作り研究協議を重ねて目的達成に邁進致し度いと決議いたしました、委員は事務局に一任することゝいたしました。

第四項　幼稚園と保育所との年令的一元化について

提案　大阪　和田信藏

これにつきましては先づ關係諸官廳が一元となることが先決問題であるからと審議されませんでした。

以上でございます。

議長　では第三分科會の御報告をお願いたします

滋賀（三村習一）

第三分科會は進行が最も惡く意見發表と提案理

由の説明のみで余り慎重に審議しておりましたら時間がなくなつてしまいました。結果を申上げることが出來ませんのでその大よその内容をかいつまんで申上げまして御報告に代へさせて頂きます。

第一項　園兒の輿論調査に基づく保育の在り方について承りたし

提案　京都　宮西ゆき

凡そ最近の教育は上からでなく下から盛り上るもので個性に根をおろした教育でなければならない　戰爭、平和、天皇、國家、社會等をどんなに考へているかを調らべてこゝから動かない保育の在り方を研究して行かねばなりませんと云ふ説明に對して輿論調査の実際について各種の問題について詳しい報告と發表がございました。

第二項　兒童憲章をどの様にして幼兒教育に具体化するか

提案　大阪　中西ミヨ

兒童憲章の內容は実践要項と大同小異でありますが子供を私有物視しないで尊重して行かねばならない、これにつきましては藤井先生、中山先生から貴重な御発表があり、各項の精神を先づ保育者体認して保育に當るやうにし、次第に社會、家庭に及ぼすやうにしなければならないと云ふことになりました。

第三項　家庭連絡簿の記載方法について承はりたし

提案　名古屋　山口たつ

連絡簿と云ふものは家庭と幼稚園保育所とが一体化して幼兒の教化に當る一手段であります、この連絡簿によつて一層の信頼感をもち生涯の

生立ちの記として のこるやうに 心ろして用ひたいと思います。
しかし智能検査はそれ自体は充分愼重に檢査する必要がありますが結果につきましては家庭へは指導要録に記載する通りでなく柔かく伝へなければならないと存じます。但し身体檢査の狀況は細大洩らさず知らさなければなりません。

第四項 幼兒の休息の方法について具体的に承りたし

提案 奈良 大橋和子

これに付アメリカの幼稚園、保育學校の実狀の例をあげて 幼兒は注意の 持続時間が幼い程短かいから消極的に唯休むと云ふのでなくて次の活動の原動力をつくる意味で充分に考慮して休息をとらさなくてはならぬ、運動の緩急のバランスがよくされていなければならない、特に虚弱兒は注意を要するものです。

具体的には戸外の芝生で休息させたり、室内へ毛布等を敷きその上に寝転ばして軽いレコードをきかせる等をして充分に休息を與へます。

保育者は常に疲勞度の測定をして強い活動を強いてはいけません。

以上がその大要でございました。

議長 次に第一分科會の御報告をお願いいたします

兵庫（岩下利久）

一、園兒の一組定員を三十名迄にしてもらいたい
幼稚園本来の理想的在り方としては望ましい事であり、當時者一同の賛成であるが、經營の点に於て又国家の現狀から見て特に經濟的面に於て現在それを具体化して行く事は困難であるが、方針としては望ましい。

二、貧困家庭の幼兒を幼稚園に收容した場合如何

なる措置を講じられてゐるか。

提案者は全幼兒に幼稚園保育を與へねばならないが現狀は小学就學兒童の一割前后である貧困家庭の幼兒は省られてゐない。

意見　大阪市に於ては教育委員會の規定によりその様な幼兒に對しては保育料の減免其他の方法が講ぜられてゐる。

奈良の私立幼稚園に於ては保育料の免除等を行つて希望者を出來るだけ多く收容してゐる。

三、幼稚園と保育所との年令的一元化に就て。

未だ種々調査研究すべき点があり目下具体案作製に進行中である。

右の問題は農漁村に於ては困難な問題がある文部省、厚生省の一元化も必要と考へられる現在としては兩者に使命があるのだから各自の本來の使命在方に立つて時と共に解決すべきだ。

四、兒童福祉法の第二十四條及三十九條の改正に就て。

廿四條の但書を幼稚園に當てはめよ

卅九條を廿四條の主旨から見てを明に説明する様にして欲しい、然らずば除去して欲しい。

意見　地方特に農村は經濟的に急迫して居り、法例による保育所經營は不可能と思はれる。

廿四條の但書を此項に適用し國家は之に措置費を出す様にすべきと思ふ。

五、各市町村に於て一校下一幼稚園を目標に增設されん事を協議せられたい。

幼稚園分布から見て都市に集中し地方に少い

少くとも一町村一園を増設したい。

滋賀縣の実狀等數字をもつて説明せられ、右提案は年來の希望であつて最早その必要性は言ひつくされてゐる、問題は町村當局及一般父兄の認識不足にある、具体的に如何にせば一日も早く實現出來るか。

一、滋賀縣下は小學校の空教室調査を行ひ十一月から日曜日一日保育を実現する事となつた。

二、現狀調査を行つて
當局に陳情運動をなす事。

幼稚園の必要性を一般父兄に認識させる爲にパンフレット、講演等をなして輿論をつくる事。

三、關西保育連合會に委員會を設け具体案を講する　（拍子）

議長　つゞきまして　建議案委員會の　報告をお願いたします。

大阪（岡田しげの）
平衡交附金法の教養法費中に小學校と同様に幼稚園と明記されたい。
地方財政の緊迫と貧困とは市町村立幼稚園の運營を困難ならしめ、幼稚園教育發展の根幹をなす教員給の如きも地方財政の狀態によつては、中小学校教員に比してはるかに下廻り甚だしい者に於てはその半額に等しいものさえある現狀であります。
かゝる狀態では人間教育の基盤として使命重大なる幼稚園教育に優秀の指導者を得がたく新日本の建設も文化日本の推進も亦期しかたいわけであります　よつて　平衡交附金法算定の基礎に幼稚園数を加へ平衡交附金法中に「幼稚園と明

記し」幼稚園教育の財源がその交附の恩典に浴しうるやう熱望して本案を建議いたします。

昭和二十六年　月　日

関西連合保育會代表

氏名連署

宛先　文部省　大藏省　地方自治廳

建議の方法　責任者は　主催地

十一月上旬　岡山4　兵庫3

なるべく早く多勢で

中旬　名古屋2　三重2　滋賀2

連絡員岡山より1

下旬　大阪3　京都2　奈良2　和歌山1

連絡員岡山より1

費用出途　建議上京の委員所属團体の負担とす

以上でございます。

京都（佐藤晃海）

建議案

私立幼稚園に對し各府縣市町村費より幼兒教育振興費を交附されたい。

建議理由書

さきに施行された學校教育法によつて幼稚園は學校として認められ學校体系のうちに加えられたことは一切の人間教育の基礎として如何に幼兒教育が重要であるかを國家が認めたことを示すものであります。

更らに昭和廿四年法律第二百七十号をもつて私立學校法が制定され、私立幼稚園もその自主性と公共性が認められ國又は地方公共團体の私學助成の法的根據が與えられたことは関係者一同の深く慶びとするところであります

しかしながらこの私立學校法第五十九條私學助成の法律は學校法人の幼稚園のみが助成の

對象となつており學校法人でない幼稚園に對しては何ら助成の途が講ぜられていないのであります。

もとより私立幼稚園が現狀のまゝで甘んじてよいとは決して考えるものではなく國家の要請する教育体系に對應し、全力をあげて施設の充実を計ると共に新教育の実践に力を盡しておりますが学校法人えの切換には尙時日を要するのであります。

その爲政府當局もこの点を考慮せられ、私立學校法の制定に際し「幼稚園は當分の間學校法人によつて設置されることを要しない」の學校教育法第百二條の改正をもつて臨まれたものと推察されます。

前述の事情御賢察賜り學校教育法第百二條の規定を各府縣市町村の私學助成條令にも厚意ある適用をいたされ財政御多端の折柄ではありますが幼稚園教育の重要性と私立學校法立法の趣旨に鑑み教育優先の立場から建議案の如くすべての私立幼稚園に對し幼兒教育振興費として補助金支出の途を講ぜられたくお願いする次第であります。

右第五十五回関西保育大會の決議により建議いたします。

昭和二十六年十月二十七日

関西連合保育會

措置費を平衡交附金よりはずして補助費として支給されたい。

建議案

昭和二十五年度より地方公共團体の財政の自主性確立のため地方財政平衡交附金制度が實

施されましたが爾来一ヶ年半の實績に徴するに兒童福祉施設に關しては未端に於て其の弊害日を追つて愈々顯著となりました即ち

一、兒童措置費の支拂が後れたり支拂はれなかつたり施設の經營が困難になつたものも多い。

二、兒童措置費が國の定める限度に達せぬものが多い。

三、措置兒童を解除したり新に兒童を措置することをさけたりするものもある。

四、之等により要保護兒童が町に放置されるものが少くない。

と云う有樣で折角劃企的の兒童福祉法がされながら平衡交附金制度により其の機能に大變な障害を與ている次第で一日も早く平衡交付金制を補助金制度に變更する樣本大會の總意を以て建議します。

第五十五回関西連合保育會研究協議大會

會長　松井惠戒

厚生大臣殿
大藏大臣殿
地方財政委員會殿
參議院議長殿
衆議院議長殿

議長　モデル幼稚園設置につきましては議長一任の上で來る関西役員會の席上に於て南出先生の御意見をきゝ建議いたしたいと思います。

議長　これをもちまして建議案四つ成立いたしました。

朝來ふなれな議長をつとめましたが　これにて終らせて頂きます　皆さまお疲れでせう。

無事にスムースに進行いたしまして御協力を感謝致します、いたりません点は平に御容赦下さいませ。

有難うございました。（拍手）

運營委員　若き議長と皆さまの心からなる情熱とで立派に終りましたことを感謝致します。

あと閉會式を殘すのみとなりました。

皆さまの御多幸をお祈り致します。

（拍手）

閉會式挨拶

岡山縣保育會副會長　山　脇　久

本日第五十五回関西連合保育大會をこゝに東は名古屋より西は九州に至るまで遠き地より御參集下さいまして朝來長時間に渡り熱心に協議下さいまして有難く御礼申上げます。

不行屆のかず〳〵とりわけ宿舍、會場、設備万端御迷惑をおかけ致し誠に相濟まなく御詫び申上げます。又來賓の方々には御多忙中にもかゝわりませず終日お聞き下さり御懇篤なる御祝詞を頂きこの會に一段の光彩をお與え下さいました事を感謝いたします。

つねに皆さまの御健康と御精進とを祈つて居りますこれをもちまして一言閉會の御挨拶に代えさせて頂きます。（拍手）

次回開催地挨拶

奈良　牧浦よし子

お高うございますが失礼致します　皆さまの　おゆるしを頂き一言御礼を申上げます。

感謝と感激の大會もやがて閉されやうとしています主催地岡山の方々にはたゞならぬ御世話を頂き貴重な時間と数々の御迷惑をおかけいたし又至れり盡くせりの御世話を頂き御礼の言葉もありません。

それ〲に悩み、希ひをもつて集まつて来たもの凡てこゝに解決され明日えの保育に進めます事は皆さまの御同情と情熱とのたまものと厚く御礼申上げます。次の五十六回は奈良にてと決定されましたが何分にも微力ですから御協力切にお願いたします。

皆さま来年もどうぞ是非御参會下さいますやうに一同に代りまして御案内御願い申上げます。

（拍手）

○保育歌合唱　東中ブラスバンドにより　（拍手）

○関西連合保育大會万歳三唱

岡山縣保育會副會長　大森次郎　主唱

これより万歳三唱致しますから皆さま御唱和ねがいます。

関西連合保育大會万歳　万歳　万歳　（拍手）

―以上―

編輯後記

○待望の大會も黄金咲く吉備の大地に同勞同志和氣の集ひで、その數實に千九百五十名、この日秋空稀に見る寒冷をさえ覺えましたが　終日　感激!!　希望!!　感謝!!　萬感胸に溢れる。

○紅葉の先葉色づき初める頃の大會協議會の速記整理も、年を越へ　講和の春を迎え。

櫻の花の綻びる頃　やつと　終りました、何分不行屆な議事速記本會の拙劣を御許し下さい。

○この花も散り　やがて　芽ぐむであろう　若葉　青葉のように　來る奈良大會への無限の希望と　盛會を切望しながら同勞の苦を憶ふ。

○全會員のみなさま、行く道は遠くとも、可愛い幼な兒達は無心に　夜となく　晝となく　寸刻を爭つてぐん／＼伸びています、今日も　明日も、今目の前で!!　その限りない生長と偉大な發展!!　而も　物言はない　不問の問ひに　渾身の力をもつて答へませう。

○いろ／＼な都合でたいへんおそくなりました、事務局の不馴れを深く御詫び申しますと共に御協力下さいました方々に誌上厚く御禮申上げます。

○みなさまの御健康を祈りますと共に尙斯道のため不斷の努力と御研究を切望して筆を擱きます。

代贈寫　（非賣品）

昭和二十七年四月一日印刷

發行所　岡山縣保育会発行
岡山縣倉敷市元町
御國幼稚園中
電話四二四番

編輯者　松井圓戒

印刷所　株式会社カモヤ印刷所
岡山縣倉敷市戎町
電話五四〇番

幼稚園に於ける郷土教育

昭和八年十一月五日

幼稚園に於ける郷土教育

大阪市保育會

幼稚園に於ける郷土教育

目次

幼稚園に於ける郷土教育

大阪市立道仁幼稚園保姆　増田シヅヱ

(一) 郷土教育の勃興

本日は幼稚園の郷土教育に關して研究の一端を申し上げて見たいと存じます。

昭和の劈頭、文部省が全國に照會を發して、全師範附屬小學校又は市町村立小學校等の、郷土教育の實際狀況の詳細に亘つて調査を試みましてから、郷土教育の論が教育界を賑はすに到つた樣に存じます。

其の後文部省は益々之に力を入れ、中學校教授要目に於て、公民科教材中に、我が郷土こいふ項目を掲げて、其の取扱の要點を明にしたり、師範學校規程の改正に於ても地理科の中に地方研究を行ふべきことを新に定めたり、尙進んでは師範學校に於ける郷土研究施設費として、國庫から補助を與へたり、或は東京に、郷土教育に關する講話會、並に講習會を開催したり、種々なる方法によつて、指導奬勵是努めた結果、茲二三年以來著書に、雜誌に、實に華々しい論議やら研究成績やらが、次々に發表せられる樣になり、洵に近時に於ける教育問題中の一偉觀を呈しました。

二

（二）従來との關係比較

併し、郷土教育といふ問題は、固より昭和になつて新に生み出された問題でなく、舊くは直觀科、觀察科、郷土科、又は郷土地理、或は郷土歴史等の名に於て取扱はれ來つたものでありますが、此の取扱方が知的、分解的、斷片的に偏し、生々した郷土の活資料を捉へ、兒童の生活體驗と、有機的に結びつけるといふ點が閑却せられてゐた。郷土教育といふものは、獨り材料を知識的に取扱ふのみでなく、郷土に對する情意の方面も、涵養する樣に努めねばならぬといふことが、大に力説せらるゝに到つたのであります。

要するに、餘りに教育なり教授なりが、普遍的一般的に流れ、抽象に陷り、型に塡まるといふ弊害が目立つて來たので、國民教育としては、之ではいかぬ、宜しく郷土の切實なる生活に立脚點を置いて、眞に溫かい、血の通つた教育教授を行はねば、眞の教育でないと叫ばれる樣になりました。

實に、各地方特有の事情を顧みないといふ短所弊害を強く反省し、其の郷土の切實なる生活に即した教育が再吟味せらるゝに到つたものと存じます。

（三）郷土教育と幼稚園

そこで初中等學校に於ける右の鄕土研究の問題は私共幼稚園保育の任に在るものが對岸の火災視して、すましてよいものか、私は寧ろ進んで保育上適用の能否を攻究すべきでないかと思ひます。

私は、小學校の低學年兒よりも、更に未分化の精神狀態にある幼稚園幼兒でありましても、鄕土的觀念の芽生えを培ふ事は、敢て不可能でない許りでなく、寧ろ日常保育上、鄕土的資料を出來るだけ取り入れて、保育を進めて行く、極言すれば幼兒の生活體驗の上に立つて、保育を行ふのが當然であるまいかと存じます。玆に於て私は幼稚園の立場から所謂鄕土敎育問題なるものを一應考察してみたいと存じます。

(四) 鄕土の意義及鄕土敎育の目的

先づ鄕土とは何ぞや、の問題ですが、之は學者により種々の見解がある樣ですが、要するに鄕土の觀念は幼兒の發育につれて漸次其範圍を擴大し、遂に大にしては祖國を意味するに到るものであらうと存じます、只差向き常識的には、幼兒の誕生し、發育して居る場所、又は幼兒の現に生活して居る環境又は其土地及び之に對する生活體驗といふ風に考へてもよからうかと存じます。

從つて、幼兒時代に於ける生活體驗の範圍といふものは、勢ひ、家庭、幼稚園、其通園區域などいふものが主となる

三

事は申す迄もありません。

併し京都、名古屋、神戸、岡山、大阪などゝ申す大都市に於ては、幼兒の生活體驗の範圍といふものは、あながち、其の家庭と、幼稚園と、通園區域などを主とする狭い地域に局限せらるべきものでなく、電車やバスや其の他各種交通機關の發達につれ、日曜、祭日、其他に於て、父兄同伴の下に、市内の各所又は近郊等に旅行し、其の體驗範圍を擴大する機會に富むことを認めねばなりません。

次に郷土教育の目的は、何處にあるかと申しますに、郷土に關する主知的並に情意的方面の、陶冶を與へるといふ點に歸着するやうであります。そして此の郷土愛的精神態度を養ふといふ事は軈て、人格を向上せしめ、完成せしむる所以であると見るので御座います。

言ひ換へれば、其の郷土を知り、了解し、之に親み、之れを愛し進んで之を保護し、更に繁榮進歩を圖らんとする志操を涵養することが、郷土教育の目的で、此の目的達成の曉には、其處に堅實なる人格の完成がありとするのでございます。

（五）幼稚園に於ける郷土資材

次に幼稚園に於ける郷土資材としては、どんなものであるかと申しますに、之は幼兒時代に於ける生活體驗の範圍内に於て、自然的資材、文化的資材の兩面に亘り、教育的價値あるものを選擇すべきであらうと存じます。

(六) 資材採擇の標準

今大雜把ながら、其の資材採擇の標準とも申す樣なものを擧げますと、

1、幼兒體驗範圍を餘り狹苦しく局限して考へぬこと。

2、幼兒生活に密接なる關係を有する材料。

3、直觀的具體的な材料。

4、幼兒に興味あるもの。

などと申す點が就中忘れてはならぬ所だと存じます。

(七) 我が園の郷土資材

偖、私の關係して居る幼稚園は島の内の一隅にございますが郷土資材として、どんなものを採擇してゐるかと申しま

六

すと、家庭に關すること、幼稚園に關すること、通園區域内に於ける事象を始め、百貨店、ビルデング、舗裝せるアスファルト道路、往來する自動車、トラック、電車、自轉車などの各種交通機關のこと、最近幼稚園の近くに出來た長堀川のダムの如きも幼兒の生活に密接な關係あり、爆音に空を仰いで手を叩く幼兒の眼に映ずる飛行機の種類、郵便、旅客輸送の如き、宣傳ビラまきの仕事の如きも、活きた郷土資料の一つであり、十字街頭に於ける交通整理も、大阪城天守閣の如きも、水の都の大阪、殊に私共の部内を取卷いて居る川にかゝつてゐる橋の色々、今春開通した地下鐵道の如きも、皆幼兒生活に於ける、興味あり刺戟の大なる體驗の一つとして、郷土資料として取扱つて參りました。
勿論本月初め行はれた新な大阪の年中行事の一つである商工祭の如きも、之を資料として取扱ひました。
園外保育も亦郷土教育の機會の一つでありまして、市内に於ては大阪城公園とか、動物園とか、高津神社とか、又大阪市の近郊では藤井寺とか、上野芝とか、牧岡とか、大濱とか、箕面とか、武庫川とか、其處に横はる自然の風物なり、交通機關なり、附近に生ずる各種の生産品なり、種々觀察する材料に富み、且つ郷土を了解する基礎的材料が多分にあるので御座います。（附錄甲表參照）
百般の智識は實に斯る幼兒の生活體驗に比較し對照して、了解の一歩〳〵を築き上げて行くものと存じます、そして幼年時代に强い刺戟を受け、感銘したものは、やがて、郷土愛精神の母胎となり、揺籃となることは申すまでもありますまい。

（八）郷土資材の取扱方

以上の様な材料を、幼児の生活の體驗の中より、適宜選擇しますれば、之等はいづれも或は觀察材料ともなり、談話材料ともなり、或は手技教材ともなるものもあり、躾方教材に役立つもあれば、唱歌教材、遊戯教材となり得るものもあるといふ様な次第です。從て其一部に執着することなく、小學校の低學年の合科教授の如く、更に一層自由に、各保育要目に亘り、綜合的に取扱ふべきであらうと存じます。

斯くて、始めて、幼兒の切實なる體驗に根底を置いた、郷土教育が出來るものであらうと思ひます。少くとも郷土教育の萠芽は立派に培はれ得ることゝ信ずるものでございます。

（九）郷土資材取扱方の實例

今多方的綜合的に取扱つた一例を申しますと、大阪城天守閣の落成いたした時に、天守閣落成の歌と表情遊戯を創作いたし、天守閣に實地登臨見學せしめ、又粘土細工、ヒゴ細工、剪紙、摺紙、積木、描き方、等に於て發表せしめ、

七

八

或は豊太閤と天守閣の關係其他を話し方教材とするなど、各方面に亘り綜合的に之を取扱ひ、比較的深い感銘を與へ得た事がございます。（附錄乙表參照）

誠に粗雜な研究で御座いますがこれを以て終りと致します。

（附錄甲表）

郷土資料採擇の一例

（大阪市立道仁幼稚園）

自然的資材

動物

- 獸＝鼠、猫、犬、馬、牛（動物園飼養ノ猿、熊、象、等）
- 鳥＝雀、烏、鳩、燕、鳶、鷄（文鳥、カナリヤ等飼鳥ノ一部）
- 魚＝金魚、鮒、鯉、鰻、メダカ、
- 蟲＝蝶、蜻蛉、蜂、蚤、蟬、松虫、鈴虫、クツワ虫、ハタオリ、バッタ、南京虫、蚤、蚊、虻、蠅、
- 貝＝蛤、シジミ貝、蝸牛、（法螺貝）

植物

- 花＝梅、桃、櫻、菜ノ花、蒲公英、菫、蓮花草、櫻草、アネモネ、チューリップ、椿、藤、薔薇、菖蒲、牡丹、ツツジ、撫子、百合、夾竹桃、蓮、朝顔、桔梗、睡蓮、ダリヤ、萩、芒、女郎花、菊、水仙、福壽草、南天、山吹、
- 實＝サクランボ、イチゴ、梅、枇杷、無花果、西瓜、葡萄、林檎、梨、柿、栗、蜜柑、ドングリ、バナナ、
- 穀類＝稻、麥、豆類
- 野菜＝馬鈴薯、甘藷、大根、人參、玉葱、茄子、胡瓜、菜類
- 樹木＝松、柳、（等）

園外保育の場所

- 南海沿線＝住吉公園、堺大濱、濱寺公園
- 大軌沿線＝國府ノ桃林、小坂附近、牧岡神社、奈良公園
- 阪和沿線＝臨南寺、上野芝
- 阪堺沿線＝住之江公園
- 大鐵沿線＝藤井寺、道明寺ト玉手山、長野遊園地
- 阪急沿線＝箕面、寶塚、甲陽園、苦樂園
- 阪神沿線＝武庫河原、濱甲子園
- 京阪沿線＝香里園、男山八幡宮
- 新京阪沿線＝千里山公園
- 市內＝大阪城公園、天王寺公園、動物園、北港

文化的資材

- 人物＝仁德天皇、豐太閤、安井道頓、住友友芳
- 神社＝高津神社
- 寺院＝四天王寺
- 古蹟＝大阪城、天守閣、茶臼山
- 官衙＝南區役所、消防署（火災報知機）
- 學校＝道仁小學校、育英商工學校
- ビルディング＝日簡ビル、大紙俱樂部等
- 百貨店＝高島屋、大丸、十合等
- 部內店舗＝米屋、酒屋、煙草屋、麻袋商、ウエス商、紙屋、履物屋
- 交通系統
  - ＝軌道、地下鐵道（梅田心齋橋）
  - ＝高架鐵道（城東線）
  - ＝川（長堀川其他）、堀（道頓堀其他）
  - ＝道路（アスファルト、木煉瓦）（石疊、砂利敷）
- 橋梁＝末吉橋、長堀橋、心齋橋、日本橋等
- 輸送機關
  - 陸上＝自動車、リヤカー、タクシー、バス、トラック、電車、汽車、馬車、牛車
  - 水上＝ボート、汽艇、荷船
  - 空中＝飛行機
- 交通整理＝
  - 十字路
  - 路上標識線
  - 四隅式ト手信號
- 主ナル年中行事
  - 新年、節分、紀元節、雛祭、創立紀念日、陸軍記念日、春季皇靈祭（彼岸中日）、花祭、天長節、端午の節句、海軍記念日、時の記念日、道頓祭、水都祭、七夕祭、生魂夏祭、氏神夏祭、大震災記念日、秋季皇靈祭（彼岸中日）、お月見、誓文拂、氏神秋祭、明治節、商工祭、冬至

（附錄乙表）

大阪城天主閣取扱の實例

- 一、會集ニ於ケル談話
  - 新天守閣ハ御大典記念トシテ市民ノ醵金ニ依リシコト
  - 太閤ノ大阪築城ノ次第
  - 太閤時代ヨリ今日迄ノ天守閣ノ變遷
- 二、談話
  - 日吉丸ノ生立——千生瓢箪ノ話——太閤ノ人物ト其偉業——特ニ大阪トノ關係
- 三、觀察
  - 天守閣ノ圖、寫眞、繪葉書等ニ依ル觀察
  - 新天守閣及大阪城公園ノ臨地觀察
  - （天守閣ノ外觀—內部ノ一班—階上ノ展望—公園）
- 四、手技
  - 摺紙
    - オルガンニ雙舟ノ應用變化ニ依ル天守閣
    - イルミネーションノ電球（蓮華ノ應用）
  - 切紙
    - 天守閣輪廓ノ圖ヲ與ヘテ切拔ノ練習
    - 各自彩色シタルモノヲ立體的ニ應用切リ方
    - 城ニ就テノ自由切紙
    - 千生瓢箪、桐ノ御紋等ノ紋形切拔
  - 貼紙
    - 摺紙、切紙ノ製作ヲ貼ル
  - 粘土細工
    - 保姆作製ノ模型ヲ示シ四五名宛一組トシテ其合作指導
    - 其他オ城、瓢箪等ノ自由製作
  - 積木
    - ヒル氏積木ト練瓦積木應用ノ天守閣ノ組立
    - 各組適當ノ積木ニテ自由工夫（オ城）
  - 畫キ方
    - 寫眞繪葉書等ニ依リ豫備的智識ヲ與ヘタ上實地ニ觀察シテ寫生
    - 日ヲ經テオ城ノ自由畫
    - 彩色練習（謄寫版ニヨル天守閣ノ畫）
- 五、唱歌
  - 自園作 新天主閣ノ歌

    お天守閣が出來ました
    碧いお空にくつきりと
    高い白壁美しい
    お屋根の鯱ピーカピカ
    金の虎もピーカピカ
    太閤樣が御覽なら
    お手手たゝいておほめだろ
- 六、遊戲
  - 右唱歌ニ依ル表情遊戲

（大阪市立道仁幼稚園）

第四十回　関西連合保育会提出遊戯　（京都市保育会）

昭和八年十一月

第四拾回

關西聯合保育會提出遊戲

京都市保育會

みんなでまねして

みんなでまねして

「みんなでまねして」

準備　甲列、乙列二間程の間隔に向ひ合ひ甲列より始む。列は各十人位を最も可とす、
歌の中にある××は幼児の名前を云ふものなり

甲列	乙列
1、**前奏**	**前奏**
手をつなき足ふみ	手をつなぎ足ふみ
2、**イ、仲よしこよしの××さん**	**仲よし、こよしの××さん**
揃つて前進、乙列中の一人を選び呼ぶ	うたふのみ
ロ、貴方のお得手は何ですか。	**貴方のお得手は何ですか**
元の位置迄退き返る	選ばれた子供はスキップにて甲列中央部の前方に進む他はうたふのみ
3、**何でも貴方のなさる事**	**何でも貴方のなさる事**
皆でまねして遊びませう	**皆でまねして遊びませう**
××さんは其場でお得手の動作をする、他の人は両端より歩みより××さんを中心に圓を作り××さんの動作を見る。	うたふのみ
4、	

××さんの動作を皆でまねて遊ぶ。

5、(1)の譜を用ふ

列は元の位置にもどり××さんは甲列に加る。

乙列の場合も同じ、この動作を交互に爲す、

第二回は5、より2、に移り最後は5、にて終る。

凱旋行進

準備

男兒は右手に鐵砲を持ち肩にかつぐ。

女兒は兩手に旗を持ち二人向きあひ凱旋門を造る。

屈んで手を叩く

立ち上り足ふみする

二

ステージ用　八人一組

圖の如く整列す。
（↓は向きを示す）

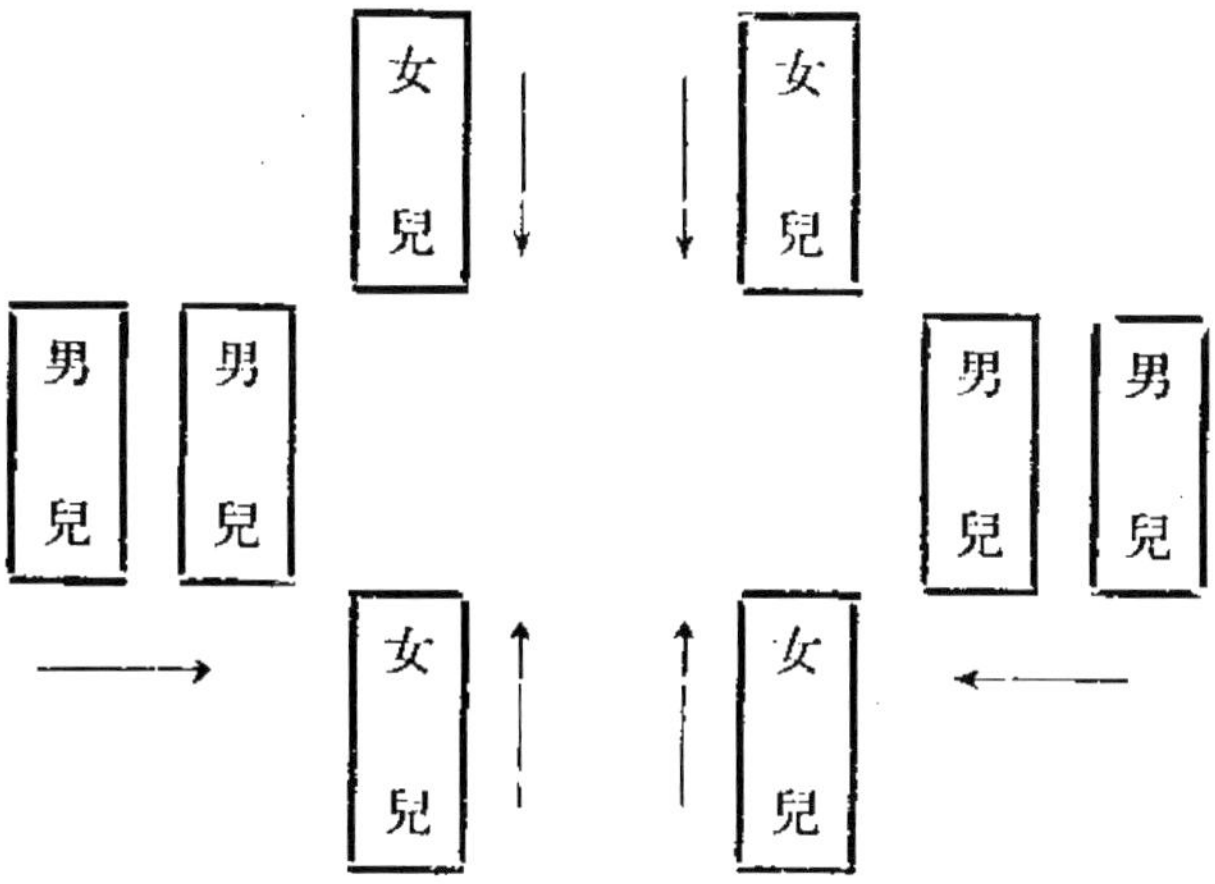

前奏四小節
其のままで曲をきく。

三

五小節—十二小節
男兒鐵砲を肩にして最初の一歩强く踏み出し元氣好く兩方より凱旋門を通りすれちがひになり一列となる。
十三小節—二十小節
男兒は捧げ銃の姿勢で正面に向く。
女兒は旗を兩手に持ち肩にかたげて男兒の時の如くすれちがひに進みつゝ男の間、間に入り八人の一列となる。
二十一小節—二十四小節
右へ八歩進み、右へ一廻轉
(男兒は鐵砲を肩に女兒は兩手左右に、伸ばし右廻轉の時は旗を肩に)
二十五小節—二十八小節
前出の動作を左へなす。
二十九小節—三十二小節
男兒は鐵砲を肩に左手を振つて前進。
(右足をあげ左足で一歩とぶ。この歩みでなす)
女兒は座して兩手を上に伸ばし左右にゆる。
三十三小節—三十六小節
男兒は右へ鐵砲肩に元氣に進行。

（前出の歩み）

三十七小節―四十小節

男兒は右一廻轉

女兒は座したまゝ兩手を上に伸ばして左右に振る

四十一小節―四十四小節

男兒は左へ元氣に進行（前出の歩み）女兒は座したまゝ兩手左右に伸ばして上下に振る。

四十五小節―四十八小節

男兒は左へ一廻轉。

女兒は座したまゝ兩手上に伸ばし左右に振る。

四十九小節―五十二小節

男女交替

（男兒は後退

女兒は右手前に出し左手肩にして前進す）

五十三小節―五十六小節

女兒は兩手斜右上に伸ばし右足一歩右に出す。兩手左下におろす時左足を右足の斜右前に出す。この動作右へ四回。男兒は鐵砲を肩にして其の場所で二十九小節―三十二小節の動作をなす。

五十七小節―六十小節

六

女兒は旗を肩にして右へ廻轉。

男兒は前出

六十一小節―六十四小節

女兒は五十三小節―五十六小節の動作を左へなす。

男兒は前出。

六十五小節―六十八小節

女兒は左へ一廻轉。

男兒は前出。

六十九小節―七十二小節

最初の如く八人一列となる。

七十二小節―八十四小節

スキップにて圓形を造る。

八十五小節―八十八小節

元の一列となる。

八十九小節―九十二小節

男兒鐵砲を肩に前出の動作で前進。

女兒は八十九小節右足一歩前に出し頭上で旗を交叉す。九十小節で足を元に兩手を下におろす。九十一小節で左足前に出し旗は頭上で交叉、九十二小節で足を元に両手下におろす。

九十三小節―九十六小節

男児は前出の動作で後退

女児前出の動作

九十七小節―百小節

女児は右手前に出し左手を肩にして前進。

男児は九十七小節―九十八小節は右へ又九十九小節―百小節は左へいづれも前出の歩みにしてなす。

百一小節―百四小節

女児は  の形で後退。

男児は前出の動作。

百五　小節―百十六小節

中央より外へ四人の圓形を左右に造る。

（男児は鉄砲を肩に女児は旗を頭上に交叉して元氣にリズムにあはせて進行）

七

八

四人圓形の圖

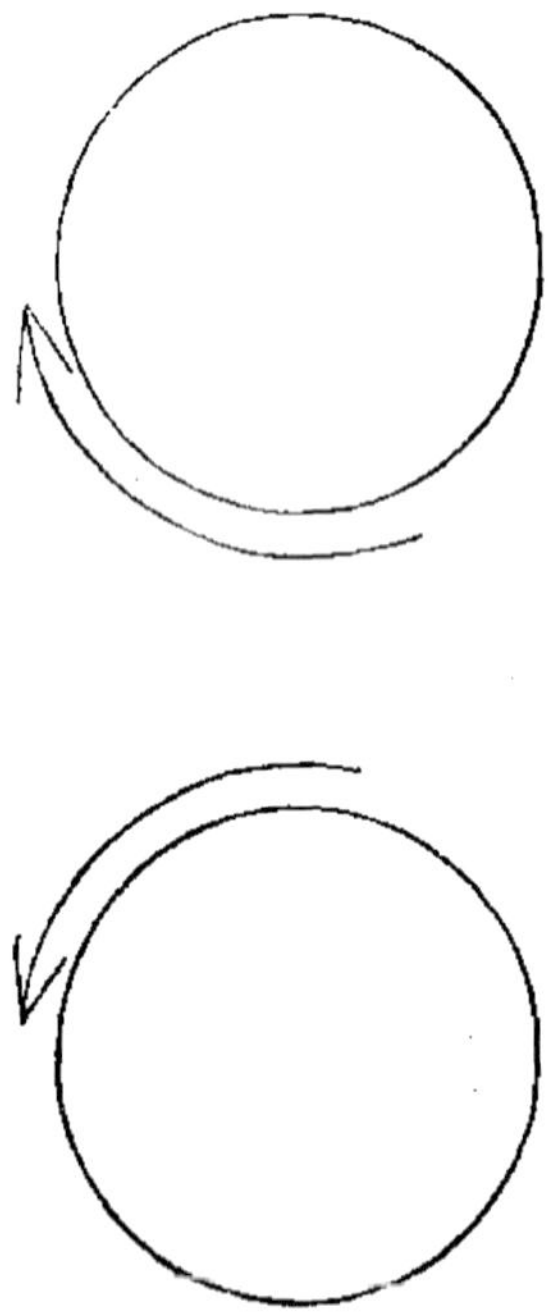

百十七小節―百二十六小節

元の八人一列

百二十一小節―百二十四小節

百二十一小節、兩手上にあげる（萬歳）

百二十二小節、同　（萬歳）

百二十三小節、兩手上に伸ばし頭上で左右に振る（萬々）

百二十四小節、兩手下から上に強く上ぐる（歳）

○この最後の四小節のリズムによつて萬歳、萬歳、萬々歳と唱へる。

○凱旋の喜びを表現したものですから、凱旋の兵隊さんは最も元氣に、又お迎への方々は實に嬉しげに、この心持ちで…………。

○レコード　コロンビア　二七〇七二―A　凱旋行進曲。（永井幸次作曲　島田兒童舞踊研究所）

関西連合保育会提出遊戯（神戸市保育会）

昭和八年十一月五日

關西聯合保育會提出遊戲

神戸市保育會

I 両手上ニ上ゲ並足ニテ一回転
頭上ニテ交叉シ左右ヨリ下ロス
II 全ジク右向行進四歩
両手下ロシ後退四歩 元ノ円ニ戻ル
f
I 右向キ行進四歩
左手肩ノ高サニ上ゲ右手頭上ニテ左ニ曲ゲ下ロス
II 両手左右 右足一歩右 両手ヲ下ロシ左足ヲ右足ニツケル
右手ニテ体前ニ円形ヲ二回画キツツ横足ニ歩
8
1
I 前段ニ同ジ
II 左方ヘ前段ト同ジ動作ヲスル
8
2
両手上ニ上ゲル

僕は水兵（信號遊び）

準備

（白旗を外側赤旗を内側に巻きたるを左手に持つ）

G. Anderson
進軍 堂々ト
No.3
No.4 大砲
突撃進軍ニ
No.5
No.6
No.7 退却

兵　隊　遊　び

喇叭
No. 9
乗馬用意
No. 10
乗馬
No. 11
cresc.

No.8

No 41

兵隊遊び動作

用意 學生帽、ランドセル、鐵砲、指揮刀、軍旗、懸章

大將は指揮刀を右手にもち懸章をかける。

軍旗持、軍旗を右手にもちランドセルを負ふ。

兵士は鐵砲を右肩に荷ひランドセルを負ふ。

兵隊を二分して白軍赤軍となし目標のために帽子に白赤の「鉢卷」を卷く。

1……徒　歩　行　進（其ノ二採用）

大將、軍旗持、兵隊の順序にて一列行進で圓を作る。圓を一周する時軍旗持圓の中心へ行き足踏、他は曲の終るまで行進、後止りて圓の中心へ向く

2……君　ケ　代

軍旗持は軍旗を双手にて持ち不動の姿勢、大將は指揮刀を斜右横下にのばす、兵士は捧げ銃の形即ち銃を前正面に正しく双手にて持ち肘を離さず目は眞直ぐ銃に注目す、曲の終るまで不動の姿勢をとり軍旗に敬意を表す。

（曲が終ると軍旗持は定められたる場所へ軍旗をおき銃を荷ふ他も元の姿勢に復す。

3……進　軍

大將號令「右向け右」「前へ進め」にて前進曲の終りて止る。

4……大　砲

そのまゝの姿勢にて砲聲を聞く。

5……突　擊

號令「突喊！」大將は指揮刀を高く上げ號令す、兵士は「突込め」の形にて駈足。

突込めの形は喊聲をあげ兩手にて銃を持ち敵に向つて突入する。

9……集　合　ラ　ッ　パ

大將號令「集れ」白、赤の二軍は二列に分れ大將の前へ集合、整列。

大將は早く整列したる方を勝と定む、白軍勝とせば大將號令「白軍勝萬歳！」

白軍鐵砲を上げ萬歳に唱和す。

大將號令「赤軍負、退却」。

7……退　却　の　曲

赤軍急速に駈足（この時鐵砲を荷ひたるまゝ）。

白軍はこれを追擊す（突込めの形にて）。

大將は止りてこれを見る。

8……休　め　の　ラ　ッ　パ

大將號令「休め」。

兵士はその場にて銃を叮寧におき帽子をとりランドセルをはずし曲の終るまで靜かに自由の形にて横になりて休息す。

9……起床ラッパにて起る

10……乘　馬　用　意

ランドセルをつけ帽子をかぶり銃を持つ。

大將號令「集れ」にて「6」と同形式に集る「氣を付け」にて兩軍向ひ合せになり銃口を右手にて輕くさゝわ銃を立てる形に下にもつ。

「右左向けおい」にて銃を荷ひ出馬をまつ。

11……乘　馬

右手に銃をもちたるまゝ左手を前に出したずなを持てる形にて足を高く上げ馬の走る形にて進む、曲のテンポは之に合すため輕く早く奏す圓を大きく二周位にて終る。

付記　幼兒の狀態により各々の曲を短縮又は重復等加減し動作も幼兒に適する樣變更しても差支なし。

関西連合保育大会提出遊戯（吉備保育会）

関西联合保育大會提出遊戯

昭和八年十一月五日

吉備保育會

2

すずめ あわてゝ ごじゅば ひゃくば
やめば またきて ごじっば ひゃくば
おこりや またきて ごじっば ひゃくは
8va
チュン チュン ハタパタ パタリとにげる
チュン チュン パタパタ イナホニトマル
チュン チュン パタパタ パタリとにげる
f
ff
rit pp

鳴子と雀

(M.M. ♩=126)　　〔久保田宵二作詩〕

4

{キングレコード}

鳴子と雀

久保田宵二作詩

一、鳴子ガンガラガン
ガンガラガンと鳴れば
雀あわてゝ 五十羽 百羽
チュン〳〵バラ〳〵バラリと逃げる

二、逃げりや ガンガラガン
ガン ガラ ガンと止んだ
やめば又来て 五十羽 百羽
チュン〳〵バラ〳〵バラリととまる

三、止まりや ガン ガラ ガン
ガン ガラ ガンとおこる
おこりやまた〳〵 五十羽 百羽
チュン〳〵バラ〳〵バラリと逃げる
田甫 田のくろ お地蔵様は
赤い エプロン てか〳〵おつむ
にこり 笑って 見でござる

解説

(1) 鳴子……………右手ヲ上ニ挙ゲ右手ニテ左横ヲタヽク。

ガンガラガン……左手ヲ上ニ挙ゲ右手ニテ右横ヲタヽク。

ガンガラガンと……鳴子ト同ジ動作。

鳴れば ……………………ガンガラガンと全ジ動作。

雀あはてゝ五十羽百羽…右手横上ニ人サシ指ニテ細カニ動カシツヽコレヲ見ナガラ歩ム。

ちゅん、ちゅん ………… 右指先キヲ口元ニ二回ツケル。

ばら、ばら …………………… 両手ヲ胸ニテ交叉シ反動ニテ両手ヲ横ニ開ク。

3

6

(1)
野原で蝶と花とが自由に楽しく飛びはねて遊ぶ。その間に雨が出て来て猶一層面白く遊ぶことが出来る自由な遊びである。雨に会ひたる時は動作は最初のみ作にかへる。雨は適当に入れる(2)蝶と花と一組となる(3)曲は三回繰り返す(4)花は丸　かつきたるもの。

ぱらりとにげる……後向キニ跳ビカヘリツヽ両手ヲ開キ踏ム。

(五) 動作同ジ

(お地藏様の動作)

田んぼ田くろ……踏ンダマヽ両手掌ヲ合ハセ頬ニ交每ニ右左四回クリカヘス、

お地藏様は……立チツヽ両手ヲ頭上ヨリ開キナガラ両腕ニ取ル。

赤いエプロン……両手ヲ胸ノ辺ニテ交叉シツヽ両腕ニ開ク二回。

てかてかおつむ……右手ニテ右頭ヲナデツヽ右廻リヲナス。

にっこり笑って……両手ヲ両腕ニテ少イサク動シツヽ一廻轉ナス。

見てござる……両手ヲ頭上ヨリ大キク開キツヽ胸ニテ交叉ス。

後奏……其ノ動作ノマヽ静カニ踊ミ一息シテ両手ヲ頭上ヨリ開キ其ノ手ヲ両腕ニ取リテ沈視ス。

三羽の蝶 〔野原ノ遊ビ〕

第一段(四回)

(イ)八呼間 蝶と花とが仲よく肩をとり見合つて静かなステップにて出てくる。

(ロ)全 ステップ(二呼間)その次の二呼間体右足より左右交互に出す。

(ハ)全 この動作十六回繰り返す。

(ニ)八呼間 スキップにて蝶と花と別れて飛んで行き花は或る位置にかゞむ。

(ホ)八呼間 花はぢつとかゞみ、花の型を作つてすぐ別れた蝶はたはむれくるひながら自分の相手の花のところにとまりにくる。

(ヘ)八呼間 この十六呼間の動作は蝶がたはむれくるふ自然の動作を自由にすればよい。

第二段

(イ)八呼間 かゞんでゐる花にとまつた蝶は花の肩を両手でもち右より

(ロ)全 左右交互に顔を見合す。

(ハ)八呼間 蝶のみ両手を開きて、かゞんでゐる花の周囲を  で半週轉をなす。

(ニ)八呼間 蝶と花と右手組合ひスキップにて一週轉し、

(ホ)八呼間 スキップにて蝶と花と對角線の両端に分れる。

(ヘ)全 静かにスキップしながら漸次接付く。

第三段(四回)

(イ)八呼間 別れた蝶と花とお互ひに見合つて第一回の(イ)の動作にて

(ロ)全 (ハ)全 中心によつて来る。

(ニ)八呼間 自然と円形になつたまゝ、両手上に挙げ左足後伸一躍す(二呼間)。右足前に挙げ両手左右に開き体は少し前に曲げる。

(ホ)八呼間 円形のまゝ、連手して左方からスキップにて一回轉。

(ヘ)八呼間 スキップにて一列になり顔は正面を見ながら両手左右に開きて、蝶の如く他方へ飛んで行く。「終り」

第六回全国幼稚園関係者大会　提出問題意見発表

昭和十年三月

第六回全國幼稚園關係者大會
提出問題意見發表

大阪市保育會

はしがき

此の印刷物は今回本市に於て開催せらるゝ第六回全國幼稚園關係者大會に於て本會の發表する時間を可及的短縮する意圖の下に作成したものでありますから、發表の足らざる點は宜しく此の印刷物によつて御諒解をいたゞきたいと存じます。

昭和十年三月

大阪市保育會

目　次

以　上

文部省諮問案

◆幼兒の情操陶冶に關し保育上特に留意すべき點如何

◇情操及び情操陶冶

情操は高等な精神作用に伴隨する複合感情で普通に知的、道德的、宗教的、美的の四種に分たれる。而してその發達は人格の完成、人生の淨化向上の根基をなすものである。されば幼兒に對しても情操の萠芽に培ふべく大いに努力を拂はねばならぬが、その陶冶の要諦は意識的、具案的なると共にまた無意的、自然的感化にありとも考へられる

◇情操陶冶上特に留意すべき事項

かやうな見解に基いて、幼兒の情操陶冶上特に留意すべき事項を擧げて卑見の一端を述べよう。

一、保姆の教養に關する事項

直接保育に從事する保姆の教養と品格が、幼兒の情操陶冶に至大の影響を及ぼすを以て、保姆は常に修養に努めて國家社會に對する正しき認識と、眞善美の理想愛慕の純情とを養ひ、特に日本女性の美德たる謙讓、溫和 敬虔及び犧牲的精神の發揮につとめ、明朗高雅なる品格をそなへ、幼兒に對する言語擧動及び服裝等にも留意し、自ら保姆を敬慕するの情を誘發せしめねばならぬ。

【 1 】

二、幼兒の環境に關する事項

「居は氣を移す」と言ふ。環境の如何は教育上に大なる關係を有するものであるから、幼兒の情操陶冶上現時の世態に鑑み特にその整調には大いに意を用ふる要がある。されば玆に幼兒の環境を幼稚園、家庭、社會、及び自然の四にわけて考察して見よう。

1. 幼　稚　園

幼稚園について考察する時に人事と設備の二方面がある。

（イ）人　事

これは保姆、友達、使丁等を謂ふので、保姆に關しては前述せし所を以つて其の概要を盡したが、常によき母姉であり、善き友であり、而して良き指導者であることが幼兒の情操生活に及ぼす効果はいふまでもない。次に幼兒生活の開發進歩は、幼兒相互の交遊によるもので、社會的順應性はこれによつて練磨されるのである。されば平素幼兒相互の交遊關係を圓滿ならしめ漸次彼等の間に道德的生活を高めしめるやうに誘導する事は重要なことである。

また使丁が幼兒に及ぼす感化も保姆に劣らぬものがある。故に常に幼兒に對しては、言語動作に注意し善良なる模範を示させる樣其の指導宜しきを得なければならぬ。

（ロ）設　備

園内に於ける各種の設備は幼兒の生活を擴充せしめるものである。卽ち遊具及び運動具等によりて幼兒の性情涵養に資する點多きはいふまでもない事であるからこれが整備には大いに意を用ひねばならない。其他保育室遊園等の淸潔整頓は言ふに及ばず、更らに進んで、各種の備品（戸棚、卓子、椅子、机、腰掛、黑板等）及び什器（膳、膳箱、茶瓶、茶碗等）裝飾品（扁額、繪畫、置物、花瓶、柱掛、鏡其他）等にも常に幼兒に及ぼす心理的影響を考慮して材料の選擇に當り諸般の施設に留意し以て情操陶冶に資する事を忘れてはならない。

2. 家　庭

幼兒生活の場所は大部分家庭と社會とに存するが故に、幼稚園に於て如何に優秀なる保姆と完備せる施設によつて保育するも、家庭生活のこれに伴はざるに於ては、到底所期の目的を達すること能はざるは明白である。しかも幼兒の家庭生活は、實に複雜、多樣にしてその情操上に及ぼす勢力實に大なるものあるに是れ等に對し保姆が直接の敎育的能力を及ぼす能はざるは眞に遺憾なりとするも、平素保護者を指導して保育上の主義及び方針等につき充分なる理解を有せしむるやう努力し、而して内外互に密接なる連絡を保ちて幼兒の情操生活を善導すべきである。

3. 社　會

社會の幼兒に及ぼす影響については、社會人全般の自覺によつて良否何れにもなるが、保育上留意すべき點は幼兒を平素社會の中に生活せしめつゝ公德心の涵養に努め、社會に於ける自己の地位（性別、姓名、年齡、住所、家族との

【 3 】

關係、家業等）を認識せしむるは勿論、社會的道徳に慣れしめ、不知不識の間に善悪美醜等の批判力を養ひ且つ職業の神聖を意識せしめこれに對する尊卑等の差別觀念を抱かしめざるやうに社會環境の指導に任じなくてはならぬ

4. 自　然

自然と人生とが如何に重大なる關係あるかは今更言ふ迄もない。

未分化の途上にある幼兒をして分化發達せしめ、更らに文化人たらしむるに最も重要なる問題は大自然との關係である。

晴を好み雨を厭ひ、寒暑を欲せざるは人情の常なるも、是れ實に人生を解せず自然を辨へざる利己的偏見より生ずる迷妄にして、自らを害し世を誤するの主因は斯かる偏見に基づくものである。

されば五風十雨の恩恵は素より、森羅萬象の微妙に至るまで、あらゆる人生に及ぼす影響を考察し、是れに對して適當なる指導を與へ、而して大自然の恩恵を知らしめ、これを感謝するの念を養ひ、以つて性情の涵養に資する所がなければならぬ。

以上は情操陶冶と離るべからざる關係にある環境について概論したのであるが、次に保育の實際について特に留意すべき事項を擧げよう。

三、保育の實際に關する事項

1. 保育項目について

（イ）唱歌

歌詞

理解し易きもの

美感を養ひ得るもの

野卑ならざるもの

徳性を養ひ得るもの

童心に充ちたるもの

歌曲

平易なるもの

快活にして明朗なるもの

（ロ）遊戯

身体各部の適當なる運動によりて心身の調和的發達を促すもの

快活、協同の精神を養ひ得るもの

成るべくリズム的に表情的に取扱ひ自然の興味を誘發し得るもの

（ハ）談話

精神發達の程度に即したるもの

【 5 】

多方的興味あるもの
道徳的なるもの
品位を高め心情を快活純正ならしめるもの

（ニ）観　察

興味あるもの
官能の發達を圖り得るもの
智的情操の發達に資すべきもの
正しき觀察力を誘導するもの
動植物に對し愛護の念を養ふもの

（ホ）手　技

興味あるもの
美感を養ひ得るもの
模倣より漸次獨創的に導き得るもの
物品取扱上の經驗を得しむるもの
道德的生活に慣れしむるもの

2. 其他（玩具、繪本、音樂）について

【 6 】

（イ）玩　具
危険ならざるもの
色彩のよきもの
興味あるもの
堅牢なるもの
智的發達に資すべきもの
（ロ）繪　本
取材の豊富にして、保育上有益なるもの
描寫及び表現の適切なるもの
色彩の優雅にして明朗なるもの
（ハ）音　樂
興味あるもの
明朗にして高尚なるもの
（保姆自身の技能による外、名人のレコード等によること）
3．祝日、祭日、記念日、節句等について
（イ）祝祭日、記念日等には、適當なる說話をなしてこれを知らしむること

【 7 】

皇室及び國家に對する絕對尊崇の精神を涵養すること
祖先を崇拜し、感謝の念を養ふこと
國旗に對しては常に敬虔尊重の念を養ふこと
常に愛鄉愛國の精神を涵養することに努力すること
（ロ）上巳、端午、七夕、觀月、節分遊び等
日本特有の優雅、尙武の觀念を養ふこと
是等の遊びを通じて美的情操の涵養に資すること
（ハ）朝禮、遙拜、神佛禮拜
皇室尊崇、祖先崇拜の念を養ひ、敬虔心の涵養に資すること
以上の注意により特に國民的情操の基礎的陶冶に努むべきである。

4．日常の生活指導について
（イ）服裝を整へしめ端正をよろこぶの習慣を養ふこと
（ロ）洗顏洗手等の習慣を養ひ、淸潔を尙ばしむること
（ハ）長上に對して常に尊敬の念をいだかしむること
（ニ）言語を正しく發音せしめ、野卑下品ならざるやう誘導すること
（ホ）食事に關しては、其の作法に慣れしめ、咀嚼の習慣を得せしむると共に、感謝の念を養ふこと

【 8 】

5. 園藝及動物飼育について

自然が人生に及ぼす重大なる關係については前述せし處なるが、殊に都市生活者に就いて大なる缺陷とする處は自然と接觸する機會の尠きことである。されば園藝及び動物飼育等によりて不知不識の間に、自然と動植物、動植物と人生、ひいては人生と自然との相關關係を知らしむると共に、動植物の成育過程等を觀察せしめ、而して之を愛好しこれに同化するの機會を與へ、保健衞生に留意し、勤勞の精神を養ひ自然の美を感得せしめ以つて情操陶冶に資すべきである。

6. 園外保育について鄕土の自然の風光に觸れしめ、大自然の微妙なる作用と、人工藝術との比較對照をなすの機會を得せしめ、人生の認識と鄕土愛の萠芽に培ふべきである。

7. 自由遊びについて

幼兒生活の重要なる一つは自由遊びである。此の自由遊びの間に發揮する彼等の個性を尊重し、各自の心身の發達に應じて幼兒相互の生活を練磨せしめ、漸次道德的社會的生活に順應せしむるやうに誘導しなければならぬ。

以上の諸事項は、所謂威武も屈する能はず、富貴も淫する能はず。貧賤も移す能はざる、眞の大丈夫卽ち善良なる帝國臣民を養成せんがため幼兒の情操を陶冶するに適切なる資料と思はれるものを列擧したのである。

〔 9 〕

協議題

◆幼兒に國民精神を涵養せしむべき適切なる方法如何

（名古屋市保育會提出）

建國以來三千年、上下感孚して敬忠孝順以て我が皇室に奉公を致して來た國史の成跡は、實に我が國民統一精神の發現であつて、永遠に發揚すべき我が國民の大精神である。

隨つて幼兒保育の上にもこの國民精神の涵養に就いては大いに意を用ひねばならないが、未だ理智に訴ふべき時期に達せざるが故に示範による薫化と、實行による感銘とを主とする施設を講ずべきである。左に其の要項を掲ぐ。

一、保姆の實踐躬行すべき事項

1. 皇室尊崇

（イ）宮城、神宮遙拝

每朝宮城竝に皇大神宮を遙拜し、聖壽萬歲を祈る

（ロ）御影、皇室記事尊重

新聞雜誌繪本などに掲載挿入の御尊影或は皇室記事を大切に取扱ふこと

（ハ）奉安殿禮拜

御眞影奉安殿の前を通過する時には必ず禮拜すること

【 10 】

2．聖旨奉體

（イ）聖勅拜誦

常時教育勅語を拜誦して自己の言行を反省すること

（ロ）聖勅淨書

勅語及び詔書の御下賜記念日に之を淨書し且つ聖旨の奉體に努むること

3．愛國

（イ）國旗尊重

國旗の取扱を鄭重にすること

（ロ）國法遵守

國法の遵守は勿論、また公衆道德を重んずること

（ハ）國產愛用

勉めて國產品を愛用すること

4．敬神崇祖

（イ）神佛禮拜

家庭に齋祀せる神佛の禮拜及び氏神參拜を怠らぬこと

（ロ）展墓祭祀

展墓及び祭祀を鄭重にすること

5. 勤儉奉仕

（イ） 進んで奉仕的勞務に服すること

（ロ） 徒費徒勞を排し能率の增進に努むること

二、幼兒に對する施設及び注意事項

1. 自然生活の時

（イ） 環境の整理を圖り特に園內適當の所に宮城、風景、國家的人物等の寫眞繪畵類を掲ぐること

（ロ） 奉仕的勞務を好むやうに誘導すること

（ハ） 友達と仲よくし親切謙讓の德を養ふやうに仕向けること

（ニ） 長上を尊敬し禮儀作法を正しからしむること

2. 設定生活の時

（イ） 朝 會

（一） 宮城、神宮遙拜

（二） 凝念、（靜座默禱）

（三） 訓話 善き日本の子供たる信條（明朗、元氣、正直、素直等）を繰返すこと

（四） 適宜に唱歌又は遊戲を爲さしめて氣分を爽快にすること

（ロ）作　業

（一）談話＝我が國の神話、昔噺、歴史譚等を多く擇ぶこと

（二）唱歌＝歌曲明朗にして國民的情操の涵養に適せるものを擇ぶこと

（三）遊戯＝郷土的民族的のものを重んずること

（四）觀察＝郷土的事象を觀察せしめ且つ空、海、山などの大自然に觸れしむること

（五）手技＝國家的郷土的事物を取入れなるべく共同製作を爲さしむること

（六）其他＝「かるた遊び」などによつて國民精神の涵養に資すること

（ハ）食　事

「いたゞきます」「ご馳走さま」の挨拶、適宜の談話、音樂等により感恩報謝の念を啓培すること

3．園外保育の時

（イ）なるべく神社佛閣へ參詣せしむること

（ロ）努めて自然の風光に親しませること

（ハ）公共物を大切に、また公衆道徳を守らしむること

4．祝祭日の時

（イ）國旗掲揚

（一）幼兒に國旗掲揚を手傳はしむること

【13】

（ニ）國旗に對して敬禮せしむること

（ロ）三大節奉祝

三大節には擧式後特に赤飯を一同に會食せしむるなどの方法によりて奉祝せしむること

（ハ）氏神參拜

氏神を參拜すること

5. 年中行事

お雛祭、端午の節句、七夕祭、お月見會、誕生會等の外、十日戎、とんど、節分、彼岸會、建國祭、觀櫻會、田植、天神祭、豆節句、栗節句、觀菊會等古來の民族的行事を適當に保育中に取入れる事

6. 夏季冬季休業の時

一月一日（四方拜）八月七日（七夕祭）八月十五日（盂蘭盆）等由緣ある日に幼兒を召集して適當の行事をなすこと

三、家庭との連絡に關する事項

1. 懇談又は文書連絡によりて上記の施設及び注意事項に就きて保護者の理解と協力を求むること

2. 職員と保護者とを中心として國民精神涵養に關する講演會又は座談會を開催すること

談話題

◆都市幼稚園に於て幼兒の健康增進上効果大なりと認められたる施設事項に就いて承りたし……………………（吉備保育會提出）

清澄なる空氣と日光とに惠まれず、人家稠密し交通雜閙して運動の自由を制せられ、噪音の爲に安眠をさへ妨げられる本市の幼兒が其の發育上極めて不良の環境にあることは勿論である。

されば本市の幼稚園では夙に保育の重點を體育衛生に置き、衣食の改善運動と相俟つて幼兒の健康增進に努めてゐるが、統計による本市幼稚園兒の體格は次表の如く槪して良好に向ひつゝあるのである。次に保健施設の主なるものを擧ぐれば大略左の通りである。

參照

○全國健康兒標準体格表と本市幼兒平均体格表との比較

年齢別	性別	標準身長	本市平均	標準体重	本市平均	標準胸圍	本市平均
四年	男	九一、八糎	九三、五	一三、七瓩	一四、二	四九、四	五一、三
	女	九〇、九	九四、七	一二、九	一四、〇	四八、六	四九、八

五年	男	九七、三	一〇〇、七	一五、二	一五、八	五〇、五	五一、八
	女	九六、四	九九、七	一四、四	一五、三	四九、八	四九、六
六年	男	一〇二、八	一〇四、七	一六、五	一六、九	五二、七	五三、二
	女	一〇二、四	一〇三、八	一六、〇	一六、三	五一、九	五一、九

一、指導遊戯は主として體育的見地から撰擇せること

曩に本市の幼稚園共同研究會で、幼兒の發育及び心身活動の狀態を基礎とし、幼兒に相應せる運動量を顧慮し、主として體育的見地から材料を選擇して大筋運動本位の指導遊戯細目を編纂して本市幼稚園兒の體育に資してゐるが、その細目は今回の大會に於て發表することになつてゐる。

二、戸外に於ける自由遊戯の重視

都市に於ける幼兒が如何に戸外に於ける自由遊戯を熱望するかは實に想像以上である。本市に於ける日照時數の百分率は昭和六年の平均五一%昭和七年の平均五一%、昭和八年の五四%（大阪測候所の調杳に據る）なるに照しても日光の輝く時に戸外にて自由に愉快に元氣よく遊ばせ、且つ花卉栽培、其の他適當なる勞作によりて土に親しませることが、單に健康增進の爲のみならず保育の全目的を達する上からも最も緊要な事であると考へられる。隨つて園庭に於ける施設に左の如き注意を加ふるに努めてゐる。

1. 自然土の園庭をなるべく廣くすること

2. 常に砂場の濕度と園庭の撒水を適度にすること

3. 幼兒の作業に適當なる動物飼育花卉栽培等の施設をなすこと

4. 各種の運動遊戯具を適當に設備すること

5. 不潔及び事故防止についての訓練に不斷の注意を拂ふこと

三、園外保育を頻繁に行ふこと

幼兒を各園附近の社寺境內、公園等に引率し或は郊外に進出せしめて所謂園外保育を實施することが特に都市幼兒の健康增進上必要である。然れば各幼稚園に於て出來うるだけ多くこれが實施に努むると共に家庭に於ける日曜日の郊外進出をも大いに奬勵してゐる。

四、休養施設について

常に雜多な刺戟に虐げられつゝある都市の幼兒に對しては特に神經保護の必要を痛感する。又其の心身の抵抗力が未だ充分にそなはつてゐないから適度の勞逸轉換を要する。隨つて幼稚園に於ては相當の休養施設を講ずべきである卽ち靜かな部屋に坐して憩はせるとか、或は設定保育時中に適宜に所謂「お眠り」の機會を與へるとか或は午睡をさせるとかの取扱が一般に行はれるやうに奬勵してゐる。

【 17 】

五、衛生的施設の改善について

本市の幼稚園に於て現在實施してゐる衛生施設の主なる事項は大略左の通りであるが、これ等の施設の實際について研究を進めその普及に努力してゐる。

1. 齒牙の檢査を行ひ簡單なる治療を施せるもの

六三園中、年一回＝五七園、年二回＝二園、年三回＝四園

2. 齒磨教練を行へるもの

六三園中、一五園

3. 含嗽を實施せるもの

六三園中、六三園

4. 寄生虫の驅除を行へるもの

海仁草、マクニン錠等を用ひて蛔虫驅除を實施せる狀況は左の通りである。

園數	年一回	二回	三回	四回	五回	六回	七回	一一回
六三	九	二一	六	三	一	三	一	九

5. 肝油を服用せしむるもの

六三園中、一九園

6. 身長體重を測定して發育狀況を調査せるもの

園數	年一回	二回	三回	六回	一一回
六三	二三	二	五	六	二七

六、服裝及び榮養改善の促進

幼兒の健康增進上更に肝要な事は服裝及び榮養の改善であるが、本市では服裝改善について種々研究の上その促進運動も行はれてゐるが未だ廣く普及せしむるまでには至つてゐない。

榮養改善についても或は榮養經營についての實習會を開催し、或は榮養に關するパンフレットを配布し、或は園內會食により偏食の矯正榮養補給等に種々の施設を講じつゝあるが、尚將來大いにこれが徹底を圖る意圖である。

○本市に於ける給食實施狀況

園數	午食	補食 牛乳	補食 味噌汁	補食 野菜類	間食
六三	四	二	四	二	一〇

【19】

七、幼兒の健康增進上特に要望せる事項

1. 園庭の擴張

2、郊外幼稚園遊園地の特設
3. 交通機關の安價提供
4. 市經營の林間臨海保育所の開設
5. 幼兒の榮養及び健康相談所の設置
6. 保育時間の延長及び補助保姆の増員
7. 母姉女中の爲に保健に關する敎養機關設置

談話題

◆最近流行のジャズ、竝に俗謠の幼兒生活に及ぼせる影響と之が對策につき承りたし…………………………………（堺市保育會提出）

一、ジャズとは何ぞや

今や世界を風靡してゐるジャズは黑人の生んだデカタン藝術の一つである。三百年前ニグロ奴隷が流行の基を作りアメリカで發達したもので、普通にバンジョー、サキソホン、トロンボーン、銀笛、太皷、ピアノ等の樂器が使用せられる。アーヴイングハリアンは「不協和音が次第に調子を高められることに依つて完成される音樂的大混亂」と言つて居り、ボールホワイマンは「然しジヤズはジヤズだ」と切言してゐる。

二、流行歌について

流行歌とは時代々々に流行する歌の意で何時の世にもこれなきはない、明治時代のトコトンヤレ節、書生節、ホーカイ節、日清談判、東雲節、ラツパ節、ハイカラ節、大正時代のまつくろけ節、カチユーシヤの唄、枯すゝき、籠の鳥、昭和に入つてモンパリ、紅屋の娘、アラビヤの唄、酋長の娘、酒は涙か溜息か、などの流行から最近の所謂音頭時代の現出となり、引續きいろ〳〵の唄が素晴しい勢で流行してゐる。

三、ジヤズ並に流行歌の傾向

「生きとし生ける者何れか歌を唄はざる」であるが、現今の如くラヂオ及びレコードの普及とカフエーの激増につれて、ジヤズで踊り、流行歌を唄ふ世上の騒々しさには大いに悩まされる。しかもその流行歌の多くが戀歌であり卑俗であり、廢頽的であるといふ傾向に對しては實に顰蹙せざるを得ない。

四、ジヤズ及び流行歌の宣傳力

ジヤズや流行歌の宣傳力の最も大なるは、レコードである、現在大阪にはレコード會社が十數社も有つて、就中ビクター、コロンビヤ、ポリドール、ニツトー、テイチクなどは毎月十數種の流行歌を賣出してゐる。それで月に各會社を通じて百種以上の新レコードが出來る譯である。

レコードと共にラヂオの放送も亦大きな力で、近く行はれた俗謡俗歌週間は固より平素放送番組に織り込まれる此の種の音楽は同好者は勿論、無關心な者にまで不知不識聞き耳を立てさせる。

次はカフエーの氾濫である、到る處の町に之を見ない處はない。官公衙や學校の傍でもレコードの騒音が聞える有様、處によつては同種のものが相競つて軒を竝べて居る。更に映畫、演劇、ダンスホール等が流行の源をなして居ることは勿論である。

○某園幼兒一三八名の家庭中＝蓄音機を有するもの九六――ラヂオを備へつけるもの一〇六

五、ジャズ及び流行歌の反應

かゝる社會的環境の中に生活してゐる幼兒が、どうしてその影響を免れることが出來よう。

◆ジャズの實際的反應

自由に遊べる幼兒に對し次の如き各種のジャズのレコードを聽かせてその反應を調べた結果について略記すれば左の通りである。

○十九の春　少し靜かなところもあるが總じて快活な曲であるから幼兒は笑ひ出し、頭をふり遠く彼方では手脚をあげて踊り出す。

○希望の門出　力強い曲である、身体を動かし始め、回數を重ねて聞かすと踊り出した。

○ボルガマーチ　A兒、大人の踊りやねー　B兒、足を動かす　C兒、腰をうかし踊り出す。

【 22 】

○一九三五年　陽氣な曲で歌聲も出て來る、年少兒が踊り出す。かやうな直接的反應が見られる。即ち幼兒がリズムに動かされるのは事實である。一回より二回と同種のものを重ねて聞かせる時は快活な曲ならば何時とはなしにこれに合はせて踊り出すといふ譯であるが、多くはとても騷々しくて幼兒向としてはふさはしくない。

六、流行歌の影響の實際

本市の幼稚園で幼兒が唄つてゐる流行歌について調べた結果は、小原節を擧げた園が二三、東京音頭二二、大阪音頭一八、さくら音頭七、酒は涙か三、島の娘三、草津くづし二、東京行進曲一、丘を越えて一、赤城の子守唄一、國境警備一、赤い灯青い灯一、私此頃憂鬱よ一の如き數を示してゐるが、某園で試みに小原節のレコードをかけたところが恰も食事の鐘の鳴つた時であるのに殆んど全園幼兒がこれにひきつけられて唄ひ踊るの騷ぎを起したといふ。それから前記十三種のレコードを一々聞かせて見ると何れも幼兒は知つてゐた、中でも小原節、東京音頭、大阪音頭等に多くの幼兒が唄ひうかれた。その幼兒の中には「うちのお父さんその歌知つてゐるわ、寢ころんで唄つてはる」などゝ家庭の有樣を赤裸々に告げる者さへあつた。如何にも流行歌の影響について輕々に之を看過することが出來ないといふことを痛感させられた次第である。

【 23 】

七、ジャズ流行歌に對する保護者の聲

某園の保護者一三八名について調査せる結果を左に掲ぐ。

1. ジャズ及び流行歌は教育的でない　六一名
2. 文句に不適當なものが多く曲も安つぽい　一一名
3. 店員が歌ふので困る
4. 中にはよいのもあるからレコード購入の時によく吟味する
5. ジャズ及び流行歌は幼兒よりも寧ろ年頃の者に影響が多い
6. 歌つてゐる幼兒よりも聞かされる大人がいゝ感じを持たぬ
7. 流行歌には惡いのが多いがジャズは陰氣な者にきかせていゝ
8. 幼兒に適當な歌を多く歌はせたい
9. ジャズ流行歌は至極結構　（一名）

八、對策について

1. 上述の如くジャズ、流行歌は幼兒の生活に大きな影響を齎らすものであるが共に幼兒向のものが尠く、しかも非教育的で歌詞の内容も亦ふさはしからぬものが多いから、現在これを直接保育に應用することは困難である

2. 随って家庭用のレコード選擇にも意を用ふると共に、レコード店、映畫館、カフェー及び此種のラヂオ放送等に接觸の機會を尠からしめて不良の影響を防ぐべく家庭との協力を要する。殊に幼兒に如何はしき流行歌を唄はせて喜ぶが如き世上の不謹愼を戒しむべきである。

3. 而して一面に、快活純美なる幼稚園唱歌又は國民性に合致したる無邪氣にして卑猥に陥らず且つ親炙し易き唱歌を選びて家庭への普及を圖るべきである。

4. それが爲には、ラヂオの放送、レコードの製作等につき相當の考慮を促がすこと。

5. 野卑淫靡なるジャズ流行歌の取締りを嚴にすること。

6. カフェー、バー等の指定地を設け濫設を防ぐこと等の措置を講ずる必要を認めるのである。

解説

湯川 嘉津美

『関西連合保育会雑誌』は、京阪神連合保育会の機関誌『京阪神連合保育会雑誌』の後継誌である。一八九八（明治三一）年七月の第一号から一九二七（昭和二）年七月の第五〇号まで『京阪神連合保育会雑誌』の名称で刊行され、一九二七年一一月の関西連合保育会への会名改称を受けて、一九二八年八月の第五一号より『関西連合保育会雑誌』となった。以下では、今回復刻された昭和戦前期の『関西連合保育会雑誌』第五一号から第五五号まで（一九二八年八月〜三八年八月）と一九四七（昭和二二）年に開催された戦後初の大会の記録『第四十九回関西連合保育会誌』（一九四七年一〇月）および一九五一（昭和二六）年開催の『第五十五回関西連合保育大会協議会誌』（一九五一年一〇月）の記事内容の紹介を通じて、戦前戦後の関西連合保育会の活動を窺うこととしたい。

一、関西連合保育会の成立と『関西連合保育会雑誌』の発行

京阪神連合保育会は、一八九七（明治三〇）年一一月に京都、大阪、神戸の三市の保育会によって結成された保育団体であり、一九〇二（明治三五）年の「京阪神連合保育会規約」には、毎年一回連合保育会を開いて「保育上ノ事ヲ研究」することや、本会の目的を達成するために、毎年六月と二月の二回『京阪神連合保育会雑誌』を発刊することなどが規定されていた。その後、一九二一（大正一〇）年一〇月に吉備保育会（岡山市）と名古屋市保育会が加入して五市の連合保育会となり、一九二七（昭和二）年一一月には会名を関西連合保育会と改称した。一九二八年一月には規約を改正し、以下のような「関西連合保育会規約」を制定した。

第一条　本会ハ関西連合保育会ト称ス
第二条　本会ハ幼稚園教育ニ関スル各般ノ事項ヲ研究シ幼稚園教育ノ普及進展ヲ期スルヲ以テ目的トス
第三条　本会ハ関西各地ニ於ケル保育会又ハ之ニ類スル団体ノ連合ヲ以テ組織ス
第四条　本会ハ毎年一回京、阪、神、三市ニ於テ交番ニ之ヲ開ク
　但シ時宜ニ依リ京阪神以外ノ保育会所在地ニ於テモ之ヲ開クコトアルヘシ
第五条　必要ニ応シ各会二名宛役員ヲ出シテ連合保育会役員会ヲ開ク
　但シ其ノ場所期日等ハ其ノ都度協議ノ上之ヲ定ム
第六条　連合保育会ヲ代表セル文書ニハ当番市ノ会長（会長ヲ置カサル市ニアリテハ主任役員）署名捺印ス
　但シ建議書ニ関スル署名方法ハ其ノ都度協議決定ス
第七条　会場会日及開会ノ順序等ハ当番市ニ於テ之ヲ定メ研究題ハ六箇月前協議題ハ三十日前会場其ノ他ハ十日前ニ之ヲ他ノ会ニ通知スルモノトス
第八条　会議ノ議長及会務ノ整理ハ当番市ノ役員之ヲ担当ス
第九条　連合会開会ニツキテノ費用ハ当番市ノ負担トス
第十条　本会ノ目的ヲ達センカタメニ毎年一回雑誌ヲ発行ス之ヲ関西連合保育会雑誌ト称ス
第十一条　雑誌ハ実費ヲ以テ会員ニ需用ノ部数ヲ配布ス
第十二条　本会ニ必要ナル内規ハ役員会ニ於テ之ヲ定ム

関西連合保育会は、幼稚園教育に関する諸般の事項を研究し、幼稚園教育の普及・進展を図ることを目的に、関西各地の保育会およびこれに類する団体の連合により組織するもので、毎年一回、大会を開催し、また本会の目的を達成するために、毎年一回雑誌（関西連合保育会雑誌）を発行するとしている。なお、一九三二（昭和七）年には堺市保育会から入会の申し出があり、一九三三年の第四〇回大会より六市の保育会による連合団体となった。

『関西連合保育会雑誌』は学芸論説（講演）、大会記事、研究発表、各市保育会記事、雑録からなっており、学芸論説（講演）には倉橋惣三による「家庭教育の充実」（第五三号）や「幼稚園保育の新方向」（第五五号）といった論説も掲載されている。

研究発表では、保育者による保育実践研究の成果が数多く紹介されており、注目される。このうち、「ヒル氏積木遊に就て」（第五一号）では、ヒルの大型積木を用いた活動が報告され、「幼児の生活と自然物利用」（第五二号）では、自然物を積極的に保育材料として用いた新しい保育の実践が紹介されている。また、「園児の個性観察に就いて」（第五四号）では、詳細な個性観察表に基づいた個性調査の方法を示し、「幼児教育に於ける自由遊戯の新生面」（同）では、幼稚園における幼児の遊戯生活や自由遊戯の時間的経過状況の調査研究を行い、自由遊戯の保育体系における位置を明らかにするなど、実践研究・調査研究を通じた幼児教育の新生面を提示するのであった。

各市保育会記事には、五市（一九三三年より六市）保育会の活動内容が彙報として収録されている。また雑録には、市町村立幼稚園保姆待遇改善に関する建議についての報告や全国教育大会（保育部会）の概況、五市幼稚園一覧、幼稚園教育参考図書、保育会会則など、種々の記事が掲載され、情報の共有が図られた。

二、昭和戦前期における関西連合保育会大会の概要
――建議、協議、研究発表、遊戯交換――

『関西連合保育会雑誌』はその大半が大会の記事で占められており、同誌をみれば、関西連合保育会大会における協議内容を窺うことができる。

表1は、『関西連合保育会雑誌』の記事をもとに、一九二七（昭和二）年一二月開催の第三四回大会から一九三六（昭和一一）年一〇月開催の第四二回大会までの議事を一覧にしたものである。なお、第三四回は京阪神連合保育会の名称で開かれた最後の大会であり、第三八回と第四一回の大会は全国幼稚園関係者大会と合同で開催された。

これをみれば、大会では毎回、建議案の審議や協議題、研究題、談話題への意見交換、研究発表、遊戯交換を行っていたことがわかる。

今回、関連資料として、一九三三（昭和八）年の第四〇回大会に提出された大阪市保育会の研究発表「幼稚園に於ける郷土教育」の資料や京都、吉備、大阪の保育会による「関西連合保育会提出遊戯」、一九三五（昭和一〇）年の第四一回大会（第六回全国幼稚園関係者大会と合同）における大阪市保育会の『第六回全国幼稚園関係者大会　提出問題意見発表』を復刻したが、これらは大会に際して各保育会が研究発表、遊戯交換、意見発表のためにまとめた資料であった。

（一）保姆の待遇改善・資格向上、保姆養成に関する建議案・諮問案の審議

関西連合保育会では、毎回、大会の冒頭で文部大臣宛の建議案の審議

表1　関西連合保育会の開催と議事一覧

回（年月）	主催		建議案・協議題・談話題・研究発表・遊戯交換
第三四回（一九二七年一一月）	大阪市保育会	建議案	一、恩給法第九十九条第二項ヲ削除セラレ度キ事 二、市町村立幼稚園保姆年功加俸ノ制ヲ新ニ設ケラレ度キ事 三、幼稚園令施行規則第十六条但書ヲ左ノ通リ改メラレ度キ事 「但シ月俸額ニ付テハ園長及保姆ハ本科正教員ニ準ス」（京阪神連合保育会役員会）
		協議題	宗教ノ色彩ナキ幼稚園ニ於テ幼児ノ宗教心ノ萌芽ヲ如何ニ培フベキカ（名古屋市保育会） 幼児ノ好奇心ヲソヽル路傍ノ有害ナル売物ニ対シ適当ナル取締方ヲ其ノ筋ニ建議スルノ件（名古屋市保育会）
		研究題	観察ニ就テノ実況ヲ承リタシ（京都市保育会） 幼児ノ年齢別ニ依ラザル編制法ノ得失ニ就テ（大阪市保育会） 幼稚園ト小学校トノ連絡ニ就テ実施セラルヽ事項及程度ヲ承リタシ（名古屋市保育会） 幼児教育上改良ヲ要スヘキ点如何（吉備保育会）
		談話題	新幼稚園令制定ガ保育事業ノ普及発達ノ上ニ如何ナル影響アリタルヤヲ承リタシ（神戸市保育会） 各幼稚園ニ於テ御用ヒニナル玩具（恩物ヲ含ム）ヲ十種及運動具数種ヲ幼児ノ好ムモノヨリ順々ニ承リタシ（神戸市保育会）
		研究発表	塗方に就て（吉備保育会） 幼児の抽出検査（京都市保育会） ゴッダードの木型板作業ノ時間的分析（神戸市保育会） 園芸保育と田植遊に就て（大阪市保育会） 夏休みの心得絵本に就て（大阪市保育会）
		遊戯交換	「トンボ」「七夕」（吉備保育会） 「お菓子の汽車」「白熊の時計」（吉備保育会） 「もうかへらう」「ケーブルカー」「夕の雀」（京都市保育会） 「菊遊び」「フクロー」（神戸市保育会）

回	開催地	種別	内容	提出
第三五回（一九二八年一二月）	京都市保育会	建議案	前回と同じ	
		遊戯交換	「ボートレース」「交通遊び」	（大阪市保育会）
			「時計と子供」「プール」	（神戸市保育会）
			「木の葉のかけくら」「軍艦行進遊戯」	（吉備保育会）
			「かなりや」「影ふみ」「燕のお家」	（名古屋市保育会）
			「大典のよろこび」「烏と鳩」	（京都市保育会）
第三六回（一九二九年一〇月）	神戸市保育会	建議案	前回と同じ	
		談話題	幼児ニ適応セル最新ノ製作物ニ就テ承リタシ	（名古屋市保育会）
			幼児教育上如何ナル方面ニ力ヲ注ガレツツアルカ	（吉備保育会）
		協議題	保育上情緒ノ教育ヲ如何ニ取扱フベキカ	（京都市保育会）
			保育時間ノ延長ニ就テ	（大阪市保育会）
		研究発表	幼児の訛言について	（大阪市保育会）
			図画の取扱に就て	（吉備保育会）
			智能検査について	（京都市保育会）
			幼児の身長、体重、胸囲の標準評点に就て	（神戸市保育会）
		講演	家庭教育の充実	（倉橋惣三）
		遊戯交換	「花摘」「おはやう」	（名古屋市保育会）
			「あてごつこ」「月の夜」	（吉備保育会）
			「秋の夜」「騎士」	（京都市保育会）
			「ヘチマ」「野球」	（大阪市保育会）
			「ニコニコ兎」「銅像」	（神戸市保育会）
第三七回（一九三〇年	大阪市	建議案	前回と同じ	
		協議題	関西連合保育会規約一部改正ニ関スル件	
		談話題	保姆の修養法に就き承りたし	（京都市保育会）
			幼稚園に於ける唱歌遊戯の程度並に実際に就きて承りたし	（大阪市保育会）
		研究発表	幼児の興味型及び本能活動	（名古屋市保育会）
			我園経営の一端	（吉備保育会）

一〇月）	保育会		幼児の色彩感情に就いて	（神戸市保育会）
		遊戯交換	「ひよこ」「ライオン」	（神戸市保育会）
			「お祭」	（大阪市保育会）
			「蛍の学校」「雀」	（吉備保育会）
			「チユーリツプ兵隊」「スポーツダンス」	（名古屋市保育会）
			「お馬」「人形」	（京都市保育会）
第三八回 （一九三一年 一〇月、第五 回全国幼稚園 関係者大会と 合同）	名古屋市 保育会	文部省 諮問案	幼稚園保姆養成ニ関シ改善スベキ事項如何	
		議案	第一号 保姆ノ資格向上並ニ待遇改善ニ関シ左記事項ヲ其ノ筋ニ建議スルコト （一）幼稚園保姆ノ教養程度ヲ小学校本科正教員ト同等以上タラシムルコト （二）幼稚園長及保姆ヲ視学等ニ任用スルノ途ヲ開クコト （三）幼稚園長及保姆ノ若干数ヲ奏任待遇トナスノ途ヲ開クコト （四）幼稚園保姆ノ月俸額ヲ本科正教員ニ準ゼシムルコト （五）幼稚園長及保姆ニ対シ年俸加俸ヲ給スルコト （六）恩給法第九十九条第二項ヲ削除セラレタキコト	（名古屋市保育会）
			第二号 幼稚園ノ普及発達ニ関シ左記事項ヲ知事ニ請願スルコト （一）幼稚園並ニ託児所ノ普及及ビ増設ヲ図ラレタキコト （二）保姆養成講習ノ期間ヲ延長シ二ケ年トセラレタキコト （三）保姆検定試験ノ規定ヲ改正シ其程度ヲ小学校本科正教員ト同等以上トセラレタキコト	（吉備保育会）
			第三号 幼稚園記念日創設ニ関スル件	（吉備保育会）
			第四号 幼稚園幼児ノ園外保育ノ場合乗車賃金ヲ小児ノ半額トセラレンコトヲ其ノ筋ニ建議スルコト	（大阪市保育会）
			第五号 小学校ト幼稚園ト家庭トノ連絡ニ付テノ具体的方案如何	（東華幼稚園）
			第六号 家庭教育振興ノ為、各幼稚園ニ於テ実行セラレツ、アル情況並ニ将来ノ計画ヲ承リタシ	（吉備保育会）
			第七号 保育項目運用上留意スベキ事項如何	（東華幼稚園）

回	主催	種別	内容
			第八号　幼稚園ニ於ケル談話ノ基本的態度如何（京都市保育会） 第十号　幼児ノ営養増進施設ニ就テ承リタシ（大阪市保育会）
		研究発表	幼児に適切と思はる丶唱歌の材料（大阪市立船場幼稚園） 幼児の心情陶冶についての経験（大阪市立大宝幼稚園） 保育資料としての自然恩物の研究（神戸市立神戸幼稚園） 点数式幼児知能検査法の実験的結果（摩耶幼稚園） 紙製作の新研究（私立静岡桜花幼稚園） 自然恩物について（大阪自然幼稚園） 自然恩物の手技創作（箕面自然幼稚園）
		建議案	前回と同じ
第三九回（一九三二年一〇月）	京都市保育会	談話題	幼児ニ対シ生物愛護ノ精神ヲ如何ニシテ養成サレツツアルカヲ承リタシ（神戸市保育会） 自由画ノ取扱ヒ方ニツキ承リタシ（名古屋市保育会） 保育上保健増進ニ就テ最モ効果アリト認メラルル事項、特ニ都市幼稚園ニ於ケル夏季休暇中ノ其施設ヲ承リ度シ（大阪市保育会） 幼稚園経営上基本トナルベキ調査事項如何（吉備保育会） 幼児ノ躾方ニ就テ（京都市保育会）
		研究発表	幼児の間食につきて（大阪市保育会） 夏休みの過し方（吉備保育会） 幼児の夢と性格（名古屋市保育会） 保育項目の内容に就きて（京都市保育会）
		講演	児童の早熟について（野上俊夫）
		遊戯交換	「汽車」「通らんせ」（京都市保育会） 「運動具遊び」「お馬」（名古屋市保育会） 「雛祭」「官女の舞」「人形の踊」（吉備保育会） 「かみなり」「風船」（神戸市保育会） 「小勇士」「毬の遊び」（大阪市保育会）
		建議案	前回に同じ

回	会場	種別	内容	提出者
第四〇回（一九三三年一一月）	神戸市保育会	協議題	堺市保育会加入ノ件	
			保育功労者表彰及保育ニ関スル経験記編輯ノ件	
		談話題	各市ニ於ケル幼稚園ノ標準設備ニツイテ承リタシ	（吉備保育会）
			幼稚園ト家庭トノ連絡方法中体育又ハ徳育ニ関シ母親教育ニ貢献大ナリシ実際ニツキ承リタシ	（大阪市保育会）
			都市ノ幼稚園ニ於テ特ニ保育上考慮スベキ点	（京都市保育会）
			自由遊ビノ取扱方ニツキ承リタシ	（名古屋市保育会）
		講演	日本人教育機関トシテノ日本幼稚園ノ根本任務	（楢崎浅太郎）
		研究発表	フオルケルト氏新ライプチヒ恩物の実験的研究	（京都市保育会）
			幼稚園に於ける郷土教育	（大阪市保育会）
			水遊びに現れたる幼児の性向調べ	（吉備保育会）
		遊戯交換	「三羽の蝶」「鳴子と雀」	（吉備保育会）
			「電車と汽車」「ねぎ坊主」	（名古屋市保育会）
			「飛行機」「兵隊遊び」「ひなつばめ」「水兵」	（大阪市保育会）
			「皆でまねして」「凱旋行進」	（京都市保育会）
			「兵隊遊び」「僕は水兵」	（神戸市保育会）
第四一回（一九三五年三月、第六回全国幼稚園関係者大会と合同）	大阪市保育会	文部省諮問案	幼児の情操陶冶に関し特に留意すべき点如何	
		建議案	保姆の資格向上並に待遇改善に関し左記事項ヲ其筋に建議すること 一、幼稚園保姆の教養程度を小学校本科正教員と同等以上たらしむること 二、幼稚園長及保姆を視学等に任用するの途を開くこと 三、幼稚園長及保姆の若干数を奏任待遇となすの途を開くこと 四、幼稚園保姆の月俸額を本科正教員に準ぜしむること 五、幼稚園長及保姆に対し年俸加俸を給すること	（大阪市保育会）
		協議題	幼児に国民精神を涵養せしむべき適切なる方法如何	（名古屋市保育会）
		談話題	都市幼稚園に於て幼児の健康増進上効果大なりと認められる施設事項につきて承りたし	（吉備保育会）

			最近流行のジャズ並に俗謡の幼児生活に及ぼせる影響とこれが対策につきて承りたし	（堺市保育会）
		研究発表	保育誘導具の新考案について	（京都市保育会）
			我が園食事施設の実際	（神戸市保育会）
			母の会の指導原理と其実際	（東京市阿佐ヶ谷幼稚園）
			紙製作の新研究と幼児の世界	（静岡市桜花幼稚園）
			大阪市指導遊戯細目について	（大阪市保育会）
第四二回（一九三六年一〇月）	堺市保育会	建議案	前回と同じ	
		協議題	現今ノ幼稚園教育ヲ今後如何ニ進展セシムベキカ	（吉備保育会・大阪市保育会）
		談話題	幼児ノ宗教的情操涵養ニ付キ承リタシ	（大阪市保育会・京都市保育会）
			幼児ノ性格観察ニ就テ適切ナル方法ヲ承リタシ	（神戸市保育会）
			幼稚園ノ建造物設備等ノ標準寸法及理想案ヲ承リタシ	（名古屋市保育会）
		研究発表	幼稚園栄養食の実際	（京都市保育会）
			幼児の数観念の発達	（神戸市保育会）
			幼児のための絵本の研究	（大阪市保育会）
			郊外遊園に於ける保育の実際	（吉備保育会）
			幼稚園児生活観察表に就て	（堺市保育会）
		遊戯交換	「紙風船」「防空演習」	（堺市保育会）
			「カニ」「爪切り」	（名古屋市保育会）
			「オリンピック遊び」「かあごめかごめ」	（大阪市保育会）
			「およろこび行進曲」「ちつちく雀」	（京都市保育会）
			「大空」「試合ごつこ」	（神戸市保育会）
			「乗物遊び」「雷太鼓」	（吉備保育会）

（注）第三四回～第四〇回、第四二回は『関西連合保育会雑誌』第五一号～第五四号（一九二八～三八年）より作成。第四一回は『第六回全国幼稚園関係者大会誌』一九三六年より作成。

を行った。その内容は、保姆の待遇改善および資格向上に関するもので、第三四回から第三七回大会までは保姆の待遇改善に関する以下の建議案が繰り返し審議された。

一、恩給法第九十九条第二項ヲ削除セラレ度キ事
二、市町村立幼稚園保姆年功加俸ノ制ヲ新ニ設ケラレ度キ事
三、幼稚園令施行規則第十六条但書ヲ左ノ通リ改メラレ度キ事
「但シ月俸額ニ付テハ園長及保姆ハ本科正教員ニ準ス」

一九二六（大正一五）年の幼稚園令では、保姆の資格を尋常小学校本科正教員程度としたが、幼稚園令施行規則第一六条但書で「月俸額ニ付テハ園長ハ本科正教員ニ、保姆ハ専科正教員ニ準ス」と規定されたために、保姆の月俸額は本科正教員よりも低い専科正教員程度に抑えられた。関西連合保育会では、園長・保姆ともに本科正教員に準じた月俸額にすることや、恩給法第九九条第二項を削除して、准教員の勤続年数を恩給年限に通算すること（従前の保姆の資格は准教員程度であった）、市町村立幼稚園保姆に年功加俸の制度を新設することを要望したのである。

第三八回大会からはこれに保姆の資格向上に関する内容を加えた六項目の建議案の審議が行われた。

保姆ノ資格向上並ニ待遇改善ニ関シ左記事項ヲ其ノ筋ニ建議スルコト

一、幼稚園保姆ノ教養程度ヲ小学校本科正教員ト同等以上タラシムルコト
二、幼稚園長及保姆ヲ視学等ニ任用スルノ途ヲ開クコト
三、幼稚園長及保姆ノ若干数ヲ奏任待遇トナスノ途ヲ開クコト
四、幼稚園保姆ノ月俸額ヲ本科正教員ニ準ゼシムルコト
五、幼稚園長及保姆ニ対シ年俸加俸ヲ給スルコト
六、恩給法第九十九条第二項ヲ削除セラレタキコト

ここでは保姆の待遇改善に加えて、保姆の教養程度を小学校本科正教員と同等以上とすること、幼稚園長・保姆に視学任用の道を開くこと、幼稚園長・保姆の若干名に奏任待遇を認めることを要求する建議案が審議・可決された。そして、「別紙事項ハ幼児教育上洵ニ緊要ノ事ト認メマスカラ特別ノ御詮議ヲ以テ、一日モ早ク御実施下サル様然ルベク御取扱ヒ相成度……」の文を添付して、文部大臣宛に建議をなしたのである。このうち、恩給法については、一九三三（昭和八）年の改正で第九九条は削除となり、准教員の勤続年数が恩給年限に通算されることとなった。

また、第三八回大会は第五回全国幼稚園関係者大会と合同での開催であり、文部省の諮問案「幼稚園保姆養成ニ関シ改善スベキ事項如何」の審議も行われた。協議の後、委員付託により、以下のような答申案がまとめられた。

答申案

一、保姆養成機関ノ修養年限ハ小学校本科正教員ト同等トシ、高等女学校卒業後二ケ年以上トスルコト
一、保姆養成科ノ課程ハ左ノ案ヲ適当ト認ム
学科課程
修身（人倫道徳ノ要旨）／教育（教育学、教育史、心理学、児童心理、教授法、管理法）／保育（教育原理、保育ノ実際方法、個性調査法）／社会事業概説／生理　衛生（幼児ノ生理及衛生、育

児法、看護法）／理科（自然研究、動物飼育、植物　栽培）／文学（児童文学、談話）／図画／手工／音楽（唱歌、楽器使用）／体操（体操、遊戯、競技）／実習（幼稚園ニ於ケル実地保育）
一、女子師範学校ニ保姆養成科ヲ設クルコト
一、師範学校ノ課程中保育法ニ関スル教育ヲ一層充実セシムルコト
一、師範学校ニ附属幼稚園ヲ設クルコト
一、高等師範学校及大学ニ幼児教育研究科ヲ設置スルコト
右ノ他、保姆検査ニ関シ
一、幼稚園令施行規則第十条第一項第二号中「一年以上」ヲ四年以上ト改ムルコト

すなわち、①保姆養成機関の修養年限を小学校本科正教員と同等に引き上げ、高等女学校卒業後二年以上とすること、②女子師範学校に保姆養成科を設けること、③師範学校の課程中の保育法に関する教育を充実させること、④師範学校に附属幼稚園を設けること、⑤高等師範学校・大学に幼児教育研究科を設置すること、⑥幼稚園令施行規則第一〇条に規定された保姆の無試験検定の受検資格を高等女学校卒業後一年以上の保育従事者から四年以上に改正することを求め、さらに、⑦保姆養成科の課程案を具体的に示して、保姆養成と保育研究の充実のための制度整備の必要性を訴えたのである。

以上のように、関西連合保育会では、幼稚園教育の普及・質的向上には保姆の資格の向上と待遇改善、保姆養成制度の確立が不可欠であることを認め、それらを小学校本科正教員と同等にすることを求める建議案・諮問案を可決し、文部大臣に提出したのである。

（二）協議題・談話題に関する協議

研究題、協議題、談話題は、各保育会が課題とする事項を議題として提出し、意見交換を行うものであった。「規約」によれば、研究題は六ヶ月前（第三七回大会において三ヶ月前に変更）、協議題は三〇日前に他の保育会に通知することになっており、各保育会では提案された研究題、協議題についての意見を事前にまとめて、大会に臨んだ。したがって、その協議内容をみれば当時、幼稚園教育において何が課題とされていたかを看取することができる。

そこで以下では、協議題から、保育時間の延長（第三六回）、幼稚園と小学校・家庭との連絡（第三八回）、今後の幼稚園教育の進展方策（第四二回）に関する議題を、また、談話題として、都市幼稚園における保健増進（第三九回）に関する議題を取り上げる。併せて、第四一回大会における文部省諮問案「幼児の情操陶冶に関し保育上特に留意すべき点如何」に関する協議内容についてもみることとしたい。

1．保育時間の延長について

第三六回大会には、「保育時間ノ延長ニ就テ」と題する協議題が大阪市保育会より提出された。大阪市保育会では、幼稚園令制定後すぐに幼稚園児の家庭調査を行い、長時間保育の希望が多かったことから、現時の家庭、社会の状況に鑑みて保育時間の延長は緊要な問題であるとして、その提案理由を述べる。これに応えて意見表明を行ったのは京都市と神戸市の二つの保育会にとどまるが、神戸市保育会では保育時間を四時間、五時間にしているのはただ伝統的に行われてきたからに過ぎず、幼稚園令の精神は土地の状況、家庭の都合（特に保護者の職業）など、幼稚園の事情等によって任意に保育時間を定めよというものであるか

ら、実情調査を行って幼児保育に必要であれば延長してよいというのであった。保育時間の延長に反対の意見はなく、これについては今後も検討を続けることとした。

2．幼稚園と小学校・家庭との連絡問題

第三八回大会では、幼稚園と小学校・家庭との連絡問題に関する議案（「小学校ト幼稚園ト家庭トノ連絡ニ付テノ具体的方法如何」）の審議がなされた。これは第五回全国幼稚園関係者大会と合同の大会であり、協議の結果、以下のような答申案がまとめられた。

答　申　案

（一）小学校トノ連絡ニ就テ

（イ）小学校当事者ニ対シテ幼稚園ノ本質ニ就テ充分ノ理解ヲ求ムル方法ヲ講ズルコト（例ヘバ文書又ハ会合ナドニテ）。

（ロ）幼稚園三ケ年ヲ加ヘテ小学校九ケ年間ト見ルコト不可能ニアラズ、モシ斯ク見ル時ハ一貫セル系統ニ依テ教育案ヲ立ツベキハ正当ナリ、依テ将来コノ教育案ト更ニ法令上ヨリモ連絡セシムル方法ヲ取ルベキ必要アリト認ム。

（ハ）適宜ノ時期ニ必ズ関係小学校長及低学年担任教師ト懇談会ヲ開催スルコト。

（ニ）幼稚園ヨリ保育考査書ヲ修了者ニ与ヘテ小学校ヘ入学ノ際当事者ノ参考ニ供セシムルコト。

（ホ）出来得ル限リ在園中ニ施サレタル保育ノ進度ヲ慮リ適当ナル教育ヲ小学校ニ於テ実施サレルコト。

（ヘ）小学校ニ於ケル教育懇談会並ニ研究会ニハ幼稚園当事者ヲモ招待サルベキコト。

（ト）低学年ノ教育ハ幼稚園ノ保育様式ヲ充分ニ加味セラルベキコト。

（チ）小学校低学年ニ就テ更ニ幼稚園当事者ニ於テモ研究調査スベキコト。

（リ）幼稚園修了者ガ小学校入学後如何ナル状況ニ変化シ行クモ常ニ注意ヲ払フコト。

（ヌ）特殊児童ニ就テハ特ニ小学校ヘ其旨通知スルコト。

（ル）図画、手工、遊戯等ノ幼稚園要目ト小学校ニ課スソレト充分打合ヲ為スコト。

（ヲ）幼稚園修了児、大多数ガ入学スル学校ノ運動会、学芸会等ニ園児ヲ参加又ハ参観セシメ園、催物等ノ時モナルベク低学年ヲ招待参加セシムルコト。

（ワ）事情ノ許ス限リ小学校一年級教員ハ幼稚園教育ヲ実際経験セシ者ヲ採用サルベキコト。

（二）家庭トノ連絡ニ就テ

（イ）家庭ヨリ幼稚園ヲ参観セラル、ヤウ奨励スルコト。

（ロ）通信簿及書状其ノ他印刷物ヲ利用シテ連絡ヲ計ルコト。

（ハ）入園前又ハ当初ニ於テ幼児ノ心身ノ発育状況及ビ個性環境等ヲ充分ニ調査スルコト。

（ニ）母ノ会及ビ保護者会ヲ設ケテ連絡ヲ計ルコト。

（1）育児座談会ノ開催

（2）特別集合及ビ特別行事ノ利用

（3）児童教育ニ関スル指導及ビ研究ニ特ニ骨折ルコト

（ホ）家庭訪問ヲ一層適切有効ナラシムルコト。

（ヘ）家庭教育並ニ育児ニ関スル良書ノ推薦及紹介

（ト）パンフレット及機関雑誌等ニヨリテ幼稚園要目ニ関スル事項及玩具絵本等ノ研究ヲ発表シ且其ノ標準ヲ示スコト。

答申案には小学校関係者に幼稚園教育への理解を図る方法を講じることや、幼小連携カリキュラムの作成、幼小合同の懇談会・研究会の開催、小学校低学年教育の改善等の必要性が盛り込まれており、注目される。また、家庭との連絡についても、母の会（保護者会）の設置、家庭訪問の効果的な実施などの事業が具体的に提案されたのであった。

3. 都市幼稚園における保健増進について

第三九回大会では、大阪市保育会から都市の幼稚園における保健増進に関する談話題の提出があった。大阪市では特に夏季の都市幼児の健康問題に対処するため夏季休暇中の保育の実施を考えており、各市の取り組みを聞きたいというのであった。これに対して、名古屋市、神戸市、京都市の保育会が提案を行っており、都市幼児の保健増進の問題は、この時期、各市で共通の問題として検討されていたことがわかる。なかでも京都市保育会は永観堂幼稚園における林間学園の開催について詳細な報告を行い、他市の参考に供した。これは七月二三日より八月一三日まで、毎日午後四時まで園児と小学校低学年児童約二八〇名の共同生活を実施した実況報告であり、以下のように結論を述べている。

要之幼児の健康を増進するには、園の環境と設備に応じ、種々の方法手段あれど、要は自力の途を講じ、幼児の足の発達に留意し、生土を踏み自然に親ましむるため幼児の室内に止まる時間を極減し室外生活の時間を多からしむることが必要条件と云はさる可からず。（……）

故に今日の都市幼稚園は幼稚園本来の使命の外に、都市の発展につれ、環境の変化に伴ひ、日に日に脅されつゝある欠陥を補足するため、都市幼稚園教育者たる吾々共は日夜思を茲に致し、頭を絞り渾身の努力と勇気を以て、保育事業に当らざるべからず。（……）

従来夏期に於て一般に休暇を実施し以て、保育を中絶の状態に陥らしむることは、教育上甚だ遺憾とする処なり。左りとて都市幼稚園一般の情勢を考察するに、夏期の保育を継続することは頗る困難なる事情にあるを以て、将来都市幼稚園にては交通機関の利用を研究し、幼児郊外保育の発達を企図することが、幼児保健増進上最も効果ある方法たるのみならず、都市に於ける夏期保育の実施を容易ならしむる唯一の方策と考ふ。

そして、今後、夏期林間学園の企てが益々普及し、夏期の郊外保育が発達することを切望するというのであった。

4. 幼児の情操陶冶について

第四一回大会は第六回全国幼稚園関係者大会との合同で開催されたもので、文部省諮問案「幼児の情操陶冶に関し保育上特に留意すべき点如何」の審議が行われた。大会では、各市保育会代表者からの意見表明の後、二五名の特別委員により以下の答申案が作成された。

答申案

情操の発達は人格の完成、人生の浄化向上の根基をなすものなり、されば教育上情操陶冶に重きを置くべきは自明の理と謂ふべく、しかも現時の世態人心の趨向に鑑みて一層その要切なるものあり、随つて幼児に対しても情操の萌芽に培ふべく大いに努力せざるべからず、而してその指導は意識的具体案なると共に無意的自然的の感化影響を大いに顧慮すべきなり、如上の見解に基き、幼児の情操陶冶に関し保育上特に留意すべき事項を録して答申とす。

（一）幼児保育者の修養を重んずべきこと

幼児保育者はその教養と品性が幼児の情操陶冶に至大の影響を及ぼすべきことを慮りて常に修養を怠らず国家社会に対する正しき認識と真善美愛慕の純情を養ひ謙譲温和敬虔及び犠牲的精神の発揮に努め明朗高雅なる品格をそなへ幼児に対する言語挙動及び服装等にも注意し幼児をして自ら敬慕するの情を誘発せしむるやう心掛くべきこと

（二）環境の調整に努むべきこと（略）

（三）保育の実際上特に左記環境に注意すべきこと（略）

この答申案について、委員長の高崎能樹が「此の答申案なるもの、一つの目標は間接に精神的情操陶冶と云ふものが根幹となつて居りまして、尤も此れが重大であると云ふ事に重きを置いて有ります。其の第一は幼児保育者の修養を重んずべき事、第二は環境の調整に努むべき事、其の次は保育の実際上特に注意すべき事と云ふ様に各項目を別けまして、此れには夫々大体の説明をしてあります」と述べるように、間接的な情操陶冶のあり方が保育者の修養、環境の整備に重点を置きつつ具体的に示されており、「幼児の情操陶冶」に関する識見をそこに窺うことができる。

答申案の審議では、「敬神」の問題をめぐって盛んな議論が展開された。「敬神」については、家庭の宗教的立場の違いを考慮して前面に出さない方がよいという意見と、敬神と宗教は異なるもので、国民的情操の涵養には敬神が必要との意見が対立したが、協議の結果、保育の実際上特に注意すべきこととして、原案の「祖先を崇拝し感恩報謝の念を養ふこと」を「敬神崇祖感恩報謝の念を養ふこと」に修正して、答申案を可決したのであった。

5．今後の幼稚園教育の進展方策について

第四二回大会では、吉備保育会と大阪市保育会が共同で「現今ノ幼稚園教育ヲ今後如何ニ進展セシムベキカ」と題する協議題を提出した。この問題について、大阪市保育会は①幼児教育の義務制、②園長・保姆の資格向上と待遇改善、③保姆養成機関の完備、④園長を専任とし専任視学を置く、⑤幼児保育内容の向上、⑥幼児教育の正しき認識、の六項目を挙げ、特に五歳児の義務教育と保育内容の向上の必要性を強調した。また、名古屋市保育会は、①学制の正系統の第一段階に幼稚園を位置づけること、②教育方針は個性を尊重して純良なる人格の基礎を形成することに置き、小学校においてもその方針を引き継ぐこと、③日本精神を幼稚園教育に取り入れていく必要があることを主張するが、さらに、堺市保育会は、大阪市の意見と同意見であるとしつつ、次のような意見を述べた。

幼稚園教育を小学校と同様に義務教育とすることを強く主張したいのであります。即ち一ケ年乃至二ケ年を下に延長し、更に年齢及生活から小学校の一、二年を幼稚園に移管して、義務教育上の体系に於て幼稚科とすることを望むのであります。さう致しますことに依りまして（……）之に保姆養成機関の統一、保育料問題等みな解決されるのであります。尚私立幼稚園に対しましては、国庫より補助金を出し増設をはかりたいと存ずるのであります。右の主張に依つて解決する問題を詳細に申しましたならば、

1、全国の幼児が最も重要な幼児教育の機会を与へられ、従来のやうに保育料問題に依つて、幼児教育の機会均等が失はれるやうなことが無くなること。

2、男女両師範学校に於て保育の事項が一層深く研究されるやうになること。

3、従つて保姆の実力が向上すること。

4、建議案〔保姆の待遇改善・資格向上に関する件―筆者注〕の総てが解決すること。

5、小学校との連絡上支障がなくなること。

等でございます。昨年の夏英国オックスフォードで開催されました第六回世界教育会議に於ける幼児教育部会の委員会で「幼児期児童の教育の絶大広汎なる重要性に鑑み、学齢前児童の教育は各国教育当局の義務にして責任あることを承認す」と決議されましたことは、私共の主張を有力に意味づけるものでありまして、決して冒険でなく時代の流れに棹したものと存ずる次第であります。此決議を見て最も力強く思ひ私共の主張は本協議題に対して根本的な改革案と思ふのであります。

こうした堺市の提案に各市保育会は賛同し、これを建議案としてまとめ、文部大臣に提出することとなった。それは幼稚園と小学校一、二年を「幼稚科」として義務教育体系に位置づけることによって、すべての幼児に幼児教育の機会を与えるとともに幼小の連絡問題、保姆の待遇・資格をめぐる問題を解決しようとする画期的な改革提案であったといえる。

（三）研究発表・遊戯交換

関西連合保育会大会では、各市保育会による研究発表、遊戯交換が盛んに行われていた。研究発表のテーマは、「塗方に就て」「園芸保育と田植遊に就て」「図画の取扱について」「保育資料としての自然恩物の研究」「保育項目の内容に就きて」「幼稚園に於ける郷土教育」「保育誘導具の新考案について」「大阪市指導遊戯細目について」など、保育内容・方法の改善に関するものから、「幼児の興味型及び本能活動」「幼児の夢と性格」「水遊びに現れたる幼児の性向調べ」「幼児の数観念の発達」など、心理学の知見を用いた幼児研究まで幅広いが、その内容をみれば、保育者が何を課題として保育実践研究や幼児研究に取り組んでいたかを窺うことができる。一例として、第四〇回大会での大阪市保育会の研究発表「幼稚園に於ける郷土教育」を取り上げてみよう。

その内容構成は以下の通りである。

（一）郷土教育の勃興
（二）従来との関係比較
（三）郷土教育と幼稚園
（四）郷土の意義及郷土教育の目的
（五）幼稚園に於ける郷土資材
（六）資材採択の標準
（七）我が園の郷土資材
（八）郷土資材の取扱方
（九）郷土資材取扱方の実例
（附録甲表）郷土資材採択の一例
（附録乙表）大阪城天守閣取扱の実例

本研究は、近時の教育問題として、小・中学校、師範学校において郷土教育が取り扱われるなかで、幼稚園の立場から郷土教育はいかにあるべきかを考察したものである。郷土とは何か、郷土教育の目的はどこにあるかを検討した上で、幼稚園における郷土教育について考察し、次のように郷土資材採択の標準とその取り扱い方を示している。

1、幼児体験範囲を余り狭苦しく局限して考へぬこと。
2、幼児生活に密接なる関係を有する材料。
3、直観的具体的な材料。
4、幼児に興味あるもの。

（中略）

以上の様な材料を、幼児の生活の体験の中より、適宜選択しますれば、之等はいづれも観察材料ともなり、談話材料ともなり、或は手技教材ともなるものもあり、躾方教材に役立つもあれば、唱歌教材、遊戯教材となり得るものもあるといふ様な次第です。従て其一部に執着することなく、小学校の低学年の合科教授の如く、更に一層自由に、各保育要目に亘り、綜合的に取扱ふべきであらうと存じます。

斯くて、始めて、幼児の切実なる体験に根柢を置いた、郷土教育が出来るものであらうと思ひます。少くとも郷土教育の萌芽は立派に培はれ得ることゝ信ずるものでございます。

そして、最後に郷土資材取り扱い方の実例として大阪城天守閣を資材とした郷土教育の実例を紹介するのであった。

こうした幼稚園における幼児の体験に基づいた郷土教育の実践が、幼稚園教育自体を豊かなものにすると同時に、小学校以上における郷土教育の萌芽も培われるとする大阪市保育会の主張は、幼稚園における郷土教育の実例とともに大いに注目されるものであったといえよう。

また、遊戯交換は、関西連合保育会が熱心に取り組んだ活動の一つであり、毎回、各市の保育会が考案した遊戯が大会で披露された。そこには各園での使用を前提に、遊戯動作と伴奏用の楽譜、歌を伴うものは歌詞が示されており、これをみれば、幼稚園における遊戯が保育者たちの日々の保育実践のなかから生み出され、幼児にふさわしい遊戯として普及していったことがわかる。大会における遊戯交換は、新しい遊戯の創出と伝播に寄与したのである。

三、戦後における関西連合保育会の活動

（一）第四九回関西連合保育会の開催
——戦後初の大会記録より——

関西連合保育会大会は、一九四三（昭和一八）年一一月の大阪市での第四八回大会を最後に中断した。戦争が漸次苛烈となり、都市の幼児は疎開し、幼稚園が休園状態となるなかで、保育会の活動も休止となったのである。戦後初の第四九回大会は一九四七年一〇月に京都市において開催され、約八〇〇名の参加者があったという。再発足に際し、「規約」も一部改正され、規約第四条（「本会は関西各地に於ける保育団体を以て組織する」）による保育団体として、京都保育連盟、大阪保育会、兵庫保育会、名古屋市保育会の四団体が加盟し、戦後の活動を開始した。

『第四十九回関西連合保育会誌』は、戦後初の関西連合保育会大会の記録であり、その冒頭には再発足に至る経過が「経過報告」として、次

のように記されている。

　大阪保育会の者達は各地保育会の消息を案じまして、これ等の幹事の方々に呼びかけ今後の幼児教育について共に研究し再び歴史あるこの大会を続けて行つてはとの意見が一致しましたので、昨年十一月二十二日関西連合保育会準備委員会として大阪市菅南幼稚園に御案内致しました処、名古屋、京都、神戸、岡山等の各地より御参集戴きました。そしてその節に、各地の被害状況、其の中での保育状況や保育会の活動状況、新時代の保育計画、教官待遇の実状、関西連合保育大会の再発足等につきまして談り合い意見の交換を致しましたが、満場一致を以て大会継続することに相成りました。

　そして再建第一回大会の開催地として、戦禍を蒙らなかつたからとの御好意によりまして、京都市保育会が会場をお引受け下さいましたので、各地代表幹事はその翌月即ち十二月十四日と、越えて本年一月十八日に此の生祥小学校で、次いで六月七日には日彰幼稚園で準備会を開きまして、今日かくも盛大に本会を開くことが出来ました。

　大阪保育会が中心になって各市保育会に関西連合保育会の再発足について働きかけ、意見交換の後、大会継続を決定し、一九四七（昭和二二）年に戦後初の大会を京都市で開くことになったという。

　また、大会では協議に先立って「建議に関する報告」もなされており、戦後、いち早く建議活動を開始したことがわかる。それによれば、一九四六年一一月の関西役員会の席上、幼児教育改革を当局に建議することを決議し、京都保育連盟に原案作成を一任、同年一二月と翌年一月の二回、原案の審議を行い、二月に以下のような建議書を作成し、三月に当局に交渉を行ったという。

一、幼稚園令、その他幼稚園関係法規の改正
二、幼児保育施設の普及拡充
三、幼児保育施設の年令による再編制
四、国民学校に幼稚園を附設し、就学前一年の保育義務制施行
五、教員養成機関の整備拡充及び教員の待遇改善
六、保育資材及び保育用品の確保

　この「報告」では、代表三名が上京し、三月九日から一〇日にかけて各党代議士および東京女子高等師範学校の倉橋惣三、文部省青少年課長坂元彦太郎に面談した結果が、次のように記されている。

　第一日（九日）は議会に参り各党代議士（教育委員守山、名古屋の越原両女史及び京都の小川、田中両氏）に面談極力御尽力方を依頼申上げました。

　第二日（十日）は午前は女高師の倉橋先生に、午後は青少年課長坂元先生に面談いたしまして、詳細に御説明いただきました結果を御報告申上げます。

一、幼稚園令、その他幼稚園関係法規の改正について、
　今回の学制改革に伴い、幼稚園は学校教育法の中に於て、他の学校と同列の法的規定下に置かれることになつた。

三、幼児保育施設の年令による再編制について、
　現在六・三制の、三の実現さえ困難な状況にある今日、四才以上の幼児を文部省が責任を持つ事は出来ない。当分現状のまま

で行くより方法がない、但し今後託児所に於ては今より教育的に内容を考慮してもらいたい。

（二）（四）（六）について

前述の如く財政困難な現状である上に、小学校就学児童のうち幼稚園及託児所の恩恵に浴している者は僅か一割五分にも足りない様な現状では、義務制実現には其の実績が余りに少い。今後内容面に充実させると共に世論を興し、外面的府市の教育委員会に働きかけて、幼児保育施設の普及、拡充及び小学校に一つでも多く幼稚園を附設する様にし、又保育資材及保育用品の確保に努められたい。

五、教員養成機関の整備拡充及教員の待遇改善について、

幼稚園教員の養成機関のみ不備、不完全でありましたが、今回幼、小、中学校の養成機関が一本建となり、大学予科二年を終了すれば、希望の学校へ就職出来る事になり、従つて待遇も同等になるわけである。

以上の報告を受けました。

義務制の実施まで到達し得なかつた事は、残念に存じましたが、学校教育法の中に規定され、幼稚園の地位が大盤石のそれの様に確立いたしまして私達は、しつかりここに理想を把握し、希望を持つて仕事に挺身出来ます幸福を感じますと共に、文化国家建設への一方途として、国民と共に無上の喜悦を禁じ得ません。

（引用に際し、改行を加えた）

倉橋および坂元より詳細な説明を受けて、幼児教育の義務制までは到達できないことを残念に思いつつ、今回、幼稚園が学校教育法のなかに他の学校とともに規定され、地位が盤石なものとなったことや、幼稚園教員の養成が小・中学校の教員養成と一本化され、待遇も同等になることを高く評価し、希望をもって仕事を進めていこうというのであった。

議事は協議題と研究発表の二つであり、協議題には大阪保育会より「幼稚園に於ける社会性の基礎陶冶についての方策」が提出され、意見交換が行われた。その提案理由には、新憲法の制定により人権の尊重と民主主義の徹底が企図されている今日、社会性の陶冶は重要かつ緊急の問題であるとし、幼稚園における社会性の基礎陶冶はいかなる方法によってなすべきかを伺いたいとあり、これに対して、名古屋市保育会、兵庫保育会、京都保育連盟、大阪保育会より意見発表がなされた。そして、最後に大阪保育会は次のように結ぶ。

幼稚園に於てはあらゆる機会を通し「正しい社会性」を躾けると共に、「両親と先生の会」即ち「P・T・A」の新しい運営によつて、家庭教育を啓蒙し、幼稚園と家庭が両々相俟つて、社会性陶冶の完璧を期し、平和を愛好し世界文化に貢献し得る「正しい世界人」として伸び行く根基を培い度いと存じます。

また、研究発表は以下テーマで行われた。

1、幼児体操（京都保育連盟）
2、幼稚園新目標（一）――健康安全で幸福な生活のために必要な日常の習慣を養い身体諸機能の調和的発達を図ること（大阪保育会）
3、幼児の自然観察（兵庫保育会）
4、我が国の給食情況（名古屋市保育会）

なかでも、大阪保育会による研究発表は、戦前・戦後の幼稚園幼児の身体検査の比較から戦後の身長・体重の平均が低いことが問題となるなかで、その改善のために健康保育に取り組んだ実践研究の報告である。大阪保育会は「健康安全で幸福な生活のために必要な日常の習慣を養い身体諸機能の調和的発達を図ること」を新保育目標に掲げ、月ごとに「健康」「安全」「幸福な生活（一）」「幸福な生活（二）」の四つの項目に分けて要目を作成し、さらに清潔や食事、衛生、睡眠、姿勢といった目標事項を毎月変えて「生活要項」と「保育者の配慮」を細かく記した一覧表を掲げるといった工夫を凝らしており、戦後の幼稚園における健康保育の実践として注目される。

（二）第五五回関西連合保育大会の開催と協議内容

一九五一（昭和二六）年一〇月には、第五五回関西連合保育大会が岡山県倉敷市において開催された。当時、関西連合保育会には二府七県の保育団体（大阪、京都、名古屋、滋賀、奈良、和歌山、三重、兵庫、岡山）が加盟しており、第五五回の出席者は一九五〇名に及んだ。『第五十五回関西連合保育大会協議会誌』はこの大会の記録である。

第五五回大会では、大会の冒頭、以下の三つの建議案の審議が行われた。

○平衡交付金の教育法費中に小学校と同様に幼稚園と明記されたい（兵庫）

○私立幼稚園に対し国庫並びに各府県市町村費より幼児教育振興費を交附されたい（京都）

○措置費を平衡交附金よりはづして補助費として支給されたい（岡山）

前二者は、幼児教育の向上と進展のためには教育財政の確立が不可欠であるという立場からの建議であり、後者は、保育所の立場から従来補助金であった児童保護費が地方財政平衡交付金に組み入れられたために様々な不都合が生じているとして、児童保護費を平衡交付金から補助金の制度に変更して欲しいというもので、いずれも可決され、本大会の名によって建議することとなった。

そして、研究発表を三つ行った後、分科会に分かれて研究協議会が開催された。各分科会の協議題を示せば、以下の通りである。なお、第一分科会は幼稚園、第二分科会は保育所、第三分科会は幼稚園と保育所共通の問題の協議を行うことになっていた。

第一分科会

○園児の一組定員を三十名までにしてもらいたい（京都）

○貧困家庭の幼児を幼稚園に収容した場合如何なる措置を講じられているか（奈良）

○幼稚園と保育所との年令的一元化について（大阪）

○児童福祉法の第二十四条及第三十九条の改正について（名古屋）

○市町村に於て一校下一幼稚園を目標に増設されんことを協議せられたい（三重）

○本会の組織強化について（滋賀）

第二分科会

○措置費を平衡交附金よりはづして補助金として支給されたし（三重）

○本会の組織強化について（滋賀）

○児童福祉法の第二十四条及第三十九条の改正について（名古

屋）

○幼稚園と保育所との年令的一元化について（大阪）

第三分科会

○園児の世論調査に基づく保育の在り方について承りたし（京都）

○児童憲章をどの様にして幼児教育に具体化するか（大阪）

○家庭連絡簿の記載方法について承りたし（名古屋）

○幼児の休息の方法について具体的に承りたし（奈良）

ここでは第一分科会の報告から協議内容を窺ってみよう。報告は以下の通りである。

一、園児の一組定員を三十名迄にしてもらいたい。

幼稚園本来の理想的在り方としては望ましい事であり、当事者一同賛成であるが、経営の点に於て又国家の現状から見て特に経済的面に於て現在それを具体化して行く事は困難であるが、方針としては望ましい。

二、貧困家庭の幼児を幼稚園に収容した場合如何なる措置を講じられてゐるか。

提案者は全幼児に幼稚園保育を与へねばならないが現状は小学就学児童の一割前后である貧困家庭の幼児は省られてゐない。

意見　大阪市に於ては教育委員会の規定によりその様な幼児に対しては保育料の減免其他の方法が講ぜられてゐる。

奈良の私立幼稚園に於ては保育料の免除等を行つて希望者を出来るだけ多く収容してゐる。

三、幼稚園と保育所の年令的一元化に就て。

未だ種々調査研究すべき点があり目下具体案作製に進行中である。

右の問題は農漁村に於ては困難な問題がある。文部省、厚生省の一元化も必要と考へられる。現在としては両者に使命があるのだから各自の本来の使命在方に立つて時と共に解決すべきだ。

四、児童福祉法の第二十四条及三十九条の改正に就て。

廿四条の但書を幼稚園に当てはめよ。

卅九条を廿四条の主旨から見てを明に説明する様にして欲しい、然らずば除去して欲しい。

意見　地方特に農村は経済的に急迫して居り、法例による保育所経営は不可能と思はれる。

廿四条の但書を此項に適用し国家は之に措置費を出す様にすべきと思ふ。

五、各市町村に於て一校下一幼稚園を目標に増設されん事を協議せられたい。

幼稚園分布から見て都市に集中し地方に少い。少くとも一町村一園を増設したい。

滋賀県の実状等数字をもつて説明せられ、右提案は年来の希望であつて最早その必要性は言ひつくされてゐる、問題は町村当局及一般父兄の認識不足にある、具体的に如何にせば一日も早く実現出来るか。

一、滋賀県下は小学校の空教室調査を行ひ十一月から日曜日一日保育を実現する事となつた。

二、現状調査を行つて

当局に陳情運動をなす事。

幼稚園の必要性を一般父兄に認識させる為にパンフレット、講演会等をなして世論をつくる事。

三、関西保育連合会に委員会を設け具体案を講ずる。

まず、園児の一組の定員を三〇名までとする提案については、幼稚園本来の理想的なあり方としては望ましく、賛成するが、経済的面でそれを具体化するのは難しいという。つぎに、貧困家庭の幼児の幼稚園就園について、大阪市では保育料の減免その他の方法を講じており、奈良県でも私立幼稚園の保育料の免除などを行って希望者をできるだけ収容していると、先駆的実例をあげて紹介する。

幼稚園と保育所の年齢別一元化の問題については、未だ種々調査研究すべき点があり、かつ、農漁村においては困難な問題がある。また、二元化している管轄官庁の問題もあるため、現在は両者の本来の使命、あり方に依って立ち、時とともに解決すべきであるとの見解を示している。

児童福祉法の問題については、第二四条と第三九条を改正し、付近に保育所が無いときは、幼稚園があれば該当幼児及び児童を市町村長が委託保護することができるようにし、措置児童に対しては、保育所同様に国家や府県が措置費を負担するようにすればよいというのであった。そして、幼稚園の増設については、一小学校一園ないし一町村一園にまで増設したいとし、その実現のために当局への陳情運動を行うとともに、幼稚園の必要性を一般に認識させる努力をし、さらに、関西連合保育会でも委員会を設けて具体案を講ずる必要があるというのであった。

以上、『関西連合保育会雑誌』の掲載記事および戦後の大会の記録より、関西連合保育会の戦前・戦後の活動を概観した。

関西連合保育会は、関西地区を中心とする各市の保育会が連合した保育団体であり、保姆の待遇改善・資格向上など制度改革が必要なものについては、繰り返し文部大臣宛に建議し、その実現を期した。また、保育上改善を要する問題については、協議題、談話題として取り上げて各市保育会の意見の集約を図り、改善の方向を見出していった。さらに、今後の幼稚園教育の進展方策に関しても、幼稚園を義務教育体系に位置づけて、すべての幼児に幼児教育の機会を与えるとともに（五歳児保育の義務制）、幼小の連絡問題を解決し、保姆の資格・待遇の向上を図るといった改革提案が文部大臣への建議としてなされており、注目される。関西連合保育会は一九四七（昭和二二）年二月に幼児教育制度改革に関する建議書を作成し、翌月、当局と交渉を行うが、その内容の多くはすでに戦前期に提案されていたのである。

また、関西連合保育会大会の大きな特徴は、各市の保育会における保姆の実践研究・調査研究の成果が「研究発表」として発表され、また、保姆によって創作された遊戯が「遊戯交換」において公表されたことである。研究発表の成果は、互いの保育内容・方法の改善に役立てられ、遊戯交換は、新しい遊戯の創出と伝播に寄与した。よって、大会における研究発表、遊戯交換の内容をみれば、当時の幼稚園における保育の課題や遊戯のあり方を具体的に知ることができる。

戦後の関西連合保育会については、史料が少なく、その全貌を明らかにすることができないが、今回復刻した第四九回、第五五回の記録をみれば、加盟団体を増やしながら、毎年大会を開催し、研究協議を行い、課題解決に向けた提案を続けていたことがわかる。また、その協議内容を検討すれば、戦後の保育二元化の下での幼稚園・保育所をめぐる問題の所在も窺うことができるだろう。今後の研究の進展を期待したい。

（ゆかわ　かつみ・上智大学教授）

解説執筆者

湯川嘉津美（ゆかわ・かつみ）

一九五八年生まれ。上智大学総合人間科学部教育学科教授、博士（教育学）

主な編著書等　『日本幼稚園成立史の研究』（風間書房、二〇〇一年）、『論集　現代日本の教育史3　幼児教育・障害児教育』（共編著、日本図書センター、二〇一三年）、『復刻版「保育」戦後編Ⅰ・Ⅱ』全35巻（解説、同、二〇一四-一六年）、『近代日本幼児教育基本文献集』全24巻（監修、同、二〇一七-一九年）ほか。

幼児教育資料アーカイブ1
関西連合保育会雑誌　第2巻
第55号（昭和13年8月）／関連資料
解説　湯川嘉津美
2019年7月25日　初版第一刷発行
発行者　小林淳子
発行所　不二出版　株式会社
〒112-0005
東京都文京区水道2-10-10
電話　03（5981）6704
http://www.fujishuppan.co.jp
組版／昴印刷　印刷／富士リプロ　製本／青木製本
乱丁・落丁はお取り替えいたします。

全2巻セット　揃定価（揃本体36,000円＋税）
ISBN978-4-8350-8311-7
第2巻　ISBN978-4-8350-8313-1
2019 Printed in Japan